Obras Completas I
Pachacutec Inca Yupanqui

obras completas I **María Rostworowski** (1953)

# Pachacutec
Inca Yupanqui

**IEP** Instituto de Estudios Peruanos

Serie: Historia Andina, 23

© IEP Ediciones / María Rostworowski
Horacio Urteaga 694, Lima 11
Telf. 332-6194
Fax (5114) 332-6173
E-mail: publicaciones@iep.org.pe

ISBN: 9972-51-060-3
ISSN: 1019-4541

Impreso en el Perú
Primera edición: 1953
Primera edición como primer volumen de
*Obras Completas de María Rostworowski,*
diciembre del 2001

1,500 ejemplares

Fotografías de las pp. 301-310: William Zanatta

Hecho el depósito legal: 1501052001-4391

*Prohibida la reproducción total o parcial de las características gráficas de este libro por cualquier medio sin permiso del Instituto de Estudios Peruanos.*

---

Rostworowski María
    Pachacutec Inca Yupanqui.-- Lima, IEP, 2001.--
(Historia Andina, 23)
PACHACUTEC INCA YUPANQUI / INCAS / INCANATO / CHANCAS / CUSI YUPANQUI / ETNOHISTORIA / HISTORIA / PERÚ/

W/01.04.03/H/23

*PACHACUTEC INCA YUPANQUI*
*de la portada de la "Década Quinta" de* La crónica de Antonio de Herrera

«*el más grande hombre
que la raza aborigen de América
haya producido*»

MARKHAM

*Para la ortografía de los nombres propios nos hemos regido por las formas antiguas, ya que representan un estilo más accesible, al lector.*

# Contenido

| | |
|---|---:|
| Presentación / CAROLINA TRIVELLI | 13 |
| Prefacio a la presente edición | 17 |
| Informe de la Comisión Técnica de Historia para el Premio Nacional de Fomento de la Cultura "Inca Garcilaso de la Vega" correspondiente al año 1952 | 19 |

## Primera Parte

### La Confederación Cuzqueña

| | | |
|---|---|---:|
| I / | Los incas desde sus orígenes hasta Yahuar Huacac | 33 |
| II/ | Los chancas | 63 |
| III/ | El vencedor de los chancas | 78 |
| IV/ | Reinado del Inca Viracocha y juventud de Pachacutec | 92 |
| V/ | Inca Urco y el ataque chanca | 104 |

## Segunda Parte

### La Formación del Imperio Incaico

| | | |
|---|---|---:|
| I/ | Primeros años del reinado de Pachacutec | 123 |
| II/ | Coricancha | 142 |
| III/ | Conquistas | 155 |
| IV/ | La reconstrucción del Cuzco | 169 |
| V/ | La organización del Imperio | 196 |
| VI/ | La sucesión monárquica y el correinado entre los incas | 239 |
| VII/ | El correinado de Túpac Yupanqui | 256 |

| | |
|---|---:|
| Bibliografía | 275 |
| Vocabulario | 289 |
| Fotografías / WILLIAN ZANATTA | 299 |
| CINCUENTA AÑOS DESPUÉS | 311 |

# Presentación

Presentar el primer tomo de las obras completas de María Rostworowski constituye una de las grandes satisfacciones que me ha dado ocupar el cargo de Directora del Instituto de Estudios Peruanos. María y su obra merecen el mayor de los reconocimientos, por sus aportes académicos, por su continuidad, por su importancia en la formación de nuestros niños y jóvenes, pero sobre todo por lo que María representa: tenacidad, entusiasmo, creatividad y compromiso.

María ha recibido grandes distinciones y homenajes en los últimos años: premios, doctorados honoris causa, semblanzas, entre otros muchos reconocimientos públicos a su trabajo. Hace poco la acompañamos a recibir con gran emoción y orgullo el Premio Southern Perú a la Creatividad Humana, Medalla José de la Riva-Agüero y Osma. Durante la premiación recorrimos la excepcional vida y obra de María.

Sumándonos a las celebraciones por los premios recibidos por María, el IEP y su conjunto de investigadores nos sentimos honrados de poder homenajearla una vez más; esta vez de manera distinta, iniciando un largo reconocimiento en entregas periódicas que contribuyan a difundir su vasta obra. La publicación del primer tomo de las obras completas de María marca el inicio de dicho homenaje.

Este primer tomo está dedicado a reproducir *Pachacutec Inca Yupanqui,* la primera publicación de María, aparecida en 1953. Esta obra viene acompañada de un nuevo texto sobre Pachacutec trabajado por María a lo largo de los últimos meses, que nos demuestra cómo el trabajo del investigador nunca termina. La revisión del texto original de

Pachacutec, casi 50 años después revela la validez del texto original, a la vez que nos permite ver cómo la investigadora ha logrado descifrar y profundizar muchas de las interrogantes que le quedaron pendientes hace cinco décadas.

Las obras completas de María Rostworowski nos permiten presentar sus principales trabajos, muchos de ellos publicados de manera dispersa o agotados, en una colección al alcance de los académicos y estudiosos de nuestra historia, así como de los jóvenes estudiantes interesados en el Perú prehispánico. Los textos de María constituyen una valiosa contribución para las generaciones futuras; son textos claves para reconocernos como peruanos y peruanas y para mostrar la importancia de la investigación histórica como un medio de reconocimiento, construcción y aceptación de nuestra identidad.

La colección de textos que se incluirán en los nueve tomos de las obras completas abarcan temas que van desde los estudios sobre recursos naturales, poder, género y tecnología, hasta atrevidos textos sobre mitos y psicoanálisis y cuentos andinos para niños. Sus trabajos van desde estudios temáticos y análisis de fuentes, hasta propuestas metodológicas e interpretativas. Las obras completas, cuya publicación iniciamos con este volumen, incluyen publicaciones producidas entre los años cincuenta y noventa, y probablemente al terminar de publicar esta colección, tendremos que agregar un nuevo tomo con su producción del siglo XXI.

Recopilar la obra de María y publicarla refleja el compromiso del IEP con la renovación de las ciencias sociales y con la difusión de la producción intelectual en distintas esferas. Objetivo que se cumple con creces gracias a la profusa obra de María, que contiene estudios de temas y zonas geográficas diversas, con enfoques novedosos y audaces.

María, única mujer del grupo fundador del IEP, es pieza fundamental de nuestra vida institucional. Sorprendiéndonos siempre con nuevos proyectos e inquietudes, opinando sobre cuanto tema hay en el debate, aceptando entrevistas, recibiendo a decenas de estudiantes y estudiosos que quieren hablar con ella, dando charlas a escolares, visitando nuevos lugares para luego comentárnoslos y conminarnos a que los conozcamos y aprovechemos el tiempo que tenemos para viajar, ver y conocer nuestro país y el mundo, María posee uno de los espíritus más encantadores y joviales del IEP, que se plasma en la decidida apuesta por los jóvenes. Somos muchos los que en el IEP la hemos visto apostar por nosotros, empujarnos para que enfrentemos nuevos retos y responsabilidades.

Antes de terminar esta breve presentación, quiero resaltar a la autora. María Rostworowski es una mujer extraordinaria que nos reconcilia con la vida a cada momento, que nos muestra cómo el entusiasmo, la curiosidad, la tenacidad y el compromiso con lo que uno hace son claves para mantenernos jóvenes y creativos y sobre todo para lograr productos de calidad y trascendencia. La constancia en el trabajo de María, su fuerza y su independencia constituyen un extraordinario ejemplo.

Finalmente, sólo mencionar que este homenaje a María es apenas una muestra de lo que ella representa para el IEP y para todos sus miembros. Personalmente, me siento honrada de poder escribir estas líneas, pero sobre todo de poder encontrarla a diario tomando su té verde en nuestra cafetería o trabajando en su máquina de escribir en su austera oficina, de escuchar sus nuevos proyectos y hallazgos, y de compartir con ella una gran amistad.

Carolina Trivelli
Directora del
Instituto de Estudios Peruanos
*Lima, noviembre del 2001*

# Prefacio a la presente edición

Con la publicación de la segunda edición de la biografía del gran Inca se cierra el círculo cincuenta años después, más aún si se toma en cuenta el tiempo que tardé en investigar, fichar y escribir la biografía de Pachacutec.

En el transcurso de los años he continuado investigando el mundo andino; mi visión se ha enriquecido y mi mayor deseo ha sido tratar de captar y comprender su mentalidad, su pensamiento y su lógica. Cada vez que he profundizado en algún tema, he hallado grandes diferencias con los conceptos europeos; la originalidad de los pueblos del Ande radica en su aislamiento forzoso del resto del planeta. Quizás existieron contactos esporádicos con Mesoamérica, pero las distancias y sobre todo las dificultades de acceso impidieron mantener relaciones fluidas.

Los andinos, y con esta expresión me refiero a los habitantes de la costa, sierra y selva, viven en entornos geográficos distintos pero que se complementan entre sí: se necesitan y a la vez se rechazan por sus diferencias. Extrañas circunstancias afectadas por el medioambiente que dificultan la integración.

Debido a estos obstáculos y a los desiertos costeños, las quebradas serranas, las altas cumbres y punas, y las selvas hostiles, los pueblos del antiguo Perú debieron encontrar en ellos mismos la solución al grave problema de vencer los impedimentos que estorbaban la formación y creación de las altas culturas en el país. De ahí que fueron forzados a unirse para domar la compleja geografía, y por ende, el espíritu de cooperación. El hombre solo no podía subsistir y vencer la naturaleza. A diferencia *del individualismo europeo, la organización comunitaria surgió por la necesidad de sobreponerse a los obstáculos territoriales y confirió un sello propio a las culturas andinas. No en vano el historiador inglés Toynbee considera la civilización andina entre las originales del mundo.*

*En esta perspectiva se comprende que los cronistas, como hombres del siglo XVI, no entendieran las costumbres prehispánicas y con frecuencia proyectaran en sus escritos sus propias vivencias y religiosidad; por ello en las huacas y oráculos vieron las manifestaciones del demonio y surgió una incomprensión evidente entre los naturales y los españoles. Citaré la apreciación de un supuesto hechicero recogida en un documento sobre la extirpación de la idolatría entre los indígenas, una campaña que se realizó en el siglo XVII. Según este hombre, los santos de los altares eran meros maderos mudos que sólo protegían a los españoles e incapaces de comunicarse con los fieles, a diferencia de sus huacas que hablaban con ellos. Profundas diferencias, difíciles de superar.*

*Para esta nueva edición decidí mantener íntegramente el texto de la edición de 1953, salvo el caso de evidentes erratas y/o innecesarias reiteraciones. Sin embargo, al continuar con mi investigación inicial he encontrado numerosas noticias que me han permitido ahondar en el pasado andino. De ahí la necesidad de escribir un* addendum *a esta biografía del Inca Pachacutec, ubicado al final de este libro, y de señalar los temas más relevantes para la investigación futura. Todo ello no cambia en nada mi admiración por Pachacutec, el forjador del Estado inca.*

M.R.

Informe de la Comisión Técnica de Historia designando el premio "Inca Garcilaso de la Vega" correspondiente al año 1952 a la señora María Rostworowski de Diez Canseco por su obra *Pachacutec Inca Yupanqui*.

Lima, 26 de marzo de 1953

Señor Director de Educación Artística y Extensión Cultural

S.D.:

La Comisión Técnica encargada de estudiar y apreciar el valor de las obras históricas presentadas para concurrir a la obtención del premio "Inca Garcilaso", a la mejor producción sobre Historia o Geografía peruana, de conformidad con la Ley N.° 9614 y leyes complementarias sobre Fomento de la Cultura, cumple con presentar a Ud. el resultado de su examen y deliberación sobre aquellas, el que se ha diferido por ausencia temporal en el extranjero de dos de los miembros del Jurado y urgencia de ocupaciones de todos.

De los once trabajos presentados al Jurado se ha separado los que significan un esfuerzo de síntesis o de crítica sobre materiales históricos conocidos, los que presentan un esfuerzo personal de investigación en fuentes desconocidas y los que aúnan el arduo trabajo heurístico con una crítica depurada y una nueva interpretación histórica sobre un tema en general y trascendente.

Entre los primeros trabajos se hallan el del señor Miguel V. Merino Schroder titulado *La Expedición Auxiliar de nuestra Independencia,* que es un ensayo de carácter conmemorativo sobre el desembarco de San Martín en Pisco, en 1820, en el que se reseña, a base de documentos recogidos ya en las historias peruanas y argentinas, las primeras operaciones del Ejército Libertador en territorio peruano, se incluyen los partes del Coronel Arenales, pero no se mencionan los muy ilustrativos del oficial español Manuel

Químper, que hubieran completado la descripción del cuadro local en que se desarrolló ese primer episodio de la guerra por la independencia, que el autor hace con segura información regional.

El estudio del capitán Arturo Castilla Pizarro titulado *Atahualpa nació en el Cuzco y fue de origen chachapoyano*; es un sumario, trabajo de 30 páginas, en el que con un exultante sentido regionalista se glosan algunas citas de los cronistas y datos legendarios para sostener la tesis del nacimiento de Atahualpa en el Cuzco enunciada por algunos cronistas é historiadores clásicos desde el siglo XVI y con ella la ascendencia materna chachapoyana del Inca para la que no faltan indicios y rastros de tradición oral.

Don Miguel A. Martínez que ha seguido la estela de los caudillos republicanos trazando las biografías de Gamarra y de Salaverry, presenta en un volumen de 180 páginas *La vida heroica del Gran Mariscal don Ramón Castilla*, que como sus anteriores esbozos históricos, ofrece una síntesis de la vida del Gran Mariscal de Carmen Alto que puede servir a una amplia difusión de esa figura cívica por la claridad y fervor del relato, pero en lo que se refiere al aporte de nuevas perspectivas históricas, carece de información propia y no va más lejos de las pautas marcadas por los estudios anteriores de Wiesse y Dulanto Pinillos y las obras generales de historia republicana.

Don Francisco Ruiz Alarco presenta en dos volúmenes una biografía del sabio don Sebastián Barranca y una compilación de sus obras. La biografía de Barranca se da en una conferencia del autor de veinte páginas y en una serie de documentos glosados sobre su nacimiento, enseñanza profesoral y muere, con carácter fragmentario. Esta compilación como la de las obras dispersas de Barranca, entre las que falta su estudio "Fragmentos de una gramática para el cauqui" (Lima, 1876), son de interés para la biografía peruana.

Mayor importancia ofrecen en el terreno de la síntesis histórica el libro del señor Carlos Zavala Oyague titulado *Historia del Perú*, editado en Lima en 1951, con 500 páginas, la monografía histórica sobre derecho indiano titulado *Tres ensayos sobre el juicio de Residencia*, por Augusto Quintanilla, en 130 páginas a máquina y el corto ensayo de don Juan Bromley titulado *Cahuide*. El libro de Carlos Zavala se propone el empeño, necesarísimo en el campo cultural, de ofrecer un cuadro panorámico de historia del Perú que abarque todo nuestro horizonte histórico. Es sabido que, aparte de la Historia de Markham, publicada en 1896 y por lo tanto ya bastante retrasada en sus alcances e informaciones, no hay más historias generales del Perú escritas por peruanos que abarquen las tres épocas —incaica, virreinal y republicana— si no son los manuales dedicados a la enseñanza media donde todavía erigen su autoridad clásica los textos de Wiesse. El propósito de Zavala —quien ofrece en su libro, ciñéndose a las pautas del programa oficial de historia, aunque con plena libertad de criterio, una buena síntesis de las épocas colonial y republicana— se malogra, no en un punto a libertad y originalidad de opinión, que no pueden coactarse, pero sí en cuanto a la repercusión nacional de su obra y en la estima para el otorgamiento de un premio de esta índole, por su exclusión deliberada de nuestra vida histórica de las épocas incaica y pre-incaica las que a su juicio, sólo se fundan en "tradiciones fabulosas y en conjeturas". A este respecto agrega un juicio rotundamente peyorativo, ya no sobre la investigación del pasado pre-hispánico, sino sobre la trascendencia de su espíritu en la cultura nueva del Perú: "Somos los primeros en suprimir adrede una época confusa cuyos sucesos, lejos de constituir los orígenes de nuestra civilización han contribuido en sus consecuencias a estancar nuestro desenvolvimiento colectivo". En el mismo sentido insiste cuando afirma que dentro de su plan sólo "se recapitulan los hechos de los españoles y de los indios con mentalidad y costumbres hispánicas". Si bien es cierto que no cabe interferir en las opiniones ajenas expuestas en este caso con lucidez y valentía, cabe sí, desde un ángulo científico reafirmar la validez de la tradición histórica indígena, sustentada tenaz y minuciosamente por los quipucamayocs en la época de los incas, recogida celosamente por los cronistas castellanos de boca de los historiadores indígenas y de sus quipus y cantares y confirmada particularmente en el caso peruano, por los hallazgos científicos de la arqueología en telas, cerámica y monumentos y en la inmensa e inexhausta veta cultural de la lingüística indígena.

 Los tres ensayos sobre el juicio de residencia de Augusto Quintanilla, seudónimo de un meritorio estudio de nuestras instituciones indianas, son en realidad tres fragmentos de un estudio mayor, apenas iniciado, sobre el amplísimo y sugestivo tema del juicio de residencia, no estudiado aún cabalmente por los tratadistas del derecho indiano y casi inexplorado en el Perú. La elección del tema es pues un acierto y revelación de una ambiciosa vocación histórica. Los tres ensayos se contraen a estudiar la índole jurídica del juicio de residencia, su desarrollo y eficacia en la época virreinal y su prolongación en la etapa republicana. En la primera parte el autor trata de esclarecer la modalidad del juicio de residencia y de la "visita", institución análoga, de arriba hacia abajo que completaba el sistema de responsabilidad gubernativa. El juicio de residencia no era, en su opinión, de carácter penal, porque no se buscaba en esencia el castigo del procesado ni el desagravio de las víctimas, sino una institución de derecho político, que trataba de comprobar lo malo y los bueno de la administración y convertía al pueblo colonial en depositario de un derecho democrático. En el fondo de esta institución, medrosamente ejercida en América, ve el autor un destello del genio de un pueblo individualista, consciente de sus derechos, "el pueblo de Fuente Ovejuna". En esta parte el autor demuestra su inclinación a los estudios jurídicos, utiliza a los tratadistas clásicos de Derecho indiano, Encina, Solórzano, Hevia Bolaños, Ayala, Matraya y a los modernos historiadores españoles y americanos como Ots, Pereyra, Esquivel Obregón, el chileno Zorrilla Concha, Parra Pérez, pero se nota la ausencia del estudio del español Céspedes del Castillo. El análisis histórico del desenvolvimiento del juicio de residencia en el Perú, desde Pizarro hasta Abascal, es bastante sumario y de segunda mano, lo que el autor reconoce con honestidad. Sus noticias se limitan a las anotaciones de Mendiburu al término de los gobiernos de cada virrey y gobernador y a las noticias encontradas en las biografías especiales de gobernantes cuando éstas existen, como en el caso de Lemos y Chinchón. En este resumen histórico se notan deficiencias que el autor puede comprobar, y seguramente comprobará, con mayor tiempo del que ha dispuesto, en la obra mayor que ha iniciado y las que cabe señalar de paso. Para la historia peruana tienen, por ejemplo, interés los juicios de residencia de los gobernadores de Panamá, en que se ventilan los actos preparatorios y las figuras cardinales de la conquista del Perú, como son los juicios de residencia de Balboa, Pedrarias y Pedro de los Ríos, que deben figurar, porque la informan, entre nuestros antecedentes históricos. No se consignan las visitas, oficiales o semi-oficiales hechas a Pizarro por Berlaga, Téllez de Guzmán y Espinosa. A Pizarro se le siguieron también juicios que pueden considerarse como de residencia póstuma, que culminaron con el embargo de todos los bienes de su hija. Del mismo jaez son los omitidos juicios contra Hernando Pizarro por su actuación en el Perú, con sus condignas pesquisas secretas. El caso de Vaca de Castro tampoco es analizado con el detenimiento que reclaman las fuentes históricas existentes, y el autor no parece enterado de las demasías dinerarias de Vaca de Castro. Igualmente sumaria nos parece la información sobre el juicio de residencia de Toledo y su conclusión, como sobre el de Villardonpardo publicado por Eguiguren, que no se menciona. En lo que respecta a los virreyes del siglo XVII y XVIII reproduce, por lo general, las noticias de Mendiburu, pudiendo haber obtenido informaciones sobre los juicios de residencia que se hallan en el Archivo Nacional de Madrid, particularmente sobre el de Amat, del que se han hecho algunas referencias. La última parte del estudio es más original y consigna los intentos de implantar el juicio de residencia en la República, particularmente en los períodos de Castilla y Echenique, fracasando siempre en la esfera presidencial el ejercicio de esta saludable institución de dar cuenta de sus actos los gobernantes a los gobernados, considerando el autor que, de haberse logrado la implantación de este sistema, "hubiéramos llegado a la perfección democrática".

Juan Bromley ha escrito sobre *Cahuide*, nombre presunto del héroe cierto de la residencia indígena en Sacsahuamán, cuando el sitio de Manco a los conquistadores españoles del Cuzco, un breve y armonioso ensayo que ofrece el interés, el sagaz manejo de las fuentes y la elegancia formal de sus demás escritos. En este ensayo se propone Bromley acaso como un alarde o juego de erudición histórica probar una conjetura ingeniosa y difícil, o sea que el nombre del héroe indio, mal captado en la descifración de la crónica original no es *Cahuide*, como dijo Lorente, sino Caribe, con lo que Bromley trata de conjurar con fino instinto histórico el papel que los Antis o Caribes tuvieron en la insurrección de Manco. El problema de nombre de Cahuide aplicado al héroe anónimo de la pucara incaica, sólo puede resolverse, como opina el mismo Bromley, acudiendo a la crónica original que se halla en la Biblioteca Nacional de Madrid, que no dice en manera alguna "Caribe". No es exacto que Lorente no viera esa crónica, porque Lorente la pudo consultar antes de venir al Perú a enseñar y en el viaje que hizo de 1856 a 1866 para publicar en Europa su obra histórica y editar las "Memorias de los Virreyes" existentes en la Biblioteca de Madrid. Tampoco es aceptable que el autor cite el acta trunca del Cuzco, reconstruida en la época de Toledo, cuando se ha publicado en España y en el Perú el acta completa que se salvó en los papeles de La Gasca. Estas dos leves inexactitudes no restan valor al ágil ensayo de Bromley, a quien por sus notables méritos de investigador y descifrador de los libros de Cabildos de la Ciudad de Lima, debiera el municipio otorgarle el título de Cronista de la Ciudad de los Reyes.

Un trabajo de investigación histórica metódico y sobrio, es el presentado por el doctor don Atilio Sivirichi titulado *Historia del Senado (1829-1848)*, escrito a máquina en quinientas cincuenta páginas de formato pequeño, a un espacio, con tachaduras, añadiduras y correcciones a mano que le dan el aire de un borrador. El libro está dividido en once capítulos en los que después de un estudio preliminar de la institución senatorial desde Roma al siglo XIX francés, se sigue la marcha del Senado peruano, consignando, por orden cronológico las disposiciones constitucionales sobre organización del Poder Legislativo, leyes sobre elecciones y circunscripciones territoriales, nóminas de senadores, cuadros de comisiones de cada legislatura, personal de las mesas directivas, proyectos discutidos y leyes directas, con un sumario adecuado sobre el ambiente político correspondiente. El plan de la obra es semejante al de la *Crónica Parlamentaria* de Dancuart o de los interrumpidos *Anales Parlamentarios* de Obín y Aranda o de la *Historia del Senado*, de Ayarza y constituye un vademecum o guía para la historia parlamentaria o política, para la que se ha realizado un útil y diligente esfuerzo. El libro basado según parece, principalmente en las actas o Libros del Senado, no trae biografía ni referencia a sus fuentes documentales, ni aborda consideraciones generales de crítica histórica.

El ilustre historiador don Luis Antonio Eguiguren presenta en dos volúmenes de 480 y 448 páginas impresas en la casa Torres Aguirre, una crónica inédita de Melchor de Paz sobre la revolución de Túpac Amaru que se halla en la Biblioteca Pública de Nueva York. El doctor Eguiguren publica la extensa Crónica precediéndola de un Prólogo de 79 páginas, en el primer tomo, y de unas Apostillas de 71 páginas al segundo. Melchor de Paz, limeño de nacimiento, fue Secretario del Virrey Guirior y luego del Virrey Jáuregui y, como tal, curioso papelista o coleccionador de documentos burocráticos al estilo de sus congéneres coloniales Avendaño, López de Carabantes, Díaz de la Calles, o el Oidor Matalinares. Debido a tal propensión burocrática coleccionó gran cantidad de papeles sobre la época de Guirior y Jáuregui, los visitadores Areche y Escobedo y el levantamiento indígena de 1780. Infelizmente trató Melchor de Paz coordinar y sazonar sus documentos oficiales simulando un diálogo entre Carlos Piurano el Viejo y Diego Cuzqueño el Viejo, residentes en Lima, en que éstos comentan, desde opuestos ángulos, los partes e informes que se recibían en la Secretaría del Virrey. En la recolección de Paz hay un ingente material de informes oficiales de Corregidores y funcionarios sobre el estado del Perú en 1780, las sublevaciones de los indios, el estado de ánimo de españoles y criollos, no sólo en el Cuzco, Arequipa y las provincias del Sur de Virreynato, sino también en Chile, Buenos Aires y, particularmente, en la revolución de los indios del Socorro, en Nueva Granada, de interés para la historia americana. Contiene, también, copiosos informes y cartas sobre la revolución de Túpac Amaru, planes de ésta, operaciones militares, diarios de campaña, relatos diversos de la derrota y represión del caudillo indio y de sus secuaces e importantes dictámenes jurídicos sobre la condición de los indios y el trato de éstos, en diversas épocas, como los de Licenciado Altamirano de 1620, el jesuita Diego José Merlo sobre repartimientos de 1741 y Miguel de Feyjóo de Sosa de 1778. Por todas estas fuentes documentales, compiladas por Melchor de Paz, la crónica de este será una útil cantera para los estudios de la revolución de Túpac Amaru y para revalorar el sentido y trascendencia de éste. Al publicarla, el doctor Eguiguren ha prestado un importante servicio a la historiografía peruana, que revela su incansable tarea de investigador y hombre de estudio. La Comisión considera, sin embargo, que no siendo esta una obra del doctor Eguiguren, sino un hallazgo documental, debe preferirse para la otorgación del premio a una obra histórica original entre las presentadas a este concurso. El doctor Eguiguren merece respeto y gratitud por su benemérita producción histórica, pero su condición de historiador consagrado requiere no el primicial estímulo a las obras y a las vocaciones nuevas de los premios de fomento a la cultura, sino una consagración mayor como la que le ha otorgado el Consejo Universitario de la Universidad de San Marcos, nombrándole Profesor Honorario a propuesta del Instituto de Historia, representado en este Jurado.

El trabajo presentado por la señora María Rostworowski Tovar de Diez Canseco, titulado *Pachacutec Inca Yupanqui*, en 266 páginas a máquina, en gran formato, ofrece los más relevantes méritos, por la originalidad y seguridad de la crítica histórica, profundo dominio de las fuentes documentales y escritas, principalmente de los cronistas, utilización de los datos de la lingüística y la arqueología y de las más profusa y completa biografía peruana y extranjera. Une así, los métodos de la investigación depurada y severa y de la capacidad para la síntesis renovadora de las concepciones históricas, ajustada a la más estricta compulsa de todas las fuentes y opiniones emitidas.

El tema central del estudio de María Rostworowski es la figura del Inca Pachacutec, confundida por los cronistas y por los historiadores, que han mezclado en ella los hechos y hazañas de otros Incas o le han arrebatado los trofeos de su extraordinaria personalidad de estadista y de guerrero, conquistador y organizador. La autora confiesa que la lectura de las crónicas del Incario le llevó, hace muchos años al estudio de la figura sugestiva del creador del Tahuantinsuyu, le hizo apasionarse por ella y le indujo a buscar la aclaración de ese momento crucial de la historia precolombina que significó el triunfo del joven Yupanqui sobre la insurgente Confederación Chanca.

En la apariencia y en el nombre, el estudio presentado es una biografía del Inca Pachacutec, pero en realidad, por la vastedad del planteamiento, la profundidad de la información y la discriminación de puntos muy importantes de la historia externa e institucional de los Incas se puede considerar como una historia del Incario, solvente y segura, que puede reemplazar en la consulta historiográfica a la ya envejecida historia de Markham y completar, y aun rectificar en algunos aspectos, a la sólida y magnífica obra de Riva Agüero sobre la civilización incaica. Con justicia a la vez que con leal espíritu de estímulo puede decirse que ha surgido una nueva autoridad peruana en historia incaica.

Para estudiar la figura de Pachacutec la autora rastrea, en sus primeros capítulos, esquemáticamente los orígenes de la Confederación Cuzqueña y las normas que presidieron su evolución, principalmente las referentes al sistema de sucesión, clave de la vida política y social, la organización familiar, las rivalidades de los ayllus y panacas, alianzas matrimoniales, venganzas e intrigas familiares, que influyen en la marcha de los acontecimientos y en el destino posterior del Imperio. De su paciente confrontación de las crónicas y exhaustivo fichero de hechos e instituciones se desprende la importancia capital de la cédula familiar, ayllu o panaca, tanto en la vida del Incario como en la perpetuación de los hechos históricos. María Rostworowski nos descubre cómo, a las múltiples banderías de los cronistas castellanos —pizarristas o almagristas, garcilasistas o toledanos— hay que sumar el legado de pasión de las panacas cuzqueñas. La vida primitiva de la Confederación Cuzqueña aparece como una lucha constante de ayllus en la que adquiere principalmente importancia la lucha de los primeros sinchis cuzqueños contra Tocay Cápac, jefe de los Ayarmacas que preocupa a aquéllos fundamentalmente hasta el reino de Inca Roca, más tarde es la rivalidad y la lucha con los Chancas, por el señuelo tibio de Andahuaylas y luego con los Collas y por último la guerra entre Huáscar y Atahualpa que más que un conflicto regional resulta una contienda de enconadas panacas. Uhle señaló, ya la influencia de los ayllus en la historia Incaica. María Rostworowski comprueba la influencia de esta historia partidista en la tradición oral de los Incas y su reflejo es la versión familiar cuzqueña que recogió Garcilaso. En su opinión Garcilaso trata de empequeñecer la figura del Inca Pachacutec por el resentimiento de su panaca materna, que era la de Túpac Yupanqui, con la que provenía de Pachacutec. Por esta querella tribal Garcilaso ocultó los hechos del Inca rival de su estirpe y le negó el título de vencedor de los Chancas, que fue el único cronista que otorgó, seguido en ésto, tardíamente por Cobo y Anello Oliva al pacífico y claudicante Inca Viracocha. La parcialidad flagrante de Garcilaso en contra de Pachacutec la demuestra la señora de Diez Canseco comparando los textos de Polo de Ondegardo y del padre Acosta sobre las momias de los Incas descubiertas en la época española. Ondegardo y Acosta hablan de las nominas de Pachacutec y Huayna Cápac que ellos vieron y palparon. Garcilaso altera deliberadamente estos textos y en los que se dice que la momia de Pachacutec ostentaba el ídolo de los Chancas en señal de vencedor de éstos y la sustituye por la momia de Viracocha que no mencionaron los cronistas presenciales. No sólo atribuyó así a Viracocha el triunfo sobre los Chancas sino que arrebató también a Pachacutec su gloria de legislador y disminuyó su figura atribuyendo todas las leyes dictadas en el apogeo del Imperio a Manco Cápac. La comprobación es esencial, porque desvanece la tesis de que Viracocha fuera el vencedor de los Chancas briosamente sostenida por Riva Agüero sobre la base del relato de Garcilaso y reabre el proceso de la veracidad del Inca historiador ante la flagrante prueba de su infidelidad a las fuentes contemporáneas y ante el cómputo abrumador de las opiniones de los demás cronistas.

En la parte central del libro la autora analiza con detención la obra imperial de Pachacutec, su lección de unidad impuesta a las tribus rebeldes, por el poder militar, la técnica y la cultura y principalmente por el lenguaje y el camino, cuya falta fue la causa de la desintegración y efervescencia anteriores. Para la autora Pachacutec fue el tipo del conquistador pacífico, un instrumento de Hacedor y "el más grande hombre de la América pre-colombina".

El libro presentado contiene además de la biografía de Pachacutec y del análisis de su reinado, hechos con severo y paciente método y citas pormenorizadas de los cronistas, algunas aportaciones sustanciales a la historia incaica. Como tales pueden considerarse sus comprobaciones sobre la extensión del imperio incaico hasta Pachacutec; su estudio exhaustivo de los Chancas que vale por una espléndida monografía; su análisis del rumbo de las conquistas incaicas hecho con segura lógica y plena información, su comprobación de la forma como se realizó la conquista de la costa, no como refiere Garcilaso por la vía de los arenales costeños, penosa para las huestes imperiales, sino por el descenso rápido desde asientos serranos, como Los Soras para la conquista de Chincha o de Cajamarca para el Chimú; su capítulo sobre la institución del co-reinado o reinado de prueba de los hijos de los Incas, que significa el hallazgo de una institución incaica no definida antes, con sus peculiaridades psicológicas y étnicas y, en general, el cuadro que trazó de la organización del Imperio en el que hay rica cantera informativa para los que indaguen las costumbres e instituciones del Incario.

Al lado de estas calidades es justo señalar los pequeños defectos de la obra, propios de un primer trabajo, entre los que estarían su laconismo excesivo en algunos casos, fruto de la poca expansividad del lenguaje de la autora, peruana educada en el extranjero, su excesiva reacción contra Garcilaso y en cambio su propensión a tomar en serio a Morúa y en aceptar algunas tendencias idílicas como la de la conquista sin sangre ni crueldad o la del imperio sin opresión. Por estas consideraciones el Jurado estima que el estudio sobre Pachacutec de la señora María Rostworowski de Diez Canseco, reivindicación de la posibilidad de una historia incaica, segura y científica, ayudada por el testimonio oral y escrito, la arqueología y la lingüística y por un intenso sentimiento evocativo, merece el premio Inca Garcilaso de la Vega, correspondiente al año transcurrido.

Lima, 26 de marzo de 1953

RAÚL PORRAS BARRENECHEA,
*Director del Instituto de Historia*
*de la Facultad de Letras de la*
*Universidad Nacional Mayor*
*de San Marcos*

MANUEL MOREYRA Y PAZ SOLDÁN,
*Delegado del Instituto Histórico*
*del Perú.*

ALBERTO TAURO DEL PINO,
*Delegado de la Sociedad Peruana*
*de Historia.*

*La señora María R. de Diez Canseco nos presenta al Inca
Pachacutec Yupanqui bajo todos sus aspectos que son
sorprendentemente múltiples: jefe de ejércitos, organizador de la
economía, reconstructor del Cuzco, reformador de la religión.
Gracias a ella, podemos evocar las etapas de la vida de este monarca
y asistir a su triunfo. Estamos felices que este volumen, imparcial y
sólidamente documentado, sea consagrado a la gloria de un
emperador del cual se puede decir sin exageración que parece haber
sido uno de los más grandes que el mundo haya jamás conocido.*

                                            París, 4 de diciembre de 1952.

                                            LOUIS BAUDIN,
                                            Autor del *Imperio socialista de los incas*
                                            Profesor de la Facultad de Derecho de
                                            París. Miembro del Instituto de Francia

# PRIMERA PARTE

◈◈◈

## LA CONFEDERACIÓN CUZQUEÑA

## Capítulo Primero

## Los incas después de sus orígenes hasta Yahuar Huacac

> *Lo más dificultoso de toda esta materia es averiguar de qué gentes proceden los indios que habitan estos larguísimos y anchísimos reinos.*
>
> Fray Reginaldo de Lizárraga,
> *Descripción de las Indias.*

La cultura en el Perú es muy antigua, tenemos un pasado lleno de vicisitudes, de imperios que se formaron, tuvieron su esplendor y luego desaparecieron para resurgir, estimulados por nuevos aportes culturales que son hoy día fuente de estudio para los arqueólogos.

Innumerables leyendas abarcan la misteriosa época de Purumpacha, tiempo desierto y despoblado. La mente del hombre andino quedó asombrada ante los fenómenos cósmicos y telúricos, que en forma de mitos han llegado hasta nosotros. Época maravillosa cuando los dioses andaban aún sobre la tierra, los animales hablaban y las cumbres, lagos y fuentes tenían un espíritu tutelar. Enorme riqueza la de la mitología peruana, tan original y variada en su forma.

En el presente estudio, nos vamos a ocupar del incanato; por la cantidad de datos que tenemos, se puede ya incorporar esta época del Perú precolombino a la historia. Los sucesos que transcurrieron en aquel entonces, fueron cuidadosamente conservados por los incas, por medio de cantares, quipus y pinturas. Recopilados más tarde por un gran número de cronistas, tienen estos datos los propios defectos de su transmisión hasta nosotros. A veces en contradicción el uno con el otro, con un lenguaje que va desde el casticismo de Garcilaso hasta la jerga quechua-española de Huamán Poma, ellos forman una selva enmarañada e interesantísima de la primera parte de nuestra historia.

Hemos principiado este estudio hace muchos años, sin seguir de manera especial a ningún cronista. Las conclusiones a las que hemos llegado, son fruto del mismo estudio y de la verdad que a nuestro modo de ver se desprende de él.

La llegada al Cuzco de Manco Capac, el fundador de la confederación incaica, está envuelta en la leyenda. Es un personaje que, de haber sido real, ha quedado rodeado por el mito. Él personifica una época nebulosa para los mismos quipucamayus, y representa el tiempo cuando tribus agrícolas vagaban en busca de tierras fértiles.

Garcilaso nos relata el bello mito de Manco Capac y Mama Ocllo, su hermana y mujer, salidos ambos del lago Titicaca. Pareja divina que se dirige hacia el norte en busca del valle escogido. Al llegar al cerro de Huanacauri, cerca del Cuzco, la vara mágica que tienen en su poder se hunde en el suelo. Es la señal tan esperada; ahí han de fundar un imperio. La obra de esta pareja real será la de los héroes civilizadores de todas las leyendas. Con ellos vino el orden, la cultura y las artes, las cuales fueron enseñadas al pueblo. Esta debe de haber sido la versión oficial del principio del imperio, confeccionada para el vulgo. El origen divino de los hijos del Sol estaba rodeado de una aureola de grandeza; el mismo astro, fuente de vida y de luz en la tierra, era su progenitor; el poder se apoyaba sobre lo divino y lo mágico.

Menos grandiosa es la tradición de los hermanos Ayar, salidos de la mítica Pacari Tampu o posada de la aurora. Eran los cuatro hermanos: Ayar Manco, Ayar Cachi, Ayar Uchu y Ayar Auca, con sus cuatro hermanas y mujeres. No vamos a contar esta tan conocida leyenda, ni referir todos sus episodios hasta su asiento final en el Cuzco. Pero si la leyenda de la pareja real, salida del lago, parece estar confeccionada posteriormente, en la época de auge del imperio, la de los hermanos Ayar relata en forma mitológica todo el éxodo de las tribus a través de los siglos. Fue una migración que tomó mucho tiempo, un movimiento de pueblos agrícolas que recorrían el territorio en busca de campos para sus sembríos.

Las primeras tribus invasoras encontraron, al llegar al actual asiento del Cuzco, unos antiguos habitantes llamados huallas. En las "Informaciones" de Toledo[1] dijeron ser del pueblo de Pachacusan "que es a las espaldas de san blas". Murúa[2] menciona a los lares y poques, que juntos con los huallas habitaban el actual sitio del Cuzco.

---

1. "Informaciones" de Toledo, publicado por Levillier en su obra *Don Francisco de Toledo*, tomo 2, p. 192.
2. Murúa, Edic. Loayza, lib. 1, cap. II.

# 1 / LA FORMACIÓN DEL IMPERIO INCA

Max Uhle[3] ha invocado la gran área de distribución, en tiempos anteriores a los incas, del idioma aymará. Los primeros habitantes habrían sido, según él, de esta nación. Por razones filológicas Jijón y Caamaño[4] supone, igualmente, que tanto los huallas como los lares y poques[5] fueron aymarás. Sin embargo Riva Agüero no está de acuerdo con estas suposiciones, inclinándose más bien por un origen quechua.[6]

En tiempos muy antiguos el nombre del Cuzco fue el de Acamama. Luis Valcárcel[7] menciona un ayllu que figuraba en las matrículas cuzqueñas en el siglo XVIII, con el nombre de Uru-Acamana. Sarmiento de Gamboa[8] nombra un Oro ayllu; se trata quizás de dos agrupaciones distintas, refundidas posteriormente. En todo caso estos ayllus comprendían los primeros habitantes del Cuzco.

Una antigua fábula del Collao contaba que en tiempos pasados, después del diluvio, salió un hombre de Tiahuanaco que repartió el mundo de entonces en cuatro partes.[9] A Manco Capac le tocó el septentrión, al Colla Capac la parte meridional, mientras Tocay recibió el levante, y Pinahua el poniente. Esta tradición conservada por los indios collas, era distinta a la narrada por los cuzqueños, sobre el mito de los Ayar. Junto con Manco y con el Colla aparecen los sinchis Tocay y Pinahua,[10] estos figuran como jefes desde la época más remota. ¿Quiénes eran estos curacas que se repartieron el mundo, y que son nombrados esporádicamente en las crónicas, al tratarse de la época más antigua de la historia incaica?

---

3. Max Uhle, *Los orígenes de los incas*.
4. Jijón y Caamaño, *Los orígenes del Cuzco*, pp. 235-237.
5. Etimologías, según L. Bertonio (aymará):
   *Huaylla,* hicho, largo y blando con que cubren las casas.
   *Poques,* migas, a su modo, de harina de quinua.
   *Lari,* tío, hermano de la madre, parientes por parte de madre.
   *Lari-Lari,* gente de la puna que no conocen cacique, cimarrón.
   Fray D. de Santo Tomás: *Guaylla,* o quiua capa-eruacal de mucha yerua.
   *Huaylla,* baldío o dehesa común. *Guaylla* o *guayla,* pasto o prado para yerba.
6. Riva Agüero, *Civilización peruana, época prehispánica*, p. 54.
7. Luis Valcárcel, *Del ayllu al imperio*, p. 51
8. Sarmiento de Gamboa, *Historia de los incas*, cap. II, p. 51.
9. Garcilaso, *Comentarios reales de los incas*, lib. 1, cap. XVIII.
10. La etimología de *Tocay* en aymará, según L. Bertonio sería quizás: *Toque,* lugar.
    *Toquepa,* verdadero, derecho, verdad, verdaderamente. Cuyo nombre sería el de Señor o jefe verdadero.
    *Pinahua,* una mata de yerba que llaman suncho, que echa una flor amarilla.

Tocay Capac era el título del curaca o sinchi de los ayarmacas. Luis Valcárcel [11] da a este ayllu la etimología de la quinua silvestre, desabrida; inclusive menciona dos comunidades del mismo nombre situadas una en Chinchero y la otra en San Sebastián. La división puede que haya ocurrido bajo Pachacutec, al reformar el Inca los ayllus cuzqueños. Más seguro era para el soberano, dividir en dos bandos a estos peligrosos vecinos. En efecto, durante siglos tuvieron siempre los curacas del Cuzco que sofocar rebeliones y luchar contra Tocay y Pinahua, hasta que Pachacutec los dominó para siempre, asolando sus pueblos y sometiéndolos definitivamente bajo el poderío de los incas. [12]

Los ayarmacas, según Garcilaso, [13] fundaron dieciocho pueblos "los cuales se derramavan a una mano y a otra del camino real de Collasuyo por espacio de tres leguas de largo, empaçando del paraje de las Salinas".

Murúa [14] los sitúa desde Vilcanota hasta los Angaraes. Ahora bien, estos ayarmacas deben haber sido los primeros curacas del Cuzco. No se trata de los reyes mencionados por Montesinos, sino de los primeros invasores que detuvieron la supremacía de la región antes de que las tribus de Manco llegaran al Cuzco. Huamán Poma [15] después de nombrar las cuatro edades del mundo, cuenta que el primer Inca fue Tocay Capac y Pinahua Capac; a éllos los nombra como hijos del Sol y salidos de Tampu Toco. Durante el reinado de Sinchi Roca, menciona el triunfo de éste sobre Tocay, cuyas tierras iban de Xaquixaguana hasta Quiquijana. En la descripción del Cuzco, el mismo cronista vuelve a insistir sobre que el reinado de Tocay fue anterior al de los incas conocidos. [16]

Santa Cruz cuenta que Manco Capac destruyó a Pinahua Capac y venció a Tocay, [17] desalojándolos probablemente de la región. Murúa [18] confirma lo anterior al decir que estos sinchis "fueron reyes y reinaron antes de los Ingas y tuvieron por capitán a un Choque Chuman".

En las "Informaciones" de Toledo [19] encontramos entre los indígenas que declararon ante el alcalde de corte, el cinco de setiembre de

---

11. Luis Valcárcel, *Del ayllu al imperio*, p. 141.
12. Sarmiento de Gamboa, cap. XXXIV, p. 99.
13. Garcilaso, *Comentarios reales de los incas*, lib. 1, cap. XX.
14. Murúa, Edic. L., lib. 3, cap. XXI, p. 117.
15. Huamán Poma, fojas 80-89.
16. Huamán Poma, foja 1042.
17. Santa Cruz Pachacuti, Edic. Urt., p. 143.
18. Murúa, Edic. cit., lib. 3, cap. XXI, p. 117.
19. "Informaciones" de Toledo, publicado por Levillier en su obra *Don Francisco de Toledo*, lib. 1, p. 169.

1560, a un "Juan de Villalobos Cusi Guaman, de la descendencia de los Ingas Capaque, que es de los que mandaron este Reyno, del ayllu de Tocay Capac" junto con un "Gonzalo Cusi Roca Inga, hijo de Tocay Capac, cacique principal de toda Ayarmaca" el cual dijo ser de la descendencia de los incas.

A este ayllu lo nombran los cronistas como Ayamarca y otras veces como el de Ayarmaca.[20] Esto se deberá a algún error. Es posible que sin reparar mayormente los cronistas cambiaron Ayarmaca por Ayamarca, lugar de los muertos, debido a que este ayllu celebraba en el mes de octubre o noviembre las ceremonias de Huarachico. Creyeron entonces con gran asombro, que los indígenas a la par que los españoles recordaban a los difuntos en el mismo mes, este quizá haya sido el inicio de la confusión.

No conocemos el origen de los ayarmacas, fuera de su propia afirmación de que descendían de los "Ingas Capaques", un hecho difícil de confirmar. Según Betanzos ellos celebraban el Huarachico junto con los omas, los quivios y los tampus, y tenían permiso de los incas, para horadarse las orejas, pero no para cortarse el cabello.[21]

Jijón y Caamaño[22] hace hincapié en la importancia que debían tener tanto los omas o los oros y los ayarmacas para conservar en el calendario oficial un mes especial para celebrar sus fiestas. Es difícil, según él, precisar qué elemento étnico representaban los ayllus de ayarmaca, siendo sólo posible asegurar que no eran quechuas.

Dejaremos a un lado a Tocay Capac, suponiendo que fue posiblemente una primera dinastía que dominó lo que fue posteriormente el Cuzco y que resultó borrada de la historia por los que le sucedieron.

Según la leyenda, los hermanos Ayar con sus respectivas mujeres, no llegaron todos al Cuzco. En realidad deben haberse establecido, unos después de otros, separados por un lapso más o menos largo. Ellos encarnan tribus enteras, formadas cada una por varios ayllus; es sumamente difícil decir hoy día, cuáles de estos ayllus representan los descendientes de las tribus invasoras. Nos encontramos ante la dificultad

---

20. En el *Lexicon* de Fray D. de Santo Tomás encontramos:
    *Maca*, nabo para comer. En el diccionario de L. Bertonio: *Maka*, muy semejante; *Maco*, koronta, *amca*, testículo.
    Para Riva Agüero *en Civilización peruana, época prehispánica*, p. 48. *Ayar*, que proviene de *Aya*, muerto, significa antepasado.
21. Betanzos, Edic. Urt., cap. XVIII, p. 201.
    Molina el Cuzqueño, pp. 46-47, nombra el mes de setiembre para los indios de Orco y el de octubre para los de Ayarmaca.
22. Jijón y Caamaño, *Los orígenes del Cuzco*, pp. 260-261.

de múltiples orígenes; tenemos en efecto ayllus autóctonos como los huallas, ayllus formados por los Ayar, y otros que se fueron estableciendo posteriormente, como el de Sañu, en tiempo de Sinchi Roca. Para mayor complicación, bajo Pachacutec, a varios ayllus les fue cambiado el nombre.

Para Jijón y Caamaño[23] la narración oficial incaica de los hermanos Ayar hubiera sido creada con fines políticos, con objeto de presentar un origen común, de numerosas tribus que en sí no llevaban parentesco alguno. Según él, los ayar uchu o alcabizas, los ayar cachi y los sañu hubieran formado una nación aparte, probablemente de origen atacameño, establecida en el Cuzco con anterioridad a la llegada de los incas. Huanacauri, el lugar donde el mítico Uchu se transformó en piedra, sería su antigua pacarina y adoratorio.[24] Posteriormente, los incas adoptaron los ritos y las creencias de los vencidos alcabizas (ver Rostworowski 1969-1970; 1993).

Supone Jijón y Caamaño que la historia del Cuzco se puede dividir en cuatro épocas:

1ª. La del predomino aymará.
2ª. La de la primera penetración quechua.
3ª. La del dominio atacameño.
4ª. La de la nueva invasión que trae como consecuencia el nuevo dominio quechua.

La teoría de Jijón y Caamaño puede tener una base verídica si tomamos en cuenta la afirmación de Max Uhle[25] sobre antiguas migraciones atacameñas, a lugares tan lejanos como el departamento de Apurímac, Ayacucho y el valle del Vilcanota.

Riva Agüero[26] se inclina por un origen quechua, común para todas las tribus. Hace notar la unión entre los ayllus de Ayar Auca y los de Manco. El nombre del Cuzco hubiera sido impuesto por Cuzco Huanca, el jefe de los aucas, el cual murió al tomar posesión de la ciudad. Quizás su muerte favoreció la ambición de los Manco.

---

23. Jijón y Caamaño, *Los orígenes del Cuzco*, p. 268.
24. Notemos que según Sarmiento, cap. XII, p. 54, Huanacauri era un nombre posterior, siendo el primitivo el de Quirirmanta.
25. Max Uhle, *Fundamentos étnicos y arqueológicos de Arica y Tacna*, p. 15.
26. Riva Agüero, *Civilización peruana, época prehispánica*, pp. 49 y 56.

En *Los orígenes de los incas*, advierte Uhle [27] que la tradición no conocía la diferencia entre los ayllus primitivos y los ayllus advenedizos, ni admitía tampoco un desarrollo paulatino de la primera población. Los puntos en que los tres Ayar se petrifican, el primero en Pacaritampu, el segundo en Huanacauri y el último en el Cuzco, representan las diferentes estaciones del viaje.

Los indios llamados a declarar, aseguraron que los primeros en llegar al Cuzco fueron los ayar cachi o sauasiray, luego se instalaron los ayar auca, siendo uno de sus ayllus los antasayac. Después se avecindaron los alcabizas, cuyo nombre primitivo era ayar uchu; los últimos y los que lograron dominar a los demás fueron los manco.[28]

Muchas son las interpretaciones que se han hecho sobre esta leyenda. Imposible nos parece llegar a una solución sobre el problema del origen de las diversas tribus que se instalaron en el Cuzco, y el orden en que fueron avecinándose, sin un mayor estudio arqueológico, llevado a cabo de una manera sistemática en diversas regiones de la sierra, así como un profundo análisis lingüístico de los nombres y de las toponimias.

MANCO CAPAC

En Manco Capac está representado todo el pasado un tanto confuso y nebuloso de la raza inca. Él personifica la larga peregrinación de tribus agrícolas en busca de tierras de cultivo. Es la unión entre la mitología y la historia. Todo pueblo conserva cuentos y epopeyas, que encubren una realidad sobre sus orígenes ya lejana y casi olvidada. Manco Capac debe haber sido, como dijo Riva Agüero [29] "un reyezuelo bárbaro, un jefe de bandos invasores y vivió en constantes reencuentros y combates por la posesión de territorios de Pacaritambo y del Cuzco".

Que sea mítica o existente su persona, no importa, en él está encarnada la lucha por la posesión del Cuzco y en su éxodo, el vagar de toda su gente. El ayllu de Manco era una de las tantas tribus dispersas por el territorio, su jefe que llegó a la tierra anhelada, fue a través del tiempo tornándose en el héroe de todas las andanzas.

---

27. Max Uhle, *Los orígenes de los incas*. Trabajo presentado al XVII Congreso de Americanistas.
28. "Informaciones" de Toledo, publicado por Levillier en su obra *Don Francisco de Toledo*, p. 186.
29. Riva Agüero, *La historia en el Perú*, p. 111.

Si se toma a Manco Capac como un personaje verídico, su llegada al Cuzco es tardía y quizás hasta problemática. Varios cronistas nos dan la ruta seguida, se trata de largas pascanas que duran años enteros.[30] Las primeras tierras de las que se apoderaron fueron las de los huallas,[31] los cuales huyeron ante los invasores, conducidos por su jefe Apoquirao a unas veinte leguas del Cuzco, donde fundaron el pueblo de huallas.

Una vez establecidos en esta nueva comarca, se preparan los ayar manco a afrontar a los sauasiray, pero éstos ofrecieron tal resistencia que obligaron a Manco a retirarse.[32] Después de largos meses de preparación volvió a insistir Manco en el ataque; esta vez cayó el jefe de los sauasiray preso y consiguió su libertad sólo a cambio de sus tierras. Instalado el ayllu en Inticancha, templo del Sol, cuentan que al llegar, Manco se vistió con todo esplendor "y púsose una patena de oro en el pecho y una medalla de oro grande en la cabeza, que ellos llaman canipo y unos braceletes de plata en los brazos, y mucha plumería de colores en la cabeza y el traje y el rostro muy embijado de colores."[33]

Mucha astucia demostró el jefe para poder sostenerse entre tribus hostiles y rivales. Por ingenio se apoderó de las tierras de otros vecinos, los alcabizas, usando la estratagema de cortarles el agua. Más tarde derrotó al sinchi Culumchina y lo obligó a tributarle homenaje.

La mayoría de cronistas no le atribuyen a Manco mayores conquistas, fuera de su establecimiento en el Cuzco y algo en el circuito de la ciudad.[34] Sólo Garcilaso hace extender sus dominios al río Apurímac por un lado, y al oriente hasta el río Paucartambo, fuera de trece pueblos en el Antisuyo, treinta en el Condesuyo, veinte en el Chinchaysuyo y de treinta a cuarenta pueblos en el mediodía.[35] Esta expansión territorial es imposible, si se toma en cuenta las dificultades que tuvo que vencer

---

30. Sarmiento de Gamboa es el que con mayores detalles nos da la ruta seguida: de Pacaritampu pasan a Guanacancha, Tamboquiro, Pallata, Haysquisrro, Quirirmanta (el futuro Huanacauri) y Matagua, lugar donde permanecieron veinte años, cap. XII, pp. 52-55.
31. Sarmiento de Gamboa, cap. XIII, p. 55.
32. Sarmiento de Gamboa, cap. XIII, p. 59.
33. *Declaración de los quipucamayus a Vaca de Castro*, Edic. Urt., p. 10.
34. *Declaración de los quipucamayus a Vaca de Castro*, Edic. Urt., p. 12: "fue señor de diez leguas en la comarca del Cuzco". Sarmiento de Gamboa, cap. XV, p. 63: "todo (lo que conquistó) estaba en el circuito que agora es la ciudad del Cuzco."
Huamán Poma, foja 87; "tenía suxeto todo el cuxco cin lo de fuera".
Cobo, tomo I, lib. 12, cap. IV.
35. Garcilaso, *Comentarios reales de los incas*, lib. 1, cap. XVII, pp. 44-45.

Manco para hacerse señor de Inticancha y tener un dominio relativo sobre sus más cercanos vecinos.

El nombre de la mujer de Manco varía según los cronistas, lo más creíble es suponer que tuvo varias o por lo menos dos; de una no tuvo descendencia y de la otra, Mama Ocllo o Mama Huaco, tuvo a Sinchi Roca.[36]

Manco habitó el lugar de los desposeídos Sauasiray llamado Inticancha; luego dividió la ciudad en cuatro partes, conservando dos de los apelativos antiguos. Ellos eran Quinti Cancha, barrio del Picaflor; Chumbi Cancha, barrio de los tejedores; Sairi Cancha, barrio del tabaco; todos nombres totémicos, no habiendo todavía traducción para el cuarto barrio de Yarambuy Cancha.[37] Manco y sus descendientes hasta Capac Yupanqui, habitaron siempre en el Inticancha, estando todos los cronistas de acuerdo sobre este hecho. Afirmación sumamente importante, pues demuestra que la Chima Panaca o sea el ayllu fundado por los descendientes directos de Manco, vivieron siempre en el Cuzco bajo y pertenecieron al bando de Hurin Cuzco.

Sin embargo a la llegada de los españoles, la Chima Panaca estaba situada en Colcampata, en la parte alta de la ciudad. Es muy probable que se debiera a la reforma de Pachacutec. La continuidad del mando tenía que ser conservada, la usurpación de los Hanan Cuzco se legitimaba al colocar a la panaca de Manco en Colcampata. El orgullo del hijo del Sol quedaba satisfecho; el progenitor del linaje real representado bajo forma de una estatua, moraba en la parte alta. En las grandes guerras y empresas de importancia era su imagen sacada de su cancha y llevada para atraer el triunfo y la victoria a sus hijos.

SINCHI ROCA

El reinado de Sinchi Roca tuvo lugar en los principios del siglo XII. Ninguna fecha para el incario se puede sugerir sino aproximadamente.[38] Es el primer soberano que se puede incorporar de una manera segura a la historia. Todavía no lleva el título de Inca, no deja de ser un simple sinchi electo para la guerra.

---

36. Cieza de León, *Del señorío de los incas*, cap. VII.
37. Sarmiento de Gamboa, cap. XIII, p. 59.
    *Yarámbuy* podría provenir de:
    *Yaruntastha*, mezclarse (L. Bertonio, aymará), sería barrio mestizo.
38. Means, fecha con gran exactitud los reinados de los incas. A Sinchi Roca lo sitúa entre 1105 y 1140. *Ancient Civilizations of the Andes*, cap. VI, p. 223.

Nació Sinchi Roca en Tamboquiro, estando su ayllu en sus peregrinaciones en busca de campos fértiles. La mayor parte de su vida transcurrió, antes de su final establecimiento, en el Cuzco. Fue casado con Mama Coca, de los ayllus de Sañuc, hija de un sinchi llamado Sutic Huaman;[39] debió ser una alianza que ayudó a la conquista del Cuzco. Cieza traslada este hecho al reinado siguiente; añadiendo que "rogó, a lo que cuentan, a su suegro, quisiese con todos sus aliados y confederados pasarse a vivir a su ciudad... y el señor o capitán de Zañu haciéndolo así; se le dio y señaló para su vivienda la parte más occidental de la ciudad". Jijón y Caamaño[40] hace notar que este ayllu debió ser extraño al incario y que se juntó con la gente de Manco por vía pacífica.

Hombre ya, llegó Sinchi Roca al Cuzco, probablemente fue el que capitaneó a los Ayar Manco en la toma de posesión de la ciudad, o quedó elegido por jefe a la muerte de Manco. Quizás perteneció al ayllu Masca; Cabello de Balboa[41] dice que fue el primero en llevar la mascapaicha, signo de la dignidad suprema y costumbre del dicho ayllu. Además, los mascas eran Hurin Cuzco.

Sinchi Roca no extendió[42] mayormente sus posesiones. Cobo afirma que su señorío no iba más allá de Cinga, "que es un cerro que está frontero del Cuzco porque hasta este tiempo no se habían querido entrar en tierras apartadas".

Con el tiempo logró que algunos curacas principales viniesen a pedirle aceptara el señorío del pueblo de donde eran naturales. En esta forma fue tomando cuerpo la nueva confederación, formada sobre la base de una ayuda mutua. Los jefes vecinos se dirigían al sinchi cuzqueño a pedirle su protección en caso de una guerra o si algún peligro los amenazaba; en cambio reconocían la supremacía de Sinchi Roca, al admitir una cierta sumisión. Si bien este hecho marca un principio de autoridad, está muy lejos de ser un dominio absoluto sobre los curacas.

Tuvo Sinchi Roca como jefe de los Ayar Manco que luchar con Tocay Capac, antiguo señor de la comarca. Cuenta Huamán Poma que durante la lucha, le aventó Tocay una pedrada a Roca que le quebró los dos dientes delanteros.[43]

---

39. Sarmiento de Gamboa, cap. XIII, p. 59.
40. Jijón y Caamaño, *Los orígenes del Cuzco*, p. 262.
41. Cabello de Balboa, Edic. Urt., cap. II, p. 13.
42. *Declaración de los quipucamayus a Vaca de Castro*, Edic. Urt., p. 13.
    Cieza de León, *Del señorío de los incas*, cap. XXXI.
    Sarmiento de Gamboa, cap. XI, p. 51.
43. Huamán Poma, foja 97 y 150.

El hijo mayor de Sinchi Roca fue indudablemente Manco Sapaca,[44] nacido antes del establecimiento de sus padres en el Cuzco; por razones que no conocemos, no sucedió a su padre. La dignidad suprema parece que fue en los principios del incario siempre electiva, costumbre que confundió bastante a los cronistas, imbuidos como estaban del derecho de primogenitura. En la primera época de la confederación, la elección se hacía con un fin de defensa guerrera. El sinchi era nombrado entre los hombres más aptos para capitanear y defender las posesiones recientemente adquiridas.

Manco Sapaca no fue elegido jefe quizás debido a su poca inteligencia.[45] Pasó a formar la panaca de su padre. Entre los indios llamados a declarar, encontramos en las "Informaciones" de Toledo a un Juan Manco Sapaca de Hurin Cuzco y del ayllu de Raurao Panaca, de la descendencia de Sinchi Roca.[46]

## LLOQUE YUPANQUI

Durante el reinado de Lloque Yupanqui, la confederación cuzqueña principia a esbozarse; no se extiende aún muy lejos, pero está en embrión. Se puede afirmar que con la dinastía Hurin Cuzco, el incario no dejó de ser un pequeño Estado confederado a diversas tribus y en lucha permanente para subsistir; manteniendo equilibrio entre curacas hostiles, por medio de alianzas.

Lloque Yupanqui procuró, con maña, atraerse la obediencia de los señores vecinos. Logró la amistad del curaca de Guaro, cuyo territorio distaba seis leguas de la ciudad;[47] igualmente se captó a Pachachulla Viracocha, hombre dotado de prudencia y habilidad sobresalientes, y a Quiliscache, jefe de los ayarcaches.[48]

No siendo el soberano un guerrero, debido quizás a su edad, encargó a su hijo Cusi Huamán Chire, el mando de sus ejércitos. Tuvieron que enfrentarse los cuzqueños con el temible Tocay Capac, curaca de los

---

44. Sarmiento de Gamboa, cap. XIII, pp. 57, 59.
    Cabello de Balboa, Edic. Urt. cap. II, p. 13.
    *Declaración de los quipucamayus a Vaca de Castro*, Edic. Urt., p. 13.
45. Cabello de Balboa, cap. II, p. 13.
46. "Informaciones" de Toledo, publicado por Levillier en su obra *Don Francisco de Toledo*, p. 158.
47. Cobo, tomo III, lib. 12, cap. VI.
48. Sarmiento de Gamboa, cap. XVI, p. 64.
    Cabello de Balboa, cap. II, p. 15.

ayarmacas de Tambocunga,[49] perdiendo este curaca la vida en la contienda. Otro éxito fue la dominación de los maras, ayllu consanguíneo con los incas.

Todas estas conquistas y triunfos no dejaban de situarse en lugares muy cerca del Cuzco, mientras no faltan cronistas que afirman que Lloque Yupanqui no aumentó sus posesiones,[50] y más bien tuvo el "señorío el punto de perder".[51] De nuevo encontramos a Garcilaso en desacuerdo con los demás, ya que designa cuatro grandes conquistas; una de ellas hacia el Collasuyo, en una expansión de cuarenta lenguas de norte a sur, fuera de veinte leguas al este.[52]

Casó este Inca, entrado ya en años, con Mama Caua, hija del curaca de Oma,[53] pueblo situado a dos leguas de la ciudad. A igual que la coya anterior, debía pertenecer a un ayllu extraño al de los incas, bastante importante para mantener sus fiestas en el calendario oficial.

Este hecho muestra la importancia que daban los primeros jefes cuzqueños a las alianzas matrimoniales; era una forma de asegurarse una ayuda basada sobre el parentesco, a la vez que adquirían un mayor número de confederados. Los incas no se casaban con sus hermanas ya que conocemos el nombre de los ayllus a los cuales pertenecían las coyas. Sólo con Túpac Yupanqui se inició el matrimonio con una hermana; asimismo este Inca, casó con una hermana de padre.[54] Huaina Capac fue el primero en tomar por esposa a una hermana de padre y madre.

En los primeros reinados de los Hurin Cuzco, vemos cimentarse poco a poco la nueva dinastía. Sus dominios no se extendían más allá del mismo valle del Cuzco, sus jefes no dejaban de ser pequeños curacas circundados por señores más poderosos que ellos. Los incas lograron mantenerse independientes, mediante intrigas y astucia; lo que les favoreció fue el estado permanente de luchas, guerras y rivalidades que existía entre señores vecinos.

---

49. Sarmiento de Gamboa, cap. XVI, p. 64.
50. Cabello de Balboa, cap. V, p. 98.
51. *Declaración de los quipucamayus a Vaca de Castro*, Edic. Urt., p. 13.
52. Garcilaso, *Comentarios reales de los incas*, lib. 2, cap. XVI.
53. Sarmiento de Gamboa, cap. XVI.
    Cieza, *Del señorío de los incas*, cap. XXXIII, señala a Mama Cahua Pata como mujer de Maita Capac.
    Para Jijón y Caamaño, *Los orígenes del Cuzco*, p. 236, el apelativo *Cana* es de origen huallas o sea de estirpe aymará.
    Lo mismo encontramos en las "Informaciones" de Toledo, p. 191. ¿Serían los omas junto con los huallas de origen aymará?
54. Acosta, lib. 6, cap. XVIII, p. 488.

## MAITA CAPAC

Maita Capac es mencionado por Sarmiento de Gamboa como el cuarto hijo de Lloque Yupanqui,[55] en oposición a los demás cronistas que lo nombran como el único heredero. Nació este príncipe, cuando su padre estaba ya entrado en años. La leyenda se apoderó de su nacimiento y de su niñez, narrando sobre su persona cuentos maravillosos. Es el niño prodigio de la historia incaica: a los tres meses de estar encinta su madre, nace. Para colmo de asombro, a los dos años posee la fuerza de un adolescente. Es un joven Hércules, por su resistencia física, ánimo y valentía.

El momento crítico de su dinastía surge justamente durante la juventud de este príncipe. El poder lo retiene un soberano viejo, un tanto decrépito, siendo el heredero un joven, casi un niño. Cobo[56] afirma que Maita quedó huérfano cuando muchacho, sus dos tíos se encargaron de la regencia de la confederación. La mascapaicha fue entonces depositada en el templo del Sol, aguardando que tuviese el príncipe edad para ceñirla.

Las tribus que no pertenecían a las de los Ayar Manco, encontraron propicio el momento para amotinarse y sacudir el yugo. El descontento iba en aumento entre los primeros habitantes del Cuzco, ya que cada día nuevas tierras les eran quitadas, a medida que crecía el poder centralizador de los incas. Los alcabizas[57] se confederaron a los otros ayllus y prepararon la rebelión. El motivo de la sublevación fue un pretexto: un día Maita estaba cerca de una fuente, cuando se inició el pleito entre los muchachos presentes y el hijo del sinchi de los alcabizas resultó con una fractura en la pierna.[58] Enfurecidos estos últimos, decidieron vengarse y matar a Maita Capac. De noche, lograron entrar al Inticancha, morada de los curacas cuzqueños. Sorprendido Maita, mientras jugaba bolas con sus amigos, arremetió con tanta fuerza contra los asesinos, que mató a uno, hiriendo a otros. Esta fue la señal de la rebelión, armándose apresuradamente los dos bandos.

El primer ataque fue rechazado por Maita, que logró desbaratar a sus enemigos, pero cuando él no lo esperaba, los alcabizas se rehicieron y volvieron a acometer por tres lados simultáneamente. La repetida

---

55. Sarmiento de Gamboa, Edic. cit., cap. XVII, p. 65.
56. Herrera, tomo VI, lib. 3, cap. VIII, p. 258.
    Cobo, tomo III, lib. 12, cap. VI.
57. Cobo, tomo III, lib. 12, cap. VIII, p. 139.
58. Sarmiento de Gamboa, cap. XVII.

victoria del príncipe dio lugar a una tregua, que no tardó en ser quebrantada por los insurrectos. En la tercera refriega, una fuerte granizada dio ventaja a Maita; cayó el jefe de los alcabizas en poder del Inca, y se desbandaron los enemigos confederados. En cuanto al sinchi del movimiento subversivo, terminó sus días en prisión perpetua.[59]

Este triunfo afianzó enormemente el poder central. Según el Palentino, fue el primer soberano que sujetó y mandó en el Cuzco y sus alrededores.[60] Además la noticia de la victoria se extendió, y diversos jefes buscaron la alianza de los cuzqueños.[61] La confederación esbozada durante los reinados anteriores, se consolidó bajo Maita Capac. De ser derrotado el Inca, éste hubiera sido el final del poderío de los suyos, toda la historia hubiera cambiado de curso.

Es de notar que Garcilaso no menciona la rebelión de los alcabizas, sólo nombra grandes conquistas territoriales, que no podían llevarse a cabo con un poder central tan pequeño y amenazado. Quizás tuvo temor de quitar esplendor a los incas, mostrando el arduo trabajo que les costó adquirir autoridad y poderío. Cálculo erróneo, pues las luchas que tuvieron que librar, mostraron la virilidad de la raza y la superioridad que fueron adquiriendo sobre los demás y sobre el medio.

Todo el reinado de este Inca, es un continuo esfuerzo por consolidar el poder. El soberano murió estando sus ejércitos listos para marchar contra los condesuyos.[62]

El nombre de la coya de Maita Capac es incierto, varía según los cronistas. La mayoría la mencionan como Mama Tancaray o Tacucaray, hija del curaca de Collaguas.[63] Varios fueron los hijos del Inca. El mayor Conde Maita, fue según Sarmiento[64] designado por sumo sacerdote, siendo elegido Capac Yupanqui. Sin embargo Acosta[65] nombra a Tarco Huaman como el heredero de Maita, y Herrera[66] menciona entre los

---

59. Sarmiento de Gamboa, cap. XVII.
60. El Palentino, *Historia del Perú,* Colección de documentos literarios del Perú de Odriozola, tomo IX, 2.ª parte, lib. 3.
61. Cabello de Balboa, Edic. Urt., cap. II, p. 18.
62. Cieza, *Del señorío de los incas,* cap. XXXIV.
63. Cobo, tomo III, lib. 12, cap. VI, casó con Mama Tancaray Yacchi.
    *Declaración de los quipucamayus a Vaca de Castro,* Edic. Urt., p. 13.
    Santa Cruz de Pachacuti, p. 162.
    Sarmiento de Gamboa, cap. XVII, p. 67
64. Sarmiento de Gamboa, cap. XVIII, p. 68.
65. Acosta, lib. 6, cap. XXIII, p. 497.
66. Herrera, "Década quinta", lib. 3, cap. IX, p. 256.

Hurin Cuzco a un Inca Tarco Huaman. Aparte de estos datos en los cuales aparece este príncipe como soberano, son numerosas las afirmaciones de ser Tarco Huaman hijo de Maita. Luis Valcárcel[67] citando la obra del canónigo cuzqueño Diego de Esquivel y Navia, menciona a los descendientes de la Usca Maita panaca como encabezada por un Tarco Huaman. ¿Llegaría este príncipe a asumir la jefatura de los cuzqueños, para ser luego depuesto por Capac Yupanqui? No sabemos a punto fijo lo que sucedió, y si Tarco Huaman ceñiría la borla, para ser luego desposeído.

Anello Oliva cuenta que Capac Yupanqui no era hijo de Maita Capac, sino de una hermana suya llamada Curuyayu.[68] El golpe de Estado de Capac Yupanqui sería quizás una última reacción del matrilineado entrado ya en desuso. En todo caso la sucesión de Maita es confusa, da lugar a luchas e intrigas. En un Estado que llegó con el tiempo a tener una organización tan avanzada, vemos sin embargo las sucesiones tempestuosas, originando con frecuencia golpes de Estado y hasta guerras civiles.

CAPAC YUPANQUI

El primer acto de Capac Yupanqui, una vez que tuvo el poder, fue según Murúa,[69] asegurarse que ninguno de sus hermanos le quitara la borla. Para lograrlo mató a los que pudo, que fueron nueve. Sarmiento de Gamboa nos cuenta que este Inca no llegó al extremo de suprimir a sus hermanos, sino que se contentó con el juramento de que lo dejasen con el gobierno.[70] Cobo nos relata cómo reunió Capac Yupanqui a sus hermanos y evitó de ese modo la rebelión. Más tarde, después de la guerra contra los cuyos de los Andes, mandó a Tarco Huaman de gobernador a ese lugar con el encargo de enviarle "mil jaulas de pájaros de los Andes y de la puna".[71]

Este soberano supo aprovechar la victoria de su predecesor sobre los alcabizas y sus confederados. Con el Cuzco y sus alrededores apaciguados y sometidos por la mano firme del Inca, le fue posible salir a

---

67. Luis Valcárcel, *Del ayllu al imperio*, p. 153.
68. Anello Oliva, lib. 1, cap. II, párrafo 6.
69. Murúa, Edic. L., lib. 1, cap. VII.
70. Sarmiento de Gamboa, cap. XVIII, p. 68, Cabello de Balboa, Edic. Urt., cap. III, p. 22.
71. Cobo, tomo III, lib. 12, cap. VII y VIII.

conquistar fuera del valle del Cuzco;[72] la victoria de Maita Capac había consolidado la dominación incaica en el lugar.

Hemos visto que el soberano anterior se proponía hacer la guerra, cuando la muerte lo sorprendió. Los condesuyos, temiendo que Capac Yupanqui tuviese el mismo propósito, decidieron atacar a los cuzqueños primero, con la esperanza de tomarlos de sorpresa. Prevenido a tiempo, el Inca alistó a su gente y esperó la llegada de sus enemigos. La batalla fue propicia al soberano, que venció a los condesuyos y regresó al Cuzco a celebrar su victoria. Los soldados dispersos, no tardaron en rehacerse y volvieron a marchar contra el Cuzco, decididos esta vez a triunfar. Capac Yupanqui con sus orejones y señores confederados, les infligió una segunda derrota persiguiendo el Inca a los condesuyos hasta sus mismas tierras.[73]

Garcilaso, como siempre, menciona una larga lista de conquistas en el Condesuyo; según él, Capac Yupanqui habría llegado hasta los Soras y Rucanas. Ahora bien, estos eran lugares habitados por los chancas, nación belicosa y poderosa, con el cual no podía medirse la confederación cuzqueña todavía incipiente. Igualmente nos cuenta el mismo cronista, que entonces las huestes incaicas llegaron más allá del Collao hasta Charcas. Para avanzar tan lejos, el dominio absoluto del Collao era necesario. Tanto el curaca de Hatun Colla como el de Chucuito eran temibles enemigos, difíciles de vencer. Sólo bajo Pachacutec, con la confederación agrandada y robustecida por el triunfo sobre los chancas, fue posible la sumisión del Collao; asimismo no fue empresa fácil.

El incario, tal como estaba bajo Capac Yupanqui, se encontraba rodeado por curacas celosos de su independencia y listos a defenderla. Cobo [74] lo confirma cuando dice que en tiempo de los Hurin Cuzco "se extendió su señorío muy poco, de suerte que habia entonces en el Perú caciques tan poderosos como los incas, cuales eran los Chucuito, Hatun Colla, Chincha y otros de las provincias de los llanos".

Durante el gobierno de Capac Yupanqui, estaba creciendo en ambiciones una confederación que más tarde pondría al mismo Cuzco en peligro, éstos eran los chancas, ellos habitaban en aquel entonces la región de Ayacucho, los Soras y Rucanas, extendiéndose sus dominios hasta el río Pampas. La rica provincia de Andahuailas, habitada por los quechuas, era ambicionada por estos peligrosos vecinos. Al verse estos últimos amenazados por el espíritu expansionista de los chancas, enviaron sus embajadores al Cuzco a rogar los tuviesen por amigos y confe-

---

72. Sarmiento de Gamboa, cap. XVIII, p. 68.
73. Cieza de León, *Del señorío de los incas*, cap. XXXIV.
74. Cobo, tomo III, lib. 12, cap. VIII, p. 162.

derados.⁷⁵ Fueron bien recibidos en el Cuzco por el Inca, ya que eran considerados como valientes guerreros. Posiblemente durante el reinado de Capac Yupanqui, los chancas no se atrevieron a apoderarse de Andahuailas. A la muerte del Inca y durante los disturbios causados por el asesinato del soberano, aprovecharon los chancas del desasosiego general para hacer suya toda la provincia. El poderío de los chancas, creciente de día en día, principió a ser desde entonces una amenaza para la confederación cuzqueña.

Estando Capac Yupanqui en conquista fuera del Cuzco, dejó a su hijo Quispe Yupanqui de gobernador de la ciudad. De este príncipe se sabe muy poco y sólo lo menciona Anello Oliva.⁷⁶ Arriesgado sería afirmar categóricamente su existencia; de haber vivido, probablemente encontró la muerte en las luchas que sucedieron a la muerte de su padre. Con el cambio de dinastía, su nombre fue quizás borrado de la historia, según la costumbre incaica de suprimir los episodios o los personajes que disgustaban al nuevo señor que ceñía la mascapaicha.

Personalmente conquistó Capac Yupanqui los pueblos de Cuyumarca y Ancasmarca a cuatro leguas del Cuzco,⁷⁷ con el fin de castigar al curaca que había hecho caso omiso de su deseo de mandarle jaulas con pájaros. En su lugar mandó después a su hermano Tarco Huaman. De temor ante el espíritu guerrero de este Inca, le envió el sinchi de Ayarmaca a una hija suya llamada Curihilpay, con la cual casó Capac Yupanqui.⁷⁸

Parece que Capac Yupanqui, fue primero casado con Chimbo Mama, hermosa y apacible señora.⁷⁹ Al poco tiempo enfermó la coya con un "mal de corazón" que la llevaba a dar gritos, rascarse la cara y morder a las personas que la rodeaban. Ante la enfermedad de su consorte el Inca se dirigió al Sol, su padre, a pedirle que le fuese dada otra coya por mujer.

---

75. Cieza de León, *Del señorío de los incas*, cap. XXXIV.
76. Anello Oliva, lib. 1, cap. II, párrafo 7.
77. Sarmiento de Gamboa, cap. XVIII, p. 68.
    Cobo, tomo III, lib. 12, cap. VIII.
78. Cobo, tomo III, lib. 12, cap. VIII, casó con Cori-Ilpay Cahua.
    Garcilaso, tomo I, lib. 3, cap. XIX, Mama Curiillpay.
    Cabello de Balboa, cap. III, p. 23, Curi Illpay.
    Gutiérrez de Sta. Clara, Mama Indichiquia.
    *Declaración de los quipucamayus a Vaca de Castro*, pp. 13-14. Mama Chuqui Yllpa.
    Sarmiento de Gamboa, Curihilpay.
    Santa Cruz Pachacuti, p. 165, Mama Cori-Illpay Cahua.
79. Huamán Poma, fojas 102 y 129.

Es entonces, posiblemente, que tomó Capac Yupanqui a Curihilpay por mujer legítima, lo que no le impidió tener numerosas concubinas, ya que Huamán Poma nos dice que era muy enamoradizo.[80] Este mismo cronista nombra a la segunda esposa como Cusi Chimbo, hermana de la primera coya, probablemente fue sólo una concubina, ya que la mayoría de cronistas mencionan a la hija del sinchi de Ayarmaca.

Murúa se expresa de Cusi Chimbo como una mujer "cruel y mal acondicionada, y amiga de banquetes y borracheras".[81]

¿Qué intrigas y pasiones moverían a Cusi Chimbo a envenenar a Capac Yupanqui, dándole ella misma un brevaje en un mate de oro?[82]

En medio del desconcierto producido por la muerte del soberano, los Hanan Cuzco, conducidos por Inca Roca, atacaron al lugar de Inticancha y desbarataron a los Hurin. Posiblemente se trató de una conspiración preparada de antemano, en la cual el asesinato de Capac Yupanqui estaba convenido. Cusi Chimbo fue seguramente la cómplice de Inca Roca, ya que tanto Huamán Poma como Murúa la nombran como mujer de ambos monarcas.

### INCA ROCA, PRIMER HANAN CUZCO

Al tener éxito el golpe de Estado de Inca Roca, y proclamarse este príncipe soberano del Cuzco, se inició una nueva dinastía; la de los Hanan Cuzco.

Bajo los primeros incas del Cuzco alto, la suerte de la confederación incaica no varió mayormente, cada nuevo soberano tendrá, al asumir el mando, que dominar los mismos pueblos sublevados, las conquistas se repetirán con cada príncipe, existiendo además entre los ayllus rivalidades y querellas. Pero si bien la confederación cuzqueña por varias generaciones más no dejará de ser una de las tantas naciones del territorio, se nota con los Hanan Cuzco mayores ambiciones.

El cambio de dinastía es un hecho que ya no se discute hoy día; varios historiadores dividen la historia incaica en las dos épocas de Hurin y Hanan. Nosotros encontramos que la confederación incaica tenía que seguir bajo ambas dinastías en las mismas condiciones, hasta no producirse la derrota de una de las poderosas naciones vecinas. Sólo en ese caso podrá iniciarse la expansión contenida y sofocada hasta entonces.

---

80. Huamán Poma, foja 102.
81. Murúa, Edic. L., lib. 1, cap. XXI.
82. Murúa, Edic. L., lib. 1, cap. VII y XXI.

En cuanto a la costumbre de dividir ciudades, naciones y lugares en hanan y hurin, parece tener un origen muy remoto. Sarmiento de Gamboa,[83] hablando del tiempo de las behetrías, anterior a los incas, dice: "Y en cada pueblo hacían dos parcialidades. A la una llamaban Hanansaya, es decir, la banda de arriba y a la otra Hurinsaya, que es decir la banda de abajo; el cual uso conservan hasta hoy. Y esta división no sirvia mas de para contarse unos a otros por su contento".

Encontramos en ciertas ocasiones, restos de esta división aún hoy día en todo el Perú. Numerosos son los lugares o pueblos cuyos nombres principian con la partícula *Atun*, como el pueblo de Atuncolla en Puno y el de Atunchaca en Calca. Igualmente existen otras localidades que mencionan especialmente el bando de abajo como Lurinchincha o Lurinhuanca. Esta costumbre se extendía en todo el territorio, con anterioridad a la conquista incaica. Tanto los chancas como la mayoría de las naciones sometidas a los cuzqueños, estaban divididos en los dos bandos, llegando en algunos lugares a tener una dualidad en el mando de sus ejércitos.

En los mitos encontramos ya existente esta demarcación, como en la leyenda del diluvio entre los Cañari del norte; iguales alusiones vemos en las tierras yungas y en los Andes. Al cielo le decían Hanan Pacha o lugar alto, en contraposición a la tierra que era Hurin Pacha.[84] Garcilaso[85] da origen a esta división. En tiempo de Manco Capac, al poblar el soberano el Cuzco, fundó la parte alta de la ciudad, mientras la coya hacía lo mismo en Hurin. ¿Estaría su origen en la creencia de una dualidad femenina y masculina de la tierra o en algún mito cósmico con ambos principios negativos y positivos del universo? ¿Puede igualmente remontarse su origen a culturas o imperios desaparecidos del pasado? Como se comprenderá no trataremos aquí de solucionar este problema, siendo materia para un estudio aparte sobre el particular.

Con Inca Roca, aparece por primera vez el título de Inca, no siendo quizás hasta entonces los príncipes cuzqueños, más que simples sinchis electos o curacas. Este soberano mostró brío y valor en la osada tarea de despojar a Capac Yupanqui del mando. Conseguido su propósito, tuvo que hacer frente a numerosas rebeliones. No solamente se alzaron los pueblos, que a través de los diversos gobiernos daban siempre que hacer al príncipe cuzqueño, sino se trató de verdaderas rebeliones de los ayllus confederados a los Hurin Cuzco. A los primeros que fue preciso vencer

---

83. Sarmiento de Gamboa, cap. VIII, p. 43.
84. Cobo, tomo I, lib. 1, cap. VIII.
85. Garcilaso, *Comentarios reales de los incas*, lib. 1, cap. XVI.

fue a los mascas, del bando del Cuzco bajo, que habían cometido algunos actos de hostilidad. Inca Roca les infligió una sangrienta derrota, cayendo su jefe Guasi Guaca en manos del soberano, siendo conducido prisionero al Cuzco en medio de los aplausos de sus habitantes y de la vergüenza de los mascas.[86] Los curacas de Muyna y de Pinahua tomaron también las armas, en un intento para independizarse. En el encuentro con los cuzqueños, el sinchi Muyna Pongo resultó muerto y el segundo, Guamantopa huyó, sin volver a aparecer. Pasó Inca Roca después de la victoria más allá de Muyna, hasta Quiquijana, a seis leguas de distancia.[87] Tuvo igualmente que conquistar el pueblo de Caytomarca; bajo el Inca Viracocha volverá el soberano cuzqueño a dar batalla a estos mismos habitantes. Las luchas de Inca Roca más que conquistas territoriales aparecen como guerras dirigidas contra los ayllus que formaban o apoyaban la primera dinastía.

Bajo este Inca principiaron las guerras con los chancas, las cuales no terminaron hasta el momento decisivo con Pachacutec, cuando la suerte de ambas confederaciones tendrá que decidirse, con la derrota de uno de los dos bandos. Hemos visto en tiempo de Capac Yupanqui, a los quechuas de Andahuailas pedir ayuda a los cuzqueños contra los chancas. Durante el reinado de Inca Roca, tanto Garcilaso como el padre Cobo mencionan a los chancas instalados ya en Andahuailas.[88] Aprovecharían ellos el cambio de dinastía y los disturbios producidos para destruir a los quechuas. En todo caso, parece que Inca Roca decidió atacarlos por sorpresa, pues estaban los chancas "Confiados en sus muchas victorias". Al tomar las tierras de los quechuas, principiaban a ser un peligro creciente para los cuzqueños. El Inca pidió ayuda a sus vecinos los canas y a los canchis, que aún no estaban sometidos y llevó algunas compañías con promesas;[89] parece que mediante recompensas ayudaban a los incas en sus luchas. El ataque repentino de Inca Roca tuvo éxito, los chancas que no lo esperaban se desbandaron. No es de suponer, como afirma Garcilaso, que los ejércitos del Inca se hayan paseado hasta los mismos centros de los chancas. Es más lógico creer que se limitarían a la región de Andahuailas, sobre todo que los otros cronistas que mencionan esta guerra, y por lo tanto no tuvo grandes repercusiones.

---

86. Cabello de Balboa, cap. III, p. 23.
87. Sarmiento de Gamboa, cap. XIX, p. 69.
    Cabello de Balboa, Edic. Urt., cap. III, p. 24.
    Cobo, tomo III, lib. 12, cap. IX.
88. Cobo, tomo III, lib. 12, cap. IX.
    Garcilaso, *Comentarios reales de los incas*, tomo I, lib. 4, cap. XV.
89. Cobo, tomo III, lib. 12, cap. IX.

# 1 / LA FORMACIÓN DEL IMPERIO INCA

Pasado un buen tiempo de la anterior conquista, decidió el Inca mandar un ejército al Antisuyo, avanzando sus tropas hasta "Paucar Tambo y los pueblos circunvecinos y no pasó adelante por la gran espesura y maleza de aquellas montañas".[90] Estas fueron las primeras chacras de coca que tuvieron los incas.[91]

A pesar de sus guerras, Inca Roca no destaca como conquistador; no hizo más que las indispensables para asegurar su jefatura. No poseían aún los cuzqueños la táctica de conservar sus adquisiciones, las tropas invadían las comarcas enemigas, apoderándose de un cuantioso botín sin preocuparse de anexar definitivamente las regiones subyugadas. Más bien vemos en él al príncipe que se esforzó por consolidar su gobierno, hecho que logró a través de su largo reinado. Es el primer jefe que los cronistas mencionan como preocupado de mejorar la ciudad. Indudablemente la segunda dinastía cuzqueña, tuvo mucho mayor sentido de grandeza y de gobierno que los Hurin. Si Manco Capac fue el fundador de la epopeya incaica, Inca Roca puede considerarse como el precursor de la futura grandeza que aguardaba a los incas, siendo Pachacutec el forjador del imperio.

Uno de los primeros actos de este Inca, fue abandonar Inticancha, que desde Manco Capac había sido la residencia de los soberanos, todos los Hurin Cuzco habían habitado allí; quizás la doble función de curaca y de sumo pontífice se unían en el mismo príncipe. Es probable que de ser así, se hayan quedado los Hurin con el sacerdocio, hasta el reinado del Inca Viracocha. El traslado del palacio real, se debía posiblemente a que un Hanan Cuzco no podía morar en la parte baja de la ciudad o lo haría el Inca con un fin político y religioso.

Inca Roca se hizo construir un palacio en lo alto de la población, de allí en adelante cada monarca se edificará una nueva morada aparte "no queriendo vivir el hijo en las casas que había vivido su padre".[92] A la muerte del Inca, quedaba el palacio con sus criados, sus vajillas de oro y plata, tal como lo había dejado el difunto monarca. El hijo designado por el soberano, ajeno a la herencia del reino, pasaba con sus demás hermanos a formar la panaca del Inca difunto. Tenían la obligación de guardar el recuerdo del padre, en cantares, en quipus y en pinturas, así como el deber de cuidar su momia. En las grandes fiestas salían a la

---

90. Cobo, tomo III, lib. 12, cap. IX.
91. Garcilaso, *Comentarios reales de los incas*, tomo I, lib. 4, cap. XVI. *Declaración de los quipucamayus a Vaca de Castro*, Edic. Urt., p. 14. Huamán Poma, foja 105.
92. Sarmiento de Gamboa, cap. XIX, p. 70.

plaza todas las panacas reales, celebrando cada una de las hazañas de sus fundadores, existiendo seguramente entre estas entidades rivalidades y celos.

No solamente edificó el Inca su palacio, sino que fue el primero que se ocupó de mejorar la ciudad.

Cuentan que en esa época el Cuzco sólo tenía el agua que suministraban pequeñas fuentes. La incomodidad que traía la falta de un río, hizo que Inca Roca, cuando la ceremonia del Huarachico, rogara al Sol, su padre, le dijera en que forma podía subsanar esta dificultad. Arrodillado, oraba el príncipe, cuando estalló un trueno tan fuerte que de miedo agachó la cabeza, y súbitamente oyó un ruido de agua subterránea. Con gran alegría fue recibida la nueva, y principiaron los trabajos. El canal fue forrado con paredes de piedras y el agua llevada por el medio de la ciudad; para pasar se hicieron, de trecho en trecho, puentes de piedra.[93] Con el agua regaron también una mayor extensión de tierras para las sementeras.

Según Garcilaso[94] fue este monarca el que fundó el Yacha Huasi o escuela para los niños de la casta de los incas.

Todas estas obras no impedían al Inca ser aficionado a los banquetes y las diversiones; Santa Cruz[95] nos cuenta que era "gran amigo de baylar" y de hacer comidas en la gran plaza del Cuzco.[96] Quizás fuera por la influencia de su concubina Cusi Chimbo, que Huamán Poma menciona como muy alegre, que al Inca le gustaba: "cantar música y tocar tambor hazia fiestas y uanquetes y tener ramilletes en las manos".[97]

Inca Roca casó con Mama Micay[98] del pueblo de Huallacanes e hija del sinchi Soma Inga. Tuvieron un hijo, el futuro Yahuar Huacac,

---

93. Cieza de León, *Del señorío de los incas*, cap. XXXV.
94. Garcilaso, *Comentarios reales de los incas*, tomo I, lib. 4, cap. XIX.
95. Santa Cruz Pachacuti, Edic. Urt., p. 170.
96. Murúa, Edic. L., lib. 1, cap. XXI.
97. Huamán Poma, foja 131.
98. Cabello de Balboa, Edic. Urt., cap. III, p. 24, casó con Mama Micay.
    Sarmiento de Gamboa, cap. LXX, casó Inca Roca con una mujer principal llamada Mama Micay del pueblo de Pataguayllacan.
    Cieza de León, *Del señorío de los incas*, cap. XXXV, la nombra como Micai Coca.
    Santa Cruz Pachacuti, p. 170, Mamamicaychimpo.
    Garcilaso, *Comentarios reales de los incas*, tomo I, lib. 4, cap. XVIII, Mama Micay.
    Huamán Poma, foja 103, casó con Cusichimbo Mamamicay Coya.
    Murúa, lib. 1, cap. XXI, le da por nombre Cusi Chumpi.

sobre el cual se formó la leyenda de que lloró sangre. Ningún cronista nos da tanto detalles sobre el joven príncipe y de cómo lo hurtaron sus parientes maternos, como Sarmiento de Gamboa; aunque el relato es muy conocido, lo contaremos en pocas palabras.

Mama Micay había sido la prometida de Tocay Capac, sinchi de los ayarmacas. No sabemos por qué motivo el matrimonio no se llevó a cabo, casándose la joven con el Inca cuzqueño. Furioso por el rompimiento, Tocay Capac declaró la guerra a los huallacanes, originándose de este modo un largo combate. Después de transcurridos varios años de lucha, y cansados los huallacanes de tan inútil contienda pidieron el fin de las hostilidades, a lo cual accedió Tocay, exigiendo como condición para la paz que los parientes de la coya le entregasen al joven Titu Cusi Gualpa, hijo de Mama Micay habido con Inca Roca.

Los huallacanes, deseosos de complacer a los ayarmacas, consiguieron que el Inca les mandara al niño, con la oferta de reconocerlo por deudo y futuro heredero de las tierras maternas. Cobo[99] afirma que Mama Micay era curaca del pueblo huallacan, existiendo seguramente el matrilineado entre ellos. Una vez instalado el príncipe entre sus parientes maternos en el pueblo de Micaocancha, lo dejaron un día solo en la aldea, pretextando salir a arar sus tierras. Aprovecharon la ocasión los ayarmacas, para caer de improviso y llevarse al niño. Según la leyenda cuando, para cumplir la orden de Tocay Capac, iban a dar muerte al muchacho, lloró el príncipe, y con gran sorpresa de los espectadores, fueron lágrimas de sangre las que corrieron por sus mejillas.[100] Sorprendidos y temerosos por el milagro, no se atrevieron a cumplir la sentencia y decidió el sinchi dejarlo con vida y mandarlo de pastor de sus rebaños.

Inca Roca, que no sabía si su hijo estaba vivo o muerto, no se atrevía a atacar a los ayarmacas, de miedo que mataran al muchacho. Debió Titu Cusi Gualpa su salvación a una concubina de Tocay Capac, llamada Chimbo Orma, natural del pueblo de Anta, la cual tomó cariño al niño y decidió liberarlo de acuerdo con sus parientes. Estando Titu jugando con otros niños, se alejó de ellos hacia un sitio convenido; los anta lo esperaban y tomándolo apresuradamente se marcharon a su

---

99. Cobo, tomo III, lib. 12, cap. IX, p. 145.
100. Valdizán, Hermilio en *Historia de la medicina peruana*, cap. VIII, p. 131, supone que fue una conjuntivitis y dice:

> Las oftalmopatías no debieron ser raras entre los primitivos habitantes del Perú y la ceguera, la forma más grave de ellas debió ser realmente frecuente, a juzgar por las veces en que se halla representaciones de ella en la cerámica peruana.

pueblo. Pero no tardaron en ser alcanzados por los ayarmacas, trabándose una batalla, en la cual estos últimos tuvieron que huir. Un año quedó el futuro Yahuar Huacac, refugiado con los anta, hasta que ellos avisaron al Inca y le pidieron en recompensa ser tenidos por parientes de los cuzqueños y estar en igualdad con los orejones.

A su regreso al Cuzco, Titu Cusi Gualpa quedó nombrado como correinante de su padre con el fin de consolidar su nueva dinastía. Sabia precaución que tenía por objeto evitar las rebeliones y las intrigas que surgían a la muerte de los soberanos.

En cuanto a la enemistad con los ayarmacas, terminó con un doble matrimonio: la hija de Tocay Capac, Mama Chiquia, casó con Titu, mientras que una hija de Inca Roca, la ñusta Curi Ocllo, fue mujer de Tocay.

Garcilaso [101] niega que hayan hurtado al príncipe, pues asegura que nadie se hubiera atrevido a tal cosa. Pero olvida que en esa época del incario, no existía aún el esplendor ni la pompa con que se rodearon los monarcas posteriores. En aquel entonces los cuzqueños no dejaban de ser una de las tantas confederaciones y curacazgos diseminados por el territorio. Además los que cometieron el robo debían sentirse iguales a los incas, sobre todo si tomamos en cuenta que Mama Micay era curaca de los huallacanes y que los ayarmacas pertenecían a los antiguos señores del Cuzco.

Difícil sería negar o afirmar la autenticidad del relato, aunque Sarmiento lo cuenta con gran prolijidad y detalle.

Entre otros hijos, tuvo Inca Roca a Vicaquirao, que se convertirá andando el tiempo, en un gran guerrero y será amigo de armas del capitán Apo Maita.

El largo y buen gobierno de Inca Roca, había logrado cimentar el poder para los Hanan Cuzco. Tenía este soberano más que ninguno de los anteriores señores, el sentido del mando y gobierno de la confederación.


## YAHUAR HUACAC

Éste es seguramente el reinado más confuso de toda la historia incaica. No solamente encontramos numerosas contradicciones sino que los hechos que ocurrieron son relatados por los cronistas de manera poco clara. Posiblemente los quipucamayus que conservaban los quipus y pinturas recibieron repetidas veces la orden de borrar de su memoria los acontecimientos pasados.

---

101. Garcilaso, *Comentarios reales de los incas*, lib. 4, cap. XVI.

1 / La formación del imperio inca                                           57

Entrado ya en años,[102] heredó este príncipe la mascaipacha de su padre; sin embargo Sarmiento de Gamboa [103] le da para este suceso la edad de diecinueve años. Nos parece difícil que fuera tan joven, pues era Yahuar Huacac el primogénito de la coya Mama Micay, ya que en él vengó Tocay Capac su rompimiento matrimonial. Sabemos por otra parte que Inca Roca reinó largo años, casi cincuenta.[104]

Al ceñir Titu Cusi Gualpa la borla, tomó el nombre de Yahuar Huacac, apelativo con que lo llamaban desde el rapto de los ayarmacas. Era antigua costumbre en el incanato cambiar de apelativo varias veces en el transcurso de la vida. Un orejón mudaba dos veces, el primero lo daban a la edad de dos años, al primer corte de cabello, ceremonia que daba lugar a una fiesta especial.[105] El segundo y definitivo, lo recibía durante el Huarachico al entrar a formar parte de la casta de los orejones. Ahora bien, al ceñir la mascaipacha, el nuevo Inca, tomaba un nuevo nombre con el cual se quedaba como soberano; costumbre que se presta a múltiples equivocaciones y confusiones, por ejemplo Yahuar Huacac, según Sarmiento de Gamboa, se llamaba cuando príncipe Titu Cusi Gualpa, los quipucamayus le dicen Maita Yupanqui y por último Anello Oliva le da por nombre el de Atauchuma.[106]

Cieza de León, al referirse a este soberano lo llama sólo Inca Yupanqui; Yupanqui fue tornándose en el apelativo de todos los soberanos y de muchos orejones de sangre. Lo único que identifica al Inca Yupanqui de este cronista con Yahuar Huacac es la mención de Cieza de que era casado con Mama Chiquia de Ayarmaca.[107]

El primer impulso del príncipe, una vez de soberano, fue vengarse de los huallacanes, que lo habían traicionado cuando niño, pero éstos se humillaron ante él, y recordando el Inca que eran familiares suyos les perdonó.[108] Sólo Garcilaso califica a este soberano como un ser apocado y tímido; Huamán Poma[109] nos dice que era "pequeño de cuerpo y recio y

---

102. Acosta, lib. 6, cap. XX.
103. Sarmiento de Gamboa, cap. XXIII.
104. Garcilaso, *Comentarios reales de los incas*, tomo I, lib. 4, cap. XIX.
    Cabello de Balboa, Edic. Urt., cap. III, p. 25.
    *Declaración de los quipucamayus a Vaca de Castro*, Edic. Urt., p. 14.
105. Garcilaso, *Comentarios reales de los incas*, tomo I, lib. 4, cap. XI.
106. *Declaración de los quipucamayus a Vaca de Castro*, Edic. cit., p. 14.
    Anello Oliva, lib. 1, párrafo 2.
107. Cieza de León, *Del señorío de los incas*. Cap. XXXV.
108. Sarmiento de Gamboa, cap. XXIII.
109. Huamán Poma, foja 105.

fuerte y sabio"; Sarmiento de Gamboa [110] se refiere a él como "gentil hombre y de muy hermoso rostro"; y Santa Cruz Pachacuti, lo nombra de "muy noble condición".[111]

En cuanto a sus conquistas, si no fueron muy numerosas, ni tuvieron nada de extraordinario, no fue debido a la cobardía del Inca, como lo afirma Garcilaso, sino más bien a que su reinado fue sumamente corto. Cabello de Balboa, dice: "que gobernó poco tiempo y no hizo nada notable de suerte que no tenemos casi nada que decir de su reinado.[112] Esta última afirmación es la explicación de muchos sucesos del reinado de Yahuar Huacac; pero veamos primero lo que relatan los cronistas del séptimo Inca.

Al principio del nuevo reinado, los señores vecinos se alzaban con la esperanza de independizarse; los indómitos sinchis de Muyna y Pinahua alistaron sus tropas, teniendo los ejércitos cuzqueños que sofocar todo intento de rebelión. Eran las eternas sublevaciones contra las cuales tenía que luchar el jefe de la confederación cuzqueña. Las guerras de conquistas no las hacían con el fin de dominar totalmente una región; se trataba de meros combates y luchas, en los cuales el sinchi vencido ofrecía tributar y reconocer al Inca del Cuzco. Posiblemente no quedaban guarniciones ni tropas en la región, contentándose con el tributo y con un cuantioso botín.

Los quipucamayus afirman que fue Yahuar Huacac belicoso y el Palentino nos dice de él que era valiente y que "tuvo lo que sus antepasados ganaron. Y el mismo acrecentó otros dos pueblos".[113] Sarmiento de Gamboa le atribuye la dominación de diez pueblos nuevos; posiblemente el séptimo Inca llegó a hacer pequeñas conquistas en los alrededores del Cuzco, como todos sus antecesores, y se apoderó de ciertas tierras en el Condesuyo; parece que el capitán de los ejércitos en esta empresa fue Vicaquirao, hermano del soberano.[114]

Como lo dijimos anteriormente, el Inca Yahuar Huacac se casó en vida de su padre con Mama Chiquia, hija del sinchi ayarmaca, dando en

---

110. Sarmiento de Gamboa, cap. XXIII.
111. Santa Cruz Pachacuti, p. 173.
112. Cabello de Balboa, cap. III, p. 25.
113. El Palentino, *Historia del Perú,* Colección de documentos literarios del Perú de Odriozola (ed.), tomo IX, 2.ª parte, lib. 3, p. 351.
    *Declaración de los quipucamayus a Vaca de Castro*, p. 14.
114. Sarmiento de Gamboa, cap. XXIII, p. 77.
    La conquista del Condesuyo la nombran:
    Garcilaso, *Comentarios reales de los incas*, tomo I, lib. 4, cap. XX.
    *Declaración de los quipucamayus a Vaca de Castro*, Ed. Urt., p. 14.

esa forma fin a la enemistad con Tocay Capac. La coya, nos cuenta Huamán Poma,[115] tenía un físico poco agraciado, siendo su rostro largo y enjuto; uno de los pocos detalles que tenemos sobre sus gustos, era su afición por los pájaros, gustándoles numerosos papagayos y palomas del campo. Tres fueron los hijos de la reina. El mayor Paucar Ayllo no fue designado para suceder a su padre, siendo el segundo, Pahuac Gualpa Maita, nombrado heredero de la borla. Fuera de estos hijos, tuvo el Inca en sus concubinas a Uiccho Topa, llamado así por el pueblo que conquistó; a Inca Roca y a Marcayuto, hijo habido en una mujer del pueblo de Huallacan.[116] No les agradó a los huallacanes la elección de Pahuac Gualpa como futuro soberano, ellos deseaban ver a Marcayuto correinar con su padre, seguramente pensaban tener en esa forma una influencia en el gobierno. Decidieron alcanzar su propósito, suprimiendo al heredero, y con ese fin rogaron al príncipe viniera al pueblo de Paulo, el cual aceptó la invitación y se dirigió a las tierras de los huallacanes con un séquito de cuarenta orejones. Una vez instalados en Paulo, armaron los huallacanes una emboscada, asesinando a todos los cuzqueños. En represalia el Inca arrasó el pueblo, desterrando a unos y matando a otros.

Si bien son numerosos los cronistas que mencionan la existencia de Pahuac Gualpa Maita como hijo de Yahuar Huacac, sólo Garcilaso lo hace figurar durante el reinado de Viracocha, como capitán del ejército y hermano menor del Inca. ¿Quería en esa forma borrar el hecho bochornoso para Garcilaso del asesinato del príncipe?

Habiendo pasado un tiempo, decidió Yahuar Huacac reunir un ejército para ir al Collao; a la noticia de que el Inca pensaba hacer la guerra "a sangre y fuego", acudieron todas las naciones confederadas. Sin embargo, una vez reunido el ejército, no emprendió el Inca la guerra, no llegando a ir los soldados a ninguna parte.[117] Según Cieza de León[118] efectivamente se formó en el Cuzco un ejército necesario para marchar contra el Collao, pero la conquista no se realizó; los condesuyos, temiendo que un nuevo triunfo aumentara el poderío del Inca, decidieron sublevarse. Santa Cruz[119] atribuye el descontento entre los súbditos del soberano, a nuevos impuestos y tributos ordenados por Yahuar Huacac, para el sostenimiento de su casa. Alzáronse los naturales, tomando las

---

115. Huamán Poma, foja 133.
116. Sarmiento de Gamboa, cap. XXIII.
117. Santa Cruz Pachacuti, p. 174.
118. Cieza de León, *Del señorío de los incas*, cap. XXXVII.
119. Santa Cruz Pachacuti, pp. 173-174.

armas y deshaciendo los caminos; es entonces, según Cieza [120] que los condesuyos conspiraron, y aprovecharon para llevar a cabo sus planes. Durante una fiesta en la cual el Inca estaba algo bebido, uno de ellos se acercó al monarca y le asestó un golpe sobre la cabeza. Turbado, Yahuar Huacac se levantó diciendo: "¿Qué hicistes, traidor?"

Esta fue la señal convenida, los de condesuyos se lanzaron matando a todos cuantos podían. El Inca, viendo que se trataba de una conspiración, quiso refugiarse en el templo del Sol, pero fue en vano; no tardó en caer asesinado. El alboroto y desconcierto en el Cuzco fue grande. Las mujeres, espantadas, gritaban aterradas. Los culpables hubieran saqueado la ciudad, si una tempestad con truenos, relámpagos y "mucha agua del cielo" no hubiera alejado a los traidores. Quizá tuvieron temor a una reacción de parte de los cuzqueños, y prefirieron regresar cuanto antes a sus tierras.

Pasado el primer momento de estupor y restablecido el orden, se reunieron los orejones para ver quién iba a suceder en el poder. Pahuac Gualpa Maita, el heredero, había sido asesinado anteriormente por los Huallacanes; ¿igual suerte no habrían corrido en los últimos acontecimientos los demás hijos del monarca? ¿Por qué teniendo Yahuar Huacac varios vástagos, dicen Murúa y Cieza, que no dejó hijo alguno? [121]

Claramente menciona Cieza una división en la opinión entre los orejones; en la reunión llevada a cabo para elegir al nuevo jefe, unos deseaban que no hubiese más incas, y que fuese gobernada la confederación por destacados miembros de élla; mientras otros sostenían que sin un sinchi, todo lo ganado se podía perder. La discusión iba acalorando el ambiente, cuando una mujer de los Hanan Cuzco dijo: "¿En qué estáis ahí? ¿Por qué no tomáis a Viracocha Inca, pues lo merece tan bien?". Estas palabras determinaron la elección de Viracocha.

Si bien esta versión del final del reinado de Yahuar Huacac, es tan apartada de la corriente, será quizás por la costumbre de encubrir la verdad, y sólo contar los hechos que placían a los soberanos posteriores. A los incas que sucedieron al séptimo soberano, les convenía decir que Viracocha era hijo de Yahuar Huacac y borrar completamente la huella de la sublevación con el fin de preservar la continuidad del poder y evitar el ejemplo a las futuras generaciones.

---

120. Cieza de León, *Del señorío de los incas*, cap. XXXVII;
 Herrera, "Década quinta", lib. 3. cap. X.
121. Murúa, Edic. L., lib. 1, cap. IX.
 Cieza de León, *Del señorío de los incas*, cap. XXXVII.

A primera vista la versión de Cieza sobre el asesinato de Yahuar Huacac puede parecer dudosa, pero la veracidad del cronista y la sinceridad de toda su obra hablan a favor del él. Por otra parte, bajo el séptimo Inca, la confederación estaba atravesando un momento difícil. Los incas habían logrado a través de varias generaciones acrecentar, poco a poco, su autoridad sobre los demás curacas y sinchis, y por lo tanto es comprensible que éstos se rebelaran en un esfuerzo para sacudir su yugo. Bajo el fuerte gobierno de Inca Roca, las tribus turbulentas, después de un primer ensayo de sublevación, se habían mantenido tranquilas. Al cambiar de soberano renació entre los sinchis un movimiento libertador; ahora bien, si el Inca no tenía toda la firmeza necesaria, es posible que su reinado fuera sacudido constantemente por guerras, rebeliones y complots. Es exactamente lo que le pasó a Yahuar Huacac, de no ser así, jamás se hubieran atrevido los huallacanes a asesinar al príncipe heredero, ni los condesuyos a matar al soberano. Hasta que la confederación no afirmó bajo Pachacutec de una vez por todas su supremacía y dominio, los sinchis vecinos se consideraban con iguales derechos que los incas cuzqueños, y por lo tanto trataban continuamente de rebelarse. La confederación cuzqueña atravesaba en ese momento una época difícil, llena de incertidumbre, que facilitó el trágico fin de Yahuar Huacac.

En apoyo a la tesis de Cieza, hay varios hechos dispersos; uno de ellos es la reunión de ejércitos que ordenó el Inca para la conquista del Collao, que sin embargo no se llevó a cabo, acontecimiento comprensible si se acepta la versión de Cieza y la muerte repentina del soberano. En segundo lugar, el asesinato de Yahuar Huacac (y por lo tanto su corto reinado) explicaría el motivo por el cual no tuvo tiempo de construirse su cancha, aparte a la de su padre, según la costumbre de los Hanan Cuzco, no habiendo noticias sobre la ubicación de la morada de Aycaylli Panaca, fundada por sus descendientes.

El tercer punto que nos hace sospechar el poco tiempo que duró el gobierno de Yahuar Huacac, es que tanto Vicaquirao como Apo Maita, los mejores generales del Inca Vicaquirao, actuaran al lado del joven Pachacutec en la defensa del Cuzco cuando el ataque chanca.

Si hemos de creer a Sarmiento de Gamboa,[122] Vicaquirao fue hermano de Yahuar Huacac y fundador de la panaca de su padre Inca Roca que llevaba su mismo nombre. En cuanto a Apo Maita, no fue este general como lo supone Markham, hermano de Viracocha, sino que pertenecía a la descendencia del Inca Capac Yupanqui. En efecto, sabemos que el padre de Apo Maita fue Apo Saca, hijo a su vez de Capac

---

122. Sarmiento de Gamboa, cap. XIX, p. 70 y cap. XXIII p. 77.

Yupanqui y de una de sus concubinas. Esto significaría que Viracocha fue, a la par que sus generales, contemporáneo de Yahuar Huacac, y que no había entre ellos una generación de por medio; iniciándose con él una nueva dinastía, hecho que explica muchas confusiones y dudas que existen alrededor del reinado de Yahuar Huacac.

A la caída de Yahuar Huacac, según Cieza, los chancas se volvieron a apoderar de Andahuailas; probablemente durante el fuerte gobierno de Inca Roca, no se atrevieron a atacar de nuevo a los quechuas. Con la anarquía en el Cuzco, volvieron a ocupar sus posesiones en Andahuailas.

◈ ◈ ◈

Capítulo Segundo

## Los Chancas

Repetidas veces, en el curso de la historia, tuvieron los cuzqueños sus luchas con los chancas. El objetivo de su pleito era la posesión de Andahuailas, región rica y de buen temple. La ambición desmedida de ambos los llevaba a choques frecuentes para extender sus dominios. Obscura lucha que debió prolongarse a través de largo tiempo.

Durante el reinado del Inca Capac Yupanqui, los quechuas de Andahuailas pidieron la ayuda de los cuzqueños para contener la amenaza de invasión de los chancas. Pero al morir el soberano, aprovecharon los chancas para atacar a los quechuas y apoderarse de toda la provincia. No sabemos si los cuzqueños mandarían un ejército en auxilio de sus aliados o si sufrirían alguna derrota. Sólo podemos hacer conjeturas, ya que los cronistas cuentan cómo durante el reinado del Inca Viracocha, Andahuailas comprendía la región entre el río Pampas y el río Pachachaca, habitada por los chancas.

La subsiguiente conquista tenía que ser la de los dominios mismos del Inca y de su capital. Antes de abordar el ataque al Cuzco, y señalar la ruta seguida por los capitanes chancas, veamos de dónde se decían proceder, cuál era su hábitat primitivo, y sus posesiones geográficas.

Bajo la denominación chanca se encierran diversas tribus instaladas hacía poco tiempo en Andahuailas, cuyos dominios eran principalmente la cuenca del río Pampas. Garcilaso [1] hablando de ellos dice que "los antepasados de aquellas naciones vinieron de lexas tierras y conquistaron muchas provincias hasta llegar donde estavan".

---

1. Garcilaso, *Comentarios reales de los incas*, lib. 4, cap. XV.

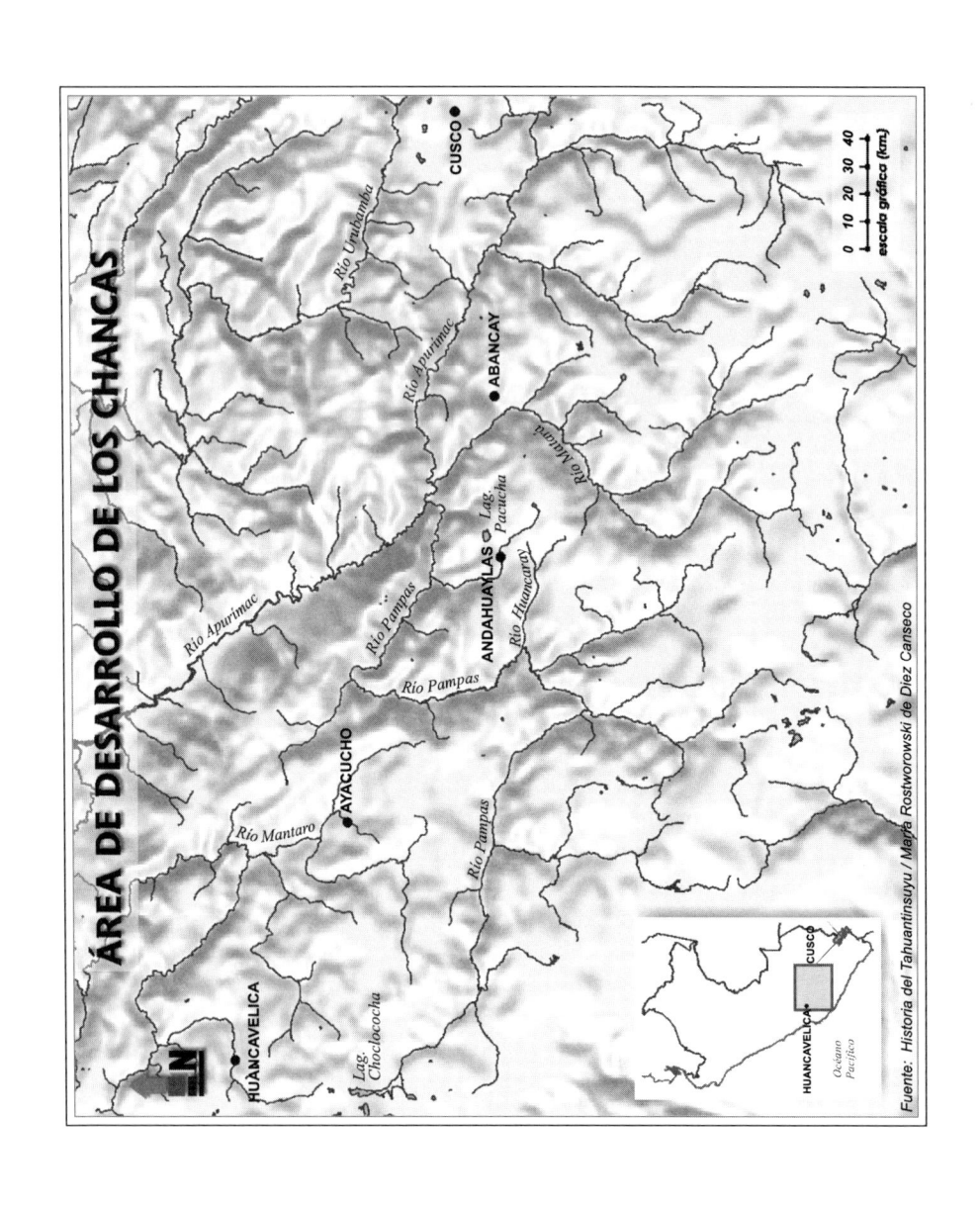

## ÁREA DE DESARROLLO DE LOS CHANCAS

Fuente: Historia del Tahuantinsuyu / María Rostworowski de Diez Canseco

## 2 / Los Chancas

Muy pocos son, desgraciadamente, los datos que se han conservado hasta nosotros sobre las tradiciones y leyendas chancas. Así como los incas señalaban por lugar de origen las míticas ventanas de Tampu Toco, los chancas decían haber salido en tiempos muy antiguos de las lagunas Urcococha y Choclococha.[2] Era la pacarina de donde habían aparecido sus primeros padres.

Murúa[3] relata una leyenda sobre el origen del nombre de Choclococha. En que tiempo sucedieron los hechos que vamos a narrar, es difícil decir, pero deben seguramente remontarse a una época lejana.

En el pueblo de Huancavelica había un cerro que los naturales llamaban Vilca, cuya etimología significa sagrado. Allí tuvo lugar una batalla entre dos capitanes, apellidado el uno Huanca y el otro Huamán (los pocras tenían al halcón por animal sagrado). Después de un encuentro sangriento, salió derrotado el capitán huanca, en memoria de quien pusieron el nombre de Huancavelica a dicho lugar. Los guerreros del jefe vencido, huyeron llevando consigo sus cargas de maíz. Por la prisa y el miedo que tenían, echaron sus fardos en una laguna llamada Acha.[4] En el verano siguiente, debido al exceso de calor, se secó la laguna y las semillas brotaron produciendo hermosos choclos. Desde entonces el lago tomó el nombre de Choclococha, lugar que se encuentra cerca del actual pueblo de Castro Virreyna, a una altura de 4 950 msnm.[5] Tomando en cuenta la elevación, es un poco difícil pensar que allí llegó a crecer el maíz. El pueblo antiguamente llevaba el mismo nombre que la laguna.[6]

---

2. Cieza de León, *La crónica del Perú*, cap. XC.
   Huamán Poma, foja 85.
   Vásquez de Espinosa, cap. LXXII, p. 548.
3. Murúa, lib. 4, cap. VIII.
4. Según José Barranca en "Fragmentos de una gramática para el Cauqui". Publicado en *El siglo*, Lima, año 3, 1876, N.° 26, encontramos *Acha* o *Asa*: grande.
   La etimología de este nombre provendría quizás del cauqui o a'karo, ya que los cauquis habitaban las regiones lacustres de la Cordillera Oriental.
5. Stiglich, *Diccionario geográfico del Perú*.
6. *Relaciones geográficas de Indias* recopiladas por Jiménez de la Espada, tomo I, p. 140.

## MAPA DE LA REGIÓN CHANCA

Otro dato relacionado con la misma laguna es narrado por Arriaga.[7] Durante la procesión de Corpus, llevaban los naturales de la región "dos corderos de la tierra" vivos en unas andas, y los sacrificaban a las lagunas de Choclococha y de Urcococha, diciendo que las llamas tuvieron su origen y salieron de ellas.

Los chancas tenían por animal sagrado al puma; Garcilaso[8] cuenta haber visto en el Cuzco, para una fiesta del Santísimo Sacramento, unos hombres de esta nación bailando con la cabeza del animal cubriendo la de los danzantes.

Relacionados con las leyendas y creencias, están los ídolos chancas. Diseminadas y fragmentadas son las noticias que sobre ellos encontramos en las crónicas. El celoso extirpador de idolatría que fue el padre Arriaga, menciona la famosa huaca de Sañumama.[9] Estaba formada por diversas tinajas llenas de chicha. Más o menos en tiempo del Corpus, las sacaban en medio de grandes regocijos. El cántaro más grande estaba vestido como una mujer, luciendo tupus de oro.

El padre Calancha[10] menciona un ídolo en Conchuco llamado Chanca. Es difícil encontrar qué parentesco lo unía con la nación que nos interesa, pero quizás fue abandonado por Anco Huallu en su precipitada huida hacia los bosques. Era un ídolo de piedra con figura de persona. En una época determinada le hacían grandes fiestas, durante las cuales celebraban su matrimonio con una joven de suma hermosura. La muchacha se convertía en sacerdotisa, guardando virginidad toda su vida.

Iguales figuras de piedras encontró Pachacutec durante su conquista del importante centro de Vilcashuaman.[11] Siete era el número de ídolos, representando curacas y labrados en piedra negra. Eran los protectores del lugar y se hallaban en Guamañi. Recaredo Pérez Palma[12] cuenta la creencia actual de los habitantes de la provincia de Fajardo en un demonio llamado "huamañi" protector del ganado, y que reside

---

7. Arriaga, Edic. Urt., cap. VIII, p. 76.
8. Garcilaso, *Comentarios reales de los incas*, lib. 4, cap. XV.
9. Arriaga, Edic. Urt. cap. X, p. 94.
   Rivero y Tschudi, *Antigüedades peruanas*, cap. VII, p. 164.
10. Calancha, lib. 12, cap. XXXII, p. 473.
11. Según Santa Cruz Pachacuti, Edic. Urt., p. 181, los ídolos tenían los siguientes nombres: Ayssavilca, Pariacaca, Chinchacocha, Vallallo, Chuquiuacra, y otros dos de los cañares.
12. Recaredo Pérez Palma, *La evolución mítica en el imperio incaico del Tahuantinsuyo*, pp. 82-83.

## 2 / Los Chancas

en los cerros, peñas y bosques. En Huanta, el espíritu guardián es el Illan, habita en los cerros nevados.

Antes de ver la situación de las numerosas tribus chancas, y la de sus confederados, veamos lo que puede significar la palabra *chanca*. La etimología de esta voz varía según los autores. En los antiguos diccionarios, encontramos los siguientes datos:

L. Bertonio (aymará):
*Cchancca*, hilo de lana.
*Cchamca, tutu lakha*, oscuro u oscuridad.
*Chana*, hijo nacido a la postre.

Fray Domingo de Santo Tomás no menciona ningún vocablo parecido.

González Holguín:
*Chanca, chanca zzanca,* verb. Bambolear, andar temblando.
*Chanchani* o *zzanzzani*, verb. Ir saltando.
*Chanca,* nom. Pierna.

Mossi:
*Chancan,* muslo o pierna o cuarto de pierna.

Para Riva Agüero, la voz *chanca* significa recientes, advenedizos o inestables.[13] Según Recaredo Pérez Palma, *chanca* es la parte del cuerpo en que conjuncionan las extremidades inferiores y el sexo. Derivan de *chanca* las palabras *chancala* y *chancasapa* con las que se apodan a las personas altas y por extensión a las de buena estatura.[14]

¿Los chancas se llamarían a ellos mismos en esa forma o sería un apodo dado por los quechuas o los cuzqueños? Quizás pertenecían a una raza más alta que la de los incas y tendrían acaso una manera especial de caminar. En todo caso los chancas de Andahuailas eran parientes cercanos con las demás tribus que habitaban la actual provincia de Ayacucho. Garcilaso[15] nos cuenta que bajo el apelativo chanca eran comprendidas varias naciones, como los Hancohuallu, Utunsulla, Uramarca, Vilcas y otras.

---

13. Riva Agüero, *Civilización peruana, época prehispánica,* p. 101.
14. Navarro del Águila, *Las tribus de Ankco Wallokc,* parte I, cap. I.
15. Garcilaso, *Comentarios reales de los incas,* lib. 4, cap. XV.

Markham [16] en *Las posesiones geográficas de las tribus que formaban el imperio de los incas*, sigue a Garcilaso cuando menciona los ayllus que comprendían la nación chanca. Estas serían, según él, los hancohuallu, los utunsullas, los urumarcas instalados en el valle del Pampas; los vilcas en la meseta que está arriba de la orilla izquierda de este río; los pocras en los valles que circundan la actual ciudad de Ayacucho; los iquichanos en las montañas al norte de Huanta; y los morochucos en Cangallo. Igualmente nombra Markham a los tacmanes y a los quiñuallas, pero sin dar sus posiciones geográficas. Garcilaso menciona estos mismos como habitantes entre Abancay y la cordillera nevada.

Navarro del Águila [17] en su interesante libro sobre las *Tribus de Ankco Wallock* da a la confederación chanca mayor extensión territorial, pues los alía a los huancas, al mismo tiempo que supone una mayor importancia de los ayllus pocras. Según este autor, la llamada Gran Confederación hubiera comprendido la nación chanca propiamente dicha, los pocras y los huancas.

La nación chanca hubiera sido integrada por las tribus de Andahuailas, Rucanas y Soras, siendo la provincia de Andahuailas la más importante.

Según las *Relaciones geográficas de Indias*,[18] los rucanas se dividían en dos parcialidades: la de Hananrucana y Hurinrucana; esta división en dos bandos era una costumbre muy difundida en todo el territorio. Cada repartimiento tenía su curaca y conservaba sus dialectos propios, que la crónica llama "hahuasimi".

El "huahuasimi" o "ahuasimi" eran los idiomas de los naturales, fuera del lenguaje oficial o "runa simi" impuesto por los incas; significaba igualmente "idioma de los antepasados", "de los primitivos".[19]

El principal de esta provincia antes de la dominación incaica se llamaba Condor Curi, que significa cóndor de oro, y el de la otra parcialidad era Yanquilla. En tiempos más remotos, hubo otro jefe con el nombre de Caxa Angari o "espina azul".

La etimología de *rucana* es "dedo" tanto en runa simi como en aymará. Para Navarro del Águila, *rucana* viene de *rukakc* o *lukakc*: cargador, transportador, arriero.

---

16. Markham, *Las posesiones geográficas de las tribus que formaban el imperio de los incas*. Edic. Urt., p. 68.
17. Navarro del Águila, *Las tribus de Ankco Wallokc*, cap. III, p. 26.
18. *Relaciones geográficas de Indias*, Jiménez de la Espada, tomo I, pp. 179-182-188.
19. Prólogo de Raúl Porras B. al *Lexicon* de Fray D. de Santo Tomás.

El tributo que daba esta provincia en tiempo incaico, era justamente de cargadores de las andas reales.[20] A los rucanas los llamaban "pies de inga" y gozaban de mucho respeto. Llevaban como distintivo en la cabeza una honda blanca y colorada.[21]

La tercera provincia importante de los chancas sería Soras, cuyo antiguo idioma fue el aymará.[22] Adoraban a un cerro nevado llamado Caruaraso. El vocablo *sora* proviene para Navarro del Águila[23] de *sure*, tomándolo no como avestruz sino como una parihuana, ave que abunda en la laguna del mismo nombre. Los chancas mantenían constantes guerras con los soras.

Según el ingeniero L. Fowler[24] la cumbre de Pumacahuanca, que es el *divortium aquarum* entre Ayacucho y el río Pampas, fue la frontera entre las tribus pocras y las de Uramarca de Andahuailas. Lorente menciona a "los fieros chancas que vinieron a lanzar a los quechuas al sur de Pachachaca, después de haber predominado cuando no dado su sangre a los pocras de Huamanga, a los eucones y soras, confinantes con Ica, a los vilcas de Cangallo, a los sullas de Huancavelica y a otras tribus menos numerosas".[25]

En cuanto a los pocras, que ocupaban la región de Ayacucho, estaban formados por las tribus de Huamanga, por los iquichanos, los vilcas huamanes y los yunca tampu. La relación de la ciudad de Huamanga[26] se refiere a los antiguos pobladores, como indios que se llamaban "guanyacondores" y que tenían allí sus sementeras. Como veremos más adelante, los pocras tenían por animal sagrado al halcón. La misma relación afirma que los pocras se apellidaban por "unas hierbas que aquí se dan, y era costumbre de los indios tomar derivación para sus poblaciones de las cosas que les parecían señaladas". En el *Lexicon* de Fray D. de Santo Tomás encontramos: "Pocro, era para semilla, o verdura". Sin embargo Navarro del Águila da la etimología de: eriazo, calichal, rocas volcánicas.[27]

---

20. Andas, en ruma simi es *huantu* o *huanto*; la del Inca tenía el nombre especial de *rampa*.
21. *Relaciones geográficas de Indias*, Jiménez de la Espada, tomo I, p. 204.
22. *Relaciones geográficas de Indias*, Jiménez de la Espada, tomo I, p. 171.
23. Navarro del Águila, obra cit., p. 45.
    *Lexicon* de Fray D. de Santo Tomás, *suri*, ave, avestruz.
24. L. Fowler, Monografía *Historia geográfica del departamento de Ayacucho*, parte 3, p. 167.
25. Sebastián Lorente, *Historia de la civilización peruana*, cap. II, p. 45.
26. *Relaciones geográficas de Indias*, Jiménez de la Espada, tomo I, p. 106.
27. Navarro del Águila, obra cit., cap. II, p. 11.

La capital Huamanga, en cuya formación geológica predominan los terrenos calcáreos y la arenisca compacta, estaría de acuerdo según él, con el hábito de tomar por nombre lo que más les llamaba la atención.

La etimología de la ciudad de Huamanga viene de *huaman* (Fray D. de Santo Tomás, Holguín) que significa halcón; la partícula *kac* sería tierra, ubicación, provincia. Coordinando ambos términos sería tierra de halcones. Lo cual es probable porque este rapaz fue el totem de los pocras que se apellidaban "Waman-Kuna" o "Waman-runa kuna".[28] En cuanto a la voz Ayacucho, provendría de *Aya*, mortuorio, sepultura de muerto (Fray D. de Santo Tomás) y *Cuchuc*, rincón.

Sin embargo Navarro del Águila encuentra más bien que *kuchokc*, sería degollador, autopsiador; nombre surgido por la costumbre de victimar a los prisioneros que caían en sus manos y el hábito de cabezas de trofeo.

Los iquichas[29] formaban parte de la nación pocra, y ocupaban lo que es hoy día la provincia de Huanta. En cuanto a este último vocablo no provendría de *huanto*, hamaca de indios (Fray D. de Santo Tomás) ni de *huante* enfermedad de bubas, sino que significaría en dialecto iquichano *huantar,* valle umbroso, región selvática, un nombre que corresponde al lugar.[30]

En último lugar tenemos a la tribu de los vilcas huamanes cuyo nombre se traduciría como halcón sagrado o santuario de halcón. Lugar que tuvo en todo el tiempo gran importancia, las ruinas existentes atestiguan de su pasado esplendor. Una vez conquistado Vilcashuaman por los incas, fue la sede del visitador imperial o tocuyricoc, quien gobernaba cuarenta leguas de tierra, desde Uramarca, antiguo nombre del río Pampas, hasta Acos.[31]

Sobre esta región encontramos en la *Relación* de Pedro Carvajal, el dato que: "todos los indios desta provincia son indios advenedizos, traspuestos por el Inga del Cuzco, exeto los indios del curato de Guampalpa, Guaras, Cochas y Guamanmarca, questos son *taquiguas* naturales destas provincias de Vilcas".[32]

---

28. Navarro del Águila, obra cit., cap. IV.
29. El vocablo *iquicha* provendría del aymará, *iquiy*, degollar, desollar. *Iquitha*, dormir o fornicar. *Iquimttaa*, medio dormido.
30. Navarro del Águila, obra cit., cap. IV, p. 62.
31. Damián de la Bandera, *Relaciones geográficas de Indias*. J. de la Espada, tomo I, p. 989.
32. *Relaciones geográficas de Indias*, Jiménez de la Espada, tomo I, p. 168.

Según hemos dicho más arriba, los huancas formaban parte de la misma confederación, pero la unión no debe haber sido grande, ya que no tomaron parte en el ataque al Cuzco. De lo contrario su superioridad numérica les hubiera asegurado la victoria.

Para Markham, la región de los huancas comprendía las tribus de los sausas, huancavelicas, llacsa-palancas, pumpus, chucurpus, ancaras, huayllas y los yauyos. Sin embargo Dávila Briceño menciona a los yauyos como independientes y en continuas guerras con todos sus vecinos.

Navarro del Águila se inclina a creer, por razones lingüísticas, que los huancas ocuparon lo que es hoy día el departamento de Huancavelica.[33] Las tribus que formaban esta nación serían, según él, los huanca vilcas, tayacasa, ancaray y huaitara. En resumen podemos decir que la gran confederación chanca ocupaba, más o menos, lo que hoy día corresponde a los departamentos de Huancavelica, Ayacucho y Apurímac.

Si bien podemos señalar aproximadamente las regiones habitadas por los chancas y sus confederados, más difícil es resolver su lugar de origen. Mucho se ha discutido acerca de su procedencia quechua o aymará; el problema no parece tener una fácil solución.

Riva Agüero[34] encuentra que los chancas eran tribus pastoriles, más o menos emparentadas con los collas: "Su pugna con los quechuas es un caso de la eterna lid entre los semi-nómadas de las tierras altas y frías con los agricultores de las templadas".

Markham cree que el dialecto chanca estaba íntimamente ligado con la lengua hablada por la gente de Chinchaysuyo, más al norte.[35]

Navarro del Águila apoya un origen aymará, basado sobre toponimias y un sesenta por ciento de raíces aymarás. *Las relaciones geográficas de Indias* señalan el aymará como el antiguo idioma de los soras, posiblemente el "huahuasimi" de los rucanas era un dialecto afin.

Middendorf[36] supone una gran área de distribución del aymará, tan al norte como Cundinamarca en Colombia, un hecho probado por las toponimias. Igualmente sugiere que los collas vinieron del norte hacia el sur, estableciéndose estas tribus en el altiplano. Max Uhle[37] ha demostrado que el aymará fue el idioma más extendido en el Perú antes del imperio de los incas, sufriendo una sistemática persecución de parte

---

33. Navarro del Águila, obra cit., parte 1, cap. III, p. 16.
34. Riva Agüero, *Civilización peruana, época prehispánica*, p. 102.
35. Markham, *Las posesiones geográficas de las tribus que formaban el imperio de los incas*, Edic. Urt., cap. I, p. 69.
36. Middendorf, *Introducción a la gramática aymará*.
37. Max Uhle, *Orígenes de los incas*.

de los cuzqueños. Según él, en Vilcashuaman, hablaban el aymará aún en el siglo XVI. Lo mismo ocurriría con los soras, rucanas, huancavelicas y huantas.

P. Benvenuto Murieta,[38] en su libro *El lenguaje del Perú*, ha fijado el área dominada por este idioma. El aymará estaba para él más difundido de lo que comúnmente se cree. Se hablaba en toda una larga faja de tierras altas desde Canta hasta Cochabamba, comprendiendo las regiones de Huarochirí, Yauyos, Huancavelica, Lucanas, los Soras, Huamanga, Cangallo, Quilla, Cailloma y la meseta collavina. La difusión del aymará coincide, para Jijón y Caamaño,[39] con la de las artes tiahuanaquenses y la destrucción de la hegemonía serrana, así como la formación de estilos locales se explicaría por las huellas de la cultura atacameña, en lugares tan distantes como el Cuzco. Más tarde, la propagación del runa simi es inseparable del auge del imperio de los incas.

Según Villar Córdoba,[40] el idioma aymará se extendió de sur a norte de la cordillera marítima, siendo hablado en Canta, Cajatambo, Yauyos, Huarochirí y por los primitivos pobladores de Chancay, Lima y Cañete. La ola migratoria aymará tuvo su punto de partida en el altiplano perú-boliviano. La gran área abarcada por esta lengua convierte al aymará en el idioma dominante de la época preincaica.

En el siglo XIX, José Barranca[41] descubrió en el pueblo de Tupe, en la provincia de Yauyos, el idioma kauqui o "a'karo". Después de estudiarlo, lo consideró como un dialecto protoaymará. Max Uhle afirma que el kauqui es puro aymará, mientras Villar Córdoba supone que: "el Kauqui es un dialecto especial de los regnícolas andinos de Lima, muy semejante al Uro y Puquina de la hoya del Titicaca que precedió y quizás dio origen al idioma aymará, siendo su verdadero nombre 'A'Karo'".

Es prematuro afirmar nada definitivo acerca del kauqui, lo que sí parece probable es su gran arcaísmo. Si nos hemos dejado llevar a mencionar este dialecto, encontrado aún en uso en un lugar tan distante del área ocupada por los chancas, es por que fue hablado, según Villar Córdoba, por los kauquis de Castro-Virreyna, de Huancavelica y en los Chocorbos.[42] Ahora bien, los chancas se decían proceder de la laguna de

---

38. Pedro Benvenuto Murieta, *El lenguaje peruano*, cap. II, p. 29.
39. Jijón y Caamaño, *Los orígenes del Cuzco*, pp. 234-235.
40. Villar Córdoba, *Las culturas prehispánicas del departamento de Lima*, pp. 63-67.
41. José Barranca, "Fragmentos de una gramática para el Cauqui", *El siglo*, Lima, 1876, año 3, N.° 25-26.
42. Villar Córdoba, obra cit., pp. 53-63.

Choclococha, situada justamente en esa región. Por ese motivo nos parece indicado verificar las toponimias y los patrimonios chancas con el idioma kauqui.

Villar Córdoba encuentra que la hoya del Mantaro, al otro lado de la cordillera occidental marítima, en la sección interandina del departamento de Junín, sería posiblemente el escenario geográfico de sucesivas inmigraciones de la región del Ucayali, procedentes de las selvas de Chanchamayo, Pichis, Perené, Satipo y aun del Pozuzo. Al mismo tiempo encuentra un íntimo parentesco entre los kauquis de Yauyos y las tribus de origen arawak.

Los chancas tenían la costumbre de dividir los poblados y los ayllus en las dos parcialidades de Hanan y Hurin. Así los Hanan Chancas descendían de Uscovilca, mientras los Hurin consideraban a Ancovilca como su antepasado.[43] Entre los chancas existió la dualidad en el mando de las tropas, y cada parcialidad poseía su propio jefe.

En los ejércitos chancas mencionados por Betanzos, encontramos los nombres de varios generales que tuvieron a su cargo la conducción de las tropas. Igualmente, mantuvieron los ejércitos el doble mando. En la crónica referida hay mención de tres conquistas emprendidas simultáneamente; una se dirigió al Condesuyo, la segunda marchó a la región del Ande y por último, la menos importante fue dirigida contra el Cuzco.

Al estudiar detenidamente las etimologías de los nombres de los jefes chancas, encontramos que en su mayoría tienen su origen en el runa simi. Este hecho se puede deber a una traducción por parte de los cuzqueños, adaptada para los cantares, o a una gradual asimilación chanca del quechua, como consecuencia de su conquista de Andahuailas.

Hemos visto que los fundadores de la confederación chanca fueron Uscovilca y Ancovilca; la estatua del primero era llevada a las guerras de importancia, así como los incas conducían la de Manco Capac.[44]

Para Riva Agüero,[45] la etimología del jefe del bando de arriba sería: *uscu*: salvaje, y *vilca*: sagrado. Wiener[46] le da el significado de *usca;* en aymará, demasiado. Nosotros nos inclinamos por la voz propuesta por Navarro del Águila[47] de *osco:* gato cerval, y *vilca*: sagrado, basándonos en los siguientes diccionarios:

---

43. Sarmiento de Gamboa, cap. XXVI.
44. Sarmiento de Gamboa, cap. XXVI.
45. Riva Agüero, *Civilización peruana, época prehispánica*, p. 102.
46. Wiener, *Pérou et Bolivie*.
47. Navarro del Águila, obra cit., parte 2.ª, p. 152.

Etimologías de *osco*:

Fray D. de Santo Tomás:
*Oscollo*, gato cerval.

González Holguín:
*Uscu*, adj.: tímido, salvaje, chuncho.
*Oscollo*, gato montés.

Mossi:
*Ozccollo*, gato montés.
*Ozcollucuni*, agacharse como gato o estar agachado.

Etimologías de *vilca*:

Fray D. de Santo Tomás:
*Uillca*, bomba
*Uillca*, xeringa
*Ayllo o uillca*, linaje, generación o familia. Curioso es constatar que *ayllu* tiene a veces el mismo significado que *vilca*.

González Holguín:
*Huillca*, adj.: ídolo y todo lo sagrado.
*Huillca*, nom.: árbol cuya fruta es amarga y purgante.

Mossi:
*Huillca*, árbol que su fruto como chochos es purga, etc.
*Huillca*, los nietos.
*Huillca*, se dice de cosa sagrada como huaca.

L. Bertonio:
Sol, *Inti* o, según los antiguos, *Uillca* (aymará).

En cuanto a Ancaovilca, el fundador de Hurin Chanca, debe haber sido igualmente el progenitor del ayllu de Anco Huallu. Efectivamente, Garcilaso nombra a dicha parcialidad como una de las integrantes de la nación chanca. El jefe que después de la derrota condujo sus huestes a los bosques impenetrables de la selva, pertenecía probablemente a este ayllu. Por ese motivo sostenemos que no se trataba solamente del nombre de una persona en particular, sino que también el de una parcialidad y un ayllu, importante dentro de la confederación chanca. La etimología puede explicarse tanto en aymará, como en runa simi, siendo más probable la primera.

L. Bertonio (aymará):
*Anco yahua*, fuerte.
*Hanco*, blanco.
*Huallu*, peñas que están juntas con los cerros, o en pampas rasa, y también suelen tener algún hicho.
*Ayllu*, parcialidad de indios, más propio es Hatha.
*Hatha*, casta, familia, ayllu.

Así tendríamos que *Anco Huallu* significaría en aymará el ayllu blanco, tomando al blanco como un color religioso, como lo supone Riva Agüero y Max Uhle, o bien la parcialidad de las peñas blancas.

En runa simi encontramos:

Fray D. de Santo Tomás:
*Anco* o *hanco*, nervios.

González Holguín:
*Anko,* adj., cojo.
*Hanka,* adj., el cojo.
*Huallu,* nom., cántaro, medida de chicha.

Mossi:
*Anccu,* nervio, o cosa dura de cortar o de comer.
*Anccuzapa,* nervioso.
*Hanccu,* cosa cruda, verde no madura.

En cuanto a los demás capitanes chancas, damos a continuación sus nombres con sus etimologías. Los jefes Malma y Rapa se dirigieron juntos al Condesuyo. Riva Agüero [48] da a Malma la etimología de *majma* o tinaja. En los diccionarios encontramos:

Fray D. de Santo Tomás:
*Macma*, tinaja grande.

González Holguín:
*Macma*, tinajón.
*Macna runa,* gran borracho o bebedor.
*Macnu,* color colorado para teñir, grana fina.

---

48. Riva Agüero, *Civilización peruana, época prehispánica*, p. 102.

L. Bertonio (aymará):
*Markhma,* tinaja grande de poco cuello y también gran bebedor.
*Umata quisa makhmaqui tahua,* eran un gran borracho, un gran tinajón.

Quizás *majma* haya sido un apodo debido a su gran afición a la chicha. En cuanto al vocablo *Rapa,* para Riva Agüero querría decir rama o ala. Efectivamente en los diccionarios vemos:

Fray D. de Santo Tomás:
*Rapi,* hoja de árbol.

González Holguín:
*Rapra,* rama de árbol o ala de ave.
*Rampac,* el que conduce y guía.
*Rapani,* verb., derramar.

En aymará no hay vocablos que principien con la letra "r". Sin embargo, encontramos que Betanzos llama a este capitán igualmente como Irapa.

L. Bertonio:
*Iratha,* barretear para sacar metal o tierra para barro con cincel o escoplo.
*Irthatha,* acertar tirando. Este último vocablo nos parece el más acertado.

Hacia el Andesuyo marcharon las tropas de los generales Yana Vilca y Teclo Vilca. Ambas etimologías no ofrecen dificultades en su interpretación. *Yana,* negro; *vilca,* sagrado y *ticllu,* altura nevada.

Por último la tercera expedición, dirigida hacia el Cuzco, fue capitaneada por Tumay Huaraca y Hastu o Astu Huaraca. El jefe encargado de negociar la rendición de Viracocha fue Huamán Huaraca. Es curioso que los tres llevaran el nombre de Huaraca, que como veremos es un vocablo puramente del runa simi. Esto podría deberse a la influencia del ambiente quechua de Andahuailas.

Tumay no proviene seguramente de *tumi,* cuchillo, sino de *tuma,* adj., andariego, cimarrón (Holguín). *Tumayco sarica,* andariego. (L. Bertonio).

En cuanto a la voz *huaraca,* significa "honda" en los tres diccionarios de quechua que citamos. En aymará honda para tirar es *korahua,* tirarla es *korahuatha* (L. Bertonio). Tendríamos en ese caso *tumay huaraca,* la honda andariega. En cuanto a *astu,* sería la "honda que se muda a todas partes" (Fray D. de Santo Tomás y Holguín).

No nos queda por ver más que el lugar de donde partieron los ejércitos chancas en su marcha hacia el Cuzco. Betanzos, el cronista que nombra a los jefes de esta nación, menciona a Uscovilca como natural del pueblo de Paucaray o Pacauray, situado a tres leguas de Parcos.[49]

Cieza[50] pasó por Parcos, camino a Huamanga, y nos describe el lugar en esta forma: "Antes de llegar a este pueblo de Parcos, en un despoblado pequeño está un sitio que tiene el nombre de Pucara, adonde antiguamente hubo palacios de los ingas y templos de Sol... En este lugar hay tanta cantidad de piedras, hechas y nacidas de tal manera, que de lejos parece verdaderamente ser alguna ciudad o castillo".

En el *Diccionario* de Stiglich, encontramos un Paucara, situado en la sierra de Parcos y a cuatro leguas de Parcostambo. Durante el reinado de Pachacutec, después de la conquista que efectuó El Inca a los soras y rucanas, marchó hacia Paucaray y Rumihuasi, cerca de la región habitada por los huancas y tayacassas.[51]

En cuanto a la ruta seguida por los ejércitos chancas, en su camino hacia la capital incaica, Cieza asegura que se dirigieron primero a Curampa, donde asentaron su campamento. Después de un tiempo pasaron a Cochacassa y atravesaron el río Abancay.[52] A marcha lenta llegaron a los Altos de Vilcacunca, destruyendo todo lo que hallaban a su paso. En este último lugar decidieron esperar, y mandaron sus mensajeros al Inca Viracocha, instándolo a que se sometiera. Históricos desfiladeros, donde los cuzqueños opusieron una resistencia a Hernando de Soto en 1533. Allí los cuarenta jinetes de De Soto pasaron una noche angustiosa rodeados por los indios. Hubieran perecido sin el refuerzo mandado por Almagro y seguidos de cerca por el gobernador en persona.

Dejaremos a los chancas en estos históricos lugares, para ocuparnos del reinado del Inca Viracocha.

---

49. Betanzos, cap. VI, p. 101.
50. Cieza de León, *La crónica del Perú,* cap. LXXXV.
51. Santa Cruz Pachacuti, Edic. Urt., p. 182.
52. Cieza de León, *Del señorío de los incas,* cap. XLIV.

Capítulo Tercero

# El vencedor de los chancas

El problema más importante de toda la historia incaica, es el de confirmar qué soberano tuvo el mérito de derrotar a los chancas.

Es una cuestión primordial, pues con el triunfo de los ejércitos cuzqueños se inició la incontenible expansión incaica. El rechazo de las tropas enemigas, en las puertas de la ciudad, fue el momento decisivo del incanato. ¿Sucumbiría el poderío incipiente de los curacas cuzqueños o saldría robustecido y fuerte, consciente quizás por primera vez, de lo que le era posible lograr?

En la historia de los países, como en la vida de las personas, existen siempre horas en que se juega el porvenir de una nación o el futuro de un ser.

Al principio del siglo XV, el ámbito del Cuzco y el de sus alrededores se tornaba estrecho y pequeño para toda la ambición y deseo, largo tiempo contenidos, de la confederación cuzqueña. Sin embargo, su anhelo de conquistas se encontraba detenido por sus poderosos vecinos, al mismo tiempo que le faltaba la organización de sus posesiones, haciendo infructuosas las victorias obtenidas por sus jefes. Hasta la llegada de los chancas a Carmenca, a las puertas del Cuzco, la confederación Incaica no era más extensa ni más poderosa que las diversas naciones que la rodeaban. Cada valle, cada cerro, tenía su curaca o su sinchi elegido para la defensa. Interminables guerras y rencillas mantenían todos los pequeños señoríos en un estado permanente de lucha contra sus vecinos. Las guerras llevadas a cabo por los soberanos cuzqueños, son mencionadas a unas cuantas leguas de distancia de la metrópoli, repitiéndose constantemente en sus tradiciones los mismos nombres de los enemigos. Con cada Inca se vuelven a iniciar las mismas luchas, la tierra ganada una vez, era luego perdida para ser recuperada tiempo después.

Entre los diversos señoríos, se notaba sin embargo algunos más fuertes que, con el transcurso de los años, iban logrando absorber a sus vecinos más débiles; quizás se trataba de un deseo inconsciente y oscuro hacia la unidad territorial. Estas naciones eran justamente las que impedían a los cuzqueños extender sus posesiones.

En el Collao luchaban entre sí, por la supremacía, los dos principales jefes de la región: el capac de Hatun Colla y el de Chucuito, sin contar con el señor de Azángaro.

Hacia el occidente, el poderoso curacazgo de Chumbivilcas y el antiguo señor de Chincha, impedían toda expansión cuzqueña al mar.

Al norte, los chancas, tras repetidas victorias sobre sus comarcanos, venían ensanchando sus dominios. La expansión chanca iba en aumento, tenían forzosamente como próxima meta que enfrentarse a la confederación cuzqueña.

El triunfo chanca sobre los incas hubiera cambiado toda la historia de Sudamérica precolombina; el imperio tal como lo conocieron los españoles, no hubiera llegado a ser, y difícil es prever el giro de los acontecimientos.

Si comprendemos la situación que existía en aquel entonces, es explicable que la victoria de los cuzqueños tenía que transformar la confederación. Una brecha quedaba abierta en el círculo de vecinos hostiles. Conducidos los incas por un jefe audaz, de inteligencia superior, podían valiéndose de bien organizadas expediciones, derrotar, uno tras otro, a los señores más importantes. El camino quedó listo para la expansión que se tornó entonces incontenible.

El prestigio que semejante victoria confería a los incas, debió ser enorme entre los sinchis y curacas comarcanos. No sólo tratarían muchos de ellos de confederarse a los cuzqueños, sino que la alianza con ellos fue seguramente estimada y buscada; el camino quedó abierto para la expansión que se tornó entonces en explosiva y violenta.

Robustecida y rodeada de prestigio, la confederación cuzqueña, se encontraba lo suficientemente poderosa para atacar sin tardar a los chancas en sus mismos dominios, hazaña con la cual no podía soñar anteriormente.

Una vez sometidos y vencidos los chancas en sus propias tierras, no había nada que podía detener la transformación de la confederación en un imperio. Las victorias se sucedieron unas tras otras cayendo bajo el poderío incaico los curacas de Chincha, Mala y Pachacamac. Siendo los ejércitos cuzqueños lo suficientemente fuertes para atacar el Collao y someterlo, la expansión se tornaba cada vez más incontenible. No sólo era ya una necesidad sino una realidad.

En unos cuantos decenios quedaron sometidos los pueblos del Chinchaysuyo, y el norteño curacazgo del Chimu. Esta vez las nuevas adquisiciones fueron conservadas gracias a la organización y administración implantadas en todas las naciones. El imperio estaba formado; sólo un hombre de genio podía haber conducido a los suyos a la cumbre del poder. En el transcurso de los tiempos vemos aparecer de tarde en tarde, en el mundo, grandes conquistadores que con su aparición cambiaron el curso de la historia.

Ahora bien, si tomamos la guerra contra los chancas como el momento decisivo para la formación del imperio, y el punto de partida del auge del incario, es natural que el jefe que llevó su nación a la victoria y que organizó sus nuevos dominios fuera la figura más importante de la historia incaica.

Quién fue el vencedor de los chancas es el punto más discutido de todo el incario, y es también la parte donde los historiadores, sobre todo los modernos, no se pueden poner de acuerdo. Por otro lado es sumamente difícil pronunciarse categóricamente por cualquiera de las dos soluciones, sin hacer un estudio a fondo de los hechos. ¿Podemos acaso dejar en la duda el momento álgido del incanato, sin tratar de solucionarlo?

Es imposible seguir la solución sugerida por Lorente, que da también el padre Cobo, de atribuirles a ambos monarcas los mismos hechos y victorias. No creemos tampoco que hayan ocurrido transferencias de tradiciones en los cantares, debido a que la fuerte personalidad de Pachacutec opacara todos los demás reinados. En las crónicas existen demasiados detalles sobre este preciso momento, no habiendo tal confusión. La opinión unánime es que Pachacutec fue el vencedor. En un análisis de los acontecimientos que se sucedieron en aquel entonces en el Cuzco, encontramos que quien originó todo el embrollo fue Garcilaso. Pero antes de profundizar en la materia, es lógico preguntarnos de dónde surgió esta controversia. Es imposible que los guardianes de los quipus y tradiciones no recordaran los episodios, aún cercanos, cuando la conquista de Pizarro.

Ahora bien, la mayoría abrumadora de cronistas se refiere a Pachacutec como el héroe de la guerra, habiendo una sorprendente uniformidad en las afirmaciones, cosa rara en las crónicas. Por lo tanto, el error no está en los quipucamayus ni en los antiguos cronistas que recopilaron los datos sobre el incanato. Son los historiadores modernos que negándose a aceptar las noticias dadas por los más fidedignos cronistas, siembran el desacuerdo y la duda.

## 3 / El vencedor de los Chancas

La historia incaica está basada, para nosotros, sobre las noticias llegadas a través de los cronistas; es decir que nuestra única fuente de información son sus escritos. Cuando surgen contradicciones, lo que ocurre con frecuencia, no nos queda otro camino que el medir el crédito y la autenticidad del que afirma tal o cual hecho, así como indagar sus fuentes de información Ante una afirmación, múltiple y fundamentada, no nos queda otro remedio que aceptarla, pues de lo contrario nos guiaríamos por caprichos, y las conclusiones a las que llegaríamos no serían válidas.

| Cronistas que atribuyen la victoria sobre los chancas a Pachacutec: | Cronistas que atribuyen la victoria sobre los chancas a Viracocha: | Cronistas que no mencionan esta guerra, pero que dan algún dato indirecto: |
|---|---|---|
| Cieza de León; Betanzos; Las Casas; Ondegardo; Sarmiento de Gamboa; Acosta; Gutiérrez de Santa Clara; Jesuita Anónimo; Santa Cruz Pachacuti; Cobo; Herrera; Calancha y Román y Zamora. | Garcilaso; Cobo y Anello Oliva. | Murúa menciona la existencia de Urco, y las conquistas de Pachacutec en Vilcas y Jauja; Molina el Cuzqueño atribuye a Pachacutec la visión del Hacedor; Cabello de Balboa habla de dos guerras de Yupanqui contra los chancas; El Palentino menciona a Pachacutec como el conquistador de Vilcas, un importante centro chanca. |

Para mayor claridad, hemos dividido los cronistas que se ocupan de este asunto en tres grupos, que son los siguientes:

En la primera columna, figuran trece cronistas de los más importantes y fidedignos; todos ellos afirman que la victoria fue de Pachacutec. El Inca Yupanqui de Cieza de León, no podía ser otro que Pachacutec, ya que en diversos pasajes de su crónica encontramos explicaciones sobre el Yupanqui al cual se refiere, como cuando dice: "que Inca Yupanqui, hijo de Viracocha Inca le acrecentó de riquezas" (se refiere al Coricancha) y un poco después que: "en tiempo de Inca Yupanqui se acressentó de tal manera que cuando murió y Túpac Inca su hijo, hobo el imperio, quedó en esta perfición".[1]

No hay duda posible, el Inca Yupanqui, hijo de Viracocha y padre de Túpac, fue el noveno soberano y el Pachacutec de otros autores. Con frecuencia encontramos que los cronistas nombran a este monarca sólo como Yupanqui, explicando que añadió a su nombre el apelativo de Pachacutec.[2]

En la segunda columna aparecen sólo tres cronistas que le dan a Viracocha Inca la victoria sobre los chancas, entre los cuales Cobo escoge el cómodo recurso de atribuirla a ambos monarcas, no teniendo, por lo tanto, ningún valor su afirmación. El segundo es Anello Oliva, del cual dice Raúl Porras: "Su historia de los Incas, no obstante la nitidez mental del jesuita, es confusa y enmarañada. Los hechos de los Incas conocidos tradicionalmente y aceptados por el consenso de otros cronistas, aparecen arbitrariamente barajados, atribuyéndolos a unos, hechos de los otros, o incorporándose sucesos inéditos, todo lo cual debe provenir del caos mental del caduco y senil informante indio del jesuita".[3]

El informante indio del padre Anello Oliva fue el quipucamayu Catari de Cochabamba, siendo posiblemente más bien quiteño, como hace hincapié Porras. La opinión de Catari es que Viracocha y Pachacutec fueron una misma persona, atribuyendo al primero la sumisión de los chancas sin mencionar el ataque al Cuzco.[4] La poca veracidad que se puede prestar a Catari, descarta a este cronista como a un informante de peso, siendo Garcilaso el único cronista que nos queda. Por lo tanto fue él quien dio la versión de ser Viracocha el triunfador de los chancas, y con su crónica se inició la duda sobre estos acontecimientos.

En cuanto a la tercera columna, aparecen en ella los cronistas que no mencionan a ninguno de los dos monarcas como vencedores, pero dan ciertas noticias indirectas.

¿Sería la ignorancia lo que llevó a Garcilaso a dar una versión tan distinta de los demás cronistas o deliberadamente cambió el curso de los acontecimientos? Tuvo conocimiento, sin embargo, de varias crónicas, entre otras la de Acosta y *La crónica del Perú* de Cieza, y aún así negó categóricamente Garcilaso los hechos expuestos por estos últimos so-

---

1. Cieza de León, *Del señorío de los incas*, cap. XXVII, pp. 150-154 y cap. XLVIII, p. 229.
2. Santa Cruz Pachacuti, Edic. Urt., p. 181.
   *Declaración de los quipucamayus a Vaca de Castro*, Edic. Urt.
3. Raúl Porras, *Cuaderno del curso dictado en San Marcos sobre los cronistas*, p. 94.
4. Anello Oliva, *Historia del reino y provincias del Perú*, párrafos 9-10, cap. II.

bre el triunfo de Pachacutec. Otro encubrimiento se refiere a las momias reales halladas por Ondegardo, donde es más visible su deseo de ocultar los hechos.

¿Qué motivos llevaron a Garcilaso a narrar los hechos de manera tan diferente a los demás autores? ¿Ignoraría los sucesos o seguiría una pauta que se dio a sí mismo de demostrar a los españoles un incanato tachado de virtudes, llevándole su cariño hacia los incas a "idealizar el imperio de sus antepasados... a disimular las derrotas y las manchas, a ignorar los vicios y defectos, a ponderar las virtudes y excelencias"?[5]

Los *Comentarios reales* son una magnífica epopeya, llena de detalles sobre la vida durante el incanato, pero están muy lejos de ser un relato verídico. Si observamos detenidamente su obra, vemos que Garcilaso ocultó sistemáticamente las luchas y revueltas, las muertes violentas, las traiciones y las bajezas humanas; quitó vida y veracidad a su relato, convirtiendo a los incas en seres blandos, "llenos de mansedumbre". Los soberanos cuzqueños fueron ante todo seres humanos, con sus defectos y cualidades, sus errores, virtudes y vicios. Los *Comentarios reales* no nos ofrecen una historia palpitante de vida, sino una utopía que sólo pudo existir en la imaginación llena de cariño y de añoranza del inca historiador. Lo atenuante de Garcilaso como perteneciente a la casta privilegiada del Perú precolombino, es que procedió de acuerdo con su espíritu, siguiendo el precepto de borrar de la historia todos los hechos bochornosos así como a los soberanos que no estuvieron a la altura de su cargo. Habiendo principiado a ocultar ciertos hechos, no le quedaba más remedio que cambiar el curso de los acontecimientos. Los *Comentarios reales* no resisten un análisis, es imposible que historia alguna se desarrolle de un modo tan perfecto. La vida de los incas se desenvuelve entre la mansedumbre y el amor; en todo tiempo los pueblos conquistadores han dominado a sus vecinos por la fuerza y las armas.

¿Qué información podía tener Garcilaso después de tantos años de ausencia de su ciudad natal? ¿Sus fuentes no fueron acaso los cronistas que pudo conseguir, cambiándolos según su antojo? Forzosamente las crónicas escritas en el mismo lugar de los hechos, recurriendo a lo que recordaban los naturales, tenían que estar en la verdad.

Antes de seguir adelante veremos lo que pudo llevar a Garcilaso a desvirtuar el ataque chanca, cambiando ex profeso la historia incaica.

Hay una incongruencia en la forma como habla Garcilaso del príncipe Viracocha cuando niño; lo pinta perverso y malo, con inclinación hacia la crueldad. Su padre, el Inca Yahuar Huacac, estaba ape-

---

5. Riva Agüero, *La historia en el Perú*, p. 37.

nado por la "condición áspera de su hijo... porque con la edad antes crescia que menguava la ferocidad de su ánimo" y "su mala inclinación, todo lo convertía en la misma poncoña".[6] Además temía el soberano "que un loco, por ser iracundo y vengativo, destruyese con el cuchillo de la crueldad lo que todos los Incas passados, con la mansedumbre y beneficios, havian reduzido a su imperio".

Atormentado el soberano por la mala índole de su heredero, decidió mandarlo de pastor de los rebaños del Sol a las altas punas.

Ahí, de buenas a primeras, este ser francamente perverso y cruel, con instintos inquietantes para quien debía gobernar con el tiempo, se torna en el elegido por los dioses para una revelación. Por último se convierte en el instrumento de la salvación, ya que recibe la orden de impedir el desastre que se cernía sobre el imperio.

Dominados los chancas y elegido soberano, nombra Garcilaso a Viracocha como un Inca bueno y apacible. Al derrotar a los chancas "mandó soltar los presos" a fin que libres regresaran a sus tierras. Principio completamente contrario a toda nación triunfante; ni los países modernos con toda su cultura, olvidan los agravios cometidos por los enemigos vencidos, menos lo haría un pueblo donde existía la costumbre, contada por Huamán Poma,[7] de hacer de la cabeza de los traidores un mate para beber chicha; de los dientes y muelas, gargantillas; de los huesos, flautas; de los pellejos, tambores. Nada se desperdiciada del enemigo. No fue la pasión de los españoles lo que los llevó a contar semejantes hechos, sino el mismo Huamán Poma que era indio. Nada ganamos en historia al no enfrentarnos con la verdad. Al idealizar al ser humano corremos el riesgo de equivocarnos; el hombre ha sido y será cruel por muchos miles de años todavía.

La manera en que narra Garcilaso la niñez de Viracocha y la poética visión del fantasma nos lleva a decir con R. Levillier que "fue el precursor de la historia novelada".[8]

Toda la manera de presentar los hechos, llegando Garcilaso a alterar la historia, debía obedecer a poderosos motivos, siendo ellos numerosos en este preciso momento del incanato. En el imperio, tal como lo describe Garcilaso, no había lugar para los hechos verídicos; no se podía conciliar el estado idílico de los incas con el asesinato de Pahuac Gualpa Maita, el heredero de Yahuar Huacac, la violenta muerte de

---

6. Garcilaso, *Comentarios reales de los incas*, lib. 4, cap. XX, XXI y XII.
7. Huamán Poma, foja 314.
8. "Informaciones" de Toledo, publicado por Levillier en su obra *Don Francisco de Toledo*, tomo II, p. 73.

este último, la posible elección de Viracocha y sobre todo el depravado Inca Urco, suprimido de los cantares y de los quipus.

Al borrar una parte tan importante de la historia incaica, tenía Garcilaso que cambiar totalmente su curso, falseándola completamente; obedeció quizás el precepto incaico que el vulgo no podía enterarse de los defectos y de las debilidades que hacían de los miembros de su casta dirigente, hombres iguales a los demás. Procedió Garcilaso con todo el deseo del bien de los incas y dentro del espíritu de ellos, siendo esta su mayor justificación.

Fuera del espíritu de casta que obligó a Garcilaso a negar el triunfo de Pachacutec, había quizás otro sentimiento no menos fuerte que lo empujó hacia una versión distinta. A primera vista puede parecer extraña la idea, pero para analizar los posibles sentimientos de Garcilaso tenemos que compenetrarnos en la psicología del incanato, en sus costumbres y tradiciones. Uno de los móviles que pudo sentir Garcilaso y que lo llevó a una interpretación distinta, fue posiblemente un odio entre los descendientes reales, es decir, entre las panacas de los incas.

Si suponemos con Sarmiento de Gamboa, Cieza, Cabello de Balboa, Santa Cruz Pachacuti, que la madre de Atahualpa no fue una princesa quiteña, sino una ñusta del Cuzco llamada Tocto Coca, del linaje de Pachacutec,[9] cambia con este solo hecho todo el panorama de la lucha entablada entre Atahualpa y Huáscar; ya no se trataría de una guerra entre el sur y el norte del imperio, sino de una lucha interna entre panacas reales. En Sarmiento de Gamboa vemos que al morir Huaina Capac, el orejón encargado por el Inca de la sucesión fue Cusi Topa Yupanqui.[10] Al dirigirse este último a Tumibamba para entregar la borla a Ninan Cuyochi, lo encontró ya fallecido. Entonces decidió, de acuerdo con Mama Raua Ocllo, que el hijo de esta princesa sería el soberano. Se adelantó la palla al Cuzco, con el fin de avisar a los principales orejones la última voluntad de Huaina Capac, cumpliéndose en la capital el rito de la entrega del poder a Huáscar.

Mientras tanto, Cusi Topa Yupanqui con otros dignatarios del linaje del Inca Pachacutec y familiares maternos de Atahualpa, conducían

---

9. Cabello de Balboa, cap. XI, p. 86.
Cieza de León, *La crónica del Perú*, cap. XXXVII.
Cieza de León, *Del señorío de los incas*, cap. LXIX.
Santa Cruz, p. 208.
Huamán Poma, foja 114, fue su madre Chachapoya.
Herrera, "Década quinta", lib. 3, cap. XVI.
Sarmiento de Gamboa, cap. LXIII.

10. Sarmiento de Gamboa, cap. LXII y cap. LXIII.

con toda pompa la momia del último soberano al Coricancha. Atahualpa, que quizás planeaba ya una rebelión, se excusó de acompañar al séquito de su padre, un hecho que enfureció a Huáscar. No parece haber sido este príncipe un hombre atinado, pues en vez de mostrar agradecimiento a Cusi Topa Yupanqui, que le había dado la borla, y del cual recibía muestras de fidelidad, lo acusó de incitar a Atahualpa a la rebelión en Quito. Ordenó el soberano dar tormento a Cusi Topa y a los demás orejones que lo habían acompañado. Al no confesar ningún delito, los mandó matar. Esto disgustó profundamente a los del bando de Hatun Ayllu contra Huáscar, iniciándose en esta forma el odio y enemistad entre los miembros de este ayllu y Huáscar.

Entre los orejones, las panacas eran importantes y aunque descendieran de un mismo antepasado, se consideraban como núcleos independientes y autónomos, sin tomar en cuenta los lazos cercanos que podían unir los unos a los otros. Las panacas reales formaban agrupaciones que, con el transcurso de los años, llegaron a obstaculizar la vida del incanato. Cada momia real era rodeada por sus deudos y mujeres, se dedicaban a fiestas y borracheras. Al querer Huáscar cambiar esta costumbre, se granjeó la enemistad de los ayllus.

Iniciada la lucha entre Atahualpa y Huáscar, como acabamos de referir, llegó Huáscar en un momento de arrebato a querer desnaturalizarse del bando de los hanan cuzco, al cual pertenecía su hermano.[11]

En plena guerra fratricida, los generales de Atahualpa se ensañaron contra la panaca real de Túpac Yupanqui, a la cual pertenecía la madre de Huáscar. La momia de este Inca fue profanada y quemada,[12] hecho insólito que debía enemistar para siempre a los descendientes de Pachacutec y de Túpac.

Ahora bien, Garcilaso por su madre, como él mismo lo cuenta descendía del Inca Túpac Yupanqui; por orgullo hacia su rama materna no pudo el inca escritor mostrar la lucha entre los hermanos rivales. Esto explicaría quizás el motivo por el cual el cronista trató por todos lo medios de empequeñecer la figura de Pachacutec, reverenciada por los atahualpistas, y de restarle méritos.

Una prueba de la afinidad de Hatun Ayllu y Atahualpa, la encontramos en Betanzos. El cronista que recogió casi intacto un cantar sobre Pachacutec, fue casado con doña Angelina, novia de Atahualpa, y recibió seguramente sus informaciones de los parientes de su mujer. En la capac cuna (o lista de monarcas que reinaron) que nombró al principiar su relato, no figura Huáscar, el hermano desposeído por Atahualpa.

---

11. Sarmiento de Gamboa, cap. LXIII.
12. Sarmiento de Gamboa, cap. LIV y cap. LXVII.

Puesta en duda la buena fe de Garcilaso referente al reinado de Pachacutec y suponiendo que quizás actuó bajo la influencia de las antiguas querellas entre los ayllus reales, veremos los hechos que deliberadamente pareció ignorar.

Numerosos son los datos que aparecen en las crónicas sobre Inca Urco, el hijo de Viracocha, quien fue en vida de su padre declarado heredero de la mascapaicha. No solamente no podemos negar su existencia, sino que siempre lo nombran los cronistas como hijo de Viracocha y no de Yahuar Huacac, no existiendo nada que compruebe la suposición de Riva Agüero de que este príncipe fuera hijo de Yahuar Huacac.[13] Si hemos de estudiar el incanato valiéndonos de las fuentes que nos han dejado los cronistas, debemos por lo menos atenernos a ellas.

A este Inca, no solamente lo menciona Herrera como noveno soberano, coronado en vida de su padre, sino que encontramos su retrato con todas sus insignias reales entre los reyes incas de la portada de la "Década quinta" de su *Historia general*. Se supone que estos dibujos los recibió Garcilaso en 1603, de sus parientes del Cuzco. En efecto, los descendientes de sangre real dirigieron una petición al rey pidiendo que los exoneraran de tributos. Daban su genealogía y para mayor demostración enviaron pintado en una vara y media de tafetán blanco de China, el árbol real desde Manco Capac a Huaina Capac: "Venian los Incas pintados en su traje antiguo. En las cabezas traian la borla colorada y sus orejeras; y en las manos sendas partesanas en lugar de cedro real; venían pintados de los pechos arriba, y no más".[14]

Es posible que Antonio de Herrera, siendo cronista mayor y teniendo acceso a los archivos reales, encontró esta pintura y la reprodujo en la "Década quinta".

En la historia de la guerra contra los chancas, es imposible suprimir la persona de Urco, es un personaje importante, con un rol bien marcado en los episodios de entonces.

Una de las pruebas de Garcilaso sobre la autenticidad de su relato, es el nombre de Viracocha que tomó el octavo soberano después de su triunfo sobre los chancas, valiéndose del fantasma o visión que tuvo cuando pasteaba los rebaños.

El nombre de Viracocha no tenía nada de extraordinario, como lo supone Garcilaso, y bien pudo este príncipe no ver ningún espectro y tomar este apelativo. De ser tan extraño el nombre de Viracocha no hubiéramos encontrado otros personajes que lo llevaron. Entre los que

---

13. Riva Agüero, *La historia en el Perú*, p. 133.
14. Garcilaso, *Comentarios reales de los incas*, lib. 9, cap. XL.

firmaron la "Fe de la Prouança" de la historia de Sarmiento de Gamboa, ante el escribano Álvaro Ruiz de Navamuel, figura un don Diego Viracocha Inga de treinta y cuatro años y de la descendencia de Huaina Capac.[15]

Con Pachacutec en el Cuzco, a la llegada de los chancas, quedó con él un Viracocha Inca Paucar,[16] mientras en tiempo de Lloque Yupanqui vemos a un curaca Pachachulla Viracocha.[17] En toda época del incanato encontramos el nombre del octavo soberano, aunque no fue común, ni una rareza. Quizás este Inca escogió este apelativo con el propósito de afirmar su elección, como años más tarde pensaba hacerlo Atahualpa al escoger como nombre de soberano el de Tisçi Capac.[18]

El mayor afán de Garcilaso fue el de encubrir la verdad acerca de las momias reales, que le enseñó Polo de Ondegardo antes de su partida del Cuzco.

La momia de Viracocha fue encontrada en Xaquijaguana por Gonzalo Pizarro quien la mandó quemar. Los indígenas tomaron las cenizas y las pusieron en una tinaja, conservándolas con gran respeto y cuidado; años más tarde fue descubierta por Polo de Ondegardo.[19] La misma suerte corrió la momia de Túpac al ser quemada por Calcuchima, encontrándose las cenizas en Calispuquio junto con su *guaoqui* o doble.[20]

En cuanto a la momia de Pachacutec la encontró, como es sabido, Ondegardo en Tococache, lugar donde había sido trasladada de su sitio original en Patallacta. En Tococache había mandado edificar este Inca un templo al Trueno, que él había escogido por doble.[21]

Al referirse Ondegardo a la momia de Pachacutec, dice lo siguiente: "quando descubri el cuerpo de Pachacuti inga Yupanguy Inga, que fue uno de los que yo embyé al Marques, a la ciudad de los Reyes que estaua

---

15. Sarmiento de Gamboa, cap. LXII y p. 179, edic. cit.
16. Sarmiento de Gamboa, cap. XXVI.
17. Cobo, tomo III, lib. 12, cap. VI, p. 136.
    Sarmiento de Gamboa, cap. XVI.
18. *Declaración de los quipucamayus a Vaca de Castro*, Ed. Urt. p. 4.
    Santa Cruz de Pachacuti, p. 230.
19. Acosta, lib. 6, cap. XX, p. 491.
    Sarmiento de Gamboa, cap. XXV, p. 83.
    Calancha, lib. 1, cap. XV, p.97.
20. Sarmiento de Gamboa, cap. LIV, p. 138.
21. Sarmiento de Gamboa, cap. XLVII.
    Acosta, lib. 6, cap. XXI.
    Cobo, tomo III, lib. 12, cap. XIII, p. 166.

ambalsamado e tambien curado, como todos vieron e hallé con él el *ydolo principal de la provincia de Andahuaylas,* porque la conquistó este, e la metió devajo del domino de los yngas quando venció a Barcuvilca el señor principal della, y le mató".[22]

Este ídolo chanca hallado al lado del cuerpo de Pachacutec, prueba que fue este soberano el que venció a los chancas. En la *Crónica* de Cobo encontramos la confirmación de la costumbre existente de conservar el soberano que conquistaba una provincia los ídolos de la región, pasando a la muerte del Inca a manos del ayllu o panaca real del mismo monarca.[23]

Acosta menciona igualmente el descubrimiento de la momia de Pachacutec por Ondegardo la cual "halló trasladado de Patallacta a Tococache, donde se fundó la parroquia de San Blas. Estaba el cuerpo tan entero y bien aderezado con cierto betún, que parecia vivo. Los ojos tenían hechos de una telilla de oro, tan bien puestos, que no le hacían falta los naturales; y tenía en la cabeza una pedrada que le dieron en cierta guerra. Estaba cano y no le faltaba cabello como si muriera aquel mismo día, habiendo mas de sesenta u ochenta años que había muerto".[24]

Es curioso el detalle que cuenta Acosta de la cicatriz que llevaba en la cabeza la momia de Pachacutec. Tanto Cabello de Balboa como Sarmiento de Gamboa[25] afirman ambos de una herida que recibió el Inca durante una guerra. Hecho que sirve para confirmar y reconocer la momia del noveno monarca. Otro hecho que sirve igualmente para identificar al soberano en cuestión, es su cabello cano. Es sabido que la raza india se vuelve canosa sólo entrada en años; numerosos son los datos sobre la edad avanzada, más de ochenta años, que tenía Pachacutec al momento de su fallecimiento, hecho ampliamente confirmado en las "Informaciones" de Toledo.[26]

Ahora bien, los datos que nos suministra Garcilaso son totalmente distintos. De las tres momias masculinas que vio en la posada de Polo de Ondegardo, menciona a la una como perteneciente a Viracocha, la se-

---

22. Ondegardo, Edic. Urt., p. 97.
23. Cobo, tomo IV, lib. 13, 1916, cap. XII, p. 6.
24. Acosta, lib. 6, cap. XXI, p. 494.
25. Sarmiento de Gamboa, cap. XXXV, p. 101.
    Sarmiento de Gamboa, cap. XXXIV.
    Cabello de Balboa, cap. IV, p. 30.
    Santa Cruz Pachacuti, p. 187.
26. "Informaciones" de Toledo, publicado por Levillier en su obra *Don Francisco de Toledo*, tomo II, parte II, lib. 1, pp. 158, 168,178.

gunda a Túpac Yupanqui y la tercera a Huaina Capac.[27] Según él, el licenciado Polo le enseñó las momias, dándole, como es de comprender, los nombres de ellas. Ondegardo no pudo dar a Garcilaso los nombres que él menciona en los *Comentarios reales*, ni se puede alegar a favor de Garcilaso que después de muchos años de haberlas visto se hubiera olvidado y confundido los nombres, ya que tuvo, cuando escribió su libro, la *Crónica* de Acosta, la cual él menciona, sin decir nada del cuerpo de Pachacutec. A la momia nombrada por los otros cronistas como la de Pachacutec, la señala Garcilaso sin más ni más, como siendo la de Viracocha, haciendo con los cuerpos de los difuntos soberanos, lo mismo que había hecho con la victoria sobre los chancas y la derrota de estos últimos a las puertas del Cuzco.

Tanto el cuerpo de Viracocha como el de Túpac fueron quemados, y por lo tanto no podía haberlos visto en la posada de Ondegardo ni le había dado esta versión el licenciado tan distinta a la que encontramos en su crónica. No cabe duda que las momias vistas por Garcilaso fueron la de Pachacutec y seguramente la de Amaru Yupanqui, siendo la tercera la de Huaina Capac.[28]

Una vez más encubre Garcilaso intencionalmente la verdad, debido seguramente a que el cuerpo de Pachacutec estaba guardado con el ídolo chanca y era una prueba de que había vencido a este pueblo.

Si bien el soberano que nos interesa sobresale de entre todos lo demás incas por su genio y sus conquistas, es difícil suponer que todos los cronistas se hayan confundido, sobre todo si tomamos en cuenta las diversas fuentes a las cuales acudieron; no faltó en el Cuzco miembros de los ayllus relacionados con Viracocha. En cuanto a la *Declaración de los Quipucamayus* de Vaca de Castro, basada sobre los antiguos quipus, serían según Riva Agüero, las más seguras; pero en ellas *no encontramos ninguna mención sobre la victoria de Viracocha* sobre los chancas y por lo tanto no podemos tomar a los quipucamayus como apoyando la tesis de Garcilaso.

De gran importancia son los valiosos datos que nos suministran las "Informaciones" de Toledo; en ellas declararon varios curacas y jefes de la región chanca, que por su origen debían estar bien informados sobre los hechos pasados. Nos limitaremos a citar a unos cuantos, no habiendo ni uno solo que mencione a Viracocha como el conquistador de la región. Así vemos que Juan Chanca Vilca, cacique de Parinacochas, de 93 años de edad, y don Pedro Asto, cacique de Lurin Changa, del

---

27. Garcilaso, tomo I, lib. 5, cap. XXIX.
28. Acosta, tomo I, lib. 5, cap. XXIX.

## 3 / EL VENCEDOR DE LOS CHANCAS

repartimiento de Andahuailas, de 80 años, nombran ambos a Pachacutec y a su hijo Túpac como los conquistadores de Andahuailas, Soras y Huamanga.[29] Igual declaración prestaron don Xpoval Guaman Arcos, cacique de Andahuailas, don Antonio Guaman Cucho, cacique de Chirua, y don Baltasar Guaman Llamoca, hijo de un cacique del repartimiento de Soras, de ser Pachacutec el que subyugó la región.[30]

Estos datos tomados en 1570 en diversas partes del país como Huamanga, Vilcas, Limatambo y el Cuzco, dan en tan diversos lugares los mismos resultados. La mayoría de los indígenas llamados a informar, tenían edad avanzada y habían conocido el imperio o por lo menos recordaban aún lo que sus mayores contaban de los tiempos pasados.

Ahora bien, la posesión de las tierras del Cuzco a Huamanga era la inmediata consecuencia de la derrota chanca, ya que la victoria no podía ser completa, ni la paz duradera, hasta dominar los incas los centros y posesiones chancas. Por estos motivos Pachacutec no demoró la guerra contra los Soras, Lucanas y Huamanga; apenas asegurado su nombramiento de soberano del Cuzco, concentró sus tropas y marchó a combatir a los chancas en sus dominios.

Por las razones expuestas nos permitimos afirmar que Pachacutec, y no Viracocha, fue el que salvó el Cuzco de la dominación chanca. La consecuencia inmediata de su victoria fue la expansión incaica y la formación del imperio.

---

29. "Informaciones" de Toledo, publicado por Levillier en su obra *Don Francisco de Toledo*, tomo II, pp. 49, 51.
30. "Informaciones" de Toledo, publicado por Levillier en su obra *Don Francisco de Toledo*, tomo II, pp. 38, 42, 52.

Capítulo Cuarto

# Reinado del Inca Viracocha y juventud de Pachacutec

Elegido Viracocha como sucesor de Yahuar Huacac, se hicieron los preparativos para la toma de las insignias reales. Este Inca cuando príncipe se llamaba Hatun Topa [1] pero al recibir la borla debía, según la costumbre, escoger otro nombre con el cual quedaba ya definitivamente. El octavo soberano adoptó el de Viracocha, hemos visto a otros personajes usar el mismo nombre, y por lo tanto no era este un apelativo único en su género. Diversas son las versiones, según las crónicas, que explican los motivos que lo llevaron a esta elección.

Según Sarmiento de Gamboa,[2] estando el príncipe en el pueblo de Urco, soñó una noche con el dios Viracocha; a la mañana siguiente reunió a los orejones y les contó lo sucedido. Su gobernador, un tal Hualpa Rimache, le aseguró que era un signo de ventura para él y sus descendientes y lo saludó diciéndole: "Oh Viracocha Inga", el apelativo con el cual quedó para siempre. Otros afirman que durante las ceremonias del Huarachico tomó el Inca la protección del dios Ticsi Viracocha.

No faltan cronistas que vieron en este nombre algo maravilloso, llegando hasta suponer que era un hombre blanco con barba y que llegó de allende el mar.[3] Cieza de León, tan prolijo en sus informaciones, no podía dejar de averiguar tal suceso. Preguntó a varias personas principales y le respondieron "ser burla", pues Viracocha Inca nació y

---

1. Sarmiento de Gamboa, cap. XXIV, pp. 78-79.
   Anello Oliva, lib. 1, cap. II, párrafo 9, lo llama Topa Inga.
2. Sarmiento de Gamboa, cap. XXXIV.
3. Murúa, Edic. Loayza, cap. X, p. 14.

fue criado en el Cuzco y su nombre se lo "pusieron por nombre particular, como lo tiene cada uno".[4]

Quizás este príncipe quiso dar mayor realce a su elección, tomando el nombre de la divinidad. Es curioso notar que Atahualpa había escogido por nombre soberano el de Ticsi Capac.[5] Necesitaban, probablemente, ambos soberanos dar mayor fuerza y prestigio a sus reinados; con ese fin eligieron apelativos que los relacionaban con sus dioses, justificando de ese modo el uno su elección y el otro la guerra civil.

A las ceremonias de la entrega de la mascapaicha acudieron los jefes y confederados de las naciones vecinas. Santa Cruz Pachacuti[6] nos cuenta la llegada de Chuchi Capac de Hatun Colla. Este poderoso señor se rodeaba de gran esplendor, y estaba acompañado por un numeroso séquito. Traía consigo a su ídolo, en unas andas deslumbrantes de riquezas. En estos despliegues de lujo, el capac de Hatun Colla le decía al soberano cuzqueño:

TÚ ERES REY DEL CUZCO

*Yo soy rey del Colla*
*Beberemos,*
*Comeremos,*
*Hablaremos,*
*Que nadie hable ya.*
*Yo soy rico en plata*
*Yo soy rico en oro*
*De Viracocha el Hacedor*
*Yo soy adorador*
*Yo del sol adorador...*

Siguiendo una costumbre muy antigua, el Inca tomó junto con la borla una ñusta por mujer. Los cronistas coinciden en que esta ñusta

---

4. Cieza de León, *Del señorío de los incas*, cap. XXXVIII, p. 195.
5. *Declaración de los quipucamayus a Vaca de Castro*, Edic. Urt., p. 4.
6. Santa Cruz Pachacuti, Edic. Urt., p. 175.
7. Cobo, *Historia del Nuevo Mundo*, tomo III, lib. 12, cap. XI.
   Cabello de Balboa, Edic. Urt., cap. IV, p. 27.
   Cieza de León, *Del señorío de los incas*, cap. XXXVIII.
   Sarmiento de Gamboa, cap. XXIV, p. 78.
   *Declaración de los quipucamayus a Vaca de Castro*, Edic. Urt., p. 19.
   Anello Oliva, lib. 1, cap. II, párrafo 9.
   Santa Cruz Pachacuti, Edic. Urt., p. 175.
   Huamán Poma, foja 107.

fue Mama Runtu, natural del pueblo de Anta.[7] De este matrimonio debía nacer, entre otros hijos, el futuro Pachacutec. La prueba la tenemos en las "Informaciones" de Toledo.[8] Entre los naturales llamados a declarar en Yucay, el dos de julio de 1571, se presentó Pedro Pongo Xiue Paucar, natural del pueblo de Anta; dijo tener ochenta y un años y "que su abuelo fue tio de pachacuti ynga yupanqui hijo de Viracocha, porque su hermana del dicho su abuelo fue muger del dicho viracocha ynga e madre del dicho pachachuti ynga".

No habiendo mayores datos, nos veremos obligados a tomar esta declaración como la partida de nacimiento del príncipe. El número de hijos de Viracocha es, como siempre, muy difícil de afirmar por las contradicciones de los cronistas y el número de concubinas que solían tener los soberanos. Pero es de suponer que Pachacutec fue el tercer o cuarto hijo de la coya, siendo el mayor Inca Roca, el segundo Topa Yupanqui, el tercero Pachacutec y el último Capac Yupanqui, que llegó a ser, con el correr de los años, uno de los mejores generales de su hermano.[9]

Pocas son las noticias que tenemos sobre la coya Mama Runtu. Sólo Huamán Poma[10] nos cuenta que fue melancólica y "bizarra mujer", tan humilde que no asistía a las fiestas y bailes. Poco sociable, le gustaba rodearse de enanos y jorobados; es curioso notar que Pachacutec una vez soberano, recogió a todos estos seres en una casa y siempre se ocupó de ellos.[11] El gusto de la coya por estas criaturas deformes, se debería quizás a su carácter acongojado y triste. Poca o ninguna influencia tuvo Mama Runtu sobre su marido. Como veremos más adelante, Viracocha nombró sucesor suyo a Urco, habido en una hermosa concubina, a la cual amaba mucho, llamada Curi Chulpa, del ayllu de Ayauilla.[12] En cuanto al segundo hijo de la misma mujer, Inca Zocco, fue nombrado jefe de la panaca de su padre, en lugar de sus hermanos. En efecto, vemos que el ayllu formado por los descendientes de Viracocha se llamó Zoczo Panaca, tomando el nombre de su fundador. Entre los indígenas que declararon ante el notario, a fin de atestiguar la relación de Sarmiento de Gamboa, encontramos un Martin Quechgua Çuccu, de la panaca de Viracocha.

---

8. "Informaciones" de Toledo, publicado por Levillier en su obra *Don Francisco de Toledo*, ob. cit., tomo II, p. 114.
9. Sarmiento de Gamboa, cap. XXIV, p. 80.
10. Huamán Poma, foja 137.
11. Santa Cruz Pachacuti, Edic. Urt., p. 185.
12. Sarmiento de Gamboa, cap. XXIV, p. 80.

Años más tarde, cuando el enemigo trató de apoderarse del Cuzco, Urco y Zoczo acompañaron al Inca Viracocha en su retiro, mientras los hijos de Mama Runtu se quedaron en la ciudad apoyando a Pachacutec. Tal era el ambiente y las relaciones familiares, en las cuales transcurrió la juventud del futuro soberano.

Nació Pachacutec en el palacio de Cusicancha [13] o casa de regocijo, fronterizo al templo de Coricancha. Con el tiempo, este lugar quedó como adoratorio de sus descendientes que comprendían los del ayllu de Iñacapanaca. Siguiendo la costumbre incaica, cuando simple príncipe, tenía Pachacutec el nombre de Cusi Yupanqui [14] cuyo significado es príncipe dichoso.

Su infancia debió ser como la de cualquier joven noble de la época. Nadie mejor que Garcilaso [15] puede contarnos cómo transcurría, ya que debió ser muy parecida a la suya.

> Luego que nascia la criatura la bañavan con agua fría para embolverla en sus mantillas y cada mañana que le embolvian la havian de lavar con agua fría, y las más vezes puesta al sereno. Y cuando la madre le hazia mucho regalo, tomava el agua en la boca y le lavava todo el cuerpo, salvo la cabeça; particularmente la mollera, que nunca le llegavan a ella. Dezian que hazian esto por acostumbrarlos al frio y al trabajo, y también por que los miembros se fortalesciessen. No les soltavan los braços de las embolturas por mas de tres meses porque dezian que, soltándosellos antes, los hazian floxos de braços. Teníanlos siempre echados en sus cunas, que era un vanquillo mal aliñado de cuatro pies y el pie era más corto que los otros para que pudiesse mescer. El assiento o lecho donde echavan el niño era de una red gruessa, por que no fuesse tan dura si fuesse tabla, y con la misma red lo abracavan por un lado y otro de la cuna y lo liavan, por no se cayesse della.[16]
>
> Al darle la leche ni en otro tiempo alguno no los tomavan en el regaço ni en braços, porque dezian que haziendose a ellos se hazian llorones y no querian estar en la cuna, sino siempre en braços. La madre se recostava sobre el niño y le dava el pecho, y el dárselo era tres vezes

---

13. Ondegardo, Edic. Urt., p. 6.
14. Sarmiento de Gamboa, cap. XXV, p. 82.
    Jesuita Anónimo, Edic. Urt., lo llama Tito Yupanqui, p. 33.
    Garcilaso, *Comentarios reales de los incas*, tomo I, lib. 5, cap. XXVIII, le dice Titu Manco Capac.
15. Garcilaso, *Comentarios reales de los incas*, lib. 4, cap. XI y XII.
16. Para mayor información sobre las cunas, ver Arriaga, cap. II, p. 30 y Cobo, tomo IV, cap. VI, lib. 14.

al día; por la mañana y a medio día y a la tarde. Y fuera destas horas no les davan leche, aunque llorasen, porque dezian que se habituavan a mamar todo el día y se criavan suzios, con vómitos y camaras, y que cuando hombres eran comilones y glotones; dezian que los animales no estavan dando leche a sus hijos todo el dia toda la noche, sino a ciertas horas. La madre propia criava su hijo; no se permitía darlo a criar, por gran señora que fuesse, si no era por enfermedad.

Cuando era tiempo de sacarlo de la cuna, por no traerlos en braços les hazian un hoyo en el suelo, que les llegava a los pechos; aforranvanlos con algunos trapos y viejos, y allí los metian y les ponian delante algunos juguetes en que se entretuviessen. Allí dentro podía el niño saltar y brincar, mas en braços no lo havian de traer, aunque fuesse hijo del mayor curaca del reino.

Ya cuando el niño andava a gatas, llegava por el lado o el otro de la madre a tomar el pecho, y havia de mamar de rodillas en el suelo, empero no entrar en el regaso de la madre, y cuando queria el otro pecho le señalavan que rodease, a tomarlo la madre en braços.

Destetávanlo de los dos años arriba y les trasquilavan el primer cabello con que havían nacido, que hasta entonces no tocavan en él, y les ponían el nombre propio que havia de tener, para lo cual se juntava toda la parentela, y elegian uno dellos para padrino del niño, el cual dava la primera tiserada al ahijado. Las tiseras eran cuchillos de pedernal, porque los indios no alcançaron la invención de las tiseras. En pos del padrino iva cada uno por su grado, de edad o dignidad, a dar su tiserada al destetado; y haviendo tresquilado, le ponian el nombre y le presentavan las dádivas que llevavan, unos ropa de vestir, otros ganado, otros armas de diversas maneras, otros le davan vasixas de oro o de plata para beber, y éstos havian de ser de la estirpe real, que la gente común no los podia tener sino por privilegio.

Acabado el ofrecer, venia la solemnidad de bever, que sin el no havia fiesta buena. Cantavan y bailavan hasta la noche, y este regozijo durava dos, tres o cuatro dias, o más, como era la parentela del niño.[17]

Sabemos por Sarmiento de Gamboa que Cusi tuvo un ayo llamado Mircoymana.[18] ¿Qué misión tenía al lado del joven príncipe? Probablemente no sólo estuvo encargado de la custodia del niño, sino que lo inició en el manejo de las armas, un adiestramiento que terminaba con las fiestas del Huarachico, al ser admitido el joven en la casta de los

---

17. Garcilaso, *Comentarios reales de los incas*, lib. 4, cap. XI, p. 199.
18. Sarmiento de Gamboa, cap. XXVI, p. 85.

## 4 / REINADO DEL INCA VIRACOCHA

orejones. Cuando tuvo Cusi la edad necesaria, entró al Yacha Huasi a seguir los cursos destinados sólo a los jóvenes nobles. Tanto Garcilaso como Murúa mencionan la existencia de este colegio, fundado por Inca Roca y más tarde ampliado por Pachacutec.[19] Durante cuatro años estudiaban el runa simi, las leyes, la historia y los quipus. Terminada la instrucción quedaban listos los muchachos para las ceremonias del Huarachico. Estas fiestas se celebraban en el Cuzco en el mes de diciembre, y abarcaban toda una luna.[20]

Según Molina, en cada pueblo se llevaba a cabo la ceremonia en distinto mes: los indios de Orco la hacían en setiembre, y los de Ayarmaca en octubre.[21] La costumbre de horadar las orejas a los jóvenes de la casta noble y someterlos a todo un ritual, que comprendía pruebas de resistencia física y de valor, era una tradición muy arraigada en todos los ayllus que formaban el clan de los incas. Desde Manco Capac, y probablemente de mucho tiempo atrás, se efectuaba tal práctica. Más tarde, durante el reinado de Pachacutec, estableció este monarca todo un ceremonial sumamente complicado, dando en esa forma mayor esplendor a los actos.

En esta ocasión tomaban parte no sólo los jóvenes que tenían rango y edad para ello, sino los padres y parientes, divididos en las dos parcialidades de Hurin y Hanan Cuzco.

Se iniciaban las fiestas con los sacrificios obligatorios a la huaca de Huanacauri, para luego cortar a los jóvenes sus cabellos. Durante todo un mes se sucedían bailes rituales y peregrinaciones a los lugares sagrados del Cuzco, con sacrificios de animales y libaciones de chicha, mientras los jóvenes cumplían severos ayunos. Cada día eran sometidos los nóveles señores a pruebas distintas, entre otras eran azotados para probar su estoicismo frente al dolor; luchaban en dos bandos y tomaban parte en una carrera, distinguiéndose los primeros en llegar a la meta. Al finalizar las fiestas se efectuaba la entrega de las huaras, pequeños pañetes muy ajustados, y se procedía a horadar las orejas a los nóveles.

Terminado el Huarachico, eran considerados los jóvenes como mayores de edad y podían participar en las expediciones guerreras y en la administración de la confederación. El príncipe Cusi no tardó en tomar parte en empresas militares, bajo la dirección de los hábiles generales Apo Maita y Vicaquirao. Desde muy joven mostró el príncipe sus

---

19. Garcilaso, *Comentarios reales de los incas*, lib. 4, cap. XIX, p. 214.
    Murúa, lib. 3, cap. IV.
20. Molina el Cuzqueño, Edic. Loayza, p. 49.
21. Molina el Cuzqueño, Edic. Loayza, pp. 46-47.

extraordinarias condiciones. Sarmiento de Gamboa [22] nos dice que sus jefes tenían "buena esperanza por el valor que mostraba en su florida adolescencia".

El mismo cronista cuenta que era Cusi "llano y afable y daba fuera desto muestras de ánimo y de altos pensamientos".[23] Betanzos [24] asegura que "era mancebo muy virtuoso y afable en su conversación; era hombre que hablaba poco para ser tan mancebo, e no se reia en demasia de manera, sino con mucho tiento; y muy amigo de hacer bien a los pobres; y que era mancebo casto, que nunca le oyeron que hobiese conocido mujer, y que nunca le conocieron los de su tiempo decir mentira e que pusiese cosa que dejase de cumplir".

Todas estas cualidades lejos de complacer al Inca su padre, lo llenaron de envidia y fastidio por no tenerlas Urco su hijo predilecto.[25]

Pero dejemos al joven Yupanqui en sus primeras refriegas y batallas, mientras repasamos someramente el reinado del Inca Viracocha.

Poco tiempo después de su advenimiento, se preocupó Viracocha de añadir nuevas conquistas a su confederación. Reunido su ejército se dirigió hacia Yucay y Calca.[26] Fácilmente subyugó la región y en el último lugar mandó posteriormente edificar un palacio, en el cual pasó los últimos años de su vida.

Tuvo igualmente la tarea de dominar las sublevaciones de sus confederados. Para ello delegó a sus capitanes Apo Maita y Vicaquirao, la misión de derrotar a los rebeldes; estos estaban peligrosamente cerca del Cuzco, como los Pacaycacha en el valle de Pisac, a tres leguas de la ciudad.[27] Nuevos motines estallaron, cuando los siempre rebeldes pueblos de Muyna y Pinahua se unieron a los casacancha y rondocanchu, en contra de los incas. Más tarde los ayarmacas y los guayparmarcas siguieron el mismo ejemplo.[28] Todos fueron sometidos a los cuzqueños, y el Inca emprendió la conquista de Caitomarca.

Mientras estaba el soberano ocupado en esta tarea, llegó de la capital la alarmante nueva de cómo un hermano del difunto monarca

---

22. Sarmiento de Gamboa, cap. XXV, p. 81.
23. Sarmiento de Gamboa, cap. XXV, p. 82.
24. Betanzos, Edic. Urt., cap. VII, p. 112.
25. Betanzos, Edic. Urt., cap. VIII, p. 112.
26. Cieza de León, *Del señorío de los incas*, cap. XXXVIII, p. 196.
    Sarmiento de Gamboa, cap. XXV, p. 81.
27. Sarmiento de Gamboa, cap. XXV, p. 81.
28. Sarmiento de Gamboa, cap. XXV, p. 81.
    Román y Zamora, tomo II, p. 13.

## 4 / REINADO DEL INCA VIRACOCHA

se había sublevado en el templo del Sol. El insurrecto tenía asegurada la complicidad de algunos miembros de los Hurin Cuzco,[29] la antigua dinastía reinante. Los revolucionarios mataron al gobernador de la ciudad, así como a sus acompañantes, y se apoderaron del Cuzco en medio del pavor de los habitantes. Pasado el primer momento y no encontrando eco en los demás orejones, el rebelde tomó miedo al ver fracasado su propósito y se dio muerte ingiriendo un veneno.

La confederación cuzqueña estaba lejos de ser, en aquel entonces, un todo homogéneo. El poder central no se había aún impuesto de manera definitiva en la región más cercana. Sarmiento de Gamboa[30] menciona, en la misma ciudad, la permanente pugna, entre el arrabal de Carmenca y el de Cayocache. Sin embargo la mayor dificultad que tuvo Viracocha durante su reinado fue con los sacerdotes. Es de notar que los incas de la dinastía Hurin Cuzco, habitaban todos ellos el mismo Inticancha o templo del Sol. Por ese motivo no se ha encontrado en el Cuzco el lugar de sus moradas. Con los Hanan, se produjo un cambio; el curaca o jefe no volvió a habitar el templo. Como lo supone Riva Agüero,[31] la primera dinastía fue probablemente teocrática, sus caudillos fueron simultáneamente jefes y sumos pontífices de la confederación.

Al llegar los Hanan al poder, se rompió esta tradición y se formó entonces la división de cargos; por un lado el dominio, en manos del capac y por otro el sumo sacerdote. Quizás los Hanan al apoderarse del curacazgo dejaron al principio a los Hurin con el sacerdocio. Cobo nos dice "que no siempre los incas desde que comenzó su imperio estuvieron firmes e invariables en su religión... fueron añadiendo y quitando muchas cosas".[32]

A medida que la nueva dinastía iba afianzándose en el poder, deseó el jefe el dominio absoluto. Quizás fue Viracocha el que dio el paso definitivo y designó a un deudo suyo en la jefatura del sacerdocio, hecho que explicaría la rebelión narrada por Cieza, y que estalló durante la ausencia de Viracocha. Ella fue apoyada por los miembros del bando bajo del Cuzco.

En algunas crónicas encontramos alusiones a las dificultades que tuvo el Inca con los sacerdotes. El Jesuita Anónimo[33] menciona el poderío y riqueza de los ministros en tiempo del octavo soberano, y los motines y

---

29. Cieza de León, *Del señorío de los incas*, cap. XL, p. 202.
30. Sarmiento de Gamboa, cap. XXIV, p. 79.
31. Riva Agüero, *La historia en el Perú*, pp. 179-180.
32. Cobo, tomo III, lib. 13, cap. I, p. 302.
33. Jesuita Anónimo, Edic. Loayza, p. 33.

disturbios que fomentaron. El apacible monarca, demasiado afable,[34] tuvo sin embargo que luchar contra la creciente ambición del sacerdocio. Huamán Poma[35] cuenta que el Inca pretendió quemar los ídolos y huacas, impidiéndole Mama Runtu tal hecho. Estos y otros motivos llevaron a los ministros a entenderse secretamente con los chancas, cuando ellos amenazaron el Cuzco.[36] Más tarde, después del triunfo de Pachacutec sobre los peligrosos enemigos, tuvo el nuevo soberano que proceder a diversas reformas religiosas y a la destitución de numerosos sacerdotes.

Todos estos disturbios muestran la difícil tarea de Viracocha y la herencia de sublevaciones que le legó Yahuar Huacac. ¿En qué modo afectarían a Cusi Yupanqui tales sucesos? ¿Meditaría sobre la necesidad de un poder central fuerte y organizado? Si bien no podemos asegurarlo, los acontecimientos que presenció dejaron en él una huella profunda.

Logrado el apaciguamiento momentáneo de su confederación, se ocupó el Inca de edificar casas, de aumentar sus chacras y sementeras, y en plantar árboles de molle y quisnuales.[37] Fue también industrioso e inventó nuevas ropas y labores, que llamaron viracocha tocapo.[38]

Mientras tanto, en la región del Collao, había dos jefes rivales: el de Hatun Colla y el de Chucuito. Cari, el curaca de Chucuito, había logrado vencer a los canas y apoderarse de sus tierras. Pero no se atrevían los dos rivales a enfrentarse el uno al otro, prefiriendo ambos asegurarse la amistad de Viracocha. El Inca ofreció a los dos su apoyo, prometiendo secretamente ayuda a Cari; con ese fin principió a juntar gente de guerra.[39]

La ruta que siguieron los cuzqueños hacia el lago Titicaca, fue la del río Vilcanota; pasaron por Urco, Quiquijana, Combepata, etc. Los canchis les ofrecieron escasa resistencia, y una vez derrotados no continuaron en su lucha. En cuanto a los canas, el Inca les aseguró su amistad y su deseo de paz. No solamente dejaron pasar las tropas incas, sino que les proporcionaron abastecimientos en Ayaviri. Según Garcilaso,[40] habría entonces mandado edificar Viracocha el templo de Ticsi

---

34. Santa Cruz Pachacuti, Edic. Urt., p. 176.
35. Huamán Poma, foja 107.
36. Jesuita Anónimo, Edic. Loayza, p. 33.
37. Santa Cruz Pachacuti, Edic. Urt., p. 176.
38. Sarmiento de Gamboa, cap. XXV, p. 83.
39. Cieza de León, *Del señorío de los incas*, cap. XLI.
    Santa Cruz Pachacuti, Edic. Urt., p. 176.
40. Garcilaso, *Comentarios reales de los incas*, lib. 5, cap. XXII.
    Cobo, tomo III, lib. 12, cap. XI.

Viracocha, cerca del que es hoy día el pueblo de San Pedro de Cacha. Innumerables son las referencias sobre este templo en las crónicas, y de su existencia durante la remota y mítica época de la "Purumpacha".[41] Riva Agüero[42] supone que el templo fue "construido no como quiere Garcilaso por el octavo Inca, sino desde edad inmemorial".

Mientras avanzaba Viracocha hacia el Collao, el curaca de Hatuncolla, que se había enterado del arreglo secreto del Inca, decidió librar batalla al de Chucuito, antes de la llegada de su aliado. El combate se libró en Paucarcolla y después de una encarnizada lucha, Cari quedó victorioso. Al recibir las nuevas se apesadumbró el Inca, ya que pensaba sacar provecho de la discordia.

Cerca de Chucuito se reunieron ambos jefes, dándose muestras de cordialidad. Poco tiempo permaneció Viracocha con el curaca y antes de emprender el camino de retorno, se juraron eterna paz, poniendo como símbolo de su amistad un kero de chicha sobre una peña, el cual fue llevado al templo por los sacerdotes en medio de bailes y taquis. Notemos bien que esta expedición al Collao no terminó en conquistas; fue una manifestación de paz, una alianza entre dos confederados.

De regreso al Cuzco, donde Inca Urco había quedado de gobernante, anunció Viracocha su intención de retirarse a su palacio de Calca y de dejar a su hijo Urco de soberano. Antes de relatar el corto correinado de Inca Urco, nos detendremos a ver la extensión territorial alcanzada hasta entonces por los cuzqueños. Viracocha y todos los demás incas que le precedieron, no habían dejado de ser jefes y curacas del Cuzco. Betanzos[43] lo dice explícitamente cuando menciona los doscientos señores caciques que existían a cincuenta leguas del Cuzco en tiempos de Viracocha. Cada uno de ellos se titulaba el capac de su señorío, y luchaba con sus vecinos para subyugarlos.

Lo mismo hacían los cuzqueños, peleando repetidas veces con los mismos curacas comarcanos, adquiriendo nuevos territorios para perderlos luego, según la capacidad del Inca y la fortuna que tenía en las armas, les faltó retener sus conquistas mediante una organización adecuada.

Por eso Betanzos y Cobo nos dicen que "los señores y caciques de los pueblos vecinos al Cuzco no estaban sujetos".[44]

---

41. Santa Cruz Pachacuti, Edic. Urt., pp. 132, 134, 137.
    Cieza de León, *Del señorío de los incas*, cap. V.
    Sarmiento de Gamboa, pp. 33-34.
42. Riva Agüero, *La historia en el Perú*, p. 95.
43. Betanzos, Edic. Urt., cap. VI, p. 100.
44. Cobo, tomo III, lib. 12, cap. XI.

Pedro Pizarro[45] dice que Viracocha sólo dominaba treinta leguas alrededor de la ciudad. La escasa extensión territorial alcanzada entonces por los cuzqueños, la confirman Las Casas, Cabello de Balboa, Sarmiento de Gamboa, Cieza y Murúa.[46] Acosta dice que "su señorío por gran tiempo no se extendió más de cinco o seis leguas alderredor del Cuzco".

Sólo Garcilaso y los quipucamayus, relatan grandes extensiones adquiridas bajo Viracocha. Hemos visto en el capítulo anterior los motivos por los cuales rechazamos la versión garcilacista sobre el reinado del octavo soberano, para adoptar la opinión de la gran mayoría de cronistas. Efectivamente, un gran número de dudas y confusiones en la historia incaica son el fruto de la crónica de Garcilaso, quien quiso presentar el incario como un gobierno ideal. Los incas tuvieron todas las pasiones humanas, y al dominar a los demás y superar las dificultades que ofrecía el medio, lograron una cultura única en su género, no igualada, en ciertos aspectos, por pueblo alguno. La historia inca no necesita, para ser grande y admirable, que la trastornen omitiendo, quitando o cambiando episodios, con eso logran quitarle vida, sabor y tornar a la casta viril de los orejones, en seres amorfos, blandos y llorones.

La otra crónica que sostiene la gran extensión territorial alcanzada por Viracocha, es la de los quipucamayus. Comparándola con las demás, aparece una visible tendencia a exagerar la obra del octavo Inca. Quizás los quipucamayus fueron efectivamente, como lo supone Riva Agüero, los encargados del recuerdo del reinado de Viracocha, hecho que explicaría la atribución de tantas conquistas a este soberano, *y la falta de mención de la guerra contra los chancas*. ¿No es sospechoso que estos guardianes de la historia inca y sobre todo de la vida de este soberano, ignoren por completo el ataque chanca y el peligro a que estuvo sujeto el Cuzco? ¿Podían acaso estos episodios no grabarse en sus memorias y en sus quipus?

El deseo de encubrir la verdad nos hace suponer que fueron los guardianes del recuerdo del Inca Viracocha, y por este motivo disimularon la verdad bajo una larga lista de conquistas supuestas, al mismo tiempo que pasaron por alto un episodio de la historia, tan bochornoso para este monarca. La lucha contra los chancas fue el momento culminante de toda la epopeya inca; con su triunfo dejaron los cuzqueños de ser una confederación para trocarse en un imperio. La victoria fue la clave

---

45. Pedro Pizarro, ob. cit., p. 49.
46. Acosta, lib. 6, cap. XIX, p. 490.
    Las Casas, Edic. Urt., cap. XVI, p. 90.
    Murúa, Edic. Loayza, cap. X.
    Cabello de Balboa, Edic. Urt., cap. IV, p. 27.

para entender todos los sucesos venideros. Para los cuzqueños no hubo más que dos alternativas: la sumisión bajo la bandera chanca o su propio encubrimiento y expansión incontenible. El imperio inca data de este memorable encuentro. Si el triunfo lo hubiera obtenido Viracocha, gran recuerdo hubieran conservado de él sus descendientes y sus quipucamayus; al ser lo contrario pasaron por alto este episodio.

En este momento de su historia, la pequeña confederación inca estaba rodeada al norte por los chancas, que dominaban Andahuailas, los soras y los rucanas. Hacia el mar, la detenía el antiguo curacazgo de Chincha y el señor de Chumbivilcas. Al sur, los canas y canchis, jefes independientes, formaban alianzas o se enemistaban con los cuzqueños, según las conveniencias del momento. Más allá, los curacas de Hatuncolla y de Chucuito, eran inquietantes por sus codicias y ambiciones. Por último, al lado este, los bosques del Anti formaban una barrera hostil e infranqueable. En aquel entonces la confederación inca sólo era uno de los tantos señoríos que luchaban entre sí, separados por altísimas cumbres, por ríos tumultuosos y vastos desiertos.

Únicamente un hombre extraordinario, no sólo como conquistador sino como organizador y legislador, con un maravilloso dominio de los demás, podía cumplir la tremenda hazaña de unir un territorio tan vasto y darle un sentido de imperio. A Viracocha y a Urco les faltó capacidad y valor.

❖ ❖ ❖

Capítulo Quinto

# Inca Urco y el ataque chanca

La existencia de Urco, el hijo de Inca Viracocha es innegable. Pretender suprimirlo es rechazar toda la historia inca. Como hemos dicho anteriormente, todas las noticias que han llegado hasta nosotros sobre el incario las tenemos por las crónicas. Ahora bien, si los cronistas de mayor crédito confirman un hecho, ¿cómo atrevernos a negarlo, sin irremediablemente negar de un golpe la veracidad de todas las fuentes? Nos quedaríamos sin historia. Para facilitar la tarea de analizar los datos, veamos el cuadro siguiente:

| Cronistas que mencionan a Urco como hijo de Viracocha: | Cronistas que mencionan a Urco como soberano: |
|---|---|
| Cieza de León; Betanzos; Sarmiento de Gamboa; Cabello de Balboa; Murúa; Gutiérrez de Santa Clara; Herrera; Santa Cruz Pachacuti; Huamán Poma; Quipucamayus; Cobo. | Cieza de León; Betanzos; Sarmiento de Gamboa; Santa Cruz Pachacuti; Herrera. |

En la primera columna figuran once cronistas de mayor importancia que mencionan a Urco como hijo de Viracocha. Para sostener la existencia de este Inca, no nos apoyamos en un dato suelto sino en las primeras autoridades. No hay un solo indicio, como lo supone Riva Agüero,[1] de que este príncipe haya sido hijo de Yahuar Huacac.

En cuanto a la segunda columna, se refiere a los que nombran a Urco como soberano. El silencio posterior sobre él fue el castigo por el abandono del Cuzco. Fuera de los datos explícitos, encontramos algunos datos sobre los episodios que ocurrieron durante su corto correinado. Acosta[2] dice que el principio de las victorias de Pachacutec fueron "que un hermano mayor suyo, que tenía el señorío en vida de su padre, y con su voluntad administraba la guerra, fue desbaratado en una batalla que tuvo con los chancas".

Otros cronistas como Las Casas y Román y Zamora,[3] nombran a Pachacutec como hijo menor del Inca Viracocha y defensor de la ciudad. El padre Calancha[4] cuenta que Pachacutec "quitó a su padre y hermano mayor el Reyno, aunque Garcilaso dice que el que quitó el Reyno a su padre fue el Inga Viracocha".

Como hechos dicho anteriormente, aparece Urco en la portada de la "Década quinta" de Herrera como soberano, con todas las insignias del poder. Cieza, el más prolijo de los cronistas, cuenta cómo los orejones no querían hablar de los hechos de Inca Urco, ni "que digan que alcanzó la dignidad del reino, y así vemos que en la cuenta que de los quipus y romances tienen de los reyes que reinaron en el Cuzco, *callan éste, lo cual yo no haré, pues al final mal o bien, con vicios o virtudes, gobernó y mandó el reino algunos días*".[5]

Habiendo decidido Viracocha retirarse, se fue al valle de Yucay y envió la borla para que fuese entregada a Urco, según la costumbre.

---

1. Riva Agüero, *La historia en el Perú*, p. 133.
   A Inca Urco, hijo de Viracocha, no debemos confundirlo con Urco, hijo de Túpac Yupanqui, que fue un capitán de los ejércitos paternos. De él nos habla Huamán Poma (foja 160) cuando trata de los generales principales del incario. A este último príncipe, se refiere la leyenda de la piedra cansada que lloró sangre.
   La crónica de Murúa, que tiene tantas semejanzas con la de Huamán Poma, dedica el cap. III de su lib. 2, al infame Urco. Relata igualmente, la leyenda de la piedra cansada, traída desde Quito. El cronista confundió a este general con el Inca del ataque chanca. Equívoco muy comprensible, por llevar ambos personajes el mismo nombre.
2. Acosta, lib. 6, cap. XXI, p. 493.
3. Las Casas, Edic. Urt., cap. XVI, p. 94.
   Román y Zamora, p. 15.
4. Calancha, lib. 1, cap. XV, p. 97
5. Cieza de León, *Del señorío de los incas*, cap. XLIV, p. 216.

*INCA VIRACOCHA*
*de la portada de la "Década Quinta" de* La crónica *de Antonio de Herrera*

Luego Inca Urco entró a hacer los ayunos y otras religiones conforme a su costumbre, y acabado, salio con la corona, y fue al templo del sol a hacer sacrificios; y se hicieron en el Cuzco a su usanza muchas fiestas y grandes borracheras.[6]

Inca Urco quedó desde entonces corregente de la confederación, recibiendo el acatamiento y respeto de sus súbditos. Betanzos lo confirma cuando dice: "traiase en andas y hombros de señores si salia a la plaza, sentábase en asientos de oro, tenia tirasol hecho de pluma de avestruces teñidas de colorado; bebia en vasos de oro, ansimismo eran las demas vasijas del servicio de su casa de oro".[7]

Una vez que se vio Urco de curaca de la confederación, se entregó a placeres y vicios, sin pensar en gobernar. Pronto desagradó a los orejones por su conducta y se granjeó la indignación del ejército por su manera de ser despectiva. Pasaba la mayor parte del tiempo en diversas casas de recreo que tenían los incas, en la vecindad de la ciudad.

> Era tan vicioso y dado á lujurias y deshonestidades, que sin curar della, (se refiere a la Coya su mujer) se andaba con mujeres bajas y con mancebas, que eran las que quería y le agradaban; y aún afirman que corrompió algunas de las mamaconas questaban en el templo, y era de tan poco honra, que no queria que se estimassen. Y andaba por las mas partes de la ciudad bebiendo; y después tenia en el cuerpo una arroba y mas de aquel brebaje, provocándose al vómito, lo lanzaba, y sin vergüenza descubria las partes vergonzosas, y echaba la chicha convertida en orina; y a los orejones que tenian mujeres hermosas, cuando las veia, les decia: "Mis hijos, ¿como están?" Dando a entender que habiendo con ellas usado, los que tenian eran dél y no de sus maridos. Edificio ni casa nunca lo hizo; era enemigo de armas; en fin, ninguna cosa buena cuentan del sino ser muy liberal.[8]

El descontento iba creciendo a medida que la incapacidad de Urco se hacía cada día más resaltante. Apo Maita y Vicaquirao, los dos jefes del ejército del Inca Viracocha, principiaron a desear que la elección hubiese recaído sobre otro príncipe, en lugar del depravado Urco. Cusi Yupanqui les parecía el llamado a ser soberano por su capacidad de mando y sus aptitudes guerreras. El alma de la conspiración era el capitán Apo Maita, quien pertenecía a la descendencia del Inca Capac Yupanqui. Si hemos de creer a Sarmiento de Gamboa,[9] el padre de

---

6. Cieza de León, *Del señorío de los incas*, cap. XLIV, p. 217.
7. Betanzos, Edic. Urt., cap. VIII, pp. 113-114.
8. Cieza de León, *Del señorío de los incas*, cap. XLIV, p. 217.

Apo Maita, fue Apo Saca, hijo a su vez de Capac Yupanqui y de una concubina. Una de las razones que movían a este general, eran sus secretos amores con una concubina del Inca Viracocha, llamada Cacchon Chicya.[10] El capitán temía la ira y la venganza del viejo monarca, si llegaba a descubrir su falta. La pena de muerte era el castigo que lo aguardaba.

Tal era el estado en que se encontraba el Cuzco, cuando llegaron las nuevas de la proximidad de las tropas chancas. No tardaron en llegar las noticias de que el ejército enemigo se había detenido en Vilcacunca.[11]

Iban los chancas confiados en sus hazañas pasadas, sin temor de encontrar oposición alguna.[12] Asentaron allí su campamento, aterrorizando la comarca y preparándose para tomar posesión del Cuzco. El pánico se apoderó de la ciudad; nunca en su historia igual peligro la había amenazado. El viejo Inca, dominado por su concubina Curi Chulpa, se convenció de que toda lucha era inútil ante el empuje de los chancas. Viejo y cansado, le faltó fuerzas para resistir. Además los invasores deben de haber tenido la reputación de crueles y sanguinarios.

En cuanto a Inca Urco "dicen que se reía"[13] del desasosiego general y sólo pensaba en la huida y en un cómodo retiro. La duda y el desaliento se apoderaron del consejo de orejones, al ver a sus soberanos dispuestos a dar obediencia a los chancas. Viracocha decidió abandonar el Cuzco y refugiarse en Chita, con sus dos hijos, Urco y Zoczo, sus mujeres y su séquito. Al difundirse esta nueva, el desconcierto no tuvo límites en la ciudad. Todo estaba casi perdido y las esperanzas eran muy escasas. Es entonces cuando el joven príncipe Cusi Yupanqui, de veinte años de edad, decidió quedarse y defender su ciudad. Cusi se dirigió a su padre, en un último intento para retenerlo, le reprochó su decisión de abandonar todo y le dijo: "Como padre, ha cabido en vuestro corazón aceptar un consejo tan infame de dejar el Cuzco, ciudad del Sol y de Viracocha, cuyo nombre vos tomastes, cuya promesa vos tenéis que seréis gran señor, vos y vuestros descendientes. Y esto dijo, aunque mozo con ánimo osado de hombre de mucha honra".[14]

---

9. Sarmiento de Gamboa, cap. XVIII, p. 68.
10. Sarmiento de Gamboa, cap. XXV, p. 82.
11. Cieza de León, *Del señorío de los incas*, cap. XLV, p. 221.
    Betanzos, Edic. Urt., cap. VII, p. 108.
12. Román y Zamora, tomo II, p. 17.
13. Cieza de León, *Del señorío de los incas*, cap. XLIV, p. 219.
14. Sarmiento de Gamboa, cap. XXVI, p. 85.

El Inca le respondió que su poca edad no le hacía medir ni el peligro ni sus palabras. A lo cual respondió Cusi que podía ir el Inca donde bien le parecía, que él no se movería del Cuzco.

Así fue cómo el joven Cusi tomó el mando para la defensa; con este hecho mostraba no solamente su valor y arrojo personal, sino que supo imponerse como jefe a los generales veteranos de su padre y lograr la fidelidad de su hermano Roca. Su autoridad no fue discutida siendo tan joven, y tornóse en el caudillo de la resistencia.

Como hombre inteligente, comprendió el príncipe que debía organizar la defensa de la ciudad. Inmediatamente despachó mensajeros a todos los vecinos del Cuzco, pidiéndoles que viniesen a luchar al lado de los cuzqueños y en pago de sus servicios les ofreció tierras y privilegios.

Muchos curacas contestaron que temían el poderío chanca y su terrible venganza, negándose a mandar tropas. Otros fueron llegando con sus gentes de armas, pero quedaban al margen de los preparativos; no osaban declararse por ninguno de los dos bandos temiendo la furia del vencedor.[15] Los canas y los canchis marcharon con los cuzqueños, después de repetidos ofrecimientos de retribución y "no por vía de señorío".[16]

Con Cusi Yupanqui quedaron en el Cuzco su hermano mayor Roca, hombre valiente y brioso; los dos generales del ejército de Viracocha, Apo Maita y Vicaquirao.[17] Este último era hermano de Yahuar Huacac y fundador de la panaca de su padre Inca Roca. Igualmente acompañaron a Cusi los orejones Quiliscache Urco Guaranga, Chima Chaui Pata Yupanqui, Viracocha Paucar Inca y Mircoymana ayo del príncipe.[18]

Mientras tanto los jefes, Astu Huaraca y Tumay Huaraca, representantes de los dos bandos Hurin y Hanan Chanca, después de haber hecho los sacrificios necesarios para congraciarse las divinidades, siguieron avanzando hasta Ichubamba.[19] Los primeros mensajeros que enviaron al Inca, habían regresado con la nueva que Viracocha ofrecía dar obediencia y que deseaba comer y beber con los dos caudillos.[20] Los

---

15. Sarmiento de Gamboa, cap. XXVII, p. 86.
16. Ondegardo. Edic. Urt., *Relación del linaje de los incas*, p. 46.
17. Sarmiento de Gamboa, cap. XIX, p. 70 y cap. XXIV, p. 80.
18. Sarmiento de Gamboa, Edic. cit., cap. XXVI, p. 85.
    Betanzos, Edic. Urt., cap. VI, p. 105, menciona a: Vica Quirao, Apo Maita, Quiliscachi Urco Guaranga y sus criados Pata Yupanqui, Muru Uanca, Apo Yupanqui, Uxuta Urco Guaranga.
19. Stiglich, *Diccionario geográfico del Perú,* Ichubamba, Hda., provincia de Anta, dist. de Surite.
20. Betanzos, cap. VI, pp. 104-105.

chancas temiendo que esta noticia encubriera alguna treta, mandaron como mensajero a un capitán llamado Huamán Huaraca, el cual fue bien recibido por Viracocha, que le reiteró su sumisión, y le afirmó estar ajeno a los preparativos guerreros de su hijo Cusi en el Cuzco. Sabido por los caudillos chancas que sólo un joven, apenas salido de la adolescencia, pensaba combatir con ellos, le enviaron decir que le daban tres meses para prepararse, pues tendrían así más placer en vencerlo. Yupanqui respondió altivamente a los jefes enemigos, asegurándoles que prefería morir defendiendo el Cuzco, ya que no había nacido para someterse a nadie.

El príncipe decidió esperar a los chancas en el mismo Cuzco. Probablemente no quería, con el número limitado de gente que tenía enfrentarse a sus enemigos en campo abierto; de esta manera la defensa resultaba más fácil. En las afueras de la ciudad, mandó cavar grandes hoyos, cuidadosamente tapados, a fin de que en ellos se cayesen los soldados chancas.[21]

En espera del ataque, se llevaban a cabo grandes sacrificios y plegarias. Quizás se celebró la ceremonia del Itu, que tenía lugar, sólo en casos de gran necesidad.[22] El príncipe Yupanqui se entregó a ayunos y oraciones; y estando un día en Susurpuquio, en gran aflicción, tuvo la visión de un ser como el Sol, que lo animaba a la defensa y le ofrecía la victoria. Volvió entonces el príncipe al Cuzco, seguro de la ayuda de sus dioses. Para reanimar a los suyos, cubrióse la cabeza con una piel de puma, símbolo de fuerza, arengó a todos en la plaza donde se encontraba la piedra de la guerra, asegurando el éxito de la lucha.[23]

Encargó Cusi a Quilicachi, uno de los jefes que quedaron con él, la misión de espiar el movimiento de las tropas chancas. Pronto se supo que avanzaban hacia la ciudad, seguras de no hallar defensa. Yupanqui apostó sus soldados, bien disciplinados, en el contorno del Cuzco y esperó el ataque. Estando los chancas ya cerca de la ciudad, se escabulló Quiliscachi de entre ellos, y llegó dando voces de alarma y diciendo: "Arma, Arma, Inga Yupanqui, que los chancas vienen furiosos".[24]

En efecto, del alto de Carmenca aparecieron los chancas, dando gritos y alaridos, iban con sus caras pintadas de negro y de ocre, con sus largos cabellos aceitados y menudamente trenzados,[25] agitando sus lan-

---

21. Cieza de León, *Del señorío de los incas*, cap. XLV, p. 221.
22. Acosta, lib. 5, cap. XXVIII.
23. Cieza de León, *Del señorío de los incas*, cap. XLV, p. 220.
24. Sarmiento de Gamboa, cap. XXVII, p. 87.
25. Betanzos, Edic. Urt., cap.X, p. 132. Los de Xaquixaguana, se habían hecho aceitar los cabellos, probablemente al estilo chanca; después de la segunda

zas. Corrían en desorden sosteniendo en lo alto al ídolo Uscovilca, que no dejaban en ninguna empresa de importancia. Un estremecimiento de terror debe de haber corrido por las filas incas. Pero Cusi Yupanqui estaba alerta. Por dos lados atacaron los chancas, y en ambos hallaron con gran sorpresiva resistencia. En el barrio de Chocoscachona,[26] estaba una mujer de sinchi llamada Chañan Cury Coca, la cual peleó con tanto brillo que hizo retroceder a los enemigos.[27] En cuanto al príncipe, se lanzó al ataque a la cabeza de un pequeño grupo por el lado de Carmenca, donde estaba el grueso del ejército chanca. Los incas luchaban con la furia de quienes defienden su suelo y su libertad. Pronto se mezclaron los dos ejércitos en un ataque cuerpo a cuerpo, los chancas con lanzas y flechas, los cuzqueños con hondas, porras y macanas.[28] Y mientras esta lucha se llevaba a cabo, en los cerros que rodeaban la ciudad, muchos curacas vecinos estaban de espectadores, inciertos y vacilantes; esperaban para atacar que la victoria se inclinase para uno de los lados.[29]

Ya el día avanzaba y la lucha seguía reñida, los incas habían retenido el avance, pero no lograban rechazar a sus contendores. Aquí intervino lo maravilloso y lo divino, que no podían faltar en un encuentro épico. Cuentan que el viejo sacerdote del templo del Sol, un tío cercano de Cusi, llamado Topa Huanchire,[30] hizo unas hileras de piedras y les puso flechas y porras. De lejos parecían soldados armados que resguardaban el lugar. Cusi, pasando por allí, creyó que eran soldados y les dijo: "que hazeis allí, hermanos, como es posible que en esta ocasión estaes allí muy sentaditos. ¡Levantaos!" ¡Oh! Milagro, las piedras Pururaucas[31] se tornaron en fieros soldados y se lanzaron al combate. En-

---

      derrota de los chancas les perdonó el Inca su alianza con estos últimos y les ordenó que se cortaran los cabellos a la usanza inca. Cieza de León, *La crónica del Perú*, cap. XC, p. 269, menciona que los chancas traían los cabellos largos, trenzados menudamente.

26. Luis Valcárcel en su libro *Del ayllu al imperio*, p. 114, menciona los ayllus de Choka y de Kachuna, en la zona inca, ambos en la parroquia de Santiago del Cercado.
27. Sarmiento Gamboa, cap. XXVII, p. 87.
    Santa Cruz de Pachacuti, Edic. Urt., p. 179.
28. Sarmiento de Gamboa, cap. XXVIII, p. 89.
29. Sarmiento de Gamboa, cap. XXVII, p. 86.
30. Santa Cruz Pachacuti, Edic. Urt., p. 178.
31. Cobo, (tomo III, lib. 12, cap. X) afirma que después de la derrota chanca, llevaron las piedras Pururaucas al templo del Sol, donde fueron adoradas. Antes de cualquier expedición militar, de allí en adelante, les hacían sacrificios especiales. Desde entonces creyeron los indígenas firmemente, que en cada

tonces es cuando el príncipe Yupanqui decidió abrirse paso hacia el ídolo chanca, llamado Uscovilca, que solían traer en una anda en los grandes encuentros. Con gran presteza, derribó Cusi a los enemigos en torno suyo hasta que consiguió apoderarse del ídolo. A los gritos de victoria de los incas, los espectadores apostados en las cumbres vecinas decidieron mezclarse en la refriega y apoyar a los cuzqueños.

Los chancas viendo su ídolo en manos enemigas se desmoralizaron y se dieron a la fuga. Dos leguas los persiguieron los incas, haciendo en ellos gran matanza.[32] Los que se salvaron se reunieron en el pueblo de Ichubamba.[33]

En el Cuzco la alegría por esta victoria, tan inesperada, era enorme; los invencibles chancas habían sido derrotados por el joven Yupanqui. El prestigio del príncipe fue inmenso, lo llamaron Pachacutec, el que trastorna la tierra, y luego quisieron que su joven caudillo celebrase su triunfo pisando el cuantioso botín chanca, así como a los principales prisioneros. Era costumbre que al regresar un capitán victorioso, fuese al encuentro del soberano y extendiese en el suelo las prendas más valiosas que había conseguido, junto con los jefes enemigos caídos en su poder. Luego, le rogaba al Inca que se levantase y diese unos cuantos pasos sobre el botín en señal que reconocía y aceptaba los triunfos de su subalterno. Al mismo tiempo, al hacerlo, tomaba el soberano posesión de las tierras ganadas, que se convertían de hecho en bienes suyos. Por eso el príncipe Yupanqui cogió el ídolo chanca, las más ricas vestiduras, las joyas de oro y plata, y las vistosas plumerías, y en una anda se fue con todo aquello adonde se encontraba Viracocha.[34] Con él iban Apo Maita, Vicaquirao, Quiliscachi Urco Guaranga y gente armada. No tardaron en llegar donde estaba Viracocha y ante el Inca asombrado, le tendió Cusi sus trofeos y le rogó que siendo él, el soberano, tomara posesión de todos los bienes. Incrédulo, Viracocha no podía creer lo que le contaba el príncipe e hizo llamar al capitán chanca Huamán Huaraca, que estaba tratando con él los términos de su sumisión, para que reconociera los objetos expuestos ante él. Al ver los despojos, el chanca comenzó a llorar

---

      batalla volvían los pururaucas a convertirse en figuras humanas y ayudaban a los ejércitos incas en sus luchas. Muchas veces sucedió que pueblos enteros se rendían a los cuzqueños sin librar batalla, convencidos como estaban de la ayuda sobrenatural que tenían.

32. Sarmiento de Gamboa, cap. XXVII, p. 88.
33. Sarmiento de Gamboa, cap. XXVIII, p. 89.
     Cabello de Balboa, Edic. Urt., cap. IV, p. 29.
34. Betanzos, Edic. Urt., cap. IX.

y se echó a tierra junto con los demás prisioneros. Pero Viracocha no quiso tomar posesión de los bienes que le traía Yupanqui e insistió en que Urco fuese el llamado a recoger el fruto de la victoria, como tocaba a su corregente. Cusi Yupanqui se negó rotundamente a aceptar tal propuesta, la encontraba ofensiva e indigna para él. Viendo el viejo Inca que no lograba convencerlo, y temiendo que Urco perdiese la sucesión y el mando de la confederación, pensó de qué manera podría eliminar a Cusi. Es posible que fuese el mismo Urco, quien deseaba la muerte de su hermano, pues le resultaba un rival peligroso. El prestigio alcanzado por Yupanqui, junto con su capacidad, hacían de él el hombre llamado para suceder a Viracocha. Urco temió que la hazaña le quitase el mando. Al suprimir a Cusi, podía aprovechar de su victoria y retener la mascapaicha.[35]

Secretamente preparó una emboscada, Yupanqui sería asesinado cuando estuviese solo con su padre en el cuarto donde estaba depositado el botín, mientras su gente caería en una celada en el camino de regreso al Cuzco. Con todo cuidado despachó soldados a esconderse en los pases abruptos de las serranías. Pero la partida, por cuidadosa que fue, no dejó de llamar la atención de los capitanes de Yupanqui, que le avisaron del peligro que corría. Por precaución se rodeó inmediatamente el príncipe de doscientos soldados armados, capitaneados por Apo Maita, mientras despachaba con gran sigilo unos cincuenta hombres, de dos en dos, cubiertos por mantas oscuras detrás de la gente de Urco. El que iba de guía, no tardó en encontrar a los soldados de Viracocha, escondidos entre altos pajonales y arboladas. Al descubrirlos, dio la señal convenida, que era arreglarse la atadura de sus ojotas.

Mientras tanto Yupanqui, al ver que el Inca no cambiaba de opinión y que seguía insistiendo en que fuese Urco el que pisara el botín, preparó su regreso al Cuzco, teniendo conocimiento de la celada. Dividió su gente en tres regimientos, dos iban escondiéndose por los montes, a ambos lados de la ruta, mientras él iba por el camino principal. Estando todo listo, emprendieron el retorno al Cuzco. Al llegar al lugar preparado por Urco para la emboscada, fueron recibidos por una lluvia de piedras. Pero estando avisados de lo que les esperaba, nadie fue tomado de sorpresa y se resguardaron del ataque. Sólo cayó herido uno de los cargadores del anda del príncipe. Cusi se lanzó al combate dando el grito convenido de "A éllos, A éllos".[36] Salieron, entonces, los soldados de

---

35. Sarmiento de Gamboa, cap. XXVIII, p. 91, menciona una celada urdida por Urco, pero no entra en detalles. Lo nombra después del segundo encuentro con los chancas.

36. Betanzos, Edic. Urt., cap. IX.

Yupanqui que iban escondidos por las cumbres y se aventaron sobre la sorprendida gente de Urco. Fácil les fue desbaratar a los soldados de Viracocha y retornar sin más tropiezos a la ciudad.

Cusi no guardó rencor a su padre por esta treta y más bien envió a su capitán Vicaquirao a fin de rogar al viejo soberano, de regresar al Cuzco. Viracocha rechazó la propuesta y decidió construir un pueblo en el valle de Calca, radicándose en este lugar hasta el fin de sus días.

De regreso a la ciudad, mandó Yupanqui reunir todo el botín, y separando lo mejor lo ofreció al dios Viracocha, junto con muchos sacrificios, en agradecimiento por la victoria concedida. Todo lo demás lo repartió entre los que habían tomado parte en el ataque, y lo hizo con magnificencia de gran señor. Su manera de retribuir los servicios prestados agradó a la gente y sabido esto por varios curacas, vinieron a ofrecerle su sumisión.[37] Muchos orejones que servían al Inca Viracocha, viendo que el príncipe se mostraba magnánimo, regresaron al Cuzco. Yupanqui recibió a todos con el rostro alegre y disculpó su deserción, diciendo que habían cumplido las órdenes del Inca.

Pasado unos días, los chancas que estaban en Ichubamba principiaron a recuperarse y enviaron mensajeros a sus pueblos, pidiendo refuerzos. Los jefes chancas no perdían la esperanza que con las tropas descansadas tornarían a atacar el Cuzco y se apoderarían de él. Los espías incas, encargados de vigilar los movimientos enemigos, no tardaron en informar al príncipe de este propósito. Cusi Yupanqui decidió atacar el campamento chanca sin tardanza, antes que llegaran sus nuevas tropas.

Ahora la situación de los cuzqueños era muy distinta. Su ejército había aumentado considerablemente; esta vez los curacas confederados no vacilaron en prestar ayuda, convencidos como estaban de la capacidad del príncipe Cusi. Además, los incas se habían impuesto por su coraje y su arrojo al vencer un ejército tan temible, muy superior numéricamente a ellos. El entusiasmo y la confianza logrados por la reciente victoria animaban a todos.

En marchas forzadas, salió Yupanqui del Cuzco en busca de los chancas. Avisados estos del rápido avance del Inca, no tuvieron tiempo de levantar su campamento y de tomar mejores lugares de defensa.[38] Según Sarmiento de Gamboa, el segundo encuentro tuvo lugar cerca de Ichubamba, mientras Garcilaso menciona el campo de batalla donde muchos años después Gonzalo Pizarro enfrentó a La Gasca.[39] Betanzos,[40]

---

37. Betanzos, Edic. Urt., cap. X.
38. Sarmiento de Gamboa, cap. XXVIII, p. 89.
39. Garcilaso, *Comentarios reales de los incas*, lib. 5, cap. XVII.
40. Betanzos, Edic. Urt., cap. X, p. 132.

*INCA URCO,*
*de la portada de la "Década Quinta" de* La crónica *de Antonio de Herrera*

de acuerdo con Garcilaso, nombra a Jaquijaguana como el escenario del combate, el cual tomó después de la lucha el nombre de Yahuar Pampa, por la cantidad de sangre que corrió aquel día.

Ambos ejércitos se encontraron el uno frente al otro. El incaico, listo para el ataque, estaba dividido en cuatro regimientos [41] capitaneados respectivamente por Apo Maita, Vicaquirao, Quiliscachi y Cusi. Los chancas confederados con los de Jaquijaguana, estaban llenos de arrogancia. Mandaron decir a Inca Yupanqui que todavía podía declararse vasallo, pues ahora tenían los cuzqueños que medirse con ellos en un campo abierto, una situación muy distinta del ataque a la ciudad. A lo cual contestó Cusi: "Volved, hermano y decid a Astoyguaraca, vuestro cinche, que Inga Yupanqui es hijo del Sol y guarda del Cuzco, ciudad del Ticci Viracocha Pachayachachic, por cuyo mandado yo estoy aquí guardandola",[42] y sin esperar respuesta alguna, avanzaron los ejércitos incas con todo ímpetu sobre sus enemigos.

Se lanzaron los dos adversarios en un violento encuentro, chocando y embistiéndose cuerpo a cuerpo. Largo tiempo lucharon sin conseguir ventaja alguna. El sol estaba ya cerca de su ocaso, cuando Yupanqui, que peleaba con Astu Huaraca, consiguió de un hachazo cortarle la cabeza. Luego mandó ponerla en una lanza, con la de Tumay Huaraca que ya había muerto, y las mostraron al resto del ejército. Viéndose los chancas sin caudillos, no pudieron seguir luchando y se dieron a la fuga, seguidos de cerca por los incas. Esta vez Yupanqui estaba decidido a aniquilar a sus enemigos y no dejar que se rehiciesen. Por todos los desfiladeros los persiguieron, trabando escaramuzas y peleas. Durante varios días continuó la apresurada marcha de Yupanqui, sin dar tregua ni aliento a sus enemigos. No tardaron en llegar hasta el río Apurímac, donde tuvo lugar un encuentro en el mismo río. Seguramente los chancas defendían el paso del río, en un esfuerzo por ganar la orilla opuesta y ponerse a salvo de los ejércitos cuzqueños. En una emboscada preparada por los chancas, cayó herido por unas galgas [43] el general Vicaquirao. Al darse cuenta de la gravedad de su estado, cuenta Santa Cruz

---

41. Betanzos, Edic. Urt., cap. X, p. 132.
42. Sarmiento de Gamboa, cap. XXVIII, p. 89.
43. Santa Cruz Pachacuti, Edic. Urt., p. 180
    Alberto Salas, *Las armas de la conquista*, cap. III, p. 86. En tiempo de guerra, un peligro constante acechaba los soldados que caminaban en el fondo de las estrechas quebradas. Grandes piedras de diversos tamaños eran puestas en un equilibrio inestable por los que dominaban las cumbres. Una palanca bastaba para desmoronar las piedras que rodaban por las laderas, arrastrando a su paso los peñascos que hallaban en su camino. Verdadero alud que cogía a los que no tenían tiempo de guarecerse.

## 5 / INCA URCO Y EL ATAQUE CHANCA

Pachacuti, que ordenó que allí lo dejaran. Luego mandó ahuecar el tronco de un árbol y dio órdenes para que después de muerto metiesen su cuerpo en él.[44]

Hasta Andahuailas persiguió Cusi lo que quedaba de las fuerzas chancas y las destruyó. Sólo entonces decidió regresar al Cuzco. En el camino se detuvo en Jaquijaguana, donde los naturales vinieron temerosos de las represalias, por haberse unido a los chancas. Yupanqui les perdonó y mandó que se cortasen los cabellos, como correspondía a orejones que eran.[45]

El retorno fue victorioso para los ejércitos incas cargados de botín. Entró Cusi al Cuzco con gran pompa y magnificencia, después de tan sonados triunfos. Mandó el príncipe los presos y los trofeos donde estaba su padre. Esta vez Viracocha accedió al ruego de su hijo y pisó los despojos, pero no quiso ir al Cuzco a la celebración de la victoria, se excusó alegando su edad avanzada.[46]

Después de los sacrificios a los dioses, por el éxito guerrero, y del reparto del cuantioso botín, hizo Yupanqui aparecer ante él a los principales prisioneros a fin de darles un castigo severo que sirviera de escarmiento por la osadía del ataque del Cuzco. En el Alto de Carmenca, en el lugar del primer encuentro, fueron ahorcados los jefes enemigos, delante del ejército reunido. Luego hizo construir un galpón a manera de tumba, donde fueron puestos los cuerpos de los sinchis chancas. Las cabezas fueron ensartadas en unos palos, mientras los cuerpos henchidos de cenizas o de paja, parecían tocar tambor en sus propios vientres. Prohibido fue a cualquiera acercarse a ellos; así quedaron hasta que entraron los españoles al Cuzco. Conquistadores antiguos como Alonso Carrasco y Juan de Pancorvo, los vieron y se lo contaron a Cieza.[47]

Hecho el castigo, dio Yupanqui permiso a sus confederados para retirarse. Ellos le pidieron que tomase la borla, pero el príncipe no quiso aceptar por no haberlo designado el Inca como heredero. Les dijo que él no era más que un capitán, y les pidió que fuesen a Calca, donde Viracocha y le hiciesen su acatamiento como a soberano que era.

El viejo Inca, al ver a tanto curaca que le ofrecía obediencia y respeto, holgóse mucho, y abrazando a todos, les hizo sacar sendos keros de "asua" y hojas de coca.[48] Luego, levantándose Viracocha de su tiana

---

44. Huamán Poma, foja 292, ver el entierro que hacían los del Antisuyo.
45. Betanzos, Edic. Urt., cap. X, p. 133.
46. Sarmiento de Gamboa, cap. XXVIII, p. 90.
47. Cieza de León, *Del señorío de los incas*, cap. XLVI, p. 224.
    Betanzos, cap. X.
48. Betanzos, cap. X, p. 136.

de oro, agradeció a los señores y les aseguró su deseo de que Cusi Yupanqui tomase la mascapaicha. En cuanto a él, sólo les pidió que le mandasen la gente necesaria para edificar un pueblo. Los curacas accedieron y ofrecieron mandar personas entendidas para trazar los edificios, una vez que Viracocha hiciese en barro la figura de las construcciones. Al despedirlos el Inca, les repartió piezas de ropa fina y petacas de coca.

Mientras tanto, los orejones del Cuzco, reunidos, acordaron de que Urco no entrase más a la ciudad y que le fuese quitada la borla, y dada en su lugar a Cusi Yupanqui. Informado Inca Urco del despojo de sus derechos, quiso venir a la capital a justificarse. Ante su asombro no le dieron lugar ni a entrar a la ciudad, hasta la Coya su mujer, que no había tenido hijos de él, lo abandonó y vino al Cuzco, donde Cusi la recibió por mujer.[49]

Urco, viéndose perdido, principió a juntar gente de guerra en un último esfuerzo para recobrar el poder. No tardó Cusi en ser avisado que estaba en el valle de Yucay, preparándose en secreto contra él. Temiendo Yupanqui algún ataque sorpresivo, decidió ir él al valle con su hermano Roca.

Por el camino, al llegar al pueblo de Paca, salió a su encuentro Urco con su gente armada, y se trabó una corta batalla. Mientras luchaban sobre un barranco, Roca lanzó una pedrada a Urco en la garganta que lo tumbó al río. Inca Urco se dejó llevar por la corriente, río abajo, nadando con sus armas en la mano "y desta manera fue hasta una piedra llamada Chupellusca, una legua debajo de Tambo, adonde la alcanzaron y le acabaron de matar".[50]

Terminada la lucha se fueron Cusi y Roca donde el Inca Viracocha a explicarle lo sucedido, pero el soberano no los quiso recibir por el enojo que tenía de la muerte de Urco. Al fin, Roca logró acercarse a él y le dijo: "¡Padre! no hay razón para que toméis pesadumbre por la muerte de Inga Urco, porque yo lo maté en defensa de mi persona, porque Inga Urco me iba a matar a mi. No os pese tanto de la muerte de uno, pues tenéis tantos hijos, y no tratéis ya mas dello, *que mi hermano Inga Yupanqui ha de ser inga,* e yo le tengo de favorecer y serle como padre".[51]

Si bien la muerte de Urco es mencionada como violenta por los cronistas que la nombran, hay una discrepancia sobre el lugar donde aconteció. Santa Cruz Pachacuti, la narra como sucedida durante una

---

49. Cieza de León, *Del señorío de los incas*, cap. XLVI, p. 224.
50. Sarmiento de Gamboa, cap. XXXIII, p. 97.
51. Sarmiento de Gamboa, cap. XXXIII, menciona este episodio después de la toma de la borla por Cusi. Sin embargo, al hablar Roca, lo hace en tiempo futuro.

conquista en el Collao, y de mano de Yamque Pachacuti, curaca de los guayuacanchez.[52] Puede que nuestro cronista, por ser descendiente de este curaca, se haya vanagloriado del hecho, o se trate de otro capitán Urco, por ser una apelativo bastante común, y por lo tanto dé origen a equivocaciones. Quizás se trate más bien de Quiliscachi Urco Guaranga, que quedó con Cusi en el Cuzco cuando el ataque chanca, y que halló la muerte en el Collao durante la expedición que hizo el soberano a dicha región.

Cobo[53] no da el nombre del lugar, sólo menciona un intento de sublevación de parte de Urco, con su lógico castigo. Cabello de Balboa[54] no difiere de Cobo, sino que nombra la aldea de Canche como lugar del acontecimiento. En cuanto a Betanzos y a Cieza, no vuelven a ocuparse, ni a mencionar para nada al príncipe cobarde.

Muerto Urco, y siendo el deseo unánime de que Cusi Yupanqui tomase la mascapaicha, no había ya impedimento alguno. En el Cuzco principiaron los preparativos para tan grande ceremonia.

---

52. Santa Cruz Pachacuti, Edic. Urt., p. 176.
53. Cobo, tomo III, lib. 12, cap. XII, p. 161.
54. Cabello de Balboa, Edic. Urt., cap. IV, p. 31.

SEGUNDA PARTE

❖ ❖ ❖

# LA FORMACIÓN DEL IMPERIO INCAICO

Capítulo Primero

# Primeros años del reinado de Pachacutec

El reinado de Pachacutec Inca Yupanqui se inició en los primeros años del siglo XV. Desgraciadamente, no tenemos datos suficientes para dar otra fecha más precisa, teniendo todo cálculo que ser aproximado. Means,[1] sin embargo, fecha con gran exactitud el advenimiento de este Inca en 1400, al mismo tiempo que le señala cuarenta y ocho años de gobierno. Trataremos de demostrar en qué nos basamos para mencionar los comienzos del siglo XV, como la posible fecha para el principio del reinado del soberano que nos interesa.

Sarmiento de Gamboa y Betanzos[2] señalan la edad del príncipe Cusi Yupanqui, cuando el ataque chanca al Cuzco, como de veinte a veintitrés años. Por otro lado, en las "Informaciones" de Toledo[3] encontramos innumerables referencias sobre la edad avanzada, los ochenta años o más, que tenía Pachacutec al momento de su fallecimiento. Esto nos da un reinado extraordinariamente largo, más o menos de sesenta años.[4] Sin embargo, Pachacutec no reinó solo durante tan largo lapso;

---

1. Means, *Ancient Civilizations of the Andes*, cap. VII, p. 253.
2. Sarmiento de Gamboa, cap. XXVII.
   Betanzos, cap. VIII.
3. "Informaciones" de Toledo, publicado por Levillier en su obra *Don Francisco de Toledo*, tomo II.
4. Acosta, lib. 6, cap. II, p. 493.
   Calancha, tomo I, lib. 1, cap. XV, p. 97.

siguiendo el ejemplo de Viracocha con Inca Urco, asoció a su heredero a su propio gobierno pues sentía el Inca la necesidad de consolidar su dinastía y, sobre todo, de evitar los habituales desórdenes que prevalecían al fallecimiento de cada Inca. Con este fin, nombró por sucesor suyo al hijo que le parecía reunir las condiciones para un buen soberano, cayendo su elección sobre el príncipe Amaru Yupanqui. Por motivos diversos, que veremos posteriormente, Amaru compartió el mando con su padre sólo de cinco a seis años, siendo reemplazado en la sucesión por su hermano menor Túpac Yupanqui, que prometía ser un gran estadista.

Convencido el viejo Inca de la capacidad del nuevo heredero le dio poco a poco el mando de las tropas, anexando el joven Túpac numerosas provincias al imperio. Esto nos hace suponer que fue correinante de Pachacutec alrededor de quince años, siendo su propio gobierno más corto. Largas son las hazañas del príncipe en vida de Pachacutec y breves las crónicas al referirse a él, una vez que quedó de único señor. Las "Informaciones" de Toledo[5] mencionan a Túpac, a su fallecimiento, como entre mozo y viejo; Cabello de Balboa[6] afirma que las fatigas de las guerras alteraron su salud y que se hizo viejo sin tener edad para ello. El mismo hecho que su sucesor Huaina Capac, aunque fuese el tercer hijo del soberano,[7] quedase de Señor siendo aún muchacho, necesitando un ayo o regente, nos muestra que no tuvo Túpac una larga vida. Guiándonos por estos datos haremos el cálculo aproximado:

| | |
|---|---|
| Reinado de Pachacutec solo | 40 años |
| Reinado de Pachacutec con Amaru | 5 a 6 años |
| Reinado de Pachacutec con Túpac | 14 a 15 años |
| Reinado de Túpac solo | 10 años |
| Reinado de Huaina Capac | 50 años |

La cifra designada a Huaina Capac la damos basándonos en su temprana edad al asumir el poder. Debía tener alrededor de quince años, ya que no tardó en gobernar solo. Su muerte, ocurrida poco antes de la llegada de Pizarro, se conservaba fresca en la memoria de sus súbditos.

---

Gutiérrez de Santa Clara, tomo III, p. 429.
*Declaración de los quipucamayus a Vaca de Castro*, Edic. Urt., p. 20.

5. "Informaciones" de Toledo, publicado por Levillier en su obra *Don Francisco de Toledo*, tomo II, pp. 119, 132, 148, 159.
6. Cabello de Balboa, cap. X, p. 79.
7. Las Casas, p. 164.

Las "Informaciones" de Toledo nos dicen que falleció cuando comenzaba a tener canas.[8] La raza india se vuelve canosa relativamente tarde, lo que nos hace suponer que tenía en ese momento más o menos sesenta años. Este cálculo nos da un total de ciento veinte años. El lapso transcurrido entre la muerte de Huaina Capac y 1532, no es el mismo en todos los cronistas, varía entre los dos a seis años. Sin mucho peligro de error, podemos suponer que la victoria de Cusi Yupanqui sobre los chancas tuvo lugar en los primeros años del siglo XV.

La toma de la borla de Pachacutec, aunque ceñida a las antiguas tradiciones, no debe haber tenido ni el fausto ni la majestad que rodearon el advenimiento de los incas posteriores. La confederación cuzqueña no había subyugado aún las naciones que le darán su gran poderío. Le faltaba dominar totalmente a los chancas, a los curacas de Chincha y del Collao, sin contar con el opulento Chimu Capac. La raza viril y guerrera de los incas adquirió probablemente refinamiento y lujo al apoderarse del reino norteño del Chimu, a quien algunos historiadores nombran como la Grecia de Sudamérica.

Sin embargo, el joven Cusi estaba demasiado imbuido de la dignidad del mando para no dar con su sola presencia y actitud, toda la majestad necesaria. Además Pachacutec se identificaba con el Cuzco; él era la personificación de la ciudad, que será transformada por él, con el transcurso del tiempo, en la ciudad insigne. Por ese motivo quiso que Viracocha le diese él mismo la borla a fin de reparar la deshonra que hiciera al Cuzco, al abandonarlo a la hora del peligro. Los orejones cumpliendo con el deseo de Cusi, enviaron una embajada a Viracocha, rogándole venir al Cuzco a entregar la mascapaicha al nuevo soberano. Mientras aguardaban la respuesta, se llevaban a cabo los preparativos para tan importante acontecimiento.

De todas las comarcas vecinas llegaban al Cuzco numerosas llamas cargadas de objetos para los ritos y festejos. Del caluroso Anti, eran traídas innumerables cestas de coca escogida, hierbas olorosas y resinas aromáticas; amontonándose los fardos en los depósitos de los templos. De los Yungas llegaban conchas, indispensables para los sacrificios, así como rojos pimientos y rocotos para sazonar los potajes reales. Numerosas eran las finas telas y las armas confeccionadas, que servirían para los suntuosos ropajes de los señores. Expertos cazadores se aventuraban entre los riscos y picachos en busca de pájaros raros, cuyas plumas utilizarían para adornar el llauto del Inca; otros cazaban fieros pumas y otorongos, sagrados cóndores y halcones. De las frígidas punas, baja-

---

8. "Informaciones" de Toledo, publicado por Levillier en su obra *Don Francisco de Toledo*, tomo II, p. 159.

ban los pastores arriando las llamas sin tacha que serían inmoladas al Inti, padre del futuro soberano.

El movimiento se hacía cada día más grande, mientras de noche se iluminaban los cerros con los fuegos de los *huayras,* pequeños hornos para fundir los metales. Afanosamente trabajaban los plateros, labrando la vajilla del nuevo Inca. El vaivén causado por los preparativos se unía al sordo ruido de los batanes, ocupación de las mujeres, que molían el maíz para la chicha. Poco a poco se llenaban las panzudas tinajas y los esbeltos aribalos con el fresco brebaje, necesario para los festejos y las libaciones rituales.

Atareados preparaban los sacerdotes los sacrificios que formaban parte importante en la inauguración de cada reinado; el menor descuido u olvido podía traer funestas consecuencias para la nación entera. La ira y venganza de los dioses eran temibles. En cuanto a los augurios, ellos iban a anunciar el encumbramiento y futuro esplendor del nuevo gobierno.

A medida que iba acercándose el día de la ceremonia, hacían su entrada a la ciudad los invitados. Con gran fausto y pompa llegaban los confederados, atraídos por la fama naciente de Yupanqui y rodeados de brillantes séquitos. Modestos sinchis vecinos se mezclaban con los pequeños jefes, que abundaban en aquel entonces a pocas leguas del mismo Cuzco. La derrota sufrida por los chancas, hacía prever el auge futuro de los incas. Cada uno traía consigo presentes y dones, según sus posibilidades. Ofrecían vistosas andas, keros primorosamente pintados y tallados, suaves mantas, metales preciosos y exóticas plumerías. Los señores que no podían acudir a las fiestas, enviaban sus emisarios cargados de regalos, en demostración de reconocimiento al nuevo Inca.[9]

Mientras en el Cuzco la expectativa iba cada día en aumento, el príncipe Cusi, encerrado en un aposento, se preparaba, rogando a los dioses por un feliz reinado. Era costumbre que el heredero fuese sometido a un severo ayuno; diez días no comía sino un poco de maíz crudo y no bebía más que agua pura. También le era prohibido todo contacto con sus mujeres.[10] La misma abstinencia era observada por los demás orejones, sólo que les era permitido circular libremente por la ciudad.

El día del advenimiento, el soberano tomaba una ñusta por coya o reina:[11] era la esposa que el Sol, su padre, le daba. Se convertía en la

---

9. El Palentino, *Historia del Perú,* Colección de documentos literarios del Perú de Odriozola, tomo IX, II parte, lib. 3, cap. IX.
10. Betanzos, Edic. Urt., cap. XVII, p. 192.
11. Betanzos, cap. XVI, p. 184.
    Santa Cruz Pachacuti, p. 205.

mujer principal, fuera de las numerosas concubinas que tenía el soberano. Al igual que su futuro esposo, estaba la princesa recluida y sometida ella también al mismo ayuno.

Desde el alba del día designado para las ceremonias, la gran plaza de Aucaypata [12] se llenaba de todos los principales personajes de la confederación. Eran curacas y señores orejones ataviados con suntuosos ropajes y plumerías, luciendo labradas patenas de oro y plata. En un sitio eminente eran colocadas las estatuas del Sol y las de los principales dioses, mientras las momias de los incas difuntos en impresionante y solemne cortejo llegaban rodeadas de sus descendientes.[13] Lentamente ocupaban sus asientos de oro en lugares designados de antemano, y por orden de sucesión, los Hurin Cuzco al lado opuesto a los Hanan, no faltando ningún Inca desde el fundador Manco Capac.

Mientras tanto, los sacrificios y plegarias se sucedían sin interrupción. En el templo del Sol eran inmoladas llamas y pacos, que no tuvieran defecto alguno, junto con venados, pumas, otorongos y diversos animales, excepto zorros, pues los tenían por mal agüero.[14] Igualmente eran ofrecidas plumas, conchas traídas de la lejana *Mamacocha*, coca y hierbas aromáticas. Al aparecer los primeros rayos solares se iniciaba el sacrificio más solemne, el que sólo se efectuaba en las grandes circunstancias, era el de la *Capac Cocha*.[15] Consistía en el sacrificio de niños entre los cuatro a doce años. Contadas eran las veces que recurrían a tan terrible ceremonia y sólo se llevaba a cabo al tomar el Inca la borla; al salir el soberano del Cuzco en alguna empresa peligrosa; a la muerte o enfermedad del príncipe, o cuando un peligro eminente se cernía sobre la nación.[16]

Al momento que los doscientos niños, de dos en dos, varón y hembra, salían hacia el templo, iniciaban los sacerdotes las plegarias al Inti a fin de conseguir suerte y prosperidad para el soberano. Escogían, para el efecto, las más hermosas criaturas, que no tuvieran tacha ni deformidad, las cuales ataviaban, para la ocasión, con lujosas vestimentas. El jefe de los sacerdotes, el villac umu, iniciaba el primer sacrificio ofreciéndolo al Hacedor, rogaba por una larga vida para el Inca, por sus futuras victorias "y hecha esta oración ahogaban a las criaturas,

---

12. Cobo, tomo IV, lib. 13, cap. XXXII.
13. Molina el Cuzqueño, Edic. L., p. 35.
14. Betanzos, cap. XVII, p. 192.
15. "Informaciones" de Toledo, publicado por Levillier en su obra *Don Francisco de Toledo*, tomo II, parte III, lib. 1, p. 128.
16. Volveremos más adelante a tratar sobre los sacrificios humanos.

dándoles primero de comer y de beber a los que eran de edad y a los chiquitos sus madres, diciendo que no llegasen con hambre ni descontentos a donde estaba el Hacedor".[17]

La misma ceremonia se repetía al ídolo del Sol, al Trueno, a la huaca de Huanacauri y a Pachamama con la invocación de:[18] "¡Oh! ¡Tierra Madre! a tu hijo el Inca tenlo, encima de tí, quieto y pacífico".

A los niños los ahogaban y los enterraban junto con una numerosa vajilla de oro y plata y preciosas conchas de mullu *(Spondylus sp.)*.

No quedaba ídolo ni huaca que no recibiera ese día alguna especie de sacrificio, pues tenían la superstición que si a alguna le faltaba ofrendas tomaría más tarde venganza contra el Inca. Hasta a los adoratorios de los cerros nevados subían los sacerdotes y desde lo más alto que podían llegar, arrojaban, con hondas, la sangre coagulada de los sacrificios a las cumbres inaccesibles.[19]

Durante el tiempo en que estos sacrificios se efectuaban en el templo del Sol y en los diversos adoratorios, los señores reunidos en la gran plaza de Aucaypata, aguardaban la llegada del Inca Viracocha. Al acercarse el viejo soberano al lugar de reunión, salió a recibirlo el príncipe Cusi y lo saludó "como a su Señor".[20] Una vez en la plaza, ante los dignatarios reunidos y bajo los auspicios de los ídolos y momias reales, se quitó el anciano monarca, lentamente, la mascapaicha de la cabeza y se la puso en las sienes del príncipe Yupanqui. Y era costumbre muy antigua que al recibir la borla, el que la entregaba había de nombrar al nuevo Inca con apelativo distinto al que ya tenía, el cual era el suyo de allí en adelante.

Al hacerlo dijo gravemente el desposeído monarca: "Yo te nombro, para de hoy en adelante, mas te nombren los tuyos e las demas naciones que te fuesen sujetas, Pachacutec Yupanqui Capac Indichuri, que es hijo del Sol, que transforma el mundo".[21]

Una vez coronado, quiso Pachacutec que el viejo Inca fuese el primero en rendirle homenaje.[22] Para ese fin mandó traer una olla usada, tal como se hallaba en la primera casa, y llenándola de chicha la entre-

---

17. Molina el Cuzqueño, Edic. L., p. 73.
18. Molina el Cuzqueño, Edic. L., p. 75.
19. Cobo, tomo IV, lib. 13, cap. XXXII.
    Molina el Cuzqueño, pp. 71-72.
20. Betanzos, cap. XVII, p. 190.
21. Betanzos, cap. XVII, p. 191
    Sarmiento de Gamboa, cap. XXIX, p. 92.
22. Betanzos, cap. XVII, p. 182.

gó a Viracocha para que la bebiera, sin dejar nada de su contenido. Cumplió el viejo soberano lo ordenado, sin replicar palabra alguna, y al terminar se inclinó y pidió perdón por la deserción del Cuzco. Pachacutec lo levantó inmediatamente, recibiendo Viracocha en todo momento el respeto debido a su rango.

Al exigir este público homenaje, seguramente obedecía Yupanqui a su concepto de la dignidad real y asumía todas las responsabilidades que el cargo exigía, al mismo tiempo que era una reparación hacia el Cuzco con el cual él se identificaba.

Una de las insignias que recibía ese día el Inca, era un llauto del cual colgaba la mascapaicha sobre la frente. Esta era confeccionada de finísima lana roja, pasada por delgados canutos de oro, que terminaba desflecada sobre las cejas.[23] Encima del llauto alzábanse dos pequeñas plumas de corequenque.[24] Las demás prendas eran el topayauri, una especie de cetro de oro, emblema del mando; el sunturpaucar, un asta cubierta de plumas; la macana, un arma con una estrella de metal puntiagudo en el cabo, el Inca usaba en vez de cobre una extremidad de oro. Huamán Poma dibuja al noveno monarca con una honda en la mano, advirtiendo que la piedra arrojada era de oro fino. Fuera de estas armas tenía el soberano un estandarte parecido a una banderilla cuadrada, tiesa y pequeña con los colores del arco iris pintados y dos culebras tendidas. Igualmente usaba un quitasol de plumas, aunque según los dibujos de Huamán Poma parece que fuesen las coyas las que lo empleaban.

Un aire de dignidad real y majestad emanaba de la joven figura del Inca. Pocos son los datos sobre su aspecto físico; sabemos que era alto y gentil, teniendo una mirada que dominaba y subyugaba a cuantos lo rodeaban. Varios cronistas comparan sus ojos con los del puma.[25]

Con la indumentaria real tomó Pachacutec asiento sobre una tiana de oro macizo, levantándose luego los principales a rendirle homenaje; iban "los Señores, uno a uno, comenzando los orejones, y tras ellos los Caciques, y Señores de mas pueblos, y puestos delante del Inca descalzos y con unas plumas pequeñas en la mano, llamadas Tocto, de ciertos pájaros que se crían en los páramos volvían las palmas de las manos hacia el rostro del Inca, haciéndole acatamiento, y le pasaban las plu-

---

23. Cobo, tomo III, lib. 12, cap. XXXVI, p. 285.
24. Garcilaso, *Comentarios reales de los incas*, lib. 2, cap. XXIII.
    Gutiérrez de Santa Clara, tomo III, p. 560.
25. Huamán Poma, foja 109. Sarmiento de Gamboa, cap. XLVII.
    Cabello de Balboa, cap. V, pp. 33-34.

mas por delante de la cara, meneándolas, y luego las daban a un caballero que estaba junto a él, el cual las tomaba y recogían todas y después las quemaba. Juraban así mismo por el Sol, levantando el rostro para él, y por la Tierra, de serle leales, y servirle en lo que les mandase".[26]

Pachacutec, como magnífico soberano, hizo a todos dones y mercedes, actitud que agradó sobremanera a los señores y curacas.[27]

Como hemos dicho anteriormente, el Inca tenía que tomar el mismo día de su advenimiento una coya por esposa. Pachacutec escogió a Mama Anarhuaque, natural del pueblo de Choco;[28] era una joven de cara redonda y hermosa, de ojos y boca chica "muy damada las manos y pies".[29] Murúa asegura que era valerosa y belicosa; debe haber sido inteligente y decidida ya que posteriormente le entregó repetidas veces el Inca el gobierno del Cuzco durante sus ausencias.[30] Tenía esta princesa por costumbre cuando estaba enojada o cuando reía, darse golpes en el pecho diciendo: "válgame, Tiscivoracocha runacamac", y al pronunciar estas palabras caían al suelo los que la rodeaban, prosternándose ante el nombre de la divinidad. Cuenta Huamán Poma que al enojarse el Inca con la coya ponía élla la cabeza sobre el suelo, no moviéndose de allí hasta que su marido la llamara.

Sus nupcias se celebraron con más pompa y fiestas que las que habían tenido lugar hasta entonces.[31] Ante todo se dirigió el soberano acompañado de sus parientes al templo del Sol, a fin de rogar a su padre el Inti, le otorgara una hija suya por mujer, pues decían que la reina no podía ser otra que la hija del mismo astro.[32] Luego Yupanqui, con todo su séquito, fue a casa de la ñusta, que lo estaba aguardando. Las calles por donde tenía que pasar el cortejo, estaban todas adornadas con mantas vistosas, no sólo a los lados de la ruta sino en las techumbres. La princesa esperaba al Inca rodeada de numerosos señores y acompaña-

---

26. Cobo, tomo III, lib. 12, cap. XXXVI, p. 285.
27. Sarmiento de Gamboa, cap. XXIX, p. 92.
28. Sarmiento de Gamboa, cap. XXXIV.
    Cabello de Balboa, cap. V, p. 32.
    *Declaración de los quipucamayus a Vaca de Castro*, Edic. Urt., p. 20.
    Anello Oliva menciona en el párrafo 10, a Pachacutec casado con Mama Anabarque.
    Huamán Poma. Foja 109.
    Cobo, tomo III, lib. 12, cap. XII.
29. Huamán Poma, foja 137.
30. Murúa, lib. 1, cap. XXIV.
31. Cabello de Balboa, cap. V, p. 32.
32. Murúa, lib. 3, cap. XXX, p. 132.

da de su madre. Al llegar el soberano, la joven con gran humildad le hizo un saludo, cayendo al suelo ante él. Apresuradamente la levantó Pachacutec entregándole ricos dones que consistían en vestidos de increíble finura y *tupus* de oro, al mismo tiempo que le rogó se vistiera con ellos.

De regreso a la sala, entró Mama Anahuarque ataviada con las prendas donadas por su esposo. Lucía una larga túnica, sujeta a la cintura por una ancha faja. Sobre sus hombros llevaba una pequeña manta de brillantes colores prendida con cuatro alfileres de oro, mientras sus cabellos sueltos y lisos tenían por todo adorno una vincha dorada y pintada.[33]

Hacia ella fue el Inca y acercándose a la joven, tomó una *oxota* o sandalia adornada de oro y con sus propias manos calzó a la ñusta,[34] siendo este acto una de las ceremonias del matrimonio. Hecho esto el viejo Inca Viracocha se levantó de su asiento de oro, ya que presenciaba toda la ceremonia como el más ilustre invitado, y yendo hacia la nueva coya la abrazó y besó, haciendo ella lo mismo.[35] Luego Pachacutec besó igualmente a su mujer y le ofreció cien *mamaconas* para su servicio; y dando el Inca la mano a la princesa le dijo: "Vamos Coya", a lo cual respondió ella: "Si Señor, solo Rey". Todos salieron de casa de la joven y se dirigieron al templo del Sol, seguidos de los señores del reino. El suelo cubierto de espigas de oro y plata resplandecía en el puro aire serrano, mientras las telas y las plumas colgadas a lo largo del camino ondeaban en la fresca brisa.

En el templo los aguardaba el gran sacerdote, ataviado de sus brillantes galas; al entrar el soberano al recinto sagrado, le entregó dos pequeños keros llenos de chicha. Lentamente vació el Inca el contenido al suelo ofreciendo el uno al Sol y el otro a Huanacauri.[36] Luego recibieron los dos esposos unas plumas de pilco y se sacrificaron dos llamas blancas al Inti, rogando al sumo pontífice por la felicidad y larga vida de los recién casados. Terminada la ceremonia se dirigió la comitiva al palacio del soberano, que estaba profusamente adornado y donde los esperaban comidas y festejos.[37]

---

33. Cobo, tomo IV, lib. 14, cap. XI.
    Betanzos, cap. XVII, p. 193.
34. El Palentino, *Historia del Perú,* Colección de documentos literarios del Perú de Odriozola, tomo IX, 2.ª parte, lib. 3, p.360.
    Cobo, tomo IV, lib. 14, cap. VII.
35. Betanzos, cap. XVII, p. 193.
36. *Declaración de los quipucamayus a Vaca de Castro,* Ed. Urt., pp. 24-25.
37. Murúa, Edic. L., lib. 3, cap. XXXI, p. 134.

En la gran *cancha* tomaron asiento, ya sea sobre tianas o sobre finas mantas, los señores y curacas según sus rangos y parcialidades, mientras las tinajas y keros de chicha circulaban libremente entre ellos. En estas ocasiones, se sucedían durante días enteros fiestas y regocijos. Las grandes reuniones tenían lugar en la plaza de Aucaypata, bajo el auspicio de las momias reales y presididas por el joven soberano y su anciano padre. En las oportunidades como la toma de borla del Inca, ejecutaban los tradicionales cantares sobre los tiempos pasados. Estas largas epopeyas, sólo podían ser narradas en presencia del monarca.[38] Iniciaban los cantos mirando al soberano y diciendo:

"¡Oh! ¡Inca grande y poderoso, el Sol y la Luna, la Tierra, los montes y los árboles, las piedras y tus padres te guarden de infortunios y te hagan próspero, dichoso y bienaventurado sobre todos cuantos nacieron! Sábete, que las cosas que sucedieron a tu antecesor son éstas"; y bajando los ojos al suelo, principiaban a dar razón de las victorias y luchas de antaño, de los hechos heroicos y tristes, alegres y temibles de los tiempos pretéritos. Pero si algún soberano no se había mostrado digno de su rango, era castigado con el silencio, caía el olvido y la nada. Así cantaban primero la vida de un Inca, luego contestaban los coros, acompañados de tambores, replicando otro sobre diversos hechos. Horas duraban los cantos, hasta terminar con el último soberano, y, mientras tanto, pasaban entre ellos los cántaros y los keros repletos de dulce y embriagadora *asua*.

Otras fiestas no eran tan solemnes, eran alegres reuniones donde los jóvenes bailaban, acompañados de tambores y pincullos. Igualmente ejecutaban el guayyaya,[39] baile propio de los incas, danzado sólo por los ayllus de sangre real; en él no podía tomar parte ningún forastero por encumbrado que fuese. Lo bailaban, sin brincos ni saltos, asidos de la mano los orejones y las pallas, moviéndose lentamente al son de un tambor tocado por una mujer. Los danzantes eran precedidos por el estandarte y champi del soberano; en las grandes ocasiones el mismo Inca tomaba parte en él.

Después de tres meses de regocijos, llegaban ya a su fin las fiestas del advenimiento del Inca Pachacutec. Antes de retornar a sus tierras, los señores principales de la confederación marcharon hacia el palacio del soberano y con mucha humildad y respeto se dirigieron al Inca

---

38. Cieza de León, *Del señorío de los incas*, cap. XII, pp. 79-80.
39. Cobo, tomo IV, lib. 14, cap. XVII, p. 230.

diciendo:[40] "Señor mirad por la coya, nuestra reina y señora; mirad que es vuestra mujer; tratadla bien y honradla mucho, no riñais, señor con élla". Y a ella decían otro tanto, encargándole mirase mucho por el Inca, y que pues era su marido, que le sirviese y obedeciese. Después les encargaban a ambos que mirasen mucho por los vasallos y pueblos que tenían a su cargo.

Al tomar licencia los curacas para retornar a sus tierras, eran colmados de regalos por el Inca, recibían un putti de preciada coca, joyas de oro y plata, mantas y finas plumas. Acabadas las fiestas, el Inca Viracocha manifestó su deseo de retirarse a Calca; tres meses había tardado en el Cuzco, asistiendo a todos los regocijos. Pachacutec lo colmó de todo lo que podía necesitar, y le rogó viniese a la ciudad cuando le placiera. Betanzos sitúa la toma de borla de Cusi Yupanqui, veinte años después del ataque al Cuzco por los chancas, al terminar la obra de reconstrucción de la ciudad. Es bastante dudoso que Pachacutec esperara tanto tiempo para legitimar su poder. Ahora bien, Betanzos nombra la muerte de Viracocha como sucedida diez años después de tomar Cusi la mascapaicha; si sumamos estos diez años a los veinte que pasaron, según él, antes de la coronación de Pachacutec, tenemos un total de treinta años. Por otro lado, vemos que la mayoría de los cronistas nombran a Viracocha como de edad muy avanzada, a la llegada de los chancas, lo que le impidió luchar contra el enemigo. Sabemos, igualmente, que este Inca falleció de ochenta años. Siguiendo los datos de Betanzos, esto nos daría para Viracocha la edad de cincuenta años cuando el ataque de Carmenca por los chancas, no estando de acuerdo este hecho con los datos que nos proporcionan otros cronistas. Por eso suponemos que Pachacutec no tardó en ceñir la borla, al ruego unánime de los orejones. En cuanto a Viracocha Inca, murió en Calca diez años después de estos acontecimientos.

Despedido el último huésped, reunió el Inca a los ayllus y parcialidades de Hanan y Hurin Cuzco a fin de considerar el caso de los sinchis que no habían acudido a la toma de borla, y por lo tanto no habían reconocido a Pachacutec por señor. El más peligroso de todos era el soberbio Tocay Capac, jefe de los ayarmacas.[41] Como en los reinados anteriores, se preparaba esta tribu rebelde a alzarse contra el poder centralizador de los cuzqueños. Llegaron las nuevas de que se estaban alistando para tomar las armas, una vez más, contra los incas. En el consejo convocado

---

40. Murúa, lib. 3, cap. XXI, p. 135.
    El Palentino, *Historia del Perú,* Colección de documentos literarios del Perú de Odriozola, tomo IX, 2.ª parte, lib. 3, p. 360.
41. Sarmiento de Gamboa, cap. XXXIV.

por Pachacutec, no solamente se decidió la guerra, sino el total aniquilamiento de los insurrectos. Conducidos por Yupanqui, marcharon las tropas cuzqueñas hacia los dominios de los ayarmacas. En Huanancancha se libró una violenta batalla, quedando Pachacutec victorioso. Con el fin de terminar, de una vez por todas, con estas luchas que ponían siempre en peligro el poderío inca, asoló el soberano los pueblos, pertenecientes a la tribu de la "Quinua desabrida", dispersando o muriendo mucha de su gente. En cuanto a su sinchi Tocay Capac, fue conducido al Cuzco, donde estuvo encarcelado hasta su muerte. Después de esta sangrienta derrota, no volverá a rehacerse la antigua tribu soberana de los ayarmacas, los peligrosos enemigos de los cuzqueños estaban para siempre deshechos. Desde los remotos tiempos de Manco Capac, habían mantenido constantemente un estado de guerrillas, siendo definitivamente vencidos por Pachacutec; su nombre no volverá a aparecer en las crónicas.

Fuera de los ayarmacas, numerosos eran los curacas, en los alrededores del Cuzco, que no querían admitir la soberanía de los incas. Entre ellos estaban Paucar Ancho y Tocari Topa de Ollantay Tampu, lugar situado a seis leguas del Cuzco. Contra ellos se dirigió Yupanqui acompañado de su hermano mayor Roca, que había sido su fiel compañero en el ataque de Carmenca. Los ollantay tampus fueron vencidos y el pueblo desolado y quemado. En esta batalla Inca Roca[42] fue malamente herido; sin embargo en la siguiente empresa Sarmiento de Gamboa nombra a este príncipe como acompañando a su hermano. Sólo después de la guerra contra los soras no vuelve a mencionarlo. No sabemos si Inca Roca encontró la muerte en esa empresa o si sus heridas no lo dejaron figurar en ningún hecho de importancia.

En estos primeros meses vemos a Pachacutec sometiendo a los sinchis cercanos del Cuzco, ese mismo hecho nos muestra la poca importancia que tenía aún la confederación. A cuatro leguas de la ciudad había un sinchi llamado Illacumbi, señor de dos pueblos.[43] A la orden de sumisión de Yupanqui, respondió que siendo él tan gran señor como el Inca y libre en su señorío no tenía porqué ir a la guerra. Al enterarse Illacumbi del avance de las tropas cuzqueñas, se confederó con otros dos sinchis vecinos, Paucar Topa y Poma Lloqui, juntando los tres sus armas y sus gentes. Todos ellos corrieron la misma suerte que los demás jefes alzados contra los incas.

Varios eran los sinchis que fueron sometidos al negarse someterse al Inca. En Huancara[44] quedaron derrotados los curacas Ascacaguana

---

42. Sarmiento de Gamboa, cap. XXXV, p. 100.
43. Sarmiento de Gamboa, cap. XXXV.
44. Sarmiento de Gamboa, cap. XXXV.

y Urcocona, así como el sinchi Alcapariguana, jefe del pueblo de Toguaro, robusteciéndose y extendiéndose poco a poco los dominios de Yupanqui.

Al principio de su reinado vemos a Pachacutec atareado sometiendo a los innumerables curacas, más o menos independientes, que rodeaban en aquel entonces al Cuzco. La diferencia entre la política de Yupanqui y la de sus predecesores es, justamente, ese deseo de agrandar y robustecer los dominios incas. Ya las luchas y las guerras no eran meros combates para demostrar una superioridad de momento, sino un verdadero esfuerzo hacia la unidad territorial; un predominio de los cuzqueños sobre las demás comarcas. Las conquistas incaicas se inician conscientemente con Pachacutec, ya que anexando definitivamente las regiones cercanas a la metrópoli, hecho que permitió emprender las grandes guerras contra los poderosos curacas de la región chanca, del Collao y de Chincha. Sin esta sabia política de consolidación, no se hubiera nunca logrado la tremenda expansión cuzqueña que se desarrolló irresistiblemente en los últimos reinados. Desde el primer momento mostró este Inca que su gobierno iba a ser totalmente diferente al de sus antepasados.

Numerosas son las guerras de Pachacutec; sobre todo abarcan un largo tiempo. Lo más difícil es dar un orden cronológico, pues las versiones varían según los cronistas. Además, tenemos la enorme extensión territorial adquirida y las regiones a las que hubo que mandar repetidas expediciones guerreras, como el Collao. En la primera parte de su reinado, irá Yupanqui él mismo a la cabeza de sus tropas. Posteriormente, la reconstrucción del Cuzco y la organización del Estado no le permitirán tomar personalmente el mando. Delegará entonces este poder a sus capitanes. Con los años, su avanzada edad será un impedimento para las largas y penosas jornadas. Durante setenta años se organizarán siempre nuevas conquistas, se sucederán intervalos de descanso y de retorno a nuevas actividades. Por la misma duración del reinado de Pachacutec, vemos aparecer diversos generales. En las primeras conquistas figuran los capitanes del Inca Viracocha, como fueron Apo Maita y Vicaquirao, luego se distinguen sus hermanos Roca y Capac Yupanqui, para ceder, después, el mando de los ejércitos a los hijos de Pachacutec. Son tres generaciones de generales que se sucedieron en un mismo reinado. Todas estas razones dificultan la tarea de desentrañar el orden en que se sucedieron las guerras bajo el noveno Inca.

El enorme territorio no se adquirió de la noche a la mañana; algunas conquistas tardaron años enteros y no llegaron a una completa dominación hasta el reinado de Túpac Yupanqui. Cada expedición será cuidadosamente preparada por el Inca, no sólo en los aprovisionamientos sino en la construcción de fuertes y pucaras. Para conservar el territorio conquistado vendrán después los orejones enviados por el Inca a implantar una nueva organización, que facilitará la dominación de las naciones subyugadas. Las expediciones serán planeadas con orden y lógica, siendo dominados primero los curacas y sinchis más cercanos al Cuzco. No se lanzó Pachacutec a lejanas guerras, antes de asegurarse las regiones comarcanas. Con este fin, primero, subyugó Yupanqui la región de los soras y vilcas, luego extendió su poderío hacia los chinchas y los yungas de la costa, para someter más tarde a los turbulentos collas. Sólo entonces mandó el Inca sus ejércitos contra los huancas del Chinchaysuyo. Exigía el soberano el cumplimiento estricto de sus órdenes y que bajo ningún pretexto se le desobedeciese, so pena de desatar toda su ira. No fue el azar el que llevó las tropas incas a las grandes conquistas, pues vemos a Pachacutec, incansablemente, forjar el nuevo imperio. En ese determinado momento, los cuzqueños tenían todo para imponerse a los demás. Cuando una nación llega al momento cumbre de su destino, que la empuja hacia las grandes hazañas y conquistas, no solamente encuentra al jefe que la lleva a la realización de sí misma, sino que surgen los hombres capaces de secundarlo. Todos los orejones debían sentir entonces su rol preponderante y la misión que tenían que cumplir. Pachacutec supo encauzar las virtudes de su pueblo, le dio conciencia de ser una nación predestinada a un gran futuro. Es posible que así lo sintieran los veteranos generales de Viracocha al someterse a las órdenes de un joven príncipe. Al imponerse a los suyos, debió ejercer Pachacutec un tremendo dominio sobre los demás; los que lo rodeaban comprendieron que tenían un jefe innato y a un caudillo. El viejo Inca, tuvo el presentimiento del encumbramiento futuro que lo esperaba, pues le dio el nombre de Pachacutec, "el que transforma la tierra".

Habiendo Yupanqui dominado a los curacas vecinos, los que con cada nuevo monarca tomaban armas contra el Cuzco, mandó reunir más de cuarenta mil hombres[45] junto a la piedra de la guerra, situada en la plaza de Cusipata, lugar donde se hacían los alardes y maniobras de guerra. Hechos los sacrificios rituales, a fin de atraer la benevolencia de los dioses, nombró el Inca a los capitanes de su ejército y dejó por gobernador de la ciudad a su hermano Lloque Yupanqui. Estando todo listo salió el soberano del Cuzco sentado en una anda cuajada de oro, plata y piedras preciosas, cubiertos los lados con ricas mantas que no lo dejaban a la vista de sus súbditos, pues el vulgo no podía posar los ojos en el hijo del Sol. Algunas aberturas permitían al aire circular libremente así como le dejaban ver algo de lo que pasaba en su alrededor. Diversas eran las literas y andas, según el uso que se le diera. Las que ostentaban cor-

---

45. Cieza de León, *Del señorío de los incas*, cap. XLVII.

tinajes, eran destinadas para los largos viajes, siendo más pequeñas y ligeras las que usaba el soberano en los combates o paseos. Todas estaban adornadas con metales preciosos y plumas, teniendo algunas las imágenes del Sol y de la Luna, o culebras ondulantes reproducidas en ellas.

En torno de las andas reales marchaba la guardia del Inca con lanzas y macanas, eran cinco mil hombres escogidos entre los más fieles. Ágiles corredores iban a la vanguardia, descubriendo cualquier peligro y dando aviso de la llegada del Señor.[46] El camino por donde pasaba el soberano era limpiado de toda yerba o piedra, por pequeña que fuese. En cuanto a la coya y demás mujeres, eran cargadas en hamacas o literas.

Salían los ejércitos del Cuzco sin saber "a que parte ni donde habia de ser la guerra; porque esto no se decia sino a los consejeros".[47] Esta precaución obedecía al temor de posibles emboscadas; los ejércitos incas caían sobre los enemigos sin que tuviesen tiempo de prepararse. La estatua de Manco Capac era llevada en las empresas difíciles, con el fin de asegurarse la victoria.[48] Lo mismo hemos visto que hacían los chancas, y cómo cayó en poder de Pachacutec la estatua de Uscovilca el fundador mitológico de su dinastía.

En esta ocasión ordenó el Inca la marcha hacia el río Apurímac y después de varios días de viaje, decidió Pachacutec descansar en Curahuasi, a veintiséis leguas del Cuzco. Estando en este lugar, nos cuenta Cieza, dio el soberano a un jefe chanca, llamado Túpac Uasco, una palla del Cuzco por mujer; era una forma de atraerse al sinchi. Siguiendo el viaje llegaron a Andahuailas, donde reunió el Inca su consejo a fin de deliberar sobre la ruta a seguir. Y "después de haber pensado, con acuerdo de los suyos"[49] determinaron avanzar hacia los soras.

Sabiendo los soras la proximidad de los ejércitos de Yupanqui, se prepararon apresuradamente para la defensa, capitaneados por el sinchi Guacralla de los soras y el de Chalco llamado Puxayco.[50] No pudieron resistir los aliados el empuje de los ejércitos de Pachacutec y no tardaron en caer prisioneros ambos sinchis, siendo, más tarde, llevados al Cuzco para la celebración del triunfo. Los desbaratados soras y ruca-

---

46. Cieza de León, *Del señorío de los incas*, cap. XX.
47. Cieza de León, *Del señorío de los incas*, cap. LVI.
48. Sarmiento de Gamboa, cap. XIV, p. 62.
49. Cieza de León, *Del señorío de los incas*, cap. XLVII.
50. Sarmiento de Gamboa, cap. XXXV, p. 101.

nas huyeron, refugiándose muchos de ellos en un peñol, situado, según Cieza, cerca del río Vilcas,[51] un hecho que enfureció al monarca.

Ganada la batalla, mandó Yupanqui que no hicieran daño a los de la región y escogió su cuartel general en los Soras.[52] Permaneció allí Pachacutec todo el invierno, ya que las lluvias le impedían continuar sus conquistas.[53] Pasado el invierno serrano, salieron dos ejércitos. El primero capitaneado por Capac Yupanqui, se dirigió hacia la costa a fin de dominar al curaca de Chincha,[54] mientras que el otro, capitaneado por el viejo general Apo Maita, cercaba a los soras y los vilcas refugiados en el peñol.[55] Dejaremos a Pachacutec invernar y organizar sus conquistas, para dirigirnos con Capac Yupanqui hacia los yungas.

El general Capac Yupanqui era, como ya lo hemos dicho, el hermano menor de Pachacutec, llegó este jefe con el tiempo a ser uno de los mejores generales incas. Nosotros suponemos que una primera conquista de Chincha, se realizó estando Pachacutec en los Soras, ya que los cronistas nos dicen que el Inca se quedó en la raya de los llanos mientras su general marchaba a la costa. El jefe de la expedición fue el capitán Capac Yupanqui, Garcilaso no es el único en darnos esta información, lo mismo afirman las "Relaciones hechas en el valle de Chincha".[56] Túpac Yupanqui fue el que posteriormente terminó de someter la comarca. Efectivamente, varios cronistas señalan al príncipe Túpac como el que acabó de dominar y de incorporar esta región, de una manera definitiva, al imperio. La misma confusión encontramos en Santillán, que nom-bra a Capac Yupanqui como el conquistador de la costa y a su hijo Túpac como el continuador de su obra. Es comprensible que los habitantes de las provincias sometidas, que nunca llegaron a ver a Pachacutec, tomaran a su general por el mismo soberano suponiendo que su heredero fuera hijo del jefe que los subyugó.

Esta primera conquista del general Capac Yupanqui duró cuatro años, y sucedió forzosamente antes de emprender las guerras de Jauja,

---

51. Cieza de León, *Del señorío de los incas*, cap. XLVIII.
    Cabello de Balboa, cap. C, p. 33, nombra el fuerte como Chalcomarca.
    Cobo, tomo III, lib. 12, cap. XIII.
52. Santa Cruz Pachacuti, Edic, Urt., p. 182.
53. Cabello de Balboa, cap. V, p. 33.
54. Cieza de León, *Del señorío de los incas*, cap. LIX. "El Inca padre de Túpac Inca, se dice que envió desde las Soras un capitán con gente de guerra, llamado Capac Inca, a que procurarse atraer a los de Chincha al Señorío suyo".
55. Cieza de León, *Del señorío de los incas*, cap. V, p. 33 y cap. LIX
56. Garcilaso, *Comentarios reales de los incas*, lib. 6, cap. XIX.

## 1 / Primeros años del reinado de Pachacutec

Bombón y Tarma, pues en ellas vemos de nuevo al mismo jefe al mando de las tropas incas.

Después de un tiempo de permanencia en los Soras, levantó su cuartel general el Inca y se dirigió hacia Huamanga, dominando la comarca a su paso. Luego decidió establecer su real en Vilcashuamán, centro importante de la región. Estando en camino hacia este lugar, en Pomacocha,[57] nació el príncipe Amaru Yupanqui, el mayor de los hijos varones de la coya Mama Anarhuaque. Según Las Casas[58] tenía ya Pachacutec dos hijos mayores, los príncipes Yanqui Yupanqui y Tilca Yupanqui que serán con el correr de los años orejones de nota. Suponemos que fueron hijos habidos en sus numerosas concubinas. Sólo unos días se detuvo Pachacutec en Pomacocha, siguiendo luego su camino a Vilcashuamán. Una vez allí, mandó construir un templo al Sol y otros numerosos edificios. Bajo los incas seguirá siendo este lugar un centro administrativo importante, sobre todo en los reinados posteriores, cuando el imperio alcanzó su máxima expansión, marcando entonces el medio camino entre Chile y Quito.[59]

Dominada toda la región de los chancas y la de sus confederados, decidió Yupanqui volver al Cuzco. De retorno, los sinchis Ocacique y Otaguasi, señores del pueblo de Acos, distante, en esa época, sólo diez leguas del Cuzco, se opusieron al Inca.[60] Los acos resistieron con toda furia, llegando, en uno de los encuentros, a herir a Pachacutec en la cabeza. Acosta[61] menciona la cicatriz que tenía la momia de este monarca, debido a un golpe recibido en la guerra. No debemos confundir este episodio con el atentado urdido contra Yupanqui que tuvo lugar años después. No quiso el Inca pasar adelante antes de haber vencido a los insurgentes y someterlos a un severo castigo por su osadía. Conseguida su derrota, mandó aplicar el soberano severos castigos, desterrando a los supervivientes a los términos de Huamanga, al lugar del actual pueblo de Acos.

Innumerables eran las tierras adquiridas por el Inca, mientras sus mensajeros le traían las noticias del éxito de sus generales en la

---

57. Santa Cruz Pachacuti, p. 184.
    Stiglich, *Diccionario geográfico del Perú*. Este Pomacocha sería la hacienda y pequeño río del mismo nombre en la provincia de Cangayo, distrito de Vischongo.
58. Las Casas, cap. XXV, p. 149.
59. Antonio Vásquez de Espinosa, cap. LXX, p. 546.
60. Sarmiento de Gamboa, cap. XXXV, p. 101.
61. Acosta, lib. 6, cap. XXI, p. 494.

costa. Estando a una jornada de la capital, ordenó Pachacutec la celebración del éxito con grandes fiestas y una pompa desconocida hasta entonces. Nunca en el Cuzco se había visto tal alarde de lujo, ni se había oído de conquistas tan sonadas. En las ceremonias, los valientes generales iniciaban la entrada triunfal ataviados con sus mejores galas, brillando al sol sus patenas y pectorales de oro y plata. Sobre sus cabezas lucían soberbios *umachucos* emplumados. Eran seguidos por los escuadrones de soldados, divididos según la suerte de armas que empleaban, ya sean lanzas, hondas, hachas o macanas, todos vestidos a la usanza de sus tierras. Cada regimiento iba tocando diversos instrumentos como tambores grandes y pequeños y el *pututu*, trompeta de concha marina. Luego, ante los ojos admirados de los cuzqueños, congregados para admirar el desfile, apareció un crecido número de cautivos, acompañados de sus mujeres e hijos, llorando y dando gritos lastimeros.[62] Tras los prisioneros venía arrastrado un cuantioso botín de guerra, compuesto por un sin número de mantas con los más brillantes colores, llevando las estampas de seres míticos; eran igualmente plumajes de todos los tonos del arco iris; rodelas, cascos, penachos, armas y collares de las más variadas formas, mientras la profusión de oro y plata deslumbraba a los espectadores apiñados en el camino. Tantos tesoros debían arrancar los gritos de admiración del pueblo congregado, pero pronto, los gritos de júbilo cedieron el paso a un escalofrío de horror. Un grupo de soldados llevaba en los altos de sus lanzas las cabezas de los importantes sinchis enemigos caídos en el campo de batalla, y cuyos cabellos ondulaban al viento. Venían estos curacas a rendir un póstumo homenaje al soberano cuzqueño.

Al terminar el macabro desfile, apareció un crecido número de orejones; marchaban con paso lento y grave aspecto. Eran los que habían tomado parte en las guerras, así como los que se habían quedado para el gobierno y orden de la confederación, todos ellos eran cercanos parientes del Inca. En medio de los nobles, conducido en una anda reluciente de oro, se presentó ante la vista de sus súbditos Pachacutec Inca Yupanqui. Lentamente, pasó el hierático hijo del Sol ataviado con todas las insignias reales. Su figura inmóvil y altiva y su rostro severo, le daban un aspecto casi irreal. Hubiera parecido un ídolo inaccesible, si no fuera por sus ojos que los cronistas asemejan a los del tigre furioso. Era el único signo de vida en ese semi-dios, con ellos dominaba y subyugaba a las masas. Avanzó el Inca en medio del silencio y del

---

62. Cabello de Balboa, cap. V, pp. 33-34.
 Sarmiento de Gamboa, cap. V, p. 33.
 Garcilaso, *Comentarios reales de los incas*, lib. 6, cap. XVI.

respeto casi divino del pueblo, seguía en retaguardia otra gran cantidad de soldados custodiando al soberano. Así pasó el desfile triunfal por las adornadas calles de la ciudad, hasta llegar al templo del Sol, cuya plaza adyacente estaba enteramente vacía. En ella se echaron los cautivos, con el rostro hacia tierra junto con los despojos de guerra y el cuantioso botín. Sobre todo pasó Yupanqui, obedeciendo a una antigua tradición y diciendo: "Yo piso sobre mis enemigos".

En el templo los sacerdotes continuaban incansablemente los sacrificios, agradeciendo a los dioses y huacas el feliz retorno del Inca. Una luna entera duraron las fiestas de la victoria, durante las cuales se sucedieron danzas, representaciones de batallas y otras cosas semejantes.[63]

En los haillis de triunfo, en loor del soberano, se narraban las hazañas y hechos memorables. Al terminar cada estrofa de estas largas epopeyas, en coro, repetían varias veces el grito de: "¡hailli! ¡hailli!", que significa triunfo, embriaguez del pueblo que siente que está dominando el mundo.

Si el triunfo sobre los chancas en Carmenca y más tarde en Ichubamba había dado a los cuzqueños la primera sensación de sus fuerzas, estas lejanas guerras de conquistas con sus anexiones territoriales abrían un nuevo campo de posibilidades. La confederación cuzqueña rodeada de señores indómitos y turbulentos, había pasado a la historia. Ante los ojos asombrados del pueblo habían desfilado los sinchis cautivos. El poderío inca comenzaba con una fuerza avasalladora a extenderse por América del Sur. Esto es lo que comprendieron los curacas reunidos en el Cuzco en torno del joven soberano.

Al finalizar el mes de regocijos, solicitaron los sinchis confederados el permiso de retornar a sus tierras. Pachacutec accedió a sus deseos, colmándolos primero de regalos.

---

63. Jesuita Anónimo, *La costumbres antiguas del Perú*, Edición Loayza, p. 50.

Capítulo Segundo

# Coricancha

Terminadas las fiestas del triunfo, descansó Pachacutec dos días con los suyos, después de los cuales decidió emprender la difícil tarea de gobernar. Ante todo inició una inspección del Cuzco y de sus tierras vecinas. Iba el Inca acompañado de los principales orejones de Hurin y Hanan Cuzco, los cuales mostraban seguramente gran sorpresa ante tal recorrido.[1]

Durante tres días paseó el soberano no sólo por la ciudad sino por los campos y collados cercanos. Observaba detenidamente las construcciones pobres y mal alineadas, las ciénagas y manantiales sobre los cuales estaba construido el Cuzco. Le llamó la atención el reducido número de tierras de cultivo y los escasos canales conductores de agua, disgustándole, sobre todo, el poco esplendor del templo del Sol.

El Cuzco, en esa época, estaba muy lejos de ser la ciudad que conocieron los españoles y que los llenó de admiración. En aquel entonces era sólo la sede de la confederación, que recién principiaba a trocarse en un imperio. A medida que Pachacutec paseaba, iba imaginando una ciudad transformada por él, en el modelo y ejemplo de todas las demás.

Antes de emprender cualquier reforma, decidió el Inca reedificar primero el templo del Sol. Cobo[2] nos dice que el Inticancha o recinto del Sol, antes de su refacción, era pequeño y de humilde factura. El primi-

---

1. Betanzos, cap. XI, pp. 139-140.
2. Cobo, tomo III, lib. 12, cap. XII, p. 158.

tivo lugar, habitado primero por los sauasiray, se había tornado, con la dinastía de los Hurin Cuzco, en el templo-palacio de aquellos. Los Hanan establecieron sus palacios en la parte alta de la ciudad, quedando el Inticancha sólo de morada del Sol. Yupanqui transformará el templo colmándolo de riquezas y de fausto, así lo atestigua su nuevo nombre de Coricancha, es decir, o sea recinto de oro.

Cieza[3] nos cuenta que "aunque todos los Incas, habían adornado este templo, en tiempos de Inca Yupanqui se acrescentó de tal manera, que cuando murió y Túpac-Inca, su hijo, hobo el imperio, quedó en esta perficción". Aunque Cieza nombra al soberano en cuestión sólo como Yupanqui, no puede quedar duda de que se trata del Inca que nos interesa ya que primero lo menciona como "Inca Yupanqui hijo de Viracocha Inca",[4] añadiendo después que era padre de Túpac.

Garcilaso se refiere igualmente a Inca Yupanqui, abuelo de Huaina Capac, como el soberano que adornó el Coricancha con riquezas. El hecho de que fue Pachacutec el reedificador del templo, está confirmado por un gran número de cronistas.[5] No sólo fue esta su obra, sino que la escogió para iniciar su reinado.

Para llevar a cabo su deseo, reunió el Inca a los principales orejones a fin de exponerles su proyecto, así como la traza y maqueta de la obra.

Los antiguos peruanos fueron probablemente los primeros en hacer maquetas de sus edificios, y mapas en relieve de las diversas regiones que querían representar. Numerosas son las alusiones de los cronistas sobre figuras representando las construcciones por hacer. Pachacutec, antes de emprender cualquier obra, hacía primero el modelo en barro o piedra para los que habían de ejecutar los edificios. Diversas son las culturas que modelaron los huacos-maquetas que pueden apreciarse hoy día en los museos. Aparte de estas representaciones, se han hallado unas pequeñas reproducciones talladas en piedra de palacios, templos y fortalezas.[6] En el museo del Cuzco se puede ver las de Coricancha, Colcampata y Sacsahuamán.

---

3. Cieza de León, *Del señorío de los incas*, cap. XXVII, p. 154.
4. Cieza de León, *Del señorío de los incas*, cap. XXVII, p. 150.
5. Sarmiento de Gamboa, cap. XXXI, y cap. XXXVI.
   Jesuita Anónimo, *Las costumbres antiguas del Perú*, Edición Loayza, pp. 13 y 38.
   Huamán Poma, foja 265.
   "Informaciones" de Toledo, publicado por Levillier en su obra *Don Francisco de Toledo*, pp. 133, 185, lib. 1, parte 1.
   Betanzos, cap. XI, p. 148
   Las Casas, Edic. Urt., cap. VII, p. 39.
6. Luis Pardo, "Maquetas arquitectónicas en el antiguo Perú". *Revista del Instituto Arqueológico del Cuzco*, 1936.

Los curacas, reunidos por el Inca, aprobaron los nuevos proyectos y pidieron al soberano la orden para iniciar la obra. Al dirigirse al templo, mandó traer Yupanqui un cordel, y al llegar al santuario midió y trazó él mismo la nueva casa del Sol. De allí se dirigió toda la comitiva a las canteras de Salu, pueblo distante cinco leguas del Cuzco. Pachacutec quiso no sólo ver la calidad de las piedras empleadas, sino sobre todo dar las dimensiones que habían de tener.[7]

A pedido del soberano, acudió de los pueblos comarcanos una gran cantidad de gente a iniciar los trabajos. Cuentan que el mismo Inca vigilaba y dirigía la obra, poniendo todo su empeño en que fuese cuanto antes terminada. No sabemos el tiempo que demoró la refacción, sólo Betanzos nos dice que en breve lapso fue acabada, debido al crecido número de operarios que se emplearon.

Terminada la construcción, se dedicó Yupanqui a adornar el templo con todo esplendor. Varios cronistas nos han dado una descripción de él; trataremos de dar aunque sea una idea de su aspecto.

Tenía este santuario, como la misma civilización inca, los contrastes que la hacen tan difícil de apreciar para nuestra mentalidad moderna. Por un lado era la construcción de una piedra maravillosamente labrada y asentada, luciendo en la decoración un derroche de metales preciosos en las más diversas aleaciones; al mismo tiempo, su tejado era de humilde paja. Esto es un ejemplo de que no podemos comprender la cultura inca con los valores establecidos en el Viejo Mundo. Debemos tener la mente despejada de convencionalismos para poder apreciar a los incas como una civilización que se forjó a sí misma, lejos de las corrientes y de los múltiples aportes culturales de Asia y de Europa. Cieza[8] nos cuenta que "tenía un circuito más de cuatrocientos pasos, todo cercado de una muralla fuerte, labrado todo el edificio de cantería muy excelente, de fina piedra muy bien puesta y asentada". Una ancha cenefa de oro, de dos palmos de ancho y cuatro dedos de alto, recorría todo el alto de la pared, mientras las portadas y las puertas estaban recubiertas con planchas del mismo metal. "Mas adelante estaban cuatro casas no muy grandes labradas desta manera, las paredes de dentro y de afuera chapadas de oro".

Estas casas, a las que se refiere Cieza, eran adoratorios dedicados al Sol, a la Luna, a Venus, al Trueno y al Arco Iris, comunicando todas a un patio o jardín. La casa correspondiente al Sol, tenía, nos dice

---

7. Betanzos, Edic. Urt., cap. XI.
8. Cieza de León, *Del señorío de los incas*, cap. XXVII, pp. 151-152.

Garcilaso,[9] recubiertas las paredes de arriba abajo con planchas de oro. "En el extremo que llamamos altar mayor tenían puesta la figura del Sol, hecha de una plancha de oro doble mas gruesa que las otras planchas que cubrian las paredes. La figura estava hecha con su rostro redondo y con sus rayos y llamas de fuego todo de una pieza".

El disco solar le tocó, según Garcilaso, en el reparto de los tesoros del Cuzco a Mancio Serra de Leguisamo. Es sabido que la imagen que le fue dada, fue sólo la tapa que recubría la boca de una pila grande de piedra en la cual vertían chicha a fin que el Astro la bebiera.[10] Según Lehman Nitsche, el gran disco solar fue quizás llevado a Vilcabamba por el Inca rebelde; en todo caso no ha sido hallado.

La representación del Astro, tal como lo describe Garcilaso, no permaneció sin alteraciones durante los diversos reinados. No sólo se efectuaron, con algunos soberanos, cambios en la forma de figurar al Sol, sino que vemos aparecer un concepto elevado del Hacedor. Esta idea abstracta era expuesta en forma de una plancha ovoide de oro. El sitio preponderante, ya sea del Sol o del Hacedor, fue variando según las épocas. Por eso encontramos en las crónicas diversas versiones, de cómo eran colocados en el templo. Santa Cruz en sus dibujos le da a la imagen del Creador el lugar central, con el Sol y la Luna a cada lado. Garcilaso, en cambio, pone al Astro en el sitio preponderante y menciona un ídolo representando al Hacedor, colocado a la diestra del Sol.

Esta confusión está posiblemente originada por diversas tendencias religiosas. El Sol, antiguo totem de tribus andinas, se había transformado en el culto oficial del imperio, mientras que el milenario dios Tisci Viracocha representaba una idea más abstracta de la religión. En diversas épocas fue prevaleciendo, alternativamente, uno de los dos cultos, ya sea del Sol o de Viracocha.

Pachacutec, ante el peligro chanca, invocó la ayuda de Viracocha Pachayachachic. Después de la victoria instituyó que fuese considerado, de allí en adelante, por Señor universal, por encima del Sol y del Trueno;[11] veremos cómo edificó el Inca un templo, sólo para el Hacedor, en Quishuarcancha. Sin embargo en Coricancha se conservaba el símbolo de Viracocha en el altar mayor, hasta que Huascar lo suprimió.

En cuanto a la forma ovoide para representar al Creador, estaría basada según Lehman Nitsche,[12] sobre un concepto cósmico del univer-

---

9. Garcilaso, *Comentarios reales de los incas*, lib. 3, p. 20.
10. Lizárraga, Edic. L., lib. 1, cap. LXIII, p. 12.
11. Acosta, lib. 6, cap. XXI, p. 493.
12. Lehmann Nitsche, *Coricancha*, p. 40.

so. Los diversos mitos precolombinos sobre la creación, muestran una curiosa similitud con las mitologías de la India y de Grecia. Llega a suponer este autor que la idea del huevo cósmico tuvo, en tiempos remotos que venir de la India.

En el aposento del Sol hizo poner Pachacutec las estatuas de los Incas. Estaban colocadas sobre escaños labrados de oro, por orden de antigüedad. Cada una lucía sus armas, llauto, umachuco, patenas y brazaletes. Especiales sacrificios y cantares fueron compuestos en honor de los soberanos anteriores. Sarmiento[13] nos dice que les dio Pachacutec "tanta autoridad, que los hizo adorar y tener por dioses de todos los forasteros".

Las estatuas fueron con los rostros hacia el pueblo. Sólo después mandó Huaina Capac poner la suya con el rostro hacia el disco solar "como hijo mas querido y amado".[14]

Aunque Garcilaso se refiere a la existencia de las momias en Coricancha, es de suponer que sólo se trataba de estatuas representativas de los difuntos monarcas, ya que las panacas reales guardaban a sus respectivos antepasados, a los cuales trataban como si estuviesen aún en vida. Cada momia real tenía su séquito, sus mujeres, sus tierras y tesoros, tal como cuando eran señores del Cuzco.[15]

El adoratorio del Sol daba a un claustro, en el cual había otros aposentos. El dedicado a la Luna, mujer del Sol, estaba recubierto de plata. Rafael Loredo,[16] en su estudio sobre el reparto de los tesoros hallados en el Cuzco a la llegada de los españoles, hace referencia al disco lunar como confeccionado de oro blanco y no de plata. Según Garcilaso[17] "Tenianle puesta su imagen y retrato como el Sol, hecho y pintado el rostro de mujer en un tablón de plata. Entraban en aquel aposento a visitar a la Luna y a encomendarse a ella". A ambos lados de la imagen lunar fueron colocadas las momias de las coyas, por orden de antigüedad. Seguramente, al igual que los soberanos, se trataba más bien de estatuas. Estaban ataviadas con mantas de fina lana, chumbis y tupus de oro. En años posteriores, la madre de Huaina Capac, Mama Ocllo, tuvo el privilegio de situarse frente al ídolo.

---

13. Sarmiento de Gamboa, cap. XXXI.
14. Garcilaso, *Comentarios reales de los incas*, lib. 3, cap. XXI.
15. Ondegardo, Edic. Urt., cap. III, p. 10.
16. R. Loredo, "El reparto de los tesoros del Cuzco", *El Comercio*, 12 de febrero de 1950.
17. Garcilaso, *Comentarios reales de los incas*, lib. 3, cap. XXI.

Garcilaso menciona otros tres aposentos pertenecientes respectivamente a Venus, al Relámpago y al Arco Iris. El dedicado al lucero lo era también a las demás estrellas del firmamento. A Venus la llamaban *chasca,* la de los largos cabellos. Según Lehman Nitsche no conocieron la identidad de Venus como estrella matutina y vespertina. A las estrellas las tenían por criadas de la Luna, teniendo este lugar el techo adornado de estrellas grandes y pequeñas.

Al lado se encontraba el lugar dedicado al Relámpago, llamado *Illapa*. Hemos visto que, según Sarmiento de Gamboa, el ídolo representando al Trueno y Rayo se encontraba al lado del Sol, en el aposento principal. Es posible que se trate de diversos cambios en el culto. Quizás ordenó Pachacutec el mayor respeto al Relámpago, el cual tomó por *guaoqui*. Cada Inca tenía un doble que era la representación del soberano y era tan venerado como el mismo monarca. Escogió Yupanqui al relámpago, cuando atravesaba un día un gran despoblado; desatóse en esa oportunidad una tremenda tempestad como sólo las hay en las altas punas heladas.[18] Al no ser alcanzado por un rayo tomó el Inca al *Illapa* de doble, convencido de que mientras llevara consigo su imagen no le podría ocurrir ninguna desgracia.

El cuarto adoratorio era dedicado al Arco Iris. Decían que procedía del mismo Sol, motivo por el cual lo tomaron los incas por emblema. Al igual que los demás santuarios estaba adornado de oro, teniendo en una pared al arco iris pintado, con todos sus colores.

El último aposento estaba dedicado al sumo pontífice. Era sólo un lugar para preparar los sacrificios y ordenar los ritos. En cuanto a los ídolos de los pueblos conquistados eran traídos al Cuzco, y rodeados de la misma parafernalia que en sus tierras de origen. Su culto quedaba a cargo de los indígenas de sus mismas provincias. Por esa razón se veía en el Cuzco gentes de todos los lugares del imperio.[19] A estos ídolos de pueblos conquistados, los incas los hacían colocar entre los suyos y les tenían cierta veneración, pero "cuando se les rebelaba alguna provincia, mandaban sacar y poner en público a los dioses naturales y protectores della, y que los azotasen afrentosamente cada día, hasta reducir a su servicio la dicha provincia".[20] Una vez apaciguado el pueblo, volvían a poner en su lugar a los ídolos con fiestas y sacrificios. Muchas rebeliones fueron sofocadas con sólo saber los naturales de la afrenta pública a la cual estaban expuestas sus huacas.

---

18. Sarmiento de Gamboa, cap. XXXI.
19. Cobo, tomo III, lib. 12, cap. XXIII, p. 225.
    Gutiérrez de Santa Clara, tomo III, cap. LXIV, p. 552.
20. Cobo, tomo III, lib. 13, cap. I, p. 300.

Sin embargo, parece que no todos estos ídolos eran guardados en Coricancha; algunos quedaban en poder de la familia y panaca del Inca que había conquistado la provincia.[21] Esta costumbre estaría confirmada por el hecho de hallar Polo de Ondegardo el ídolo chanca al lado de la momia de Pachacutec.

Las huacas que no residían en el Cuzco, hacían cada año una visita a la metrópoli acompañadas de sus sacerdotes y hechiceros, recibiendo un castigo a su llegada, si no habían obrado según la voluntad del Inca.[22]

Para mayor ornato del templo, mandó labrar Yupanqui un jardín de oro y plata. Numerosos cronistas mencionan este curioso jardín, Lehman Nistche[23] cree que se hallaba en las diferentes dependencias del edificio, tanto en el claustro como en el santuario del Sol. Garcilaso cuenta que:[24]

> Aquella huerta que ahora sirve al convento de dar hortalizas era, en tiempo de los Incas, jardín de oro y plata, como los havia en las casas reales de los Reyes, donde havia muchas yerbas y flores de diversas suertes, muchas plantas menores, muchos arboles mayores, muchos animales chicos y grandes, bravos y domesticos y savandixas de las que van arrastrando como culebras, lagartos y lagartijas y caracoles, mariposas y pajaros y otras aves mayores del aire, cada cosa puesta en el lugar que mas el propio contrahiziese a la natural que remedava.
>
> Havia un gran maizal y la semilla que llaman quinua y otras legumbres y árboles frutales, con su fruta toda de oro y plata, contra hecho al natural. Havia también en la casa rimeros de leña contrahecha de oro y plata, como los havia en la casa real; también havia grandes figuras de hombres y mujeres y niños vaziados de lo mismo, y muchos graneros y troxes, que llaman pirua.

Posiblemente cada soberano fue aumentando el número de flores y frutos de este extraño jardín. La profusión de metal precioso en el templo debió ser fantástica, lo atestigua el nuevo nombre de Coricancha o recinto de oro que le fue dado. La abundancia de riquezas del templo está atestiguada por el inventario de los tesoros que Hernando Pizarro llevó a Sevilla.[25] En la relación aparece un sinnúmero de tinajas e ídolos

---

21. Cobo, IV, lib. 13, cap. XII, p. 6.
22. *Relaciones del valle de Chincha*, Edic. Urt., p. 149.
23. Lehmann Nistche, *Coricancha*, pp. 53-54.
24. Garcilaso, *Comentarios reales de los incas*, tomo I, lib. 3, cap. XXIV, p. 179.
25. *Inventario de lo que Hernando Pizarro llevó a Sevilla, 1534*, La Imprenta de Lima, tomo I, p. 163.

de oro, así como dos fuentes, sin contar los objetos de plata que sumaron dos mil quinientos diez y ocho libras y siete onzas.

Las Casas[26] nos dice que fuera del mencionado jardín, había en el circuito de los edificios una pequeña huerta a la cual trajeron tierra fértil, y para el regadío fue labrado un canal de piedra. En ella, cada año, el mismo Pachacutec ayudado de sus hermanos sembraba, con sus propias manos, maíz para el Sol en medio de grandes fiestas y regocijos.

Cinco hermosas fuentes, situadas en diversos lugares, surtían al templo con el agua necesaria. Los caños, por los cuales manaba el agua, eran de oro fino; empozándose el líquido en tazas de piedra o en tinajones de oro y plata.[27]

Cuentan que una vez que fue Pachacutec a visitar la Casa del Sol, vio como las acllas consagradas al culto, servían los manjares destinados al Inti en pobres vajillas de barro. Viendo esto, mandó labrar el Inca una nueva toda de oro y plata.[28]

Concluida la refacción y el adorno del templo, tal como lo había ideado Pachacutec, nombró el Inca como villac umo o gran sacerdote a un anciano señor, natural del Cuzco, conocido por ser un hombre honesto y prudente.[29] Señaló también un crecido número de doncellas consagradas al culto, y tierras para las rentas del templo. Luego avisó a los curacas y señores comarcanos, que tuvieran listo gran cantidad de maíz, llamas y ropa fina para la consagración del Coricancha.

Los niños para los sacrificios de la Capac Cocha, fueron escogidos y conducidos al recinto "donde metían los corderos blancos y los niños y hombres que sacrificaban".[30]

Llegado el día designado por Pachacutec, se hicieron los sacrificios obligatorios, y tomando la sangre de los animales ofrecidos al Sol, hizo el Inca unas rayas en las paredes del templo, en la cara del nuevo sacerdote, así como en el rostro de todos los presentes.[31] Mandó Yupanqui que todos los habitantes de la ciudad viniesen a realizar sacrificios en el nuevo templo; uno por uno iban desfilando, al mismo tiempo que arrojaban maíz y coca al fuego sagrado.

Después de esta consagración, y estando todos los sacerdotes y hechiceros reunidos, inició Pachacutec una discusión sobre el culto y los ritos. A la pregunta hecha por el Inca, sobre quién les parecía ser el

---

26. Las Casas, Edic. Urt., p. 39.
27. Garcilaso, *Comentarios reales de los incas*, tomo I, lib. 3, cap. XXIII, p. 178.
28. Sarmiento de Gamboa, cap. XXXVI.
29. Betanzos, Edic. Urt., cap. XI, p. 142.
30. Cieza de León, *Del señorío de los incas*, cap. XXVII, p. 153.
31. Betanzos, cap. XI, p. 153.

ídolo más poderoso, se inició una larga polémica y "convinieron que el Sol era el mas poderoso de todos los seres, y que merecía la adoración y el respeto de los hombres, puesto que era él, el que hacia el verano y el invierno, el día y la noche, el calor y el frío y que hacia madurar los frutos y fertilizar la tierra".[32]

Cuando los sacerdotes terminaron la discusión, les preguntó el Inca si ellos pensaban que existía un ser más poderoso que el Sol, que rigiera el destino de los hombres. Ante lo cual respondieron todos unánimemente, que no era permitido creer que pudiera haber un ser superior al Inti. Frente a esta respuesta, largamente habló Yupanqui, demostrando a los sorprendidos sacerdotes la existencia de un ser supremo, diciéndoles al terminar: "Como podría yo tener como dueño del mundo y señor universal al que para alumbrar la tierra está obligado a trabajar como un obrero todo el día, de aparecer y desaparecer para que haga día"[33] y siguió hablando Pachacutec, explicando a todos que la más pequeña nube ocultaba el sol, y cómo días enteros, en la época de lluvias, caía el aguacero sin permitir al astro inundar con sus dorados rayos la tierra. Por último les habló de la existencia de un ser supremo, el Ticsi Viracocha Pachayachachic, señor de la creación. Todos escuchaban atentamente el discurso del soberano, y cuando hubo terminado se produjo un murmullo general y nadie se atrevió a tomar la palabra.

Algunas plegarias al ser supremo han llegado hasta nosotros, muestran una elevación de espíritu, y una infinita ansiedad hacia lo divino. Si bien unas invocaciones son anteriores al noveno soberano, otras nos cuenta Cobo, fueron compuestas por él. Eran: "oraciones elegantes con que fuesen invocados los dioses, y mandó que las recitasen los sacerdotes al tiempo que ofreciesen sus sacrificios".[34]

Daremos a continuación unas cuantas plegarias.[35]

> O Uiracocha Señor del Universo
> *Ya sea este varón*
> *Ya sea hembra*
> *El Señor del calor y de la generación*
> *Así como quien,*

---

32. Cabello de Balboa, Edic. Urt., cap. V, p. 36. Además sobre esta discusión ver: Molina el Cuzqueño, Edic. L., p. 19.
    Cobo, tomo II, lib. 12, cap. XII, p. 158.
    Acosta, lib. 6, cap. XXI.
33. Cabello de Balboa, Edic. cit., pp. 38-39.
34. Cobo, tomo III, lib. 12, cap. XXI, p. 156.
35. Santa Cruz Pachacuti, pp. 148-149.

> *Hace sortilegio con saliva*
> *A donde estás?*
> *Si allá no fuera tu hijo:*
> *Ya sea de arriba*
> *Ya sea de abajo,*
> *Ya del rededor de*
> *Tu rico trono o cetro*
> *Oyeme.*
>
> ---
>
> *Desde el mar de arriba en que permaneces.*
> *Desde el mar de abajo*
> *En que estas,*
> *Creador del mundo*
> *Hacedor del Hombre*
> *Señor de todos los Señores,*
> *A ti*
> *Con mis ojos que desfallecen*
> *De verte o de pura gana de conocerte*
> *Pues viendote yo,*
> *Conociéndote*
> *Considerándote*
> *Entendiéndote*
> *Tu me veras*
> *Me conocerás;*
> *El Sol, la Luna,*
> *El Dia,*
> *La Noche*
> *El Verano...*

¡Oh Hacedor Piadoso, que estás al cabo del mundo, que dijiste y tuviste por bien que hubiese Inca Señor; a este Inca que diste ser, guardalo en paz y en salvo, juntamente con sus criados y vasallos, y que alcance victoria de sus enemigos; siempre sea vencedor, no acortándole sus dias a él ni a sus hijos ni descendientes; y guardalos en paz! Oh Hacedor.[36]

Después de la reunión de los principales sacerdotes, mandó Pachacutec labrar la imagen del Tisci Viracocha en oro macizo. El ser supremo tuvo desde entonces su reproducción sólo en dos lugares, uno en el Coricancha y el otro en un templo especial, el de Quishuar Cancha, edificado por este Inca. Cabello de Balboa[37] hace hincapié en que fue Yupanqui el que estableció o restauró este culto superior, pues todo lo demás nos dice: "Es contrario a la opinión mas conocida entre los indios".

---

36. Molina el Cuzqueño, p. 42.
37. Cabello de Balboa, Edic. Urt., cap. V, p. 39.

El Inca se dirigía en las plegarias al Sol como a un pariente, era su igual; más al Tisci Viracocha le rogaba con profundo respeto. Esta creencia no fue nunca para el vulgo, ella quedó únicamente para la casta escogida. Como lo hace notar Means,[38] el hecho de que este culto fuese sólo el de una elite, muestra el poco afán que tuvieron los incas en divulgarlo. Con la expansión cuzqueña, se edificaron en todas las comarcas conquistadas templos al Sol; en cuanto al ser supremo, estuvo representado sólo en el Coricancha y en su templo de Quishuar Cancha. Esto nos muestra que la casta, con mayor cultura que el vulgo, podía alcanzar una filosofía profunda y una idea más abstracta del universo.

Antes de abordar las pruebas que tenemos sobre la existencia del templo dedicado al Tisci Viracocha, veremos hasta qué punto el pueblo estaba en el incanato separado en sus creencias de la casta superior.

La gente común no tenía acceso al Coricancha, teniendo los señores el privilegio de entrar al patio. Posiblemente en el mismo adoratorio del Sol eran admitidos sólo los altos sacerdotes, el Inca y sus más cercanos parientes. Para el pueblo hizo levantar Pachacutec, en el medio de la plaza de Cusipata, una piedra "de hechura de un pan de azúcar, puntiaguda para arriba y enforrada de una hoja de oro".[39]

Esta piedra fue colocada el mismo día en que se puso en el templo la imagen del Hacedor, bajo la forma de un niño de oro. La piedra era para la adoración del común del pueblo, mientras que los señores reverenciaban la nueva imagen.

Cuentan que mientras se colocaba la piedra se desprendió un pedazo de ella, el cual mandó soldar el Inca con la plata derretida.

Después de la edificación del Coricancha, se labró el templo de Quishuar Cancha, el cual estaba según Molina el Cuzqueño, encima de "las casas de Diego Ortiz Gusman, viniendo hacia la plaza del Cuzco, donde al presente vive Hernan Lopez de Segovia".[40] Cobo[41] menciona igualmente la construcción de este templo, añadiendo que el conocimiento del Hacedor lo tuvieron de tiempo atrás los Incas, pero que sólo fue venerado en tiempo de Pachacutec. Según Acosta, el noveno Inca mandó poner la estatua de Tisci Viracocha por encima de la del Sol y del Trueno añadiendo que: "aunque este Inga Yupanqui señalo chacras y tierras y ganados al sol y al trueno, y a otras guacas, no señalo ninguna al Viracocha dando por razón que siendo señor universal y Creador no

---

38. Means, *Ancient Civilizations of the Andes*, cap. X, p. 429.
39. Betanzos, cap. XI, p. 146.
40. Molina el Cuzqueño, Edic. cit., pp. 19-20
41. Cobo, tomo III, lib. 12, cap. XII, p. 158.

## 2 / PRIMEROS AÑOS DEL REINADO DE PACHACUTEC

lo habia menester". En la relación anónima sobre *Las costumbres antiguas del Perú*, hay mención del templo de Tisci Viracocha situado en el mismo lugar donde se encuentra ahora la catedral, teniendo sólo un altar con un ídolo de piedra representando la figura de un hombre.[42]

No podemos dejar de estar de acuerdo con Cabello de Balboa[43] cuando dice que "Inga Yupanqui fue un príncipe de ideas elevadas y muy por encima de su siglo".

Betanzos,[44] el cronista de Pachacutec, nos cuenta que el Inca mandó labrar en oro la figura de un niño, a fin de representar al Creador, la cual tardaron en hacer un mes. Una vez terminada, el villac umu fue encargado de revestirla de finísimas ropas, ciñendo su cabeza con un llauto de soberano. Luego Pachacutec colocó él mismo al ídolo en el templo de Quishuar Cancha, sobre un escaño recubierto de plumas tornasoladas. Todos los presentes andaban descalzos y con las cabezas gachas; sólo el Inca entró al santuario ofreciendo él mismo el sacrificio.

Quizás llame la atención la práctica del sacrificio humano junto con las ideas elevadas y superiores que acabamos de ver. Por otro lado, son demasiado numerosas las afirmaciones sobre la práctica de la Capac Cocha, para seguir a Garcilaso en su afirmación de que no existió. Nuestra mentalidad moderna se llena de horror con esta práctica, y nos parece un hecho bárbaro y monstruoso. Pero para poder juzgar la mentalidad de los hombres del pasado, no sólo de América, sino del mundo entero, tenemos que despojarnos de nuestro concepto actual del mundo y comprender los sentimientos que animaban a los seres humanos en épocas pretéritas.

La ciencia de hoy día nos da una explicación clara de los fenómenos que nos rodean, mientras que antiguamente sólo encontraba el hombre las respuestas por medio de la magia y de la superstición. Para poder subsistir, tenía el ser humano a su disposición sólo unos cuantos medios pobres y primitivos, rodeado como estaba de un mundo hostil y desconocido. Tenemos que comprender y compenetrarnos con lo que podía sentir el hombre de edades pasadas, ante los fenómenos naturales. Ortega y Gasset[45] explica el problema de la ciencia histórica, cuando aconseja "dilatar nuestra perspicacia hasta entender el sentido de lo que para nosotros no tiene sentido".

---

42. Acosta, lib. 6, cap. XXI.
    Cobo, tomo III, lib. 13, cap. IV, p. 322.
43. Cabello de Balboa, cap. C, p. 35.
44. Betanzos, cap. XI, pp. 144-145.
45. Ortega y Gasset, *Las atlántidas*.

La mayor parte de los conceptos del hombre de aquellas épocas nos resultan ininteligibles. ¿Cómo comprender el sentimiento del primitivo cuando se identifica con su totem, ya sea un cóndor o un puma, o cuando se creía descender de un lago, un río o una cumbre nevada? El hombre primitivo no tardó en suponer que existía una fuerza que podía desatar sobre él el bien o el mal. La enfermedad, la muerte, el frío, el hambre eran debidos a espíritus malignos. Para no ser atacados por ellos, trató de sobornarlos con ofrendas y dádivas. Con ese fin fueron sacrificados animales pues suponían que los espíritus comían realmente los cuerpos de las víctimas. Luego se pensó que sólo el espíritu de lo ofrecido era aceptado, quedando los despojos para los sacerdotes. En las cosas más apremiantes, era natural que se pensara en ofrecer al mismo ser humano, a fin de aplacar la ira de los dioses. En esa forma el sacrificio humano resultó "un sentimiento religioso vivo y profundo, pervertido por una concepción errónea de la naturaleza de la divinidad".[46]

La práctica del sacrificio humano, tan generalizada en el mundo, aparece como una etapa en el desarrollo de la mente. En los pueblos más cultos de la antigüedad, como Grecia y Roma, así como en el *Antiguo testamento*, por no nombrar más que algunos ejemplos, vemos esporádicamente llevarse a cabo sacrificios humanos.[47] Sólo a medida que una religión se va depurando y espiritualizando, estos sacrificios se tornan en conceptos morales. Asimismo vemos en la Edad Media flagelaciones y silicios; el sufrimiento físico era ofrecido a Dios. El sacrificio tomará en las religiones elevadas un sentido espiritual, vendrá en su lugar la renunciación de sí mismo, como máximo ofrecimiento.

Aunque nos parezca extraño, podemos decir que "una costumbre tan espantosa como el sacrificio humano representó el pináculo del desarrollo religioso de América".[48] Quizás en tiempos del Inca Huaina Capac, esta práctica principiaba a mostrar signos de alteración. Existía el sacrificio espontáneo a la muerte del soberano, de los que lo querían seguir en el más allá; pero aparte de esto, encontramos en *Las costumbres antiguas del Perú* la mención de una conmutación de seres humanos por un número de animales. Es posible que cuando la conquista, la práctica del sacrificio humano estaba en vías de desaparecer.

---

46. Lubbock, *Los orígenes de la civilización*, cap. VII, p. 247.
47. Lubbock, *Los orígenes de la civilización*, cap. VII, p. 248.
48. Kroeber, *Antropología general*, cap. XIII, p. 376.
    Jesuita Anónimo, *Las costumbres antiguas del Perú*, Edición Loayza, pp. 15-16.

Capítulo Tercero

## Conquistas

Diez años, más o menos, habían pasado desde la toma de borla de Yupanqui cuando murió, en la ciudad de Calca, el viejo Inca Viracocha, después de cuatro meses de enfermedad y a la edad de ochenta años.[1]

Pachacutec que no había vuelto a verle, quiso hacerle un entierro digno de su rango. Con este fin mandó reunir a todos los soldados ataviados como para la guerra, armados de sus lanzas y macanas. El cuerpo del Inca difunto fue paseado en andas por el Cuzco, con sus armas e insignias reales, acompañado del lento tocar de los tambores.

Yupanqui, vestido de blanco y de pardo vicuña, colores de luto, ordenaba las ceremonias, haciéndolo honrar por los señores del Cuzco como le correspondía.[2]

Pero los parientes y las mujeres del viejo Inca, principiaron a decir que Pachacutec se holgaba de su muerte y que los cantos eran de alegría y no de luto.

En señal de protesta, salió una procesión compuesta por las mujeres y concubinas de Viracocha en medio de grandes llantos y lamentos. El cabello lo llevaban cortado y sostenido por vinchas oscuras, mientras el rostro lo tenían tiznado de negro. Iban medio desnudas, azotándose

---

1. Betanzos, cap. XVII, p. 195.
2. Santa Cruz Pachacuti, pp. 185-186.

el cuerpo con yerbas aromáticas, al son de pequeños tamborcitos. El cronista que relata el hecho con toda ingenuidad, añade que sin duda tal ceremonia fue inventada por el mismo demonio.

En esa forma las viejas pallas fueron, durante una semana, haciendo la pantomima de buscar al difunto. Durante las noches regaban de ceniza el umbral de sus casas, con la esperanza de hallar los pasos del Inca fallecido. Posiblemente eran rezagos de alguna costumbre antigua, cuyo origen se pierde en los tiempos remotos.

Mientras sucedían estos acontecimientos y se llevaba a cabo la reconstrucción del Coricancha, mandó Pachacutec un primer ejército, capitaneado por Apo Conde Maita, a la frontera de sus dominios con los collas. Quizás temía el Inca un ataque sorpresivo. Como ya lo hemos mencionado, el orden cronológico de las conquistas del monarca es difícil de asegurar. Nosotros seguimos a Sarmiento de Gamboa, porque no creemos que el Inca se hubiera aventurado en lejanas guerras sin dominar primero el Collao. Fueron ellos los naturales más difíciles de someter y los que con mayor frecuencia se sublevaban. Sólo en las primeras expediciones irá Yupanqui a la cabeza de sus tropas.

Cobo y Santa Cruz anteponen la conquista de Jauja a la del Collao. Lo que nos hace desistir de este orden en los acontecimientos es el hecho que el príncipe Yanqui Yupanqui, el mayor de los hijos de Pachacutec, tomó parte en la expedición guerrera al norte como capitán del ejército. Fue la primera vez que las crónicas nombran a un hijo del soberano en un puesto tal; anteriormente eran todos demasiado jóvenes como para desempeñar cargos semejantes, razón por la cual suponemos que la conquista de los huancas tuvo lugar en años posteriores.

Cieza menciona una primera expedición a Chucuito y al Condesuyo mientras el Inca dominaba los soras y los vilcas. Parece poco probable que en ese momento la fuerza de los cuzqueños fuera suficientemente grande para poder atacar simultáneamente los centros chancas y collas, ambos muy poderosos. Igualmente no podemos decir con seguridad, si Pachacutec esperó terminar la ornamentación del templo de Coricancha para iniciar esta guerra o si la interrumpió para proseguir sus conquistas.

Como ya lo hemos mencionado, mandó el Inca un ejército capitaneado por Apu Conde Maita a Lurucache, que era el límite de sus fronteras al sur.[3] Más allá, desde la sierra del Vilcanota, empezaban los dominios del poderoso curaca de Hatun Colla. Tenía el capitán incaico la orden de aguardar al soberano y quizás de espiar los hechos y movimientos del Chuchi Capac, señor de la región.

---

3. Cobo, tomo III, lib. 12, cap. XIII, pp. 164-165.
   Cabello de Balboa, p. Edic. Urt., cap. V, p. 35.

No tardó Pachacutec en unirse con nuevas tropas a los soldados que se hallaban en la frontera de sus dominios, y, sin detenerse, avanzó hasta el pie del Vilcanota en tierras enemigas.

Sabiendo el Chuchi Capac de la invasión inca, esperó a los cuzqueños en el pueblo de Ayaviri. Según Sarmiento de Gamboa[4] el curaca Chuchi Capac o por otro nombre Colla Capac, era un señor muy poderoso. Tenía bajo sus dominios más de ciento sesenta leguas de norte a sur, comprendiendo la región de Arequipa, Atacama y los Mojos de la selva. Cieza[5] menciona como jefes del Collao a Cari y Zapana, sinchis de Hatuncolla y de Chucuito, respectivamente; y a Humalla, señor de Azángaro. Se trata posiblemente de diversos curacas que se dividían la región. Cada vez que este cronista narra algún encuentro con los collas, bajo cualquier reinado, invariablemente menciona los mismos nombres de Cari y Zapana. Estos apelativos serían, quizás, el título dado a los curacas de la región, como lo menciona Zárate.[6]

Estando cerca ambos ejércitos, mandó Pachacutec mensajeros pidiendo la sumisión y obediencia del Colla Capac, el cual respondió altivamente diciendo que se alegraba que el Inca viniese a rendirle sumisión, como tantos otros pueblos habían tenido que hacer.

Al día siguiente de esta respuesta, arremetieron ambos ejércitos el uno contra el otro, en medio de grandes gritos y alaridos. Larga fue la batalla sin mostrar ventaja ninguno de los dos bandos. Entre otras armas, los collas empleaban el *ayllo* o boleadora, arma compuesta de bolas de piedra más o menos grandes, esféricas u ovaladas, asidas de dos o más cuerdas. Se usaban para trabar los pies del enemigo cuando estaba a corta distancia o para la caza de animales. En años posteriores, Túpac Yupanqui introducirá, entre los señores orejones, el juego de los ayllos para las fiestas del Huarachico.[7] Curioso es notar el hecho citado por Salvador Canals Frau,[8] de hallazgos de semejantes bolas de piedras, de unos 8 a 10 centímetros de diámetro, en yacimientos musterienses en Francia así como en Sandia Cave, en el estado de Nuevo Méjico, y en diversos yacimientos antiguos de Norte y Sudamérica. Se trata de una arma arcaica, del Paleolítico Superior, anterior al arco y a la flecha, traída a América por los primeros pobladores que llegaron a ella, y todavía en uso en la pampa argentina.

---

4. Sarmiento de Gamboa, cap. XXXVII, pp. 103 y 105.
5. Cieza de León, *Del señorío de los incas*, cap. LIII, p. 251.
6. Zárate, Edic. por Karmenic, cap. X, p. 42.
7. Cobo, tomo III, lib. 12, cap. XV, p. 175.
8. Salvador Canals Frau, *Prehistoria de América*, pp. 80, 218, 258, 325.

A medida que la lucha se prolongaba, el Inca desplegaba mayor actividad, acudiendo a todas partes, luchando y animando a los suyos, hasta que viendo la resistencia de los collas, volvió el rostro hacia su gente y en voz alta les dijo:

> ¡Oh! ¡ingas del Cuzco, vencedores de toda la tierra! ¿Y como no teneis vergüenza que una gente tan inferior a vosotros y tan desigual en las armas se os iguale y resista tanto tiempo?[9]

Esas palabras animaron a los orejones que se lanzaron con mayor arrojo que nunca a la lucha. La acometida cuzqueña hizo perder ánimo al Colla Capac, que decidió retirarse con lo que le quedaba de su ejército a Pucará.

Después de asegurarse la posesión de Ayaviri, marchó el Inca tras los collas librándose una segunda batalla en Pucará. Mientras peleaba Pachacutec, comprendió que la victoria no sería completa si no lograba apoderarse del curaca enemigo. Se dirigió él mismo al lugar donde luchaba Chuchi Capac y, estando cerca, arremetió con tal furia que cayó el sinchi enemigo en sus manos. Esta fue la señal de la victoria; los collas, al verse sin jefe, se desbandaron. Asegurado el triunfo se dirigió el Inca a Hatuncolla, morada del Colla Capac, donde permaneció hasta que todos los pueblos subordinados viniesen a rendirle obediencia. Al saber la victoria inca, el curaca de Lupaca, que residía en Chucuito y que no era menos poderoso que el Chuchi Capac, pidió la paz.

Uno a uno quedaron sometidos los pueblos en el contorno del lago Titicaca. Algunos, como los de Paucarcolla, Pacasa y Azángaro, se sometieron pacíficamente, mientras que otros, como los de Juli, se refugiaron en una fortaleza, luchando largo tiempo antes de rendirse. Los pacasas defendieron el puente sobre el Desaguadero, viéndose obligado el Inca, para poderlos vencer, a mandar parte de su ejército a buscar un vado, ocho leguas más abajo.[10]

En esta oportunidad visitó seguramente Pachacutec las ruinas de Tiahuanaco. Dominado todo el Collao, dejó el Inca guarniciones y un gobernador general y se dirigió a Arequipa. Sarmiento de Gamboa nos dice que de temor se le sometió a Yupanqui todo el Condesuyo,[11] mientras Santa Cruz Pachacuti cuenta que subyugó dicha provincia entrando

---

9. Sarmiento de Gamboa, cap. XXXVII.
10. Cobo, tomo III, lib. 12, pp. 164-165.
11. Sarmiento de Gamboa, cap. XXXVII.
    Santa Cruz de Pachacuti, Edic. Urt., p. 187.

por el Collao. No olvidemos que una buena porción del Condesuyo pertenecía a los dominios de Chuchi Capac.

De Arequipa fue Pachacutec hasta Camaná, regresando al Cuzco por Chumbivilcas. La entrada a la capital del imperio fue triunfal, marchando entre los cautivos el curaca de Hatuncolla con sus capitanes y sinchis. Cuentan que entre el botín de guerra trajo de la costa el Inca, una ballena, que debió causar gran asombro al pueblo reunido.[12]

Después de esta empresa, decidió Pachacutec descansar un tiempo y con ese fin se dirigió al pueblo de Cuyos.[13] Estando un día en gran regocijo, se acercó al Inca un ollero, criado de un sinchi, y le descargó un fuerte golpe en la cabeza con la intención de matar al soberano, logrando sólo descalabrarlo. Preso el delincuente, confesó ser un caviña del pueblo de Quiquijana y haber actuado bajo la indicación de los curacas de los cuyos. La muerte del soberano hubiera sido la señal para la rebelión, encabezada por los dos sinchis culpables, Apolalama y Yamquelalama, curacas de los huanansayas y hurinsayas, respectivamente. El castigo de los rebeldes fue ejemplar, los jefes fueron condenados a muerte y el pueblo asolado.

En esa época nació el príncipe Túpac Yupanqui, hijo de la coya Mama Anarhuaque. Los dos cronistas que refieren el atentado contra el Inca, lo indican como sucedido en épocas distintas. Sarmiento de Gamboa lo menciona inmediatamente después del matrimonio de Pachacutec con la coya; mientras que Santa Cruz Pachacuti[14] lo cita al retorno del soberano del Condesuyo, al mismo tiempo que menciona el nacimiento del príncipe Túpac como acontecido en esa época. Nos inclinamos por la versión de Santa Cruz Pachacuti ya que Túpac fue mucho menor que su hermano Amaru que le llevaba por lo menos diez años.

Pasada la conquista del Collao, licenció Pachacutec gran parte de su ejército. Entre cada obra de este Inca o después de nuevas adquisiciones territoriales, vemos siempre sucederse un lapso más o menos largo de inacción. Si se trata de guerras, gran parte del ejército obtenía el permiso de retornar a sus tierras. En cuanto a las edificaciones en el Cuzco, los curacas llamados a contribuir con gente y víveres para las obras recibían igualmente uno o dos años de descanso.

Esta manera de proceder del Inca se debe seguramente a la organización deficiente que existía en aquel entonces. Cada curaca confe-

---

12. Santa Cruz Pachacuti, Edic. Urt., p. 187.
13. Sería el pueblo de Cuyo, cerca de Limatambo, provincia de Anta.
14. Sarmiento de Gamboa, cap. 34.
    Santa Cruz Pachacuti, p. 187.

derado tenía la obligación de tributar con un determinado número de gente para los ejércitos y para la mano de obra de las construcciones. En las épocas de descanso, los soldados y operarios retornaban a sus tierras a ayudar a los demás miembros del ayllu en las faenas agrícolas. Quizás esta interrupción forzosa de los servicios prestados al Estado por operarios y soldados, hizo idear a Pachacutec la nueva organización del imperio. En las "Informaciones" de Toledo son innumerables las afirmaciones de que fue este soberano y su hijo Túpac los que implantaron las extraordinarias leyes incas que tanto han llamado la atención del mundo entero y a las cuales volveremos más adelante.

La conquista del Collao había acrecentado la fama de Pachacutec. En lejanas tierras sus hechos y acciones eran contados y admirados, viniendo numerosos curacas y sinchis, de distantes lugares, a rendir sumisión a tan gran señor. A todos los recibía Inca Yupanqui gravemente, diciéndoles que el Sol, su padre, así lo quería y mandaba.

Pasado un tiempo de la anterior conquista, reunió de nuevo el Inca un crecido ejército. Esta vez Pachacutec se quedará en el Cuzco; innumerables ocupaciones no lo dejarán alejarse de su capital. La mayor parte de su vida la dedicará, en adelante, a la tremenda tarea de legislar y formar el nuevo imperio. Pocas serán las expediciones que dirigirá en adelante, personalmente.

El mando de las tropas fue dado al general Capac Yupanqui, hermano de Pachacutec, que se había distinguido en la conquista de Chincha. Bajo las órdenes de este general fueron nombrados como capitanes, Huaina Yupanqui,[15] hermano del Inca, y el hijo mayor del soberano, habido en una concubina, el príncipe Apu Yupanqui.[16] Estos datos nos ayudan en la cronología y en la lógica sucesión de los hechos, pues es la primera expedición en la cual figura un hijo de Pachacutec. Es uno de los motivos por el cual mencionamos primero la guerra contra los collas; asimismo para que el príncipe tuviera edad para ir a la guerra, debió nacer Apo Yupanqui poco tiempo antes del ataque chanca al Cuzco.

Entre los jefes que componían el ejército inca habían diversos capitanes subalternos, entre los cuales se distinguía Anco Huallu como sinchi de las divisiones chancas. Era costumbre que cada nación que formaba parte de los ejércitos, tuviese siempre por jefe a uno de los suyos.

---

15. Sarmiento de Gamboa, cap. XXXVIII.
    Cabello de Balboa, cap. VI, p. 43.
16. Cabello de Balboa, cap. VI, p. 45.
    Sarmiento de Gamboa, cap. XXXVIII, este personaje sería el Yanqui Yupanqui nombrado en la p. 143.

## 3 / CONQUISTAS

Este Anco Huallu había, según Sarmiento de Gamboa,[17] quedado preso en el Cuzco desde la derrota de Ichubamba. Andando el tiempo, fue adquiriendo poco a poco la confianza de los orejones, hasta el punto de ser nombrado por su valentía, sinchi de los chancas. Taciturno y triste andaba por el Cuzco, imaginando la forma de evadirse del dominio inca.

Terminados los preparativos bélicos y hechos los sacrificios y fiestas acostumbradas, reunió Pachacutec todas las tropas y las exhortó a la lucha, recomendando a sus generales jamás ir a la guerra sin hacer primero dos o tres veces una oferta de paz.[18] Entre otras pautas, hizo hincapié el Inca en la necesidad de recompensar generosamente los servicios prestados al Estado. Luego entregó el soberano a Capac Yupanqui sus propias armas de oro, como supremas insignias de mando, dando orden estricta de no pasar más allá de los términos dados por él, para el amojonamiento de las fronteras.[19] Igualmente exigió que diariamente fuesen enviados mensajeros o chasquis al Cuzco con las noticias de los avances y hechos de los ejércitos.

Dejaremos al Inca en la capital, ocupado en sus mil tareas de gobernar y formar el imperio, para dirigirnos con Capac Yupanqui al norte por la ruta de Chinchaysuyo.

El ejército inca siguió la ruta de Andahuailas donde, según Cieza,[20] se le unieron las tropas chancas, capitaneadas por Anco Huallu. De allí siguieron a Vilcashuamán y Huamanga, lugares sometidos anteriormente al dominio de los cuzqueños. Cerca de Parcos, al norte de Huamanga, se guarecieron los naturales en la fortaleza de Urcocollac,[21] defendiéndose valientemente en ella. Dos asaltos fueron llevados a cabo por los incas, no dando ninguno de ellos resultado favorable. El tercero fue encargado a los chancas, y con tal arrojo y empuje atacaron que lograron apoderarse del fuerte, haciendo una gran matanza de los sitiados. A la llegada de los orejones y de las demás tropas, no les quedaba ya nada por hacer; la plaza estaba rendida y los sitiados muertos, ni siquiera había lugar para la política de clemencia recomendada por Pachacutec. Este hecho disgustó profundamente a los cuzqueños que se sintieron opacados por los chancas, ya que dos veces habían intentado adueñarse del pucara sin lograrlo. Ágiles corredores fueron despacha-

---

17. Sarmiento de Gamboa, cap. XXXVIII.
18. Santillán, Edic. Urt., p. 14.
    Cabello de Balboa, cap. V, p. 35.
19. Sarmiento de Gamboa, cap. XXXVIII.
20. Cieza de León, *Del señorío de los incas*, cap. XLIX.
21. Sarmiento de Gamboa, cap. XXXVIII.
    Cabello de Balboa, pp. 41-42.

dos a la capital, avisando al soberano de todo lo sucedido. La noticia del triunfo chanca molestó a Pachacutec que temía siempre un posible resurgimiento de esta nación. Demasiado grande había sido el peligro pasado por la confederación cuzqueña para que fuese pronto olvidado por el soberano. La confirmación de este temor está en el hecho de ser la región chanca la primera en someter y dominar Pachacutec a su advenimiento. Además, envalentonados los chancas por el éxito obtenido allí donde habían fracasado los incas, podían por ese motivo soñar con un retorno a su antiguo poder. Las posesiones incas grandemente aumentadas en los últimos años, estaban muy lejos de la pequeña confederación de la época del advenimiento de Pachacutec; sin embargo, no había transcurrido el tiempo necesario para cimentar las nuevas adquisiciones territoriales. Una sublevación chanca no dejaba aún de ser un peligro, y podía echar a perder toda la obra constructiva del soberano. Los collas recién anexados, se sublevarían apenas hubiera algún desorden en provincias tan principales como en la región chanca. El poderío inca, todavía incipiente, podía fácilmente truncarse. Estas deben de haber sido las reflexiones y los temores del Inca al recibir las noticias del frente. No es de extrañar que tomara por esos motivos una decisión drástica y que despachara el soberano un mensajero a Capac Yupanqui, ordenando matar a los chancas como mejor pudiese. Amenazaba Pachacutec con la pena de muerte para el general, de no quedar cumplida su orden.

Mientras las noticias sobre la hazaña chanca llegaban al Cuzco y el Inca tomaba una decisión, los ejércitos de Capac Yupanqui seguían avanzando hacia el norte, camino a Jauja.

Los huancas estaban divididos en los dos bandos de Hanan y Hurin "Xauxa", y tenían por sinchis a los hombres que habían demostrado más valor y coraje en las contiendas, manteniendo entre ellos un estado permanente de guerrillas. Tenían por pacarinas, o lugar de origen, una fuente llamada Huarivilca, de la cual decían haber salido sus primeros padres. Cerca del manantial sagrado, habían edificado un templo rodeado de árboles de molle. Según Cieza,[22] vivían en pueblos divididos en barrios, teniendo sus casas la forma de pequeñas torres anchas en la

---

22. Cieza de León, *La crónica del Perú*, cap. LXXXIV, p. 256. Según este cronista en tiempo de Huaina Capac o de su padre habían en la región tres parcialidades: en Jauja era señor *Cucixaca*; en Maricabilca lo era *Guacaropa*; y en Laxapalanga, *Alaya*.

En las *Relaciones geográficas de Indias*, Jiménez de la Espada, tomo I, p. 84, encontramos los siguientes nombres de los antiguos jefes: en Hatun Xauxa, dominaban los sinchis *Auquiszapari* y *Yoloparin*; en Urin Xauxa, eran sinchis, *Canchac Huaycatacuri* y *Anana*; en Hanan Huanca los sinchis eran *Patan Llocllachin* y *Chavin*, en Chongos el sinchi era *Patan Cochache*.

base y angostas en lo alto; por la descripción es posible que se trate de chulpas. Consideraban los huancas a los perros por animal sagrado, al mismo tiempo que comían su carne diciendo que era sabrosísima y "para mayor ostentación de la devoción que tenían a los perros, hacían de sus cabezas una manera de bocinas que tocaban en sus fiestas y bailes por música muy suave a sus oídos; y en la guerra los tocavan para terror y asombro de sus enemigos".[23] En los combates usaban por armas la estólica, las porras, las macanas y los ayllos.

Los huancas, atemorizados ante la proximidad del ejército inca, se confederaron, ofreciendo numerosos sacrificios a su huaca de Huarivilca. Siguiendo la orden del soberano, mandó tres veces el general Capac Yupanqui ofertas de paz que fueron rechazadas por los naturales. Ante esta actitud, ambos bandos se prepararon para la guerra. Con gran ímpetu se lanzaron los cuzqueños al ataque, querían demostrar a los chancas sus aptitudes militares. Reñida fue la lucha, pues los huancas defendían con gran coraje y valentía sus tierras y dominios. Mas, a la larga, los ejércitos incas triunfaron; eran tropas aguerridas por numerosas conquistas, mostrando gran destreza en la contienda.

Obtenida la victoria, el general Capac Yupanqui ordenó la libertad de los cautivos y tomó medidas para evitar todo pillaje y saqueo. Los huancas, complacidos por la magnanimidad y sagacidad del jefe cuzqueño, prometieron vivir en adelante según las nuevas leyes.[24]

Tomando todo el valle de Jauja, despachó el general un pequeño ejército por la sierra de Pariacaca a subyugar la región de Huarochirí y Yauyos. Según Dávila Briceño,[25] los yauyos, divididos en dos parcialidades de Hanan y Hurin, mantenían continuas guerras contra todos sus vecinos que eran los yungas de la costa, los chocorbos, los huancas y los atavillos de Canta. El nombre de este pueblo se justificaba por el estado continuo de luchas que mantenía con las comarcas adyacentes, ya que la etimología más probable de la palabra Yauyos se encuentra en el idioma kauqui. *Yau-Yo* y *Yauya-Aco* significan hombre belicoso, siendo *Aco,* hombre y *Yauya,* peleandero, vocablos que describen bien el pueblo al que nos referimos.[26]

Dominada toda la región, prosiguió Capac Yupanqui su avance hacia Bombon, el antiguo nombre de la laguna de Junín (Pumpu). Los

---

23. Garcilaso, *Comentarios reales de los Incas*, tomo II, lib. 6, cap. X.
24. Cieza de León, *Del señorío de los Incas*, cap. XLIX.
25. Dávila Briceño, *Relaciones geográficas de Indias*, Jiménez de la Espada, tomo I, p. 61.
26. Villar Córdoba, *Las culturas prehispánicas del departamento de Lima*, cap. VII, pp. 354-357.

naturales, al saber la derrota de los huancas y el avance de las tropas enemigas, se refugiaron en la laguna con sus mujeres e hijos. Al llegar a este lugar los ejércitos incas no encontraron resistencia alguna, ya que los habitantes se habían guarecido en medio del lago, entre los juncos. Los cuzqueños se limitaron a cosechar los sembríos, y pasaron más adelante al valle de Tarma.[27]

Los tarmeños los esperaban en pie de guerra, pero no pudieron hacer frente a los diestros soldados cuzqueños y tuvieron que someterse al igual que los demás; luego prosiguió Capac Yupanqui su marcha hacia el norte.

Estando el general una noche en su toldo, pasada la medianoche,[28] llegó un mensajero de Pachacutec con la orden de exterminar a los chancas. Con el jefe cuzqueño se encontraba, en ese momento, una hermana de Anco Huallu, que se impuso a la orden del soberano.

Es curioso que Capac Yupanqui permitiera que delante de una mujer de la nación chanca, se le diera el mensaje del Inca. ¿Sería de una manera casual que escuchó ella al chasqui venido del Cuzco, o habría de parte de Capac Yupanqui un sentimiento más profundo que le impidió mantener el secreto sobre las medidas ordenadas por el monarca?

En todo caso, la concubina de Capac Yupanqui avisó secretamente a su hermano del peligro que corría. Anco Huallu reunió a toda su gente y tomando rápidamente consejo, decidieron huir del poderío inca. Estando, según Cabello de Balboa,[29] el ejército en Guasas Tambo y, según Sarmiento de Gamboa, en Guarao Tambo, términos de la ciudad de Huánuco Viejo, levantaron los chancas su campamento a medianoche y con el mayor sigilo abandonaron el grueso del ejército. Un gran número de cuzqueños, creyendo que era orden de un general suyo, siguió a los chancas y sólo a la salida del sol se dieron cuenta de su error. Era demasiado tarde, los chancas los obligaron a seguirlos. Al día siguiente llegaron a Huaylas donde los habitantes creyeron que venían por orden del general cuzqueño y los recibieron en paz. Los chancas aprovecharon de su error, los atacaron de improviso, degollaron a un gran número y se retiraron cargados de botín.

Después de estos hechos decidieron buscar tierras selváticas, de difícil acceso, donde los incas no los pudiesen hallar. Con ese fin atrave-

---

27. Cieza de León, *Del señorío de los incas*, cap. L, *Tarama*, antigua forma de Tarma.
28. Sarmiento de Gamboa, cap. XXXVIII.
    Cabello de Balboa, cap. VI, p. 43.
29. Cabello de Balboa, cap. VI, pp. 43-44.

saron las cordilleras y se internaron por las montañas entre Chachapoyas y Huánuco en las provincias de Hananmayo y Ruparupa. Cieza [30] afirma que los chancas establecieron sus pueblos al lado de una laguna. En su tesis, Mario Vásquez [31] supone que radicaron en la cuenca del río Mayo y no en Chachapoyas, donde echaron raíces los motilones o lamitas, siendo este último un nombre de origen español. En el actual pueblo de Lamas, en la provincia de San Martín, habría hasta hoy día un barrio llamado Anco Huallu.

Garcilaso [32] cita, al igual que los otros cronistas, el extraño éxodo de los chancas, pero al contrario de Cieza, Sarmiento y Cabello de Balboa, menciona este episodio como sucedido bajo el reinado del Inca Viracocha. Difiere de los demás cronistas al nombrar la huida de los chancas de buenas a primeras, "sin ningún motivo, ni temor a represalias" cuzqueñas. Tampoco menciona Garcilaso la expedición al Chinchaysuyo, ni al general Capac Yupanqui como tomando parte en los acontecimientos.

Autores modernos aceptan los hechos y detalles citados por Cieza, Sarmiento y Cabello de Balboa en cuanto al general cuzqueño y a toda la expedición a Jauja y Tarma pero, al mismo tiempo, siguen a Garcilaso situando este acontecimiento durante el reinado de Viracocha.

En esta forma desvirtúan la narración garcilacista, a la par que la del mayor número de cronistas. Pues lógico es suponer que si aceptan una teoría u otra, no pueden mezclar ambas por ser completamente opuesta la una de la otra. Garcilaso nombra al general Capac Yupanqui *exclusivamente* bajo el reinado de Pachacutec y no de Viracocha. Además, no podía tomar parte en ninguna empresa en tiempo de su padre por ser uno de los menores hijos del Inca Viracocha y por lo tanto demasiado joven para actuar en aquel entonces. Por otro lado, el nombre del general Capac Yupanqui está demasiado ligado a la huida de los chancas para no referirse a él.

En cuanto al jefe cuzqueño, cuando se impuso de la huida de los chancas, montó en una terrible cólera y se apresuró en perseguir a los fugitivos. Por más prisa que puso en alcanzarlos, no pudo o no quiso llegar a ellos antes de que se internaran en la región de la selva.

Avanzando tras de los chancas llegó cerca de Cajamarca, lejos del lugar que le ordenara Pachacutec. Aun recordando la recomendación

---

30. Cieza de León, *La crónica del Perú*, cap. LXXVIII, p. 242.
31. Mario Vásquez, Tesis de etnología, San Marcos.
    "El primitivo poblador del Huallaga y causas de su extinción".
32. Garcilaso, *Comentarios reales de los incas*, lib. V, cap. XXVII.
33. Sarmiento de Gamboa, cap. XXXVIII.

del soberano, decidió pasar adelante al ver la riqueza de las tierras de esa provincia. En ella era sinchi Guzmango Capac[33] el cual, al saber la proximidad de los ejércitos incas, buscó la alianza del Chimu Capac de Chan Chan que le era aliado. Pero el general Capac Yupanqui burló el poderío de los curacas por medio de la astucia y ambos cayeron en una celada preparada de antemano. Vencido el ejército enemigo, fueron según Sarmiento de Gamboa, hechos prisioneros ambos sinchis confederados. Es más probable que el Chimu Capac lograra huir, pues, más adelante, el príncipe Túpac Yupanqui estará encargado de someter la región de la costa norte.

Innumerable fue el botín obtenido, ya que los conchucos eran sumamente ricos. Parece ser que al ver Capac Yupanqui tanta riqueza reunida por él, cometió la imprudencia de enorgullecerse de sus hazañas diciendo que mayores trofeos había adquirido él que su hermano el Inca en otras conquistas. Estas palabras no tardaron en llegar a oídos de Pachacutec y se sumaron a los cargos acumulados ya contra él.

Con este triunfo emprendió el retorno a la capital el general victorioso, llevando entre otros cautivos a Guzmango Capac. Estando el ejército en Limatambo, a ocho leguas del Cuzco, despachó Pachacutec a un orejón llamado Inca Apon con la orden de ejecutar a Capac Yupanqui y a su otro hermano Huaina Yupanqui, su cómplice.[34]

¿Sería cumplida la orden o se ahorcaría el jefe antes de exponerse a la vergüenza pública? Este último hecho nos lo hace suponer Cieza, aunque al principio del relato de esta conquista confunda el nombre del general cuzqueño y lo llame Lloque Yupanqui. Luego se rectifica y pone a Capac Yupanqui como el jefe que se apoderó de Jauja y que más tarde se "ahorcó por cierto enojo".[35] El equívoco de Cieza no llama la atención pues todos se llaman Yupanqui, un hecho que se presta a mucha confusión.

¿Qué motivos impulsarían a Pachacutec a proceder en esa forma con su hermano? Numerosos son los datos que tenemos sobre la magnanimidad del Inca y su manera de recompensar cualquier servicio prestado al Estado. Sarmiento de Gamboa, siempre tan duro en sus juicios sobre los incas, da como motivo la envidia. Este sentimiento nos parece muy bajo para quien se sentía, como Pachacutec, tan por encima de los demás. En las sentencias compuestas por el soberano y llegadas hasta nosotros, vemos que el Inca ataca duramente este sentimiento. Nosotros suponemos que otro fue el móvil de Pachacutec al dar una orden a

---

34. Sarmiento de Gamboa, cap. XXXVIII.
35. Cieza de León, *Del señorío de los incas*, cap. LVI.

## LA EXPANSIÓN DEL ESTADO INCA

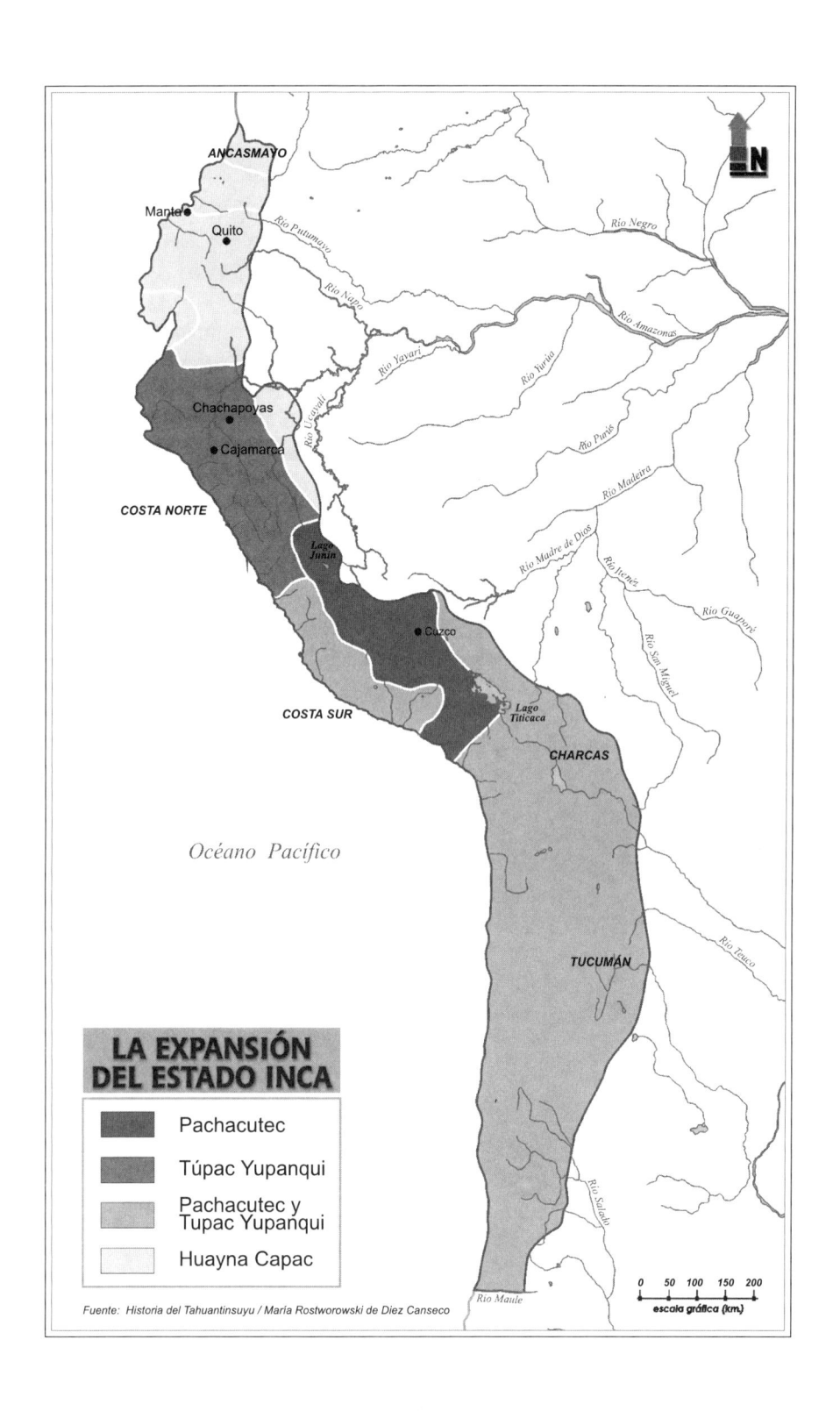

- Pachacutec
- Túpac Yupanqui
- Pachacutec y Túpac Yupanqui
- Huayna Capac

Fuente: Historia del Tahuantinsuyu / María Rostworowski de Diez Canseco

primera vista tan cruel. Quizás Capac Yupanqui fue, hasta cierto punto, cómplice de la huida chanca o por lo menos no hizo nada por retenerlos. No acató el mandato del Inca de suprimir a los peligrosos enemigos de los cuzqueños. ¿Sería el azar o el sentimiento hacia su concubina, la hermana de Anco Huallu, lo que favoreció los acontecimientos.?

Ahora bien, para Pachacutec que tenía que ver la situación desde el punto de vista de la razón de Estado, estos sucesos eran un terrible desacato a la autoridad misma del soberano; eran una traición al imperio. En un Estado autocrático como el incaico, basado sobre la autoridad del monarca, no podía haber desobediencias de esa naturaleza. El escarmiento por tal proceder debía existir; de no haberlo, todo el esfuerzo por crear el imperio resultaba vano.

Según Cieza,[36] durante estos sucesos se encontraban en el Collao unas cuantas tropas chancas, bajo las órdenes del capitán Túpac Uasco; su número debe haber sido limitado, ya que el grueso de ellas fue al Chinchaysuyo. Temiendo alguna traición de su parte, al saber lo acontecido con Anco Huallu, mandó el Inca un mensajero con la orden expresa de regresar inmediatamente al Cuzco. Una vez en la ciudad y al tanto de lo sucedido, pidieron los chancas licencia para retornar a sus tierras, lo que les fue concedido. Al despedirse le confirió el Inca a Túpac Uasco varias prerrogativas, entre otras, el poder sentarse en una "tiana" engastada de oro.

Quedaban en número reducido los fieros chancas. Su nombre no volverá a sonar en el imperio. Los incas habían derrotado para siempre a sus más peligrosos enemigos.

---

36. Cieza de León, *Del señorío de los incas*, cap. L, p. 237.

Capítulo Cuarto

# La reconstrucción del Cuzco

El Coricancha fue, lo hemos visto, la primera obra emprendida por Pachacutec. Al Sol, su padre, le debía el soberano el triunfo sobre los chancas; además, el Inti, progenitor del linaje real, debía ser honrado con todo esplendor y lujo. Una vez terminado el templo, se dedicará el Inca a transformar el Cuzco tal como lo había ideado. En esta gran obra, seguirá Pachacutec un plan trazado por él de antemano. No se lanzó el Inca, de buenas a primeras, a edificar la ciudad; principiará, lógicamente, por preocuparse de las reformas más apremiantes, como era la escasez de tierras de cultivo.

Debido al tremendo aumento de la población, las sementeras que habían abastecido ampliamente a la confederación no podían ser suficientes para cubrir las necesidades de la capital del imperio. Para la futura edificación del Cuzco, iban a ser empleados un gran número de operarios. Con el fin de hacer frente a estas nuevas demandas de víveres, ideará el Inca depósitos alimenticios, al mismo tiempo que intensificará la producción.

Terminada la obra agrícola y asegurado el sostenimiento de la población, iniciará Pachacutec la canalización del Cuzco y la distribución del agua a los diversos barrios; empresa indispensable antes de empezar los nuevos palacios. Los arroyos serán enlozados; secando las ciénagas y pantanos, tendrá la ciudad hermosas fuentes y baños.

Sólo entonces se dedicará Pachacutec a reedificar el Cuzco, distribuyendo solares, formando nuevos barrios y levantando nuevas *can-*

*chas*. Sus obras iniciadas en la capital, las extenderá hacia las diversas regiones del imperio. En todo el Tahuantinsuyo se alzarán pucaras, tambos, templos y depósitos, enlazando y uniendo las comarcas más distantes con maravillosos caminos y puentes. Esta obra de gran empuje, será llevada a cabo a través del largo reinado de Pachacutec y será continuada bajo el gobierno de su hijo Túpac y de su nieto Huaina Capac; ellos no harán más que seguir el plan trazado por Yupanqui.

Una vez formado el futuro plano de su capital, principió Pachacutec a llevarlo a cabo.

Viendo el Inca el gran número de habitantes que había adquirido el Cuzco, y por lo mismo la escasez de tierras de cultivo, salió por los valles y los pueblos vecinos para considerar lo que podía hacer.

Después de haber cavilado largo tiempo, tomó la resolución de despoblar dos leguas en el contorno del Cuzco.[1] En esa forma los habitantes de la metrópoli podía tener todas sus chacras y sementeras. Luego mandó llamar a los señores orejones y a los principales curacas de la comarca, y, estando todos reunidos, los llevó al lugar donde tenía pintadas y reproducidas las tierras vecinas. Entre los moradores del mismo Cuzco repartió las tierras recientemente despobladas, hecho que contentó a los ciudadanos. A grandes voces agradecieron la merced conferida por el Inca, llamándolo "Hijo del Sol".[2]

Una vez donada la tierra, cada curaca o jefe de ayllu recibió la orden de traer sus cuentas o *quipus*, con el número de miembros que lo componían y de dividir parcelas equitativamente entre ellos. Inmediatamente se prosiguió al amojonamiento de los terrenos y linderos. Para que no hubiese, más tarde, motivos de pleitos por la destrucción de alguno de ellos, hizo poner el Inca pequeños montones de carbón al pie de cada uno.

En cuanto a los habitantes desplazados, los mandó a distintos lugares pero conservando siempre el clima y temple al que estaban acostumbrados. Según Sarmiento de Gamboa tomó el Inca para sí el valle de Tampu.[3]

Asegurada la tierra para los moradores del Cuzco, se dedicó el soberano a aumentar los sembríos y chacras. Con ese objetivo se hizo un gran número de andenes, que hoy se ven en toda la comarca.[4] Hasta las

---

1. Sarmiento de Gamboa, cap. XXXII.
2. Betanzos, cap. XII.
3. Sarmiento de Gamboa, cap. XXXII.
4. Sarmiento de Gamboa, cap. XXX, p. 93.
   Cobo, tomo III, lib. 12, cap. XII, p. 156.

cumbres de los cerros suben los enormes escalones, con sus muros de piedras y sus canales de agua. Si bien el sistema de andenes es muy antiguo y data de culturas desaparecidas, es a Pachacutec a quien se le debe estas construcciones en el contorno de la gran urbe. A medida que la metrópoli se iba transformando en capital del imperio, su mayor número de habitantes exigirá una producción intensiva del suelo. En cuanto a la tierra para los andenes, fue traída desde lejos y escogida por muy fértil. Quien ha podido contemplar este sistema tan ingenioso de adquirir un mayor número de tierra cultivable, comprenderá el enorme trabajo y esfuerzo requerido. Verdadera hazaña, pues carecían de animales de tiro y sus herramientas eran lo más primitivas. El factor hombre fue el que reemplazó con su esfuerzo, a todos los demás medios y el que mostró su capacidad y su tenacidad al realizar obras de tal envergadura.

Cuenta Betanzos[5] que Yupanqui recorría los alrededores del Cuzco, recreándose y holgándose de ver la alegría de los hombres sembrando sus nuevas parcelas y el bullicio de los trabajadores en los andenes. Y si veía a alguno en dificultad, lo hacía ayudar o lo alentaba con su palabra.

Comprendiendo el Inca cuán larga sería la construcción de los andenes, reunió un día a los curacas y les mostró la necesidad de hacer depósitos con toda clase de alimentos. Además, los proyectos de futuras obras exigían un crecido número de operarios. Con tiempo debía el Inca preparar todo para el sostenimiento de los naturales. Estando de acuerdo los señores sobre el requerimiento de Pachacutec, decidieron mandar traer de sus lejanas tierras la mayor cantidad de víveres posible.

Según su clima, cada región se comprometía con surtir los depósitos de la metrópoli con los más variados productos. Con ese fin, salieron del Cuzco orejones, de acuerdo con los sinchis de cada pueblo, a traer las diversas contribuciones. Mientras salían los portadores de las reales órdenes, el Inca designaba a los curacas el lugar donde se levantarían los depósitos en los collados en el contorno de la ciudad. Con prisa se iniciaron los edificios, pues tenían que estar listos antes de la llegada de los víveres.[6]

Pasado un tiempo, por todos los senderos que conducían al Cuzco, comenzaron a aparecer las interminables recuas de llamas llevando a cuestas sus pequeños fardos. Iban con su paso cadencioso, sus finas orejas adornadas con hebras de lana roja. Bajaban de las abruptas serranías con sus cargas de chuño, quinua y carne secada al sol.

---

5. Betanzos, cap. XII, p. 150.
6. Román y Zamora, tomo II, p. 45.

Los lugares más templados enviaban choclos, maíz, frijoles y calabazas, mientras que de los Yungas llegaban bultos de ají, indispensable para la preparación de los potajes indígenas. No sólo las llamas y pacos traían los productos; la falta de animales de tiro en América, obligaba al hombre a cumplir las labores más penosas. Sobre todo desde el selvático Anti, donde la aclimatación del camélido se hacía difícil, venían los cargadores doblados en dos por el peso de los fardos, llevados al hombro y sostenidos en la frente por una ancha faja. Traían ellos la preciada hoja de coca para los depósitos imperiales.

Si bien el empleo de la coca fue difundido en la época prehispánica, estaba muy lejos de tener el gran consumo de nuestros días. Todo cronista que menciona este cultivo, hace hincapié en el número reducido de cocales en ese tiempo. La explotación de tales chacras era exclusiva del Estado, ya que ellas pertenecían al Inca. En cuanto a la producción era principalmente destinada a los numerosos ritos; ofrecer unas cuantas hojas de coca a las huacas y *apachitas* era el sacrificio más corriente. El hombre común, el *runa* del imperio, no podía recibir coca sin licencia de los gobernadores, sencillamente su uso le era prohibido. A tal punto era poco habitual el *chajchar*, que el Inca regalaba coca a los curacas, cuando quería hacerles una gran merced o recompensar algún servicio prestado. Siempre el obsequio era considerado como un favor especial.[7]

Alrededor de la jugosa hoja se formó una leyenda. Era una hoja maravillosa para el hombre, pues ella quitaba la sed, el hambre, el cansancio y llenaba el alma del que la usara de sosiego e indiferencia.

Contaban que, en una época muy remota, antes del cultivo de esta planta, había una mujer muy hermosa y bella cuya perversidad y desenfreno llegaron al extremo de tener, los ancianos *yayas*, que imponerle un castigo ejemplar. La pena capital fue cumplida y su cuerpo partido en dos fue enterrado. Al poco tiempo en el mismo lugar donde la sepultaron,

---

7. Falcón, *Relación sobre el gobierno de los incas*, Edic. Urt., p. 165.
Damián de la Bandera, *Relaciones geográficas de Indias*, tomo I, p. 97.
Cobo, *Historia del Nuevo Mundo*, tomo I, lib. 5, cap. XXIX.
"Informaciones" de Toledo, publicado por Levillier en su obra *Don Francisco de Toledo*, tomo II, 3.ª parte, lib. 1, pp. 10, 139, 147, 165, 131.
Anónimo, *Acerca del gobierno de los incas*, Edic. Urt., p. 156.
Acosta, *Historia natural de las Indias*, Edic. cit., lib. 4, cap. XXII.
Antonio de Herrera, "Década quinta", lib. 3, cap. XV.
Santillán, *Relación de su gobierno*, Col. Urt., párrafo 115.
Huamán Poma, foja 154.
Garcilaso, *Comentarios reales de los incas*, tomo I, lib. 4, cap. XVI, p. 120 y lib. 4, cap. II, p. 187.
Pedro Pizarro, pp. 86 y 141.

brotó un arbusto. Este fue el primer cocal al cual llamaron, en recuerdo de ella, Mama Coca o Coca Mama, motivo por el cual muchas pallas y ñustas llevaban este nombre.[8]

Con la caída del imperio, las leyes incas restringiendo la producción y el consumo de la coca se perdieron. No tardaron los españoles en sembrar numerosas chacras. La hoja verde y sabrosa, que vertía en el alma la paz y el sosiego de las altas cumbres, fue deseada y apetecida por el pobre *runa*. La coca, llamada "el oro verde", se tornó en un cultivo lucrativo; su consumo fue con los años extendiéndose más y más.

Cinco años habían tardado en terminar los andenes y en abastecer los depósitos reales.[9] Al finalizar las obras, reunió Pachacutec a los curacas, antes de darles el permiso para retornar a sus tierras, quería el Inca recompensar generosamente a todos. Recibieron un gran número de joyas de oro y plata y a cada cual le fueron entregadas, como un gran honor, prendas que el mismo soberano había usado un solo día. Y como obsequio más importante les fue donada por mujer principal una ñusta natural del Cuzco.[10] La intención del Inca era estrechar los lazos de parentesco con los curacas y evitar, en lo posible, toda sublevación futura. Luego los despidió Pachacutec, dándoles un año de descanso en sus tierras.

Toda la edificación del Cuzco la relata Betanzos como hecha con la ayuda de los curacas confederados. Ellos se encargaban de suministrar operarios y los víveres a la metrópoli. La culminación de cada tarea era festejada de acuerdo con la magnitud de la empresa, recibiendo los señores un número crecido de regalos y mercedes.

El tiempo de forzosa inactividad, lo pasó Pachacutec planeando sus próximas obras e imaginando el futuro aspecto del Cuzco. Posiblemente hacía Yupanqui él mismo sus maquetas de barro y sus dibujos para la edificación próxima. Así lo menciona Betanzos,[11] pues al venir un grupo de orejones a pedirle que ciñera la borla, lo encontraron pintando los futuros puentes y caminos. No sólo dibujaba la forma que habían de tener, sino los detalles de la ejecución.

Los demás días, por recreo, tomó el Inca la costumbre de salir de caza,[12] era un entretenimiento y un pasatiempo que lo distraía de la ardua tarea de gobernar. Cuando Pachacutec se proponía ir a cazar, se

---

8. "Informaciones" de Toledo, publicado por Levillier en su obra *Don Francisco de Toledo*, tomo II, p. 172.
9. Betanzos, cap. XII.
10. Betanzos, cap. XII, p. 152.
11. Betanzos, cap. XVI, p. 188.
12. Betanzos, cap. XIII, p. 154.

dirigía la víspera a Tambo Machay,[13] donde se hospedaba. El lugar estaba situado en un cerro, cerca del camino hacia los Andes. En el incanato había dos tipos de cacería. La primera, llamada *chacu,* se hacía en gran escala; no se trataba sólo de un deporte sino más bien de una necesidad económica. La segunda, narrada por Huamán Poma, parece haber sido exclusivamente un entretenimiento y un placer. Posiblemente asistía Pachacutec a ambos tipos de cacería, siendo la manera más usual de recrearse.

Tanto Garcilaso como Cieza[14] hacen la descripción de las grandes cacerías llamadas *chacu,* donde miles de indígenas tomaban parte. Tenían lugar sistemáticamente en todas las provincias, dejando en cada distrito un intervalo de cuatro años antes de tornar a hacerlos de nuevo. En el imperio el derecho de caza era prohibido, habiendo por las punas un gran número de venados, perdices, vicuñas y otros diversos animales.

Al realizarse un gran *chacu,* se reunían de veinte a treinta mil hombres, los cuales se dividían en dos bandos; tomaban unos la derecha y los otros la izquierda o iban en filas, cercando un espacio designado de antemano. Caminaban asidos de la mano por quebradas y arroyos, estrechando cada vez más el cerco, arrinconando a los animales cogidos en el centro. Mataban a los animales dañinos, como gatos monteses, pumas, zorros, mientras cogían a la mano las vicuñas y huanacos, trasquilábanlos primero y soltaban las hembras una vez terminada la labor. A la hembra de ciertos animales, como venados y tarucas, las dejaban también en libertad.

Cuando el Inca asistía a estas cacerías, le ponían sus tiendas en el lugar que le parecía propicio. Entraba el soberano en el cerco al momento que le placía hacerlo y mataban los animales que quería.

Los quipucamayus anotaban en sus cuentas el número de animales muertos, trasquilados o soltados, datos que eran cuidadosamente conservados en las estadísticas. En la economía del imperio, estos *chacus* jugaban un rol importante ya que la carne obtenida era secada y preparada en forma de charqui e iba a enriquecer las comidas de la gente común. No sólo la carne era de provecho general, sino también la lana de los huanacos y vicuñas. La primera, por ser tosca y burda, servía para la fabricación de la ropa de los *runas,* mientras que la sedosa lana de la vicuña era destinada para los tejidos finos de los señores. En todas las provincias, los gobernadores eran los encargados de hacer el *chacu* y de supervisar el reparto y la preservación de la lana y la carne.

---

13. Cobo, tomo IV, lib. 13.
14. Garcilaso, *Comentarios reales de los incas*, tomo II, lib. 6, cap. VI.
    Cieza de León, *Del señorío de los incas,* cap. XVI.

Fuera de esta gran cacería, menciona Huamán Poma[15] ciertos jardines llamados *moya*,[16] designados para la caza y recreo del Inca. Debían ser lugares donde abundan los venados y las perdices; allí, a manera de distracción, se reunía el Inca con la coya, seguidos de un numeroso séquito de orejones y pallas. Cogían a los animales con lazos y red, a la vez que usaban cierto betún, que servía seguramente para la preparación de las trampas.

Pasando en forma amena el año de descanso, despachó el Inca sus mensajeros a los curacas convocándolos de nuevo al Cuzco e instándolos a traer un gran número de tributarios. No tardaron ellos en acudir a la capital, llevando cada uno ricos presentes al soberano. Los señores, al saludar al Inca, le hacían su *mocha* o acatamiento con la mayor humildad; hasta los más encumbrados curacas y orejones se presentaban ante el Inca descalzos y con un pequeño fardo al hombro, en signo de sumisión y respeto. La llegada de los sinchis fue festejada durante cinco días de regocijos,[17] al final de los cuales, estando todos reunidos, les dijo el soberano que esta vez se proponía rehacer y agrandar los canales conductores de agua.

Inca Roca, tiempo atrás, había represado y canalizado los arroyos del Cuzco, pero toda esta obra era insuficiente para las nuevas necesidades de la ciudad, a la vez que los años transcurridos y las lluvias hacían urgente un nuevo arreglo. En algunos sitios, las avenidas habían destruido completamente el empedrado antiguo y las aguas ocupaban cada vez más las tierras de cultivo, llegando en ciertos lugares hasta anegar la ciudad.

Desde el nacimiento de los arroyos decidió Pachacutec iniciar la obra de canalización[18] y para ello midieron los curacas con sus cordeles[19] desde Pumapchupan hasta Muyna, trecho que comprendía cuatro leguas de distancia, repartiéndose cada jefe un tramo del canal. Una gran cantidad de piedra tosca y barro pegajoso fue traída para iniciar los trabajos.

Estete,[20] en la descripción que hace de la ciudad del Cuzco, dice que al pie de la fortaleza nacía el río "el cual baja por medio de la ciudad, y desde donde hay muchas poblaciones, va enlosado todo por el suelo y

---

15. Huamán Poma, foja N.° 330.
16. Murúa, Edic. Loayza, lib. 3, cap. XIV, p. 104.
17. Betanzos, Edic. Urt., cap. XIII, p. 156.
18. Betanzos, Edic. Urt., cap. XIII.
19. Tenían los incas un sistema de medición para poder llevar a cabo tan maravillosas obras, ver M. Rostworowski 1993.
20. Estete, *Relación de la conquista del Perú*, Edic. Urt., p. 45.

las barrancas de una parte y otra hechas de cantería labrada, cosa nunca vista ni oída".

Este encañado, que llenó de admiración al cronista, fue hecho en pleno siglo XV, cuando las ciudades europeas más avanzadas no poseían nada parecido. Según Garcilaso,[21] el templo del Sol tenía cinco fuentes o surtidores, una de las cuales suministraba el agua para el regadío de la huerta. Convertido el Coricancha en el convento de Santo Domingo, se malogró el canal que regaba el jardín sin que los frailes hubieran podido hallar el lugar por donde pasaba. En forma casual encontraron unos muchachos, mientras jugaban en el arroyo, el manantial formado por el caño quebrado. Garcilaso cuenta que fue arreglado el desperfecto sin la minuciosidad del antiguo, pues "havia mucha tierra encima porque los caños venian muy hondo".

Posiblemente los templos y palacios principales fueron igualmente surtidos con fuentes y baños.

No sabemos cuánto tiempo fue gastado en hacer los canales, celebrando su término con una fiesta que duró seis días. En ella expresó Yupanqui su deseo de hacer depósitos de ropa, tanto de algodón como de lana. Igualmente fueron hechas unas mantas gruesas de cabuya con anchos cordeles en los extremos.[22] Los indígenas las llevaban atadas al cuello, para acarrear en ellas los materiales necesarios para la construcción, sin dañar las suyas; se fabricaron también unas fuertes maromas de cuero para mover los bloques de piedra. Mientras se construían los depósitos fueron despachados orejones a las provincias, encargados de repartir la lana, el algodón y la cabuya, tanto a hombres como a las mujeres, para la confección de las prendas deseadas por el soberano. A medida que iban siendo confeccionadas, las remitían los orejones a los depósitos reales.

Cuatro años demoraron en edificar los almacenes de ropa y en terminar los canales del Cuzco. Al finalizar los trabajos, ordenó Yupanqui una fiesta de un mes, dando permiso a los curacas para retirarse a sus provincias.

Durante el descanso forzoso que vendrá de nuevo a interponerse entre las obras de Pachacutec se dedicará el Inca a la legislación del imperio, como veremos en el próximo capítulo. Pasado un largo tiempo, le pareció a Yupanqui que el descanso había sido suficiente y que era el momento de continuar la reconstrucción del Cuzco.

Para conseguir el número necesario de trabajadores, despachó el Inca sus orejones a todas las provincias con la orden de reunir gente y

---

21. Garcilaso, *Comentarios reales de los incas*, tomo I, lib. 3, cap. XXIII, y XXIV.
22. Betanzos, Edic. Urt., cap. XIII, pp. 158-159.

convocar a los curacas a que viniesen de nuevo a la metrópoli con sus respectivos séquitos. A otros dignatarios los mandó a que buscaran en la cercanía de la ciudad buenas canteras.[23]

Poco a poco llegaban los curacas acompañados, cada uno, de su gente. Los principales hacían su entrada cargados en hamacas o literas por licencia especial del Inca. Estaban todos ataviados a la usanza de sus tierras, lo que facilitaba el reconocimiento del lugar de procedencia de cada uno. En las apacibles calles cuzqueñas, todo era bullicio y vaivén. La afluencia de trabajadores era de día en día más grande. Las más distantes provincias del imperio estaban representadas. Veíanse collas[24] con chucos de lana, largos ropajes y cabezas extrañamente alargadas artificialmente. Los chancas[25] eran distinguidos por sus cabellos largos, trenzados menudamente, puestos unos cordones de lana por debajo de las barbas. Los variados tocados y adornos de la cabeza señalaban el lugar de origen de los diversos habitantes del Tahuantinsuyo, siendo prohibido trocarlos por el de otra provincia. Así, los huancas[26] traían puesto en la cabeza una ancha faja negra; los yungas, nos dice Cieza[27], andaban rebozados como gitanos, mientras los canas usaban bonetes mayores al de los collas y los de Cajamarca[28] llevaban hondas delgadas encima del cabello. Según Betanzos,[29] se reunieron en aquel entonces, en el Cuzco, cincuenta mil indígenas, número que no decreció hasta concluir la edificación.

Estando todos los curacas en el Cuzco, los mandó a reunir Yupanqui en un llano con todos sus acompañantes, y a cada cual repartió el trabajo que habían de hacer; unos fueron a las canteras, y otros acarreaban las piedras, el barro pegajoso para los cimientos o los alisos para la techumbre.

Luego ordenó Pachacutec despoblar la ciudad, trasladando sus moradores a los pueblecitos cercanos. Las casas ruinosas se derribaron, quedando en su lugar sólo un llano. Estando el terreno liso, hizo traer el Inca sus maquetas de barro y sus pinturas, que representaban al Cuzco tal como lo deseaba ver. Y tomando los cordeles, solemnemente

---

23. Betanzos, cap. XVI.
24. Cieza de León, *La crónica del Perú*, cap. C.
25. Cieza de León, *La crónica del Perú*, cap. XC.
26. *Relaciones geográficas de Indias*, Jiménez de la Espada, tomo I, p. 86.
27. Cieza de León, *Del señorío de los incas*, cap. XXIII.
28. Cieza de León, *La crónica del Perú*, cap. LXXVI.
29. Betanzos, cap. XVI, p. 182. Cieza menciona 30,000 hombres en la construcción de Sacsahuamán.

trazó el propio Inca el nuevo plano de la ciudad, ayudado por sus orejones y curacas, y rodeado de un brillante séquito.[30] Inmediatamente se procedió a abrir las zanjas y a cargar las piedras para los edificios.

Veinte años duró, según Betanzos, la edificación del Cuzco, así como la construcción de andenes, siendo probablemente aún mayor el número de años transcurridos.

Teniendo los dibujos delante de sí, repartió Yupanqui el Cuzco en solares y canchas, designando a los diferentes ayllus reales sus nuevos emplazamientos. A los Hurin Cuzco les dio terrenos del templo de Coricancha para abajo. Del templo para arriba, hasta la fortaleza, fueron los solares de los Hanan Cuzco. "Y esto ansi hecho mandó que porque no hubiese en esta ciudad mezcla de otras gentes ni generación, sino fuese la suya y de sus Orejones, porque esta ciudad tenía él, que había sido de ser la mas insigne ciudad de toda la tierra."[31]

El centro del Cuzco quedó dividido en varias calles y habitado exclusivamente por los ayllus de sangre real, teniendo los forasteros que vivir en los barrios vecinos; ellos formaban un cerco alrededor del núcleo central. A medida que iban siendo anexadas al imperio las diversas regiones, los curacas vencidos hacían sus casas en el contorno de la ciudad, manteniéndose en el espacio geográfico que le correspondía.[32] El Cuzco, en esa forma, llegó a ser la representación de todo el imperio. Las provincias que desde más antiguo se habían unido a los incas, estaban situadas más cerca del centro o corazón de la ciudad. Tanto los chachapoyas como más tarde los cañaris, habitaban al norte, en Carmenca, en el camino hacia Chinchaysuyo.

La antigua división del Cuzco que hiciera Manco Capac,[33] llamando a los cuatro barrios Quinti cancha, Chumbi cancha, Sayri cancha y Yarambuy cancha, fue alterada. Ya no representaban ni correspondían a la grandeza creciente de los incas. El imperio fue dividido en cuatro suyos, partiendo las líneas demarcatorias o caminos, de la plaza principal. Las vías, al salir de la plaza del Cuzco, marcaban al mismo tiempo los cuatro nuevos barrios; al prolongarse su trayectoria, demarcaban las grandes provincias del imperio que fueron gobernadas por cuatro altos personajes. Estos apucunas, como los apellidaban los españoles, serán designados entre los parientes más cercanos del soberano y cumplirán las funciones más encumbradas del imperio.

Esta forma de dividir el Cuzco, ya no en barrios locales sino en los cuatro suyos que representaban las regiones del incanato, obedecía a un concepto alto y grandioso. La ciudad se convirtió en el centro y ombligo del mundo conocido de entonces, y sus principales caminos se extenderán a través de todo el territorio, abarcando el país entero. El Cuzco se convirtió en el corazón del universo; en él estaban representadas las regiones más distantes, como las más cercanas. En la ciudad residían altos funcionarios, señores y curacas. Los ídolos sagrados de todas las comarcas se guardaban en sus templos. El respeto que infundía el Cuzco era tan grande "que si dos personas de igual condición se topaban en los caminos, el uno que fuese del Cuzco y el otro que viniese a él, el que iba era respetado y acatado del que venía como superior del inferior, sólo por haber estado e ir de la ciudad, cuando más si era vecino de ella y mucho más si era natural."[34]

La nueva demarcación no pudo surgir antes de Pachacutec, ya que en reinados anteriores la confederación cuzqueña abarcaba sólo las regiones cercanas a la ciudad. El concepto de dividir el mundo conocido de la época, no pudo existir antes de las grandes conquistas territoriales y de que los cuzqueños dominaran completamente a los chancas, los chinchas y los collas, entre otros pueblos.

Los referidos cuatro suyos correspondían a las siguientes bien conocidas demarcaciones geográficas. Al oriente se extendía el Antisuyo, un camino que pasaba por los barrios de Puma Curcu y Tococachi; al este estaba el Condesuyo cuya línea divisoria separaba Chaquill Chaca de Pichu; al norte se extendía el Chinchaysuyo, cuyo camino pasaba por Carmenca; y el cuarto, el Collasuyo se iniciaba al sur, yendo por Pumapchupan. El conjunto de suyos o cuatro partes del mundo formaba el Tahuantinsuyo.

Según Garcilaso,[35] el centro del Cuzco estaba dividido en Hanan y Hurin, teniendo la ciudad varios otros barrios que la rodeaban. El primer barrio al norte era *Colcampata*, cuya etimología sería "el granero del Cuzco alto o la terraza del granero";[36] estaba situado al pie de la fortaleza y dominaba toda la ciudad. La Chima Panaca, correspondiente a los descendientes de Manco Capac, moraba en esté lugar. Como hemos visto en capítulos anteriores, el primer Inca al establecerse en el Cuzco habitó el Inticancha. Posiblemente, al reformar los ayllus, Pachacutec designó a la Chima Panaca un solar en la parte alta de la ciudad, quizás con el propósito de demostrar una continuidad dinástica para los Hanan Cuzco.

---

30. Betanzos, cap. XVI, p. 182.
31. Betanzos, cap. XVI, p. 185.
32. Garcilaso, *Comentarios reales de los incas*, tomo II, lib. 7, cap. IX.
33. Sarmiento de Gamboa, cap. XIII.
34. Garcilaso, *Comentarios reales de los incas*, tomo I, lib. 3, cap. XX.
35. Garcilaso, *Comentarios reales de los incas*, tomo II, lib. 7, cap. VIII, p. 104.
36. Las etimologías entre comillas son de L. Valcárcel de su obra *El Cuzco precolombino. Guía histórica y artística del Cuzco*. Lima, 1925.

Hacia el oriente se extendía *Cantut Pata* o "andén de la flores de cantut", parecidas, nos dice Garcilaso, a las clavelinas de España. Lo seguía *Pumacurcu* que quiere decir "viga de león" o más bien de puma, ya que en él se hallaban estos animales para recreo del Inca. Continuaba el barrio de *Tococachi* que sería ventana o "cueva de la sal"; y más al sur estaba *Munaicenca* o "cuchilla hermosa" que colindaba a su vez con *Rimac pampa,* "el llano que habla", proviniendo su nombre de algún oráculo. El barrio más sureño era *Pumapchupan* o "la cola del puma", por juntarse en él los dos arroyos del Cuzco, el Huatanay y el Tulumayo. Betanzos afirma que el Inca "puso nombre a todos los sitios o solares, e a toda la ciudad junto nombró Cuerpo de Leon".[37]

Venía luego *Cayaucachi* o "salina en formación", que en esa época era un pueblecito, fuera de la ciudad. En el reparto de térrenos hecho por Pachacutec, este le tocó a los alcabizas "el cual pueblo, después que lo tuvieron hecho y acabado, mandó Inca Yupanqui que se nombrase este pueblo Cayaucachi".[38] En las "Informaciones" de Toledo [39] hechas en el Cuzco el 4 de enero de 1572, declararon los naturales que Pachacutec les puso a los alcabizas este apelativo, llamándose ellos anteriormente ayar uchu. En las mismas "Informaciones", numerosos son los datos sobre los cambios de lugar y de nombre que sufrieron los ayllus del Cuzco, por orden del Inca.

Al poniente seguía *Chaquill Chaca*, que en ese tiempo, era también una aldea fuera de la ciudad. Valcárcel le da por etimología la de "puente de la ovejas" y supone que era habitado por colonos o mitmacunas. Otro pueblo vecino era *Pichu* o "punta o pico de cerro", éste colindaba con el barrio de *Quillipata* o "alto del cernícalo", siguiendo el de *Carmenca* en el camino del Chinchaysuyo. Era habitado por los chachapoyas y más tarde por cañaris.[40] Terminaba el cerco en *Huacapuncu* o "puerta del santuario".

En cuanto a los palacios o canchas del centro mismo de la ciudad, eran destinados a las diversas panacas reales. No hay acuerdo entre los cronistas sobre los palacios pertenecientes a cada descendencia real. Fuera de la Chima Panaca de Manco Capac, no tenemos noticias sobre el lugar de los solares de los demás Hurin Cuzco. Ahora bien, recordemos que todos los soberanos de la primera dinastía habitaron el Inticancha, por lo tanto no podían tener antiguos palacios o canchas. Una vez despo-

---

37. Betanzos, cap. XVII, p. 187.
38. Betanzos, cap. XVI, p. 186.
39. "Informaciones" de Toledo, publicado por Levillier en su obra *Don Francisco de Toledo,* tomo II, p. 187.
40. Cieza de León, *La crónica del Perú,* cap. LXXVIII.

## 4 / LA RECONSTRUCCIÓN DEL CUZCO

seídos del mando, habitarían el barrio bajo del Cuzco. En la reforma de Pachacutec, a la descendencia de Manco Capac le fue donado Colcampata por ser el fundador de la epopeya incaica. En cuanto a los demás ayllus, labrarían sus canchas en el barrio de Hurin, quizás sin el mismo primor que los de la dinastía reinante. Si el lugar de los palacios de los últimos Incas es incierto, cuánto más difícil no será hallar las residencias de los más antiguos ayllus reales. Además, numerosos deben haber sido los palacios y santuarios que existieron pero cuyo nombre no ha llegado hasta nosotros.

Así como nos son desconocidos los nombres de los lugares donde habitaron los Hurin Cuzco, después de la pérdida del poder, no menos difícil es ubicar las moradas de los de la segunda dinastía.

Inca Roca [41] residía en Cora-Cora, una cancha situada frente a la gran plaza; Las crónicas, en cambio, omiten el nombre de la morada de Yahuar Huacac. Efectivamente no hay mención sobre el lugar de residencia de los Aycaylli Panaca. ¿Sería debido al corto reinado del séptimo soberano, que murió asesinado por los condesuyos?

En cuanto al Inca Viracocha tenía edificadas sus canchas, según Garcilaso,[42] donde se encuentra actualmente la catedral, confundiendo quizás algunos autores el templo de Quishuar Cancha dedicado a Tisci Viracocha con el soberano del mismo nombre. La Zoczo Panaca tomó seguramente el nombre de su fundador Inca Zoczo, el segundo hijo del Inca Viracocha, habido en su concubina Curi Chulpa y hermano de Urco.[43] Valcárcel[44] da varias etimologías a esta palabra, señalando dos ayllus del mismo nombre, el uno en San Sebastián y el otro en San Jerónimo. Habiendo sufrido los ayllus cuzqueños transformaciones bajo el reinado de Pachacutec, se nos hace más difícil asegurar la antigua morada del Inca Viracocha. ¿Habitaría en San Sebastián, en San Jerónimo o en un palacio cercano a Quishuar Cancha, situado en el lugar del Sagrario y llamado Suntur Huasi?

Al tratar de ubicar el palacio de Pachacutec encontramos la misma dificultad que en el caso de su padre. Cieza [45] menciona tres obras de Yupanqui, que fueron Hatun Cancha, Cassana y Pucamarca, esta últi-

---

41. Garcilaso, *Comentarios reales de los incas*, tomo II, lib. 7, cap. X.
42. Garcilaso, *Comentarios reales de los incas*, tomo II, lib. 7, cap. IX.
43. Sarmiento de Gamboa, cap. XXIV, p. 80.
44. Luis Valcárcel, *Del ayllu al imperio*, pp. 41-148. La etimología de *Sucsu*, *sucsu-unkay:* tirisia, enfermedad de piojera, etc. *Sucsu-kuc*: El enfermizo, sin fuerzas, atirisado. *Sucsu-ni*: Estar caído, sin fuerzas, sin poder sanar. *Sucsu*: Palo, bastón, vayado, bordón.
45. Cieza de León, *Del señorío de los incas*, cap. L.

ma "barrio o palacio colorado" (en alusión a la piedra rojiza usada en su fabricación) que fue, nos dice Garcilaso,[46] la morada de Túpac Yupanqui; es posible que Pachacutec lo hiciera labrar para su hijo durante sus ausencias de la metrópoli. Hatun Cancha sería la residencia del Inca Yupanqui que añade Garcilaso a la lista de monarcas cuzqueños sobre cuya existencia regresaremos en otro capítulo y que identificamos como el príncipe Amaru, hijo mayor de Mama Anarhuaque. Estete y Pedro Pizarro[47] afirman que Hatun Cancha fue un aclla huasi o convento de mujeres edificado por el noveno Inca. Ambos cronistas tuvieron la ocasión de ver el Cuzco intacto, tal como llegó a ser bajo la plenitud del incanato, y por lo tanto su opinión no puede ser menospreciada.

En cuanto a Amaru Cancha ¿no pertenecería acaso al apacible príncipe del mismo nombre, que cedió sin protestar el llauto real, por orden de su padre? Habiendo sido Amaru correinante de su padre durante cinco o seis años, poseía su palacio propio, aparte de los demás miembros de la panaca. Una vez desposeído de la sucesión, conservó siempre sus prerrogativas reales, viviendo posiblemente en la cancha edificada para él.

Según Garcilaso, el palacio del noveno monarca fue Cassana,[48] un vocablo que significa cosa para helar, y que le fue dado por tener "grandes y tan hermosos edificios, que havian de helar y pasmar al que los mirase con atencion".

Varios cronistas, sin embargo, indican que Cassana quedó construido en tiempo de Huaina Capac. Sarmiento de Gamboa[49] da mayores detalles al decir que Huaina Capac, al dirigirse al norte para iniciar sus conquistas, dejó en el Cuzco de gobernador a su hermano, Sinchi Roca, un hombre ingenioso en edificar, el cual hizo varias construcciones en Yucay, el lugar de recreo de los soberanos, y las "casas del inga en Caxana".

La misma afirmación la encontramos en las crónicas de Cabello de Balboa,[50] Cobo,[51] Polo de Ondegardo[52] y Pedro Pizarro,[53] siendo este

---

46. Garcilaso, *Comentarios reales de los incas*, tomo II, lib. 7, cap. IX.
47. Pedro Pizarro, ob. cit., p. 80
    Estete, Edic. Urt., p. 45.
48. Garcilaso, *Comentarios reales de los incas*, tomo II, lib. 7. Cap. X.
49. Sarmiento de Gamboa, cap. LVIII, p. 141.
50. Cabello de Balboa, Edic. Urt., cap. XI, pp. 84-85.
51. Cobo, tomo III, lib. 12, cap. XVI, p. 180
    Cobo, tomo IV, lib. 13, cap. XIII, p. 16.
52. Según este cronista, en el camino al Chinchaysuyo la quinta huaca era el palacio de Huaina Capac, Cassana.
53. Pedro Pizarro, pp. 79-136-137.

último el que nos ofrece una descripción sobre el aspecto del lugar. Al llegar al Cuzco el Marqués Francisco Pizarro se aposentó en Cassana; esta gran cancha o galpón (como la llamaban los españoles) era habitada por todos los miembros de un linaje real. Una sola puerta daba acceso al interior, comprendiendo el palacio numerosas habitaciones, patios y jardines. Cassana tenía en un espacio libre una laguna llamada Tiscicocha, a cada lado de la puerta de entrada se alzaban dos torreones redondos de cantería labrada, recubiertos "de paja muy estrañamente puesta; salia el alar fuera de la pared una braza, que cuando llovía se favorescian los de a caballo que rondaban al amparo del alar".

Estas casas y aposentos, nos dice Pedro Pizarro, fueron de Huaina Capac, teniendo tanta paja los techos, que al incendiarse, cuando el cerco al Cuzco de Manco II, tardaron ocho días antes de desplomarse.

Suponiendo con los mencionados cronistas, que Cassana fue construido posteriormente, nos queda por averiguar cuál era el palacio de Pachacutec. Este soberano edificó varias residencias, estando algunas en las cercanías del Cuzco. Cobo[54] menciona dos casas construidas para Inca Yupanqui. La primera sería la de *Patallacta*, en la cual dispuso que se hicieran los sacrificios a su momia y en ella murió. Aunque Cobo nombra al Inca sólo como Yupanqui, sabemos por Sarmiento de Gamboa[55] que Pachacutec mandó edificar Patallacta y al morir ordenó a su sucesor Túpac que guardara su momia en ella. Valcárcel[56] señala este lugar como un adoratorio en Carmenca. En el Cuzco, Pachacutec habitaba la segunda residencia, que era Condorcancha,[57] situada entre la plaza de armas y el cabildo "vecino de Amarucancha". Según Valcárcel,[58] se pueden ver hoy día fragmentos del muro inca en el Portal de Espinar, en la portada de la librería H. G. Rozas. No debe sorprendernos que tanto Patallacta como Condorcancha sean nombrados como santuarios por algunos cronistas; todos los lugares relacionados con los Incas y las coyas difuntos eran considerados sagrados. Esto se desprende de los ceques y huacas que rodeaban al Cuzco, mencionados por Polo de Ondegardo y Cobo. Como ejemplo de lo que decimos, citaremos la octava huaca en el camino de Chinchaysuyo, llamada Guayllaurcaja, un lugar donde el Inca Viracocha solía sentarse a menudo para descansar; y en el quinto

---

54. Cobo, tomo IV, lib. 13, cap. XIII, pp. 10-13.
55. Sarmiento de Gamboa, cap. XLVII.
56. Luis Valcárcel, *Del ayllu al imperio*, p. 46.
57. Cobo, tomo IV, lib. 13, cap. XIII, p. 13.
    Ondegardo, Edic. Urt., p. 6.
58. Luis Valcárcel, *El Cuzco precolombino. Guía histórica artística del Cuzco.*

ceque del camino al Condesuyo, la primera huaca era Coritampu Cancha, pequeña plazoleta donde ahora está el convento de Santo Domingo. Se decía que éste era el primer lugar donde se asentó Manco Capac al llegar al Cuzco.[59] Estos dos ejemplos, por no mencionar más, muestran que todo lo relacionado con la vida de los soberanos pasados era digno de adoración.

Delante de las casas reales estaba la plaza principal de la ciudad, llamada Aucaypata, lugar de fiestas y reuniones. Para mostrar mejor la grandeza del Cuzco, nos dice Ondegardo,[60] le sacaron la tierra que tenía y la reemplazaron con arena traída del mar, de un espesor de dos palmos y medio. Estete[61] menciona esta plaza como "casi cuadrada, no grande ni pequeña. Aquella casa de Ataballba que está en ella tenía dos torres de buen parecer, una portada rica chapada de piezas de plata y de otros metales que parecían bien. En la plaza había una puerta donde había un monasterio que se llamaba Atuncancha cercado todo de muy hermosa cantería".

Por la descripción de Estete, la casa de Atahualpa parece haber sido Cassana, el palacio de su padre, ya que él mismo no tuvo tiempo para edificar su propia cancha. Al costado de Hatun Cancha había una calle que conducía al templo de Coricancha.

La segunda plaza era la de Cusipata o andén del regocijo, y en ella se hacían los alardes y maniobras de guerra.

Frente a la actual parroquia de San Sebastián, a una media legua de la ciudad, existía una cárcel llamada Aravaya, lugar donde ahorcaban a los delincuentes.[62] Fuera de este sitio destinado a la pena capital, había en la ciudad otras dos cárceles llamadas Samka huasis o Samka canchas. La primera era para los condenados a cadena perpetua, y los casos graves; la segunda, en lóbregas cuevas subterráneas llenas de animales como pumas, serpientes y otras sabandijas temibles, estaba reservada para los casos de dudosa culpabilidad. Al acusado encerrado en ella, lo observaban de tiempo en tiempo y después de dos días, si los animales no lo habían tocado, quedaba libre de toda acusación y podía regresar a su terruño. Mas si los feroces pumas lo destrozaban o las víboras lo mordían, el "juicio de Dios" justificaba toda sospecha anterior. Es de suponer que pocos eran los que salían ilesos de tales cuevas.[63]

---

59. Cobo, tomo IV, lib. 13, cap. XVI, p. 42.
60. Polo de Ondegardo, Edic. Urt., pp. 109-110.
61. Estete, Edic. Urt., p. 45.
62. Cobo, tomo III, lib. 12, cap. XXVI, p. 241.
63. Cieza de León, *Del señorío de los incas*, cap. XXIII.
    Huamán Poma, foja 300.

## 4 / LA RECONSTRUCCIÓN DEL CUZCO

Encima de las empinadas laderas, hacia el norte de la ciudad, se erguía imponente la fortaleza de Sacsahuamán. Ella dominaba las plazas, palacios y barrios; era la cabeza del cuerpo de puma que figuraba ser el Cuzco. Numerosos son los cronistas que esporádicamente mencionan este edificio y señalan a tal o cual soberano como su constructor. La fortaleza tenía tales dimensiones que debió ser obra de varias generaciones. La época a que se remonta su iniciación es cuestión difícil de resolver y por lo tanto dejaremos a la arqueología la resolución del problema. Sin embargo, algunos cronistas señalan a Pachacutec como el edificador de Sacsahuaman.[64] Posiblemente fue él el Inca que mayores reformas y ampliaciones hizo en el interior de la fortaleza. Garcilaso nos da una amplia descripción sobre el aspecto que tenía, al mismo tiempo que menciona a Inca Yupanqui como el edificador, añadiendo que otros nombran a Pachacutec.[65] Se trata quizás del príncipe Amaru que fue un hombre afable, amigo de construir y de cultivar chacras.

La fortaleza tenía, por el lado que mira hacia la ciudad, un solo muro de piedras gigantescas, ya que al caer las laderas casi perpendicularmente no daban lugar a mayores defensas. Al lado opuesto, hacia el norte el cerro era poco empinado, terminando en un llano.

> Allí hizieron tres muros uno delante de otro, como va subiendo el cerro; tendrá cada muro más de dozientas brazas de largo. Van hechas en forma de media luna, porque van a cerrar y juntarse con el otro muro pulido, que está a la parte de la ciudad.[66]

Cada cerco tenía una puerta que daba acceso a la siguiente línea de defensa, y que se cerraba con una piedra del tamaño de la abertura. La primera puerta llamábase Tiu puncu o puerta del arenal; la segunda, Acahuana puncu, llevaba el nombre del que la hizo y la tercera, Viracocha puncu, se consagraba al dios del mismo nombre. En el último terraplén se extendía una plazoleta en la cual se alzaban tres torreones: "Al primero dellos, que estava en medio, llamaron Móyoc Marca; quiere decir fortaleza redonda, porque estava hecha en redondo. En ella havia una fuente de mucha y muy buena agua, traida de lexos, por debaxo de tierra".[67]

---

*La Imprenta en Lima*, tomo I, pp. 194-195. Declaración de Pedro Córdova, Cristóbal de Molina, ante el escribano público.

64. Cobo, tomo III, lib. 12, cap. XIII
    Gutiérrez de Santa Clara, tomo III, p. 435.
    Cieza de León, *Del señorío de los incas*, cap. LI.
65. Garcilaso, *Comentarios reales de los incas*, tomo II, lib. 7, cap. XXIX.
66. Garcilaso, *Comentarios reales de los incas*, tomo II, lib. 7, cap. XXVIII.
67. Garcilaso, *Comentarios reales de los incas*, tomo II, lib. 7, cap. XXIX.

Era el lugar donde se aposentaba el Inca cuando subía a la fortaleza. Los otros dos torreones eran cuadrados llamándose el uno Paúcar Marca y el otro Sállac Marca; fuera de ellos había un gran número de aposentos y cuartos grandes y pequeños. Contenían, seguramente, no sólo armas sino toda clase de depósitos de víveres. "Debaxo de los torreones havia labrado, debaxo de tierra, otro tanto como encima; pasavan las bóvedas de un torreón a otro, por las cuales comunicavan los torreones, también como por encima. En aquellos soterraneos mostraron grande artificio; estavan labradas con tanta calles y callejas, que cruzavan de una parte de otra con bueltas y rebueltas, y tantas puertas, unas en contra de otras y todas de un tamaño que, a poco trecho que entravan en el laberinto, perdian el tino y no acertavan a salir...".[68]

Según Garcilaso, los cuatro alarifes que edificaron Sacsahuaman, fueron Huallpa Rimachi, Inca Maricanchi, Acahuana y Calla Cúnchuy. El mismo cronista nos informa que le atribuían a Acahuana la construcción de parte de los edificios de Tiahuanacu. ¿Tendrá Acahuana algo que ver con el antiguo nombre del Cuzco, el de Acaman, y pertenecería a la época cuando aún se llamaba así la ciudad?

Quizás los cuatro autores de Sacsahuamán demuestren más bien cuatro períodos o épocas en la edificación de la fortaleza. Bajo el último Calla Cúnchuy, surgió la leyenda de la piedra cansada que lloró sangre.

Fuera de Sacsahuamán, de los palacios y canchas ya nombrados había muchos otros templos, adoratorios y casas de recreo en el Cuzco y en los alrededores. Algunos nombres han llegado hasta nosotros mencionados esporádicamente en una que otra crónica; al reunir los datos podemos ya afirmar su existencia. Así, el templo de Puquin o Poquen Cancha, situado según Cobo[69] encima de Cayaucachi, era un santuario dedicado al Sol. Molina el Cuzqueño[70] menciona que al finalizar las fiestas de Capac Raymi llevaban la estatua del Sol: "llamada Huaina Punchao, (¿sería el Sol naciente?) a las casas del Sol llamadas *Puquin*, que habrá tres tiros de arcabuz, poco más del Cuzco. Está en un cerrillo alto, y allí sacrificaban y hacían sacrificio al Hacedor, Sol, Trueno y Luna, porque todas las naciones, para que se multiplicasen las gentes, y todas las cosas fuesen prósperas".

---

68. Garcilaso, *Comentarios reales de los incas*, tomo II, lib. 7, cap. XXIX.
69. Cobo, tomo IV, lib. 13, cap. XVI, pp. 44-45.
70. Molina el Cuzqueño, Edic. Loayza, p. 60.

En este mismo templo guardaban toda la historia inca en forma de dibujos y quipus. La vida de cada Inca estaba pintada en unas tablas con sus hazañas y conquistas.[71]

De nuevo encontramos que esta recopilación de datos sobre el pasado fue hecha por el Inca Pachacutec. No hay obra grande o pequeña en la historia inca que no sea hechura de este soberano, su actividad y su interés abarcaban todo.

En la "Fe de la Prouança" de la historia escrita por Sarmiento de Gamboa en el Cuzco el 23 de febrero de 1572, ante el notario Álvaro de Navamuel, en la verificación de la cual tomáron parte representantes de todas las panacas reales, afirmaron los indígenas que a "sus padres y pasados oyeron decir que Pachacuti Ynga Yupanqui, noveno ynga, auia averiguado la ystoria de los otros yngas que auian sido antes dél, pintádola en unos tablones, de donde también los auian aprendido los dichos padres".[72]

Mientras la reconstrucción del Cuzco se llevaba a cabo, Pachacutec, curioso de saber las cosas antiguas, principió a indagar sobre el pasado. Con ese fin convocó a los viejos y sabios yachachis y a los haravec, no sólo del Cuzco sino de las provincias por él conquistadas y hasta de países vecinos. Largo tiempo estuvieron reunidos, narrando cada cual los hechos pretéritos. Examinaba el Inca sus dichos, indagando y escudriñando todo sobre la vida de los anteriores soberanos que formaban la capac cuna o historia de las descendencias reales. Las noticias así reunidas las mandó guardar cuidadosamente, ordenando ilustrar las narraciones nemóticas con dibujos,[73] lo cual fue conservado en el templo de Puquin Cancha.

Entre otros templos del Cuzco, Cobo[74] hace mención de un santuario al Trueno, construido por Pachacutec aparte del de Coricancha y situado en el barrio de Tococachi.

El Cuzco, ciudad venerada y milenaria, debía tener no sólo los templos que acabamos de mencionar sino otros muchos de menor cuantía. En ella todo era sagrado; así lo vemos en la larga lista de huacas que menciona Polo de Ondegardo y Cobo. Para los indígenas eran los adoratorios los lugares relacionados con la vida de los incas difuntos y

---

71. Molina el Cuzqueño, Edic. Loayza, p. 6.
    Cobo, *Historia del Nuevo Mundo*, tomo III, lib. 12, cap. II.
72. Sarmiento de Gamboa, Edic. cit., p. 180.
73. Sarmiento de Gamboa, cap. XXX, pp. 93-94.
    Sarmiento de Gamboa, cap. IX, p. 46.
74. Cobo, tomo III, lib. 13, cap. VIII, p. 332.

probablemente se había conservado igualmente, en forma de huacas, todo el pasado antiquísimo y nebuloso del Cuzco.

Extraña ciudad, llena de contrastes y de grandeza. Su lejanía del Viejo Mundo la hace distinta a las urbes de la antigüedad clásica. Era un conjunto de primitiva y extrema civilización que le daban un sabor único. No se puede juzgar al Cuzco inca con los valores usuales. ¿Cómo clasificar una urbe que poseía una perfecta red de canales y de vías de comunicación, cuando al mismo tiempo sus canchas y templos suntuosamente adornados de metales preciosos eran recubiertos de paja?

Otra peculiaridad del Cuzco era su falta de construcciones particulares; la casa para el individuo no existía. El hombre particular no era nada por sí, sólo adquiría su personalidad al formar parte de su panaca o ayllu. Era una curiosa ideología colectivista, dominada por un fuerte sentido de casta, llevado al extremo de no permitir a ningún forastero habitar el centro mismo de la urbe. ¡Qué lejos está el Cuzco incaico del demos griego o del senado romano!

A medida que iban pasando los años y principiaban a surgir las nuevas canchas y templos, pensó Pachacutec que era tiempo de iniciar alguna conquista. Esta vez decidió mandar un ejército al Anti. Las fronteras aún no se habían extendido en esa dirección; los crecidos bosques y el clima cálido y húmedo eran poco propicios para los soldados incas habituados a sus altas serranías.

Los ejércitos cuzqueños, siempre victoriosos, sufrieron en la selva su primera derrota. Cuenta Cieza[75] que las tropas fueron diezmadas en la densa floresta, y que pocos lograron regresar al Cuzco trayendo la noticia del desastre.[76] Grande fue el enojo de Yupanqui, quien decidió poco después organizar otra expedición capitaneada esta vez por él mismo.

Mensajeros y espías fueron enviados por delante para observar la región y a sus misteriosos habitantes. Teniendo preparado los víveres y armas, partió Pachacutec del Cuzco atravesando las sierras nevadas

---

75. Cieza de León, *Del señorío de los incas*, cap. LII.
    Cieza de León, *La crónica del Perú*, cap. XCV. Aquí el cronista dice que Inca Yupanqui era hijo de Viracocha.

76. Para explicar ante el Inca su derrota, los sobrevivientes de la fracasada expedición inventaron una leyenda: monstruosas serpientes, decían ellos, habían atacado al ejército, matando el grueso de las tropas. Al oír este cuento, una vieja hechicera se presentó ofreciendo apaciguar a los peligrosos animales con su magia y sus encantamientos. Según la leyenda desde aquel entonces los ejércitos incas pudieron internarse en las selvas tropicales, sin el temor de ser destruidos por los reptiles.

y las punas, bajando luego al bosque tropical. Había avanzado el Inca hasta Marcapata,[77] cuando sus chasquis trajeron la noticia de que "había sucedido cierto alboroto" en el Cuzco, motivo por el cual abandonó el Inca su expedición y regresó apresuradamente a la capital. En efecto, los prisioneros, hijos del antiguo curaca del Collao, habían huido de la custodia cuzqueña aprovechando la ausencia del Inca. Los cautivos habían estado trabajando en la fábrica de los edificios reales en Tampu, a ocho leguas del Cuzco, siguiendo el río Yucay. Viendo que Yupanqui estaba ausente, acordaron arriesgar la vida y escapar de regreso a sus tierras. De antemano prepararon su fuga, huyendo una noche con toda la gente que pudieron. Tal fue la diligencia que pusieron que los cuzqueños no los pudieron alcanzar, logrando ellos llegar hasta sus antiguos dominios. Por su paso iban alzando la región, no tardando en sublevarse todo el Collao.[78]

Ante el peligro, Pachacutec principió apresuradamente a juntar gente de guerra, reuniendo tropas de diversas provincias. Hechos los sacrificios acostumbrados, nombró el Inca por capitanes a sus hijos Apo Paucar Usno y a Topa Manco; el mismo cronista que nos suministra este dato menciona en el siguiente capítulo al último capitán como a Amaru Topa Inga.[79] Nosotros suponemos que Amaru fue uno de los capitanes del ejército, siendo este mismo dato confirmado por Las Casas.[80] El príncipe Amaru, hijo mayor de la coya, había sido designado por su parte como su sucesor. Era natural que en esta empresa tuviera el príncipe que mostrar sus habilidades en el mando. Siendo la situación en extremo difícil, el mismo Pachacutec tomó la jefatura de las tropas y a marcha forzada se dirigió hacia las provincias alzadas.

No tardaron en enfrentarse los dos ejércitos en una lucha violenta. Los cuzqueños, más diestros y disciplinados en la lucha, tuvieron la supremacía. Vencidos los collas huyeron, siendo perseguidos por los incas hasta Lampa.[81] Pachacutec, cuyas obligaciones impedían una larga ausencia de la metrópoli, emprendió el camino de regreso, dejando a sus hijos la tarea de apaciguar el Collao y de conducir los ejércitos hasta Chichas y Charcas.[82]

---

77. Cieza de León, *Del señorío de los incas*, cap. LIII.
78. Sarmiento de Gamboa, cap. XL.
79. Sarmiento de Gamboa, cap. XL.
80. Las Casas, p. 150.
81. Sarmiento de Gamboa, cap. XL.
82. *Declaración de los quipucamayus a Vaca de Castro*, Edic. Urt., p. 20.

Según Sarmiento de Gamboa es al regreso del Inca al Cuzco, después de la rebelión del Collao, que nació el príncipe Túpac; probablemente se confunde con el primer retorno de Pachacutec de esta región. De ser como menciona Sarmiento, Túpac hubiera sido demasiado joven para su próxima actuación.

Al saber los collas la partida del Inca, volvieron a enardecerse, no tardando en juntar un nuevo ejército. Uno de los hijos de Chuchi Capac se nombró Inca en Hatun Colla, desafiando, en esa forma, a los príncipes cuzqueños.[83] Según Las Casas, Amaru Yupanqui, hombre tímido y pacífico, mostró ser completamente ajeno al arte de la guerra. Puesto contra su voluntad y por orden de su padre al frente de las tropas, no supo qué hacer. Su ineptitud guerrera hubiera provocado la derrota cuzqueña, si no fuera por la presencia y el esfuerzo de sus demás hermanos. Gracias a los demás capitanes, el hijo de Chuchi Capac fue hecho prisionero en la batalla librada en Hatuncolla. Dejando fuertes guarniciones en el Collao, prosiguieron los príncipes hasta Charcas.

Al enterarse los naturales de la región del avance inca, se confederaron, uniéndose las provincias de Paria, Tapacari, Cotabambas, Pocones y Charcas con los chichas y chuyes.[84]

Para el ataque, el ejército cuzqueño se dividió en tres escuadrones; uno de cinco mil hombres entró por la selva, otro de veinte mil soldados fue hacia el mar, mientras que el resto siguió el camino hacia el fuerte donde los esperaban los charcas. No pudieron los naturales resistir el ataque de las aguerridas tropas incas y terminaron rindiéndose. En cuanto a los cinco mil hombres que se habían internado en la floresta, no se volvió a saber nunca más de ellos. El bosque los envolvió con su manto impenetrable.

Cumplida la misión paterna, los príncipes Amaru y Apo Paucar Usno volvieron al Cuzco. La poca marcialidad demostrada por el joven Inca no podía pasar inadvertida a los principales orejones. De fallecer Pachacutec, el naciente imperio quedaría a la merced del primer sinchi advenedizo, un hecho que afligió y preocupó profundamente al soberano. Sobre ello volveremos más adelante.

Una de las pocas veces que Pachacutec volverá a salir a la cabeza de sus tropas, será, según Cieza,[85] para dirigirse al Condesuyo a fin de dominar a los yanaguaras y chumbivilcas. ¿Iría el Inca con su hijo Amaru a fin de convencerse de su escaso espíritu de lucha?

---

83. Sarmiento de Gamboa, cap. XLI.
84. Sarmiento de Gamboa, cap. XLI.
85. Cieza de León, *Del señorío de los incas*, cap. LIII.

En ausencia del Inca, la coya gobernaba el Cuzco, mostrando siempre capacidad y tino. Cuenta Murúa[86] que en una de las regencias de Mama Anarhuaque, sucedió en Arequipa un terrible terremoto seguido de tremendas explosiones volcánicas.[87] Las noticias del desastre no tardaron en llegar al Cuzco; la coya, con gran valor, no vaciló en tomar medidas para proteger a las desoladas gentes, enviando víveres y ropa. En la metrópoli los sacrificios a los ídolos se sucedían sin interrupción; con gran ceremonia vertían los sacerdotes agua al suelo, pues decían que las huacas y dioses tenían sed.[88]

Avisado Yupanqui se apresuró a retornar al Cuzco, partiendo inmediatamente a la región asolada por el cataclismo. Iba el Inca rodeado de sacerdotes, hechiceros y adivinos, teniendo estos últimos la misión de aplacar la ira de los dioses.

El espectáculo que ofrecía la región era desolador. De la antigua población llamada Yara Pampa[89] no quedaba nada. Después del primer terremoto, el volcán había principiado a verter un torrente de lava, cuyo resplandor en el cielo fue visto desde la costa. Luego una densa nube de ceniza cubrió la campiña, mientras que un ruido sordo parecía salir de las entrañas de la tierra. En la noche otro terremoto vino a sacudir de nuevo la región. Durante cinco días se sucedieron los movimientos sísmicos mientras que la agrietada tierra despedía una humareda de azufre que hacía el aire imposible de respirar. Los comarcanos, llenos de espanto y de pavor huyeron. Los únicos habitantes de Yara Pampa que se libraron del desastre, fueron los que cumplían en ese momento la mita en el Cuzco. Ellos habitaron posteriormente el barrio de San Lázaro.

La nueva de la llegada del soberano dio ánimo a los aterrados vecinos. Numerosos camélidos traídos del Collao fueron sacrificados, y los sacerdotes iniciaron sus plegarias con el propósito de aplacar la cólera de los dioses. Hasta la cumbre del volcán trataron de llevar las ofrendas, no pudiendo los naturales subir las cuestas recubiertas por la lava aún candente. Cuentan que viendo esto, Inca Yupanqui se levantó sobre su *rampa* rutilante de oro y cogiendo su honda arrojó la sangre de los animales sacrificados, amasada con barro en forma de pelotillas, al mismo cráter humeante. Dice Murúa[90] que al retirarse el soberano, le dijo un

---

86. Murúa, Edic. lib. 1, cap. XXIV, p. 32.
87. Cobo, tomo I, lib. 2, cap. XVIII, p. 201.
88. Cobo, tomo I, lib. 13, cap. XXXVIII.
    Calancha, tomo I, cap. XII, p. 378.
89. Murúa, Edic. Loayza, lib. 4, p. 202, cap. XI.
90. Murúa, Edic. Loayza, lib. 4, cap. XI, p. 203.

hechicero "Señor quedaré aquí", a lo cual el soberano le dijo "Ari quipay", nombre con que quedó la nueva fundación. A la misma ciudad le da Garcilaso el significado de trompeta sonora.[91] Middendorf encuentra que la etimología quechua del nombre de Arequipa es forzada, resultando lógica en aymará. Así tendríamos el significado de la región detrás del pico del monte, la tierra tras el volcán.

Fundó Pachacutec, después del desastre, la ciudad de Arequipa, en el lugar llamado Chimba; el nuevo asiento fue poblado por *mitmacuna* quedando sólo unos cuantos *llactayoc* o nacidos en la tierra; eran los pocos que se salvaron por estar ausentes.

Antes de terminar el capítulo, veremos la obra constructiva de Pachacutec fuera del Cuzco, así como las vías de comunicación. Con el fin de orientarse en su imperio, despachó Yupanqui a cada región, a sus orejones con el encargo de visitar las tierras conquistadas y de traer reproducidos en moldes de barro los llanos, cerros y poblados que hallaran en sus caminos.[92] De estas reproducciones o maquetas nos habla Garcilaso,[93] el cual tuvo la ocasión de ver una que representaba la ciudad del Cuzco y parte de su comarca. Fue hecha en el pueblo de Muyna para el visitador Damián de la Bandera, con el objeto de señalar los pueblos indígenas que había en el contorno del Cuzco.

De regreso al lado del Inca, los visitadores reales pusieron delante del soberano sus moldes y descripciones, recomendando al Inca que mirase bien lo que hacía. Empezó el soberano a derribar las fortalezas que le parecía, haciendo pucaras o fuertes en distintos sitios. Mudaba a los habitantes de una provincia a otra, transformando a su antojo pueblos enteros, ante los ojos admirados de los orejones. Acabada la transformación de las maquetas, ordenó Pachacutec que volviesen a sus tierras los visitadores e hiciesen en ellas lo que él en los mapas en relieve. Sarmiento de Gamboa añade lacónicamente "fueron y hiciéronlo".

Dos años tardaron los tucuyricos en ejecutar las órdenes. La obra constructiva del Inca no se limitó al Cuzco, sino que se extendió a todas

---

91. Garcilaso, *Comentarios reales de los incas*, lib. 3, cap. IX.
    Middendorf, *Introducción a la gramática aymará*, p. 525.
    *Ari* en aymará: La punta o filo, en el caso, el pico del monte.
    *Quepa* o *quipa*: Detrás.

    Bernedo Málaga, *La cultura puquina*, p. 84. Según él, el vocablo *are-quiapa* tendría su significado en puquina.
92. Sarmiento de Gamboa, cap. XXXIX.
93. Garcilaso, *Comentarios reales de los incas*, lib. 2, cap. XXVI.
    Betanzos, cap. X, p. 137.
    Cobo, tomo III, lib. 12, cap. XIV.

las provincias. Los orejones tuvieron a su cargo ejecutar, en las regiones conquistadas, andenes y acequias, demarcando, como lo veremos en el próximo capítulo, las tierras del Sol, del Inca y del pueblo. A medida que cumplían lo mandado, retornaban al Cuzco, trayendo en unas mantas las descripciones de las provincias.[94]

En aquel entonces se iniciaron los caminos que habían de cubrir con su extensa red todo el territorio. Como es de suponer, no pudo Pachacutec acabar toda la obra que se había propuesto hacer; su hijo y su nieto fueron los llamados a terminarla.

Indudablemente, con la expansión inca y la iniciación del imperio surgieron los caminos. Anteriormente había una que otra ruta entre algunos pueblos, no existiendo, en aquel entonces, las vías de comunicación tales como las encontraron los españoles a su llegada. Para ello se necesitaba un poder central y una dominación total del territorio. Nosotros suponemos que es justamente por la carencia de rutas y de organización que los soberanos anteriores a Pachacutec no pudieron conservar sus conquistas. Cada nuevo monarca se veía obligado a luchar de nuevo por las mismas posesiones que su antecesor. Si bien Yupanqui es el iniciador, tanto su hijo Túpac como su nieto Huaina Capac continuaron su obra, no sólo en los caminos sino en todo orden de cosas. En ese mismo sentido afirma Cieza[95] que los indígenas no se cansaban de loar a sus tres últimos soberanos.

Betanzos cuenta cómo encontraron los orejones a Yupanqui, cuando fueron a pedirle que ciñera la borla de Estado; estaba el príncipe "pintando e debujando ciertos puentes y la manera que habian de tener, como habian de ser edificados; y ansi mesmo debujaba ciertos caminos que de su pueblo salian y iban a dar a aquellos puentes e rios".[96] Sorprendidos los señores, le preguntaron qué era aquello, a lo cual respondió el Inca: "¿Qué es esto que me preguntaís?" "Cuando sea tiempo, yo os lo diré e mandaré que ansi se haga y a cada uno de vosotros, en la suerte que ansi cupiere, o no me lo torneis a preguntar, porque como ya os digo, yo os lo diré".

Habiendo extendido Pachacutec sus dominios, comprendió que la única forma de mantener lo ganado era haciendo una red de vías de comunicación para poder mandar a cualquier punto del imperio sus ejércitos y su nuevo orden. En un terreno como el nuestro, que carece de unidad geográfica, son los caminos los llamados a dársela. Las zo-

---

94. Sarmiento de Gamboa, cap. XLV.
95. Cieza de León, *Del señorío de los incas*, cap. IX.
96. Betanzos, Edic. Urt., cap. XVII, p. 188.

nas más aisladas se unen a la metrópoli y sólo entonces se puede hablar de unidad y de país.

Los dos caminos más famosos y que casi todos los cronistas describen, eran los longitudinales que atravesaban de norte a sur el Tahuantinsuyo. El uno iba por la costa entre los llanos, mientras que el segundo unía Quito con el Cuzco, siguiendo luego al Collao y a Charcas. Estas rutas principales y paralelas estaban unidas, de trecho en trecho, por caminos a lo ancho del imperio. Por ser las vías incas tan conocidas, las describiremos someramente. El camino de los llanos atravesaba la costa, iba recto y derecho desviando su trayectoria lo menos posible. Al pasar por los tranquilos valles se estrechaba, pudiendo, nos dice Cobo,[97] pasar sólo dos o tres hombres a caballo en él. A cada lado se alzaba una tapia, con pinturas de monstruos, pescados y otros animales "para que mirándolos pasen tiempo los caminantes".[98] Frondosos árboles daban su sombra, mientras una acequia empedrada corría al lado a fin de aliviar la sed del viajero. Los paredones eran hechos para que, al pasar los ejércitos, no dañasen las sementeras y chacras. Fuera de los valles, el camino cambiaba de aspecto, se hacía ancho, sin tapias, árboles ni frescas acequias. De trecho en trecho, gruesos palos, fijados en el suelo, marcaban la ruta entre los movedizos arenales. Los curacas de los pueblos cercanos tenían la obligación de mantenerlos en buen estado, barriendo la arena acumulada, reparando las tapias y limpiando las acequias.[99]

En cuanto al camino de la sierra, se extendía en lo posible en línea recta, pasando por valles y cumbres, trepando los cerros y rodeando los precipicios. No rodeaba las cuestas ni las ciénagas, sino que de frente las atravesaba. En las partes fangosas, la calzada era hecha de piedra tosca unida con barro y recubierta con pedazos de césped, formando en las partes anegadizas un terraplén, más o menos alto, debajo del cual pasaban canales a fin de desaguar el restante de las lluvias.

En las cuestas empinadas, las escalinatas reemplazaban el camino, siendo en su mayor parte un empedrado con anchas lozas. Al atra-

---

97. Cobo, tomo III, lib. 12, cap. XXXI, p. 261.
98. Estete, Edic. Urt., pp. 48-49.
    Cieza de León, *Del señorío de los incas*, cap. XV.
    Carta de H. Pizarro, ob. cit., p. 175.
    Sarmiento de Gamboa, cap. XLV.
    Huamán Poma, foja 355.
    Gutiérrez de Santa Clara, tomo III, pp. 538-539.
99. Gutiérrez de Santa Clara, tomo III, cap. LXII, pp. 541-542.
    Falcón, *Relación sobre el gobierno de los incas*, Edic. Urt., p. 160.
    Las Casas, p. 113.

vesar las chacras, un pequeño cerco las aislaba de los sembríos. Algunos cronistas mencionan varios caminos laterales, siendo uno para el Inca. Se trata, más bien, de diversas rutas hechas por diferentes soberanos. Cieza [100] cuenta que cerca de Vilcashuamán casi se perdieron los caminos hechos por Yupanqui y Túpac, pues ya no se usaban, estando en vigencia sólo el hecho bajo el reinado de Huaina Capac.

De trecho en trecho la ruta presentaba tambos o posadas para que se pudieran albergar en ellos el Inca con su séquito; según la región, eran de piedra labrada o de adobes y estaban bien provistos de ropa, armas y víveres.

Al llegar un camino al río, lo cruzaban de diversas maneras.[101] El puente más famoso se extendía sobre el Apurímac, en el camino de Vilcashuamán al Cuzco. Era un puente colgante, hecho de mimbre y briznas. Fuera de este tipo de puente, se usaban balsas atadas con cordeles a las orillas opuestas. En los lugares de fuerte corriente pasaban los transeúntes en canastas suspendidas a fuertes maromas, llamadas *uruya*. Muy conocido fue también el puente de totoras sobre el Desaguadero. En ciertos ríos había dos puentes, el uno para la gente común, siendo el segundo reservado para el Inca o curaca de la región.[102]

Desde sus primeras conquistas ordenó Pachacutec que se edificara en cada ciudad recién anexada, un templo al Sol, un convento de acllas y depósitos de víveres y armas, todas construcciones típicas de la cultura inca.

En los lugares estratégicos se edificaron pucaras o fortalezas como en Tambo Colorado cerca de Humay. En todo el país hubo palacios reales o inca huasis, no sólo en las pequeñas provincias sino en los lugares menos retirados del camino principal.[103]

Si Pachacutec fue un conquistador que supo subyugar a los curacas más indómitos, no por eso dejó de ser un gran edificador.

La obra emprendida por Yupanqui será continuada por sus sucesores, llegando con ellos el imperio a su máximo esplendor.

---

100. Cieza de León, *Del señorío de los incas*, cap. XV.
101. Garcilaso, *Comentarios reales de los incas*, tomo I, lib. 3, cap. VII, p. 143.
    Garcilaso, *Comentarios reales de los incas*, tomo I, lib. 3, cap. XVI y cap. XV.
    Huamán Poma, foja 357.
102. Hernando Pizarro, Urt., tomo III, 2.ª serie, p. 174.
103. Rivero y Tschudi, *Antigüedades peruanas*, cap. IX, p. 239.

Capítulo Quinto

## La organización del imperio

El genio de Pachacutec se manifiesta, sobre todo, en la legislación que dio a sus súbditos y en la maravillosa administración que implantó en el incario. Es gracias a esta organización, iniciada por él y continuada por su hijo Túpac, que se formó el imperio. Como dice L. Baudin: "el papel jugado por este soberano no es dudoso, su fisonomía domina toda la historia del Perú, pre-colombino".[1]

La manera como logró el Inca su propósito y el ingenio que mostró, son verdaderamente admirables. En el cumplimiento de su obra vemos el talento organizador de Yupanqui, y su superioridad y altura de mira poco comunes. Con Pachacutec se inicia en la historia inca el espíritu y la técnica de Estado.[2] La unidad de tan vasto territorio, la consiguió por tres medidas principales que son los caminos, como unidad geográfica; la imposición del runa simi, idioma oficial, como unidad de la lengua; y, por último, al establecer una organización administrativa, que convergía hacia un poder central fuerte y absoluto, logró darle una unidad de conjunto. Al mismo tiempo, creó una elite de personas capaz de secundarlo en su obra.

El incario se distingue por ser un estado agrario, administrado con una minuciosa estadística. En la cumbre del poder estaba el Inca,

---

1. Louis Baudin, *El imperio socialista de los incas*, p. 199.
2. "Informaciones" de Toledo, publicado por Levillier en su obra *Don Francisco de Toledo*, tomo III, cap. CXXIX.

como un semidios todopoderoso; en torno de él surgió una casta que desempeñaba las altas funciones y estaba muy por encima del runa común. En este sentido, su organización se aleja del Estado socialista que no admite en su formación el espíritu de casta. "La casta de los Incas, de los Orejones, de los Curacas, de los Sacerdotes, creaba una estructura social bicolor, incompatible con los ideales sociales".[3]

Todo cronista que se ocupa de la organización inca, forzosamente señala a Pachacutec como el fundador del sistema que, durante siglos, ha llamado la atención sobre el Perú prehispánico. Así lo atestiguan Román y Zamora,[4] Molina el Cuzqueño,[5] Las Casas.[6] Cieza,[7] después de enumerar la larga lista de hechos de Yupanqui añade: "Y a todos gobernaba con gran justicia y orden". Lo mismo encontramos en la *Historia de Cobo*,[8] cuando cita la obra del Inca y termina diciendo que "Fue este rey el más valiente y guerrero, sabio y republicano de todos los Incas, porque él ordenó la república con el concierto, leyes y estatutos que guardó todo el tiempo que duró de entonces a la venida de los españoles".

Casi lo mismo nos informa Murúa[9] al decir que era Pachacutec "muy belicoso y esforzado, de gran ingenio, curioso y gran republicano, fue el que puso la tierra en mucho concierto y orden".

El Jesuita Anónimo[10] menciona a Pachacutec como el restaurador del desaparecido imperio preincaico. Gutiérrez de Santa Clara,[11] afirma que "los yndios más viejos y antiguos nombraban a Pachacutec como el iniciador del orden administrativo". Huamán Poma[12] menciona al noveno Inca como un edificador y reformador del sacerdocio y del calendario. Acosta[13] nombra al mismo soberano como "el que mas leyes hizo" y más adelante como "muy valeroso conquistador y gran republicano e inventor de la mayor parte de los ritos y supersticiones de su idolatría".

---

3. J. Basadre, *La multitud, la ciudad y el campo*, p. 26. Los incas no inventaron nada nuevo, su mérito reside en haber adaptado los conocimientos logrados por otras culturas a las dimensiones de un Estado.
4. Román y Zamora, *República de Indias*, tomo II, pp. 24-25.
5. Molina el Cuzqueño, Edic. Loayza, p. 19.
6. Las Casas, Edic. Urt., cap. XVIII.
7. Cieza de León, *Del señorío de los incas*, cap. L.
8. Cobo, *Historia del Nuevo Mundo*, tomo III, lib. 12, cap. XII, p. 156.
9. Murúa, Edic. Loayza, lib. I, cap. XI, p. 15.
10. *Costumbres antiguas del Perú*, Edic. L., p. 38. Se refiere a Wari.
11. Gutiérrez de Santa Clara, tomo III, p. 436.
12. Huamán Poma, foja 109.
13. Acosta, *Historia natural y moral de las Indias*, lib. 5, cap. XXIII, y lib. 6, cap. 20.

En una carta de Toledo al rey,[14] menciona la declaración de que los "primeros ingas que pusieron las leyes que dicho tienen, fueron Inga Yupanqui e su hijo Topa Inga Yupanqui que fueron los que conquistaron este reino y que estas leyes que ellos pusieron se platicaron".

Al mencionar Garcilaso[15] las costumbres incas dice: "A uno de sus Reyes, como en su vida veremos hazen gran legislador que dizen dio muchas leyes de nuevo y encomendó y amplió todas las que halló hechas". Sin embargo, no menciona al Inca al cual se refiere, sino cuenta que para dar mayor autoridad al fundador de la epopeya inca, le atribuían los indígenas a Manco Capac todas las obras de los incas posteriores. Es el mismo Garcilaso quien da esta información, pues en las "Informaciones" de Toledo tenemos una amplia demostración de lo contrario. Por más que Garcilaso trate de disminuir el mérito de Pachacutec, hablando de este soberano no puede dejar de decir "que renovó su Imperio en todo, assi en su vana religión, con nuevos ritos y ceremonias, quitando muchas idolatrías a sus vasallos, como en las costumbres y vida moral, con nuevas leyes y prematicas".[16]

De todos los documentos, quizás el más importante en este sentido son las "Informaciones" de Toledo, por ser los mismos indígenas los declarantes. En la información hecha en Guamanga el 14 de diciembre de 1570, fueron llamados Antonio Guamán Cucho, cacique del pueblo de Chirua. Quince días después prestó igualmente declaración don Baltazar Guamán Llamoca, hijo del cacique de Soras. Ambos afirmaron que "Pachacuti Ynga y sus descendientes hizieron esta nueva manera de casiques e principales y mandones que agora ay por que de antes no los auia".[17]

En las declaraciones llevadas a cabo en Tambo de Vilcas, el 27 de enero de 1571; en Tambo de Piña, el 31 de enero; en Limatambo, el 6 y 7 de febrero y en Tambo de Mayo, el 10 de febrero del mismo año, acudieron numerosos indios principales y curacas a decir sus conocimientos sobre los tiempos pasados. Todos ellos mencionan a Pachacutec o a su hijo Túpac como los soberanos que establecieron el nuevo orden administrativo. Las informaciones llevadas a cabo en el Cuzco el año 1571, dieron el mismo resultado.

---

14. "Carta de Toledo al Rey", *La Imprenta en Lima*, p. 199.
15. Garcilaso, *Comentarios reales de los incas*, tomo I, lib. 2, cap. IX.
16. Garcilaso, *Comentarios reales de los incas*, tomo II, lib. 6, cap. XXXIV.
17. "Informaciones" de Toledo, publicado por Levillier en su obra *Don Francisco de Toledo*, tomo II, pp. 41-69.

## 5 / LA ORGANIZACIÓN DEL IMPERIO

Muchos declarantes nombraron sólo a Túpac Yupanqui como el iniciador de estas reformas. No puede este hecho llamarnos la atención, si recordamos que Túpac fue correinante de su padre alrededor de catorce a quince años. Pachacutec, pasadas sus primeras conquistas no se ausentará nunca mucho tiempo del Cuzco. Su presencia será indispensable en la capital, su persona será el cerebro que animará todo el difícil engranaje del sistema inca. Su hijo quedó encargado no sólo de continuar las conquistas de su padre, sino de implantar la organización en las nuevas adquisiciones.

Santa Cruz Pachacuti [18] al hablar del reinado de Túpac en vida de su padre, menciona a este príncipe en el retorno de su expedición al norte, haciendo en todas las provincias desde Quito al Cuzco "chacaras y truxes, collcas, caminos y puentes tambos". De idéntica manera, la *Relación del valle de Chincha* [19] nombra a Capac Yupanqui como el conquistador del lugar y luego a su "hijo" Túpac como el introductor de las nuevas leyes. Estos sucesos tuvieron lugar bajo el reinado de Pachacutec, siendo el uno el hermano del soberano, y el otro su hijo; ambos no hacían más que cumplir las órdenes del soberano. Así vemos que el reinado de Túpac fue en todo sentido la continuación del de Pachacutec. Pocas son las veces que vemos en la historia surgir en un país dos soberanos de la talla de estos monarcas cuzqueños. Aunque Huaina Capac fue igualmente un gran Inca, no tuvo el genio de su padre o de su abuelo.

Ya hemos citado las crónicas que mencionan a Pachacutec como el legislador del incario; veremos a continuación cómo organizó el imperio. Siendo el incario un Estado netamente agrario, y estando su gente agrupada en ayllus labradores del suelo, carecía de las aglomeraciones proletarias sin ningún amarre a la tierra, así como de la clase comerciante instalada en las ciudades, que vive del libre intercambio de productos.

Muy justamente encuentra Basadre [20] "la realidad peruana prehispánica esencialmente rural, y las doctrinas socialistas nacidas del industrialismo están separadas por poderosos factores de orden técnico y de civilización".

Una vez conquistada una provincia enviaba el Inca a sus tucuyricos, con sus mapas de barro, a construir andenes, caminos y acequias. Habiendo aumentado en esa forma las tierras de la región, las mandaba repartir en tres partes: las del Sol o más bien, como hace hincapié L. Baudin,[21] las tierras del culto; las del Inca y las tierras de los *runas*. Gar-

---

18. Santa Cruz Pachacuti, Edic. Urt., p. 192.
19. *Relación y declaración hecha en el valle de Chincha*, Edic. Urt., pp. 135-136.
20. Basadre, *La multitud, la ciudad y el campo*, p. 24.
21. Louis Baudin, *El imperio socialista de los incas*, cap. VI, p. 169.

cilaso[22] afirma que el Inca tomaba para sí sólo las nuevas tierras adquiridas por medio de las irrigaciones y de los andenes. Cada indígena tributario recibía un *tupu* de tierra, aumentando la cantidad por cada hijo que tuviera. Por los varones recibía un tupu, mientras que por las hijas sólo tenía derecho a la mitad. Al casarse el hijo, el tupu otorgado a su nacimiento pasaba a ser de su usufructo, y si moría sin descendencia, la tierra retornaba a la comunidad o ayllu. Los orejones y curacas tenían una cantidad mayor de tierra, según los privilegios que el Inca quería darles.

En las labranzas de las tierras seguían, según Garcilaso,[23] el orden siguiente. Primero cultivaban la tierra del Sol, luego la de los impedidos de hacerlo, ya sea por vejez, por enfermedad o de los soldados ausentes. El *llactacamayoc* era el encargado de avisar cuándo tenía lugar esta labranza. En tercer lugar cultivaban los *runas* sus propias tierras, luego venía el turno de las heredades de los curacas y señores, siendo las del Inca las últimas. Sin embargo, Acosta[24] afirma que las tierras del Inca se beneficiaban después de las de los dioses, viniendo la de los runas en último lugar. En la *Relación del valle de Chincha*[25] se menciona el mismo orden de cosas. Tanto las tierras del Sol como las del Inca eran cultivadas con gran regocijo. Para esta ocasión se ponían los naturales sus mejores prendas, cantando, mientras trabajaban, canciones de alabanza al soberano. Todo el tiempo que empleaban los *runas* en esta labor, eran sostenidos por la hacienda del Sol, del Inca o del curaca. Recibían para las faenas las herramientas necesarias así como mantas especiales para no estropear las propias.[26] En las frígidas punas, donde sólo el ichu podía crecer, había numerosos rebaños de camélidos. Con ellos existía el mismo orden que con las tierras. Tanto el culto, como el Inca y el pueblo tenían sus pastos y sus ganados.[27] Los del Sol y del soberano eran muy numerosos y para poder llevar con más facilidad su cuenta, estaban divididos por colores, teniendo los hilos del *quipu* el mismo color que los animales del rebaño.[28] En cuanto a los ganados de las comunidades, eran más pobres, teniendo cada *runa* sólo una pareja de llamas con sus crías. Gran esmero ponían los soberanos en la conservación y multiplicación de los

---

22. Garcilaso, *Comentarios reales de los incas*, tomo I, lib. 5, cap. I. Ver Rostworowski, *Historia del Tawantinsuyu* 1988.
23. Garcilaso, *Comentarios reales de los incas*, tomo I, lib. 5, cap. II.
24. Acosta, *Historia natural y moral de las Indias*, lib. 6, cap. XV, p. 480.
25. *Relación y declaración hecha en el valle de Chincha*, Edic. Urt., p. 148.
26. Falcón, *Relación sobre el gobierno de los incas*, p. 152.
27. Acosta, *Historia natural y moral de las Indias*, lib. 6, cap. XV.
28. Garcilaso, *Comentarios reales de los incas*, tomo I, lib. 5, cap. X.

hatos, siendo prohibido sacrificar o cazar las hembras. Los ganados del Sol servían para el culto y el sostenimiento de los sacerdotes. En cuanto a los animales del soberano, servían para alimentar y vestir a los ejércitos, los funcionarios y los mismos *runas*. No sólo era aprovechada la carne de los animales bajo la forma de charqui, sino la lana y el cuero. La lana burda era para la gente común mientras que la sedosa lana de vicuña era destinada para el Inca y sus deudos.

En un país netamente agrario como el Tahuantinsuyo, es comprensible que todo lo relativo al cultivo del suelo tuviese la mayor importancia. Para mayor realce y solemnidad de este trabajo, el mismo Inca, rodeado de sus deudos, iniciaba el cultivo. Tanto Garcilaso[29] como Molina el Cuzqueño,[30] nos hacen una relación de ello. Este último cronista tuvo la ocasión de ver en el Cuzco en 1535, cuando soberano Manco II, la ceremonia que tenía lugar al finalizar las cosechas. Terminadas las fiestas, que duraban cinco días, el Inca cogía un arado y rompía la tierra para los futuros sembríos. Nadie osaba iniciar el nuevo trabajo del campo, si primero no lo empezaba el soberano.

Para facilitar la distribución del tributo y de las labores, así como las estadísticas, implantó Yupanqui una división general de la población. La primera división llamada puñocloco[31] o el viejo que duerme, comprendía los hombres de los sesenta años para arriba,[32] estaban libres de todo tributo o servicio y eran sostenidos de la hacienda del Inca. Gozaban de la estimación general y sus consejos eran escuchados por los curacas.

La segunda edad se llamaba chaupiloco o semi viejo, estaba formada por los de 50 a 60 años, también quedaban libres de tributo, teniendo que cumplir trabajos livianos como cosechar las chacras de coca, ají u otras legumbres.

La tercera edad los Auca-puric u "hombre viril", comprendía los hombres de 25 a 50 años, ellos cumplían el mayor trabajo, labraban las chacras, llevaban el tributo al Cuzco e iban al ejército, estos eran considerados como la unidad para el trabajo.

La cuarta edad, los michu-huayna, "los que empiezan a ser hombres" tenían de 20 a 25 años y ayudaban a sus padres, también eran *chasquis*.

---

29. Garcilaso, *Comentarios reales de los incas*, tomo I, lib. 5, cap. II.
30. Molina el Cuzqueño, Edic. L., p. 50.
31. Santillán, Edic. Urt., p. 18.
    *Relación y declaración hecha en el valle de Chincha*, Edic. Urt., p. 136.
32. En las últimas divisiones los límites de edad varían ligeramente entre estos dos cronistas. Para una visión más andina de las edades ver Rostworowski 1993.

La quinta edad era la de los coca-palla o "cosechadores de coca" y comprendía a los jóvenes de 16 a 20 años; estos prestaban ayuda en los trabajos livianos, o como los anteriores.

Las demás divisiones comprendían los niños de 8 a 10 años, es decir, los puculla guamara; los tatariquea de 4 a 6 años; los machapori de 2 a 4 años; los lloca de 1 a 2 años. Por último los bebés de 8 meses a 1 año eran los traguamara; los de 4 a 8 meses los Sapoguamara y los recién nacidos, los antaguamara.

La administración cuzqueña era netamente decimal, partiendo de la unidad que era el puric o jefe de familia. La agrupación más pequeña la comprendían las unidades de diez tributarios, supervisados por un mandón o chunca. Cada 100 hombres o auca puric, tenía un curaca, un señor de una *pachaca,* es decir de 100 hombres. En la *pachaca* no podía haber más de 100 indígenas entre la edad de 25 a 50 años, con sus mujeres e hijos, a menos que el curaca tuviese especial licencia del Inca. Para mantener los cuadros administrativos, el soberano enviaba de vez en cuando visitadores especiales, creando nuevas unidades o juntando varias, según las necesidades del caso. Estos empadronadores eran llamados *runay pachacac,* es decir, "el que iguala".[33]

Entre 10 curacas de *pachacas* se escogía al más hábil por jefe, éste a su vez se convertía en señor de *huaranga* o sea de 1 000 *runas.* Por encima de los curacas de *pachaca, huaranga* y *unu,* estaba el *tucuyricoc* "el que mira todo", señor enviado por el Inca que gobernaba toda una provincia.[34] Sus deberes eran muy variados y vastos, debía repartir las tierras del Sol, del Inca y del pueblo, enviar las cosechas al Cuzco y los depósitos reales. Igualmente seleccionaba los naturales para el servicio del soberano y del ejército, y a las muchachas para los acllahuasi. Por último, celebraba matrimonios y tenía a su cargo los juicios y castigos, remitiendo los casos graves al mismo Inca.[35]

Fuera de los *tucuyricoc,* había diversos funcionarios encargados por el Inca de supervisar el cumplimiento de la voluntad del monarca. Cuando algún hecho grave sucedía en una provincia, era enviado un alto personaje con cargo extraordinario. En este caso, el orejón delegado iba con el mismo poder del Inca y por señal llevaba, para ser obedecido,

---

33. Santillán, p. 21.
   Las Casas, p. 106.
   Acosta, lib. 6, p. 13.
34. Santillán, Edic. Urt., pp. 16 y 17.
   *Relación y declaración hecha en el valle de Chincha*, Edic. Urt., pp. 138 y 140.
   Garcilaso, *Comentarios reales de los incas*, tomo I, lib. 2, cap. XIV.
35. Santillán, p. 192.

un "báculo en la mano".³⁶ Según la misión que tenía que cumplir estaba ataviado de diversa manera. Si el motivo de su viaje era infligir un castigo, llevaba una borla cosida al brazo derecho; si era enviado a un entierro o desgracia, la borla roja era reemplazada por una negra. Por último, en el caso de regocijo, la insignia era blanca. Por ser generalmente apremiante su misión, viajaba en anda día y noche. Corredores anunciaban el paso del enviado real, acudiendo los naturales de noche con hachas encendidas iluminando de ese modo todo el largo del camino.

Por encima de la enorme cantidad de funcionarios, curacas y enviados especiales, estaba el consejo del Inca. Su existencia se ha puesto a menudo en duda, suponiendo algunos autores que no hubo tal consejo. Sin embargo, varios cronistas mencionan una reunión de altos personajes. Según Cobo,³⁷ "componíase el consejo del Inca de cuatro jueces o consejeros, llamados *Apucunas* que siempre residían en el Cuzco, cada uno de los cuales atendía a lo tocante a la parte del reino que le pertenecía".

Garcilaso³⁸ menciona un consejo de cuatro miembros, que gobernaban, cada uno, un suyo del Imperio; estos habían de ser incas legítimos de sangre.

Santillán³⁹ nombra cuatro orejones que formaban parte del consejo de Huaina Capac. Murúa⁴⁰ nombra el mismo número de orejones, siendo todos sus miembros parientes cercanos del soberano. Uno de estos señores tenía el sello o insignia que lo hacía el jefe del consejo. Según la

---

36. "Carta de Toledo al Rey", *La Imprenta en Lima*, tomo I, lib. 2, cap. XV.
37. Cobo, tomo III, cap. XXV, p. 223.
38. Garcilaso, *Comentarios reales de los incas*, tomo I, lib. 2, cap. XV.
39. Santillán, Edic. Urt., p. 5.
    *Capac Achachi* o *Huamán Achachi* de otros cronistas; era hijo del Inca Pachacutec, había tomado parte en la expedición que hiciera el príncipe Túpac en balsas por el Pacífico. Nombrado por su hermano gran visitador del Chinchaysuyo, después de la fracasada conspiración de Túpac Capac, se mostró siempre leal al soberano. Años después, desbarató dos complots urdidos contra el entonces joven Inca Huaina Capac.
    *Gualpaya*, era primo hermano del Inca Tupac Yupanqui e hijo del general Capac Yupanqui. Fue nombrado ayo de Huaina Capac a su advenimiento, contra quien se alzó, queriendo poner en su lugar a su propio hijo. Descubiertas sus intenciones por Huamán Achachi, fue condenado a muerte.
    *Capac Larico* es nombrado por Sarmiento de Gamboa como general del ejército incaico al estallar la segunda rebelión del Collao. Era primo del Inca Túpac Yupanqui.
    *Capac Yochi*, no hemos encontrado datos sobre este orejón.
40. Murúa, Edic. Loayza, p. 90.

opinión de estos orejones, emprendía el soberano la guerra. Hemos visto que al dirigirse Pachacutec la primera vez hacia los Soras, tomó esta decisión después de acordarla con los suyos.[41] El consejo tenía poder para resolver ciertos problemas referentes al gobierno.[42] Huamán Poma[43] cuenta la existencia de un consejo, compuesto por 16 miembros: dos eran incas principales de Hanan Cuzco; dos lo eran de Hurin: y fuera de estos había cuatro señores de Chinchaysuyo, cuatro de Collasuyo, dos de Antisuyo y dos de Condesuyo.

Difícil es decir qué poderes tenía el consejo, probablemente no existía ninguna ley que lo rigiera, siendo más bien una tradición establecida. Quizás tuvo su origen en una época ya lejana, cuando su misión era elegir al sinchi para la defensa de la tribu. El ayllu era el componente más antiguo del Perú precolombino, y era gobernado por un consejo de ancianos, un hecho que subsiste aún en nuestros días. No es imposible suponer que el consejo del Inca tuviese su origen en los antiguos ayllus reales. Después del asesinato del séptimo Inca en el Cuzco, Cieza[44] cuenta cómo se reunieron los principales de la ciudad para decidir quién había de ser el nuevo soberano. Este mismo cronista refiere cómo al obtener Pachacutec la victoria sobre los chancas y mostrarse Inca Urco indigno del mando, se reunieron los orejones y acordaron quitarle la borla al Inca cobarde que "no entrase más al Cuzco".[45]

Al momento de morir Pachacutec reunió en torno suyo a los orejones del Cuzco y a sus familiares cercanos, diciendo a Túpac: "A estos nuestros deudos te dejo por padres, para que te aconsejen".[46] Por ilimitado que fuese el poder del Inca, no se opone a la existencia de alguna especie de consejeros, aunque fuesen sólo para consultar los más graves negocios. Con el transcurso de los años y los diversos reinados, es posible que el consejo haya sufrido varias transformaciones. Con el advenimiento de la dinastía Hanan Cuzco, sobre todo desde el reinado de Pachacutec, quizás haya sido su papel cada vez más secundario a medida que se acentuaba la autoridad del monarca.

Todos los funcionarios que hemos nombrado, tanto de pachaca como de huaranga y unu, tenían como obligación no sólo mantener el orden y gobierno, sino dirigir los trabajos y tributos de los indígenas. No

---

41. Cieza de León, *Del señorío de los incas*, cap. XLVII.
42. Murúa, Edic. cit., p. 82.
43. Huamán Poma, foja 365.
44. Cieza de León, *Del señorío de los incas*, cap. XXXVIII.
45. Cieza de León, *Del señorío de los incas*, cap. XLVI.
46. Sarmiento de Gamboa, cap. XLVII.

nos ocuparemos aquí de los yanaconas, ya que tuvieron su origen durante el reinado de Túpac Yupanqui.⁴⁷

En cuanto a los tributos, no eran nunca excesivos; las provincias enviaban al Cuzco lo que producían, sin exigírseles jamás cosas que fuesen ajenas a su clima o producción. Los naturales comprendidos entre los 25 y los 50 años cumplían el mayor trabajo del Imperio. El tributo era de trabajo personal, no tenían que entregar ningún producto de la parcela recibida. El *runa* contribuía sólo con lo que estaba a su alcance, según su oficio. Así los labradores trabajaban la tierra, el pescador entregaba pescado, el artesano que fabricaba esteras contribuía con ellas, etc.⁴⁸

Los productos cultivados en las tierras del culto iban para el sostenimiento de los sacerdotes y para los numerosos sacrificios. En cuanto a los productos de las tierras del Inca, iban en su mayoría a henchir los depósitos reales del lugar. Sólo una pequeña cantidad escogida era enviada al Cuzco, según las necesidades. Empleados especiales tenían la obligación de anotar en sus *quipus* el número y calidad de los productos almacenados. Ellos cuidaban que el aguacero o las sabandijas no dañasen los productos.⁴⁹ De tiempo en tiempo eran renovados estos depósitos, repartiendo entre los *runas* su contenido. El principal objetivo de estos almacenes era sostener los ejércitos.

Así, gran parte del trabajo de los *runas* retornaba a los mismos indígenas en forma directa o indirecta. Lo mismo sucedía con la ropa que estaban obligados a tejer; ella retornaba a ellos al recibir cada año

---

47. El origen de los yanaconas tuvo lugar después de un complot para derrocar a Túpac Yupanqui y sucedió de la siguiente manera: Un hermano del Inca, llamado Túpac Capac, aprovechando los favores del soberano y su ausencia del Cuzco, intentó sublevarse. Avisado el Inca del complot, regresó apresuradamente a la capital mandando ejecutar a los responsables. Luego salió el Inca hacia el Chinchaysuyo, región de la cual era visitador el hermano culpable, a fin de castigar a los que estuvieran comprometidos en la revuelta. En Yanayacu fueron acusados 6 000 hombres de haber fabricado clandestinamente armas y lanzas. Iban a ser condenados cuando intervino la coya Mama Ocllo. La pena fue conmutada por la obligación de servir como criados perpetuos. Los yanaconas no eran tomados en cuenta en las estadísticas, ya que pertenecían a un amo. En el imperio fueron poco numerosos, llegando en algunos casos a desempeñar diversos cargos (Cabello de Balboa, cap. IX; Sarmiento de Gamboa, cap. L; L. Baudin, obra cit., p. 139). Con el tiempo, cuando el Inca necesitaba de criados, escogía de ciertos valles mozos fuertes y capaces y los ocupaba en cosas de su servicio, o en el de los soberanos difuntos. A veces estos yanaconas llegaban a captarse el favor del Inca, que los hacían curacas en sus provincias (Santillán, pp. 36-37).
48. Santillán, p. 38.
49. A. Borregan, p. 80.

las prendas necesarias para su vestimenta. Fuera de los depósitos de víveres, eran muy numerosos los que contenían ropas, mantas, sogas de cabuya para alzar las piedras de los edificios, diversas armas, cascos, rodelas, plumas y adornos. Gran asombro causaron a los españoles tantas riquezas, tan bien dispuestas y ordenadas. En cuanto a la ropa fina, sólo cada mil hogares tenían la obligación de enviar una prenda de la mejor calidad y toda una provincia contribuía con una chipana de metal precioso.[50] Nunca fue el trabajo violento ni excesivo.

Las provincias ricas en minas proporcionaban metales preciosos; el curaca designaba para esta labor un número de gente, según la cantidad de metal deseado. Con el fin de que este trabajo no perjudicara a los mineros, el Inca señalaba otra provincia que les cultivara sus chacras y sementeras; si la región era poblada no necesitaba ayuda extraña, dividiendo los trabajos entre sus mismos miembros. Si algún *runa* enfermaba lo mandaban de regreso a su pueblo, siendo substituido por otro. Sólo los casados eran enviados a las minas, pues sus mujeres les podían cuidar y preparar sus alimentos.[51]

Para facilitar la producción, las provincias estaban todas hermanadas de dos en dos, supliendo la una las necesidades de la otra. Los valles muy pobres, donde la producción era escasa, enviaban de cuatro en cuatro meses un canuto de piojos vivos por persona.[52] Las Casas[53] cuenta que en los arenales áridos de la costa, el tributo era unas cuantas lagartijas. Absurdo como nos parece a primera vista esta orden, obedecía, sin embargo, al horror que tenían los soberanos cuzqueños a la ociosidad. Con el fin de que no estuviesen sus súbditos ociosos, los tenían siempre ocupados, aunque fuesen en tareas inútiles y de poco provecho, como el cambiar el curso de un río o levantar tapias y paredones. La ociosidad, según los incas, sólo fomentaba las rebeliones.[54]

Como hemos dicho, los mejores productos eran destinados para el Inca. Anualmente los curacas emprendían un viaje al Cuzco, llevando presentes. Reuníanse todos en un gran llano donde los recibía el soberano, celebrando su llegada con fiestas y varios días de regocijo. Parte de los regalos quedaban para el Inca, un buen número se repartía

---

50. Santillán, p. 39.
51. Cieza de León, *Del señorío de los incas*, p. 111, cap. XVIII.
52. Cieza de León, *Del señorío de los incas*, cap. XVIII, p. 108.
    Garcilaso, *Comentarios reales de los incas*, tomo I, lib. 5, cap. VI, p. 236.
53. Las Casas, Edic. Urt., p. 138.
54. "Informaciones" de Toledo, publicado por Levillier en su obra *Don Francisco de Toledo*, pp. 8 y 130.
    Acosta, cap. XII, lib. 6, p. 474.

entre los orejones y curacas presentes, tomando en cuenta lo que les hacía falta o podía gustarles. No sólo su séquito recibía su parte, sino los pobres, mereciéndose el Inca el nombre de guachacoyac, es decir el amante de los pobres".[55]

Cada provincia mandaba, así, lo mejor que tenía, fijándose siempre los funcionarios de no exigir lo que no poseía. Acosta[56] cuenta que los chichas enviaban maderas olorosas y ricas; los lucanas, personas para llevar las andas reales; y los chumbivilcas, bailadores, añadiendo el buen padre que: "servíanse de ellos por tal orden y por tal gobierno que no se les hacia servidumbre, sino la vida muy dichosa".

Es evidente que para mantener este orden administrativo, era prohibido al *runa* trasladarse de un lugar a otro. El cálculo de la producción y del consumo hubiera sido vano si el circular de un valle a otros fuese permitido. Por eso le fue prohibido a la gente del común salir de su pueblo sin orden explícita; así vemos que el tránsito por los puentes era controlado. Para distinguir a los habitantes del Tahuantinsuyo, usaban cada uno los adornos de cabeza propios de su región, siendo un delito el trocarlos por otros. Con fines políticos o administrativos, el Inca, sin embargo, trasladaba en masa poblaciones enteras. Louis Baudin distingue cuatro clases de mitmacunas.[57] Los primeros se enviaban a los puestos militares en las fronteras, para la defensa contra posibles invasiones. Los segundos eran colonos enviados de una región superpoblada a otra con poco número de habitantes. Los terceros eran los mitmacunas que tenían por objeto mejorar la producción, un grupo compuesto por hombres hábiles y expertos. La cuarta clase comprendía las personas trasladadas con un fin político; era el desplazamiento de tribus fieles a regiones turbulentas y revoltosas. Cieza[58] hace hincapié en el hecho de ser el inventor de esta costumbre Inca Yupanqui y añade que "aunque otros algunos indios dicen que fueron puestos estos mitimaes desde el tiempo de Viracocha Inca, padre de Inca Yupanqui, podralo creer quien quisiere, que yo hice tanta averiguación sobre ello, que torno afirmar haberlo inventado Inca Yupanqui". Para que no haya confusión sobre el Yupanqui en cuestión, Cieza hace notar que se trata del soberano que sucedió a Viracocha Inca y no otro.

Las leyes incaicas no fueron numerosas, distinguiéndose por la manera drástica de su aplicación. Para que todos tuviesen presente en

---

55. Santillán, p. 40.
56. Acosta, lib. 6, cap. XV.
    Cobo, tomo III, lib. 12, cap. XXXIII.
57. L. Baudin, *El imperio socialista de los incas*, p. 226.
58. Cieza, *Del señorío de los incas*, cap. XXII.

la memoria las leyes y castigos, tenían por costumbre hacer de ellas cantares públicos. Los delitos más graves eran los tocantes a la persona del soberano. El hombre que tenía acceso a una mujer del Sol o del Inca merecía la pena capital. Eran sometidos a igual castigo quienes hacían algún hechizo o hablaban sin el debido respeto del Inca.[59] Según Santillán, no existían leyes determinadas, variando probablemente un poco según las provincias. Los enviados del Inca tenían la obligación de guardar el orden público y obligar a todos a cumplir sus obligaciones. La ociosidad era el vicio más castigado entre ellos. El castigo por las penas livianas era dar azotes con un porra en la espalda.[60] Esta severidad en la justicia le hace observar a Santillán que "aunque en las dichas penas había exceso, redundaba en buen gobierno y policía del reino".[61]

Según Cobo[62] había dos cárceles en el Cuzco, la una a media legua de la ciudad, estaba ubicada frente a la actual parroquia de San Sebastián y era llamada Aravaya, por ser el lugar donde ahorcaban a los condenados; Cieza[63] ubica este sitio cerca del río Huatanay. La otra cárcel comprendía unas cuevas llenas de animales feroces, como pumas, osos y diversas serpientes.[64] A los acusados de graves delitos, que negaban su culpabilidad, los metían a estas cuevas con la idea de que si eran inocentes, los animales no les harían daño alguno. También existía un "Samka huasi" para los delincuentes condenados a la reclusión perpetua.

La administración inca necesitaba, como se comprenderá, una red de caminos para poder movilizar rápidamente sus ejércitos hacia las fronteras, o reprimir fácilmente las posibles rebeliones. Para los fines de gobierno eran igualmente indispensables las buenas comunicaciones. El éxito de toda la maquinaria administrativa giraba alrededor del buen estado de los caminos y su extensión hacia las partes más distantes del imperio. Por eso hemos visto que Pachacutec inició la construcción de las vías de comunicación. Para la transmisión de las órdenes reales, así como para el continuo conocimiento del estado de las provincias, fueron establecidos los chasquis o correos. De nuevo nos afirma Cieza[65] que só-

---

59. *Relación y declaración hecha en el valle de Chincha*, Edic. Urt. p 140.
60. Para mayores informes sobre el particular ver Huamán Poma, fojas 301-314.
61. Santillán, p. 20.
62. Cobo, tomo II, lib. 12, cap. XXVI, p. 241.
63. Cieza de León, *Del señorío de los incas*, cap. XXVI.
64. Huamán Poma, foja 300.
    Cieza de León, *Del señorío de los incas*, cap. XXIII.
    *La Imprenta en Lima*, tomo I, pp. 194-195.
65. Cieza de León, *Del señorío de los incas*, cap. XXI, p. 124.

lo a "Inca Yupanqui se debe, hijo que fue de Viracocha Inca, padre de Túpac Inca, según dél publican los cantares de los indios, y afirman los orejones".

Los *chasquis* eran escogidos entre los mozos ágiles y buenos corredores. Según Huamán Poma,[66] un príncipe auquicona, de raza inca, era el encargado de supervisar el funcionamiento de las postas. Uno de los primeros deberes de los corredores era conservar el secreto sobre los mensajes que llevaban; ni ruegos ni amenazas podían obligar a los mensajeros a contar lo que sabían, así hubiese pasado algún tiempo del recado.[67] A lo largo de los caminos estaban escalonadas pequeñas chozas, en las cuales se guarecían de cuatro a seis *chasquis*, siempre atentos a la aparición de un mensajero. Cada uno de ellos llevaba, sobre la cabeza, un penacho de plumas blancas que de lejos se veían. Según Huamán Poma, los *chasquis* usaban por armas una macana o una honda, fuera del *quipu* o de algún otro objeto que tuviesen que llevar. Los cronistas mencionan las distancias que tenía que correr cada mensajero, no estando de acuerdo sobre el recorrido. L. Baudin[68] supone que los tambos estaban a 5 km el uno del otro, calculando que demoraba una noticia de 6 a 10 días para llegar de Quito al Cuzco. Los *chasquis* eran sostenidos de la hacienda estatal, sacando lo que necesitaban de los depósitos reales. Al llegar un mensaje, salía corriendo el *chasqui*, tocando su *pututu* o bocina de caracol; apenas era divisado por los que lo aguardaban en el siguiente tambo, salía otro *chasqui* a darle el encuentro. Juntos corrían un trecho durante el cual el mensaje oral quedaba dicho y entregado el recado. En ciertas ocasiones llevaba el *chasqui,* para dar crédito sobre la veracidad del mensaje, cierto palo con unas señales.[69] No siempre eran los recados de orden administrativo, encargándoseles a veces de llevar pescado de la costa como regalo para el soberano. El nombre de *chasqui* significa el que toma el mensaje del otro,[70] y demuestra bien la forma como era transmitida la noticia. En caso de alguna rebelión, prendían una fogata en cada tambo la cual tenían siempre lista para cualquier emergencia; en esa forma la nueva llegaba al Cuzco, desde las regiones más distantes del imperio, en dos o tres horas. Más tarde el *chasqui* traía la noticia concreta, encontrándose las tropas ya listas para salir.[71]

---

66. Huamán Poma, foja 352.
67. Cieza de León, *Del señorío de los incas*, cap. XXII, p. 126.
68. L. Baudin, *El imperio socialista de los incas*, p. 326.
69. Las Casas, Col. Urt., p. 118.
70. Román y Zamora, *República de Indias*, tomo II.
71. Garcilaso, *Comentarios reales de los incas*, tomo II, lib. 6, cap. VII.

Para el buen funcionamiento de la administración inca, una minuciosa estadística era indispensable. Según L. Baudin[72] "la estadística es la base de todo sistema socialista. Tiene que ser irreprochable; el cálculo del hombre sustituye al juego de la oferta y la demanda".

El menor error o equívoco podía traer las más graves consecuencias. Difícil nos resulta imaginar cómo los incas llegaron a la perfección de la estadística sin el uso de la escritura. Para ello emplearon el *quipu* o cordel de diversos colores en el cual hacían cierto número de nudos, según lo que querían recordar. Cieza de León,[73] incrédulo sobre la perfección de la cuenta que podía contener un *quipu*, pidió a un orejón de Marcavilca, cerca de Jauja, que le diera una relación de los objetos entregados a los españoles desde la llegada de Francisco Pizarro al valle. El cronista quedó asombrado ante la minuciosidad de la cuenta, no sólo de oro y plata, sino de maíz, ganado, ropa y diversos objetos.

Para su contabilidad usaron, también, unos acabos o yupana tableros o contadores. En cada compartimiento ponían un número de piedras. El dibujo de Huamán Poma[74] correspondiente al contador mayor o Tahuantinsuyo quipucamayoc, lo representa con un gran quipu y a su lado un abaco con piedras. En cada pueblo, por pequeño que fuese, habían quipucamayucs, llamados marcacamayoc o llactacamayoc,[75] encargados de llevar la cuenta del número de personas grandes o chicas que habitaban en él; del tributo que remitían, del número de ropa y víveres que contenían los depósitos reales. Estos informes los daban al curaca, el cual a su vez los suministraba al tucuyricoc. Todos los *quipus* de una provincia iban a los contadores principales que residían en el Cuzco, haciendo ellos los cómputos generales.

Según Damián de la Bandera y Huamán Poma,[76] el Inca tenía dos quipucamayucs designados a su persona, los cuales tenían en sus quipus las leyes, ordenanzas generales y estadísticas; "a cualquier hora que el Inca le pedía, le daban razón de ello".

Los *quipus* no sólo servían para la administración, pues en ellos recordaban la historia de los soberanos anteriores y los sucesos importantes; estos se guardaban con las pinturas y cantares. Al ceñir la borla, el

---

72. L. Baudin, *El imperio socialista de los incas*, p. 213.
73. Cieza de León, *Del señorío de los incas*, cap. XII, p. 82.
    Sobre el quipu ver el estudio de R. Porras B. "Quipu y quilca". *Mercurio Peruano*, año XII, vol. XXVIII, N.° 238. Lima, 1947, pp. 3-35.
74. Huamán Poma, foja 360.
75. Murúa, Edic. Loayza, lib. 3, cap. XXV.
76. Damián de la Bandera, *Relación*, tomo I, p. 194.
    Huamán Poma, foja 359.

Inca escogía unos cuantos quipucamayuc y les mandaba recordar todas las cosas adversas o prósperas sucedidas durante su reinado.[77] Al fallecer el soberano, y no antes, narraban a su sucesor los acontecimientos pasados.

## FORMACIÓN DE LA CASTA

Pachacutec al organizar el imperio formó una casta llamada a gobernar el Estado; estaba constituida por incas de nacimiento, incas de privilegio y por los curacas. Una de las características de la organización inca es, justamente, su fuerte sentido de casta. Su formación la dispuso Pachacutec, ya que al iniciarse la expansión cuzqueña y surgir el imperio, necesitaba de una casta que fuese capaz de secundarlo en su obra. Esta elite, apta y viril, no tardó en cultivarse al tomar contacto con los centros más refinados del Perú prehispánico, como el Chimú y el curacazgo de Chincha.

La casta de los incas estaba formada, principalmente, por los descendientes de los anteriores soberanos, agrupados en las panacas reales. Estos eran los orejones de sangre real, ellos gozaban de numerosas prerrogativas. Sin embargo, no sólo eran incas los descendientes de los antiguos monarcas. Numerosos eran los ayllus que formaban la estirpe inca; comprendían las parcialidades consanguíneas que habían emigrado de la mítica Tampu Toco. Vivían a pocas leguas del área urbana, y continuaban bajo el régimen de la comunidad agraria.[78] Igualmente formaban parte de la elite los incas de privilegio,[79] teniendo el derecho de andar trasquilados y usar orejeras. Ellos comprendían también la aristocracia inca, aunque no podían aspirar a los más altos cargos. En las crónicas encontramos esporádicamente mención de estos privilegios. Así, bajo el reinado de Inca Roca, al ser rescatado el príncipe Yahuar Huacac del poder de Tocay Capac por los de Anta, estos últimos pidieron por recompensa ser considerados, de allí en adelante, parientes de los orejones cuzqueños.[80]

En los principios de la confederación cuzqueña, no existía posiblemente la casta tal como surgió después con el imperio. Más bien era

---

77. Cieza de León, *Del señorío de los incas*, cap. XII.
78. Para mayores detalles sobre los ayllus cuzqueños, ver L. Valcárcel, *Del ayllu al imperio*.
79. Garcilaso, *Comentarios reales de los incas*, lib. 7, cap. I.
80. Sarmiento de Gamboa, cap. XXII, p. 76.

quizás una superioridad tribal. Además, en aquel entonces eran numerosos los ayllus consanguíneos con los incas llevaban el título de incas. Así vemos que Mama Micay, mujer que fue de Inca Roca, era hija del sinchi de los Huallacanes, llamado Soma Inga.[81]

Con la expansión cuzqueña desaparecieron en los contornos del Cuzco los antiguos sinchis y curacas independientes; antiguos jefes como Tocay Capac, fueron eliminados definitivamente. Al crecer el poderío inca era natural que los curacazgos cercanos quedasen absorbidos por el creciente auge de los cuzqueños. Pachacutec procedió entonces a una reforma total de los ayllus, y todo el antiguo orden quedó cambiado. El equilibrio entre los curacas y los sinchis rivales se rompió, la expansión inca se hizo incontenible. ¿Cuántos episodios importantes de la historia del lugar quedarían suprimidos de los cantares y quipus? Una pequeña revolución debió operarse en aquel entonces en el Cuzco.

Como hemos dicho, la verdadera casta la formaban los miembros de las panacas reales, descendientes de los soberanos de la Capac cuna. El fundador de la panaca, era un hijo que no asumía el poder o el que el soberano designara para el efecto. Daremos a continuación los nombres de los ayllus reales, según Sarmiento de Gamboa:[82]

*Chima Panaca Ayllu* de la descendencia de Manco Capac.

*Raorao* o *Raura Panaca Ayllu* de la descendencia de Sinchi Roca.

*Auayni* de la descendencia de Lloque Yupanqui.

*Usca Maita Panaca Ayllu* de la descendencia de Maita Capac.

*Apo Maita* de la descendencia de Capac Yupanqui.

*Uicaquirao* de la descendencia de Inca Roca.

*Aucaylli* de la descendencia de Yahuar Huacac.

*Zoczo* de la descendencia de Viracocha Inca.

*Hatun Ayllu*, que quiere decir "gran linaje" de Pachacutec.

*Capac Ayllu* de Túpac Yupanqui.

*Tumibamba Ayllu* de Huaina Capac.

Ya hemos visto que el centro del Cuzco estaba habitado exclusivamente por las panacas. En los dos barrios de Hanan y Hurin Cuzco,

---

81. Sarmiento de Gamboa, cap. XIX.
82. Ver igualmente los quipucamayus, El Palentino, *Historia del Perú,* Colección de documentos literarios del Perú de Odriozola, tomo IX, lib. 3, p. 358.
    Cobo, tomo III, lib. 12.

## 5 / LA ORGANIZACIÓN DEL IMPERIO

Betanzos[83] nos muestra a Pachacutec distribuyendo los solares reales y ordenando los ayllus. Para dar mayor realce a los soberanos anteriores, decidió Yupanqui que cada momia real tuviese sus servidores, vajillas y morada propia, tal como si estuviese en vida. Todos los miembros que componían una panaca fueron sostenidos con las tierras que poseía el difunto Inca, conservando en esa forma, sus heredades intactas como si siguiera viviendo el soberano; no solamente disfrutaban del palacio y de los bienes, sino de las casas de recreo, convirtiéndose algunas en adoratorios y lugares de romería de los que formaban la panaca. Posiblemente, algunos nuevos bienes fueron designados a los ayllus reales que no tenían suficientes propiedades como para sostener el fausto y boato necesarios para las momias de los soberanos pasados. La intención de Pachacutec fue, seguramente, mantener el brillo y esplendor de los Incas difuntos, así como confirmar la lista oficial de la Capac Cuna. Impresionante debía ser para los forasteros, ya fuesen curacas o simples runas, admirar en el Cuzco el desfile de las momias reales, acompañadas de sus mujeres, servidores y deudos, ostentando tesoros y derrochando lujo. Bajo este punto de vista, evidentemente esta genealogía, viviente, apoyaba el origen divino de los hijos del Sol, y encumbraba al Inca reinante, hasta convertirlo en una especie de semidiós inaccesible y todopoderoso.

Con el correr de los años, las panacas no tardaron en transformarse en pequeños centros autónomos e independientes que escapaban al dominio y órdenes del soberano. Los muertos seguían viviendo, estaban rodeados de numerosas mujeres y servidores, daban grandes fiestas, visitándose los uno a los otros. En esa forma originaron abusos y borracheras a los cuales se veía el Inca reinante sin poder para reprimir.[84] La casta creada para mandar y dirigir, se iba relajando en placeres.

Las momias de los incas colocadas al principio en el templo del Sol, fueron retiradas de allí, dejando quizás en su lugar estatuas de oro. El cuerpo embalsamado de los soberanos junto con el guaoqui o doble, estuvo desde entonces a cargo de sus respectivas parcialidades, en sus palacios particulares.[85] Sin embargo, haremos hincapié en el hecho de que

---

83. Betanzos, Edic. Urt., cap. XVI, p. 183.
84. Santillán, p. 29, párrafo 28.
   P. Pizarro, Edic. cit., pp. 80-81.
   Acosta, *Historia natural y moral de las Indias*, lib. 5, cap. VII.
   Estete, Edic. Urt., p. 47.
   Ondegardo, Edic. Urt, pp. 123-124.
   Las Casas, Edic. Urt., p. 86.
   Cobo, Edic. cit., tomo III, lib. 13, cap. X, p. 339.
85. Cobo, tomo III, lib. 13, cap. X, p. 339.

llegó a estos extremos sólo en tiempo de Huascar, el cual "enojándose un día con estos muertos dijo que los habia de mandar enterrar a todos y quitarles todo lo que tenían, y que no habia de haber muertos sino vivos, por que tenian todo lo mejor de su reino".[86]

El punto más débil de toda la tremenda obra constructiva de Pachacutec fue el exceso de autonomía dado a las panacas reales y el no haber establecido una ley de sucesión que terminara con los desórdenes que prevalecían al fallecimiento del Inca. Probablemente la costumbre y el orden establecidos fueron más fuertes que la prudencia.

El desacuerdo entre Huascar y las panacas reales lo confirman Cobo y Sarmiento de Gamboa; ello le valió al soberano muchas enemistades, iniciándose poco tiempo después el pleito entre panacas, dando origen a la guerra civil entre hermanos.

Es difícil para nosotros comprender la enorme importancia y trascendencia que tenían los ayllus reales. El individuo adquiría su personalidad a través de las panacas, y su agrupación formaba una unidad entre los descendientes de cada soberano. Los numerosos vástagos de cada Inca se diferenciaban entre sí por los ayllus a los que pertenecían sus madres. El pleito entre Huascar y Atahualpa fue una pugna entre panacas, siendo probablemente la madre de Atahualpa no una princesa quiteña sino una prima de Huaina Capac, perteneciente a la panaca de Pachacutec. Sobre el particular regresaremos en el próximo capítulo.

Mientras estuvieron en el poder personalidades poderosas como Pachacutec y su hijo Túpac, los miembros de las panacas formaron esa casta fuerte e inteligente que mostró cualidades para convertirse en una gran clase dirigente. De ella escogía el inca a sus funcionarios tanto para la administración como para el ejército. En todo se diferenciaba grandemente del pueblo y del común de los runas. Formaba una aristocracia de sangre y de cultura, que como una aureola rodeaba al hijo del Sol.

Los nobles y los principales estaban exentos de todo trabajo manual, sirviendo sólo en diversos cargos y oficios honrosos. En igual grado, los curacas y empleados menores estaban libres de contribuciones. Pachacutec ordenó que sólo la elite tuviese derecho a usar adornos de oro, plata, piedras preciosas y plumas, así como al llevar los finos vestidos de vicuña;[87] los curacas, por privilegio y especial regalo del soberano, podían usar adornos costosos y gozar del lujo de los orejones. Garcilaso llega hasta afirmar que los incas de sangre tuvieron un idioma particular, que hablaban entre ellos, el cual era prohibido al indio común, por ser

---

86. P. Pizarro, Edic. cit., 53-55.
87. Garcilaso, *Comentarios reales de los incas*, lib. 6, cap. XXXV, p. 81.

considerado como un lenguaje divino.[88] Igual aseveración encontramos en la "Descripción de la Villa Rica de Oropesa",[89] del uso que tenían el Inca y los de su linaje de una lengua especial, la cual "ningún cacique ni demas personas de su reino tenia licencia para aprendella ni vocablo della". Desgraciadamente, esta afirmación no ha sido comprobada, quedando hasta ahora la duda sobre la existencia de tal idioma.

Para la educación de la casta de los orejones, Pachacutec amplió el Yacha Huasi, una escuela fundada por Inca Roca,[90] a dónde acudían no sólo los jóvenes del linaje de los incas, sino los hijos de los curacas de las provincias conquistadas.[91] A la edad de quince años, enviaban los curacas a sus hijos al Cuzco, ingresando los muchachos al Yacha Huasi. En este lugar no sólo aprendían el runa simi sino que principiaban a servir a los incas, imbuyéndolos en esa forma de la cultura e ideales incas. Viejos y sabios personajes enseñaban a los jóvenes los diversos cursos. Según Murúa,[92] la instrucción duraba cuatro años. El primer año era dedicado a la enseñanza del idioma, principalmente acudían al Yacha Huasi los hijos de los curacas forasteros. En el segundo año, enseñada la doctrina, religión y el culto de los ídolos; el tercer año comprendía el estudio de los *quipus*, importante para quienes tenían que formar a la clase dirigente. Por fin, en el cuarto y último año, los muchachos aprendían la historia y los hechos de guerra, tal cómo se desprendían de los mismos quipus. Igualmente estudiaban cómo manejar con elegancia el runa simi. En el Yacha Huasi, los jóvenes eran bien tratados, no tenía el maestro derecho de pegarles más de una vez al día, "y no en las nalgas, mas en las plantas de los pies", si el Amauta se excedía, tenía que sufrir un castigo del Inca.

En esta forma sólo la casta recibía una educación y quedaba debidamente preparada. La formación física no era descuidada, teniendo los jóvenes que demostrar su fuerza y coraje en las ceremonias del Huarachico. En cuanto a las mujeres, también era mantenida la distinción de castas en los aclla huasis, una especie de conventos donde eran recluidas las jóvenes.

---

88. Garcilaso, *Comentarios reales de los incas*, lib. 7, cap. I, p. 88.
89. "Descripción de la Villa Rica de Oropesa", *Relaciones geográficas de Indias*, Edic. Jiménez de la Espada, tomo II, p. 7.
90. Garcilaso, *Comentarios reales de los incas*, lib. 6, cap. XXXV.
91. Las Casas, Edic. Urt., p. 124.
    Cieza de León, *Del señorío de los incas*, cap. XIV.
    Gutiérrez de Santa Clara, tomo III, p. 549, cap. LXIII.
92. Murúa, lib. 3, cap. IV, pp. 83-84. El programa de estudios del Yacha Huasi parece demasiado europeo.

Es comprensible que todos estos privilegios hicieron que los curacas deseasen formar parte de la aristocracia. Ellos guardaban cierta autoridad en sus tierras, siendo siempre controlados por el tucuyricoc. El gobierno inca confirmaba sus privilegios y costumbres, exigiendo sólo el tributo y el reconocimiento del poderío cuzqueño. Durante el transcurso del año, tenían los curacas que morar algunos meses en la corte del Inca,[93] construyendo sus casas en los barrios que les correspondían.

Para fortalecer los vínculos entre la metrópoli y las provincias, y al mismo tiempo eliminar las posibles rebeliones, recibían los curacas cómo mujer principal una ñusta cuzqueña. Con el tiempo escogían entre sus hijos al heredero del curacazgo. En esa forma fueron los jefes provincianos incorporándose a la casta de los orejones, manteniendo, sin embargo, cierta distancia. Algunos señores importantes tuvieron especiales privilegios, como ser llevados en andas o hamacas. Las Casas[94] afirma que no había más de seis que disfrutaban de este honor en todo el imperio; entre ellos estaba el señor de Chincha. Por estas medidas se creó una casta refinada y fuerte que supo secundar a sus grandes monarcas.

Si la educación en los varones fue reservada sólo para la casta, no menos jerarquizados estaban los aclla huasis de mujeres. En estos lugares entraban las niñas a la edad de ocho a diez años, y quedaban al cuidado de mamaconas. Según Garcilaso[95] hacían oficio de madres, enseñando a las jóvenes los quehaceres propios de las mujeres, así como todo lo relativo al culto de los ídolos. Las de ilustre abolengo eran abadesas, quedando las de humilde origen de porteras. En los aclla huasis vivían las mujeres ocupadas en preparar la chicha y diversos manjares, tanto para el culto como para el soberano. Numerosas horas pasaban tejiendo ropa fina para los sacrificios al Sol y los vestidos del Inca y de la coya. Entraban también a las aclla huasi las ñustas de sangre inca, las hijas de los curacas, las más lindas muchachas del Tahuantinsuyo. En las provincias era delegado un juez encargado de escoger a las niñas. Cobo[96] lo llama el Apupanaca; sin embargo, el Jesuita Anónimo[97] menciona a un sacerdote o hatun villca "que algunos llaman corruptamente apopanaca, por decir aponaca, los señores en aymará o apocuna en la quichua".

---

93. Cieza de León, *La crónica del Perú*, cap. LXXIV, p. 230.
94. Las Casas, Edic. Urt., p. 123.
95. Garcilaso, *Comentarios reales de los incas*, tomo I, lib. 4, cap. I. Según John Murra (1975) los aclla huasi cumplían el rol de obrajes, producían textiles masivamente para el Estado, además de preparar brevajes para las grandes oportunidades.
96. Cobo, tomo III, lib. 12, cap. XXXIV.
97. *Costumbres antiguas del Perú*, Edic. Loayza, p. 47, cap. IX.

## 5 / LA ORGANIZACIÓN DEL IMPERIO

Las doncellas elegidas entraban por su propio gusto, y permanecían la mayor parte del tiempo en el aclla huasi de su provincia. Sólo las de gran hermosura eran enviadas al Cuzco. En la capital había jóvenes de todas las regiones, aunque la mayoría eran del Cuzco y de sus alrededores, así como de Chachapoyas y de Pilco, el actual Huánuco, renombradas por su belleza.[98] Las acllas eran divididas en diversas categorías, variando los datos que tenemos según los cronistas. Cabello de Balboa[99] menciona tres clases distintas, mientras que Murúa[100] nombra seis categorías y Huaman Poma[101] hace una numerosa clasificación. Santa Cruz Pachacuti[102] se refiere a cuatro tipos distintos, habitando en casas separadas.

La primera clase de acllas sería la de las *Yurac Acllas* o acllas blancas, siempre de sangre real, eran las doncellas consagradas al Sol. Vivían enclaustradas, dedicándose a preparar los alimentos ofrecidos al Inti y a sus numerosos sacerdotes. Ofrecían ellas los manjares diciendo: "Come Sol, esto que te han guisado tus mujeres".[103] Una virgen en especial era tenida por esposa del Sol y gobernaba a las demás; era de alto linaje, casi siempre hermana del Inca. Tenían también estas jóvenes a su cargo el mantener el fuego sagrado. La aclla que no guardaba castidad era enterrada viva y su cómplice, ahorcado.

La segunda categoría correspondía a las *huayrur acllas*, nombre que les daban por un frejolito negro y rojo llamado huayruro, generalmente eran las más hermosas muchachas destinadas al Inca.

La tercera eran las *paco acllas*, ellas se convertían más tarde en las mujeres de jefes y curacas. En cuanto a la última categoría, las *yana acllas,* eran muchachas que no se destacaban ni por su linaje ni su hermosura, cumplían las funciones de doncellas de las demás y casaban con los hombres comunes. Murúa en su clasificación, menciona a las *taqui acllas*, escogidas por sus aptitudes cantoras, ellas, tañían los tambores y pincullos, alegrando las fiestas reales.

Mientras las acllas de la primera clase eran consagradas al Sol y permanecían vírgenes, las demás después de su estadía en los aclla hua-

---

98. *Costumbres antiguas del Perú,* Edic. Loayza, p. 39, cap. IX.
99. Cabello de Balboa, Edic. Urt., cap. IX, pp. 72-73.
100. Murúa, Edic. L., cap. XXXVI, al cap. XL.
101. Huamán Poma, fojas 299 y 300.
102. Santa Cruz Pachacuti, Edic. Urt., pp. 156-157. Además sobre las acllas ver:
    Acosta, lib. 5, cap. XV, p. 387.
    Cobo, tomo III, lib. 12, cap. XXXIV.
    Román y Zamora, tomo II, lib. 2, p. 116.
    Santillán, Edic. Urt., p. 35.
103. P. Pizarro, pp. 84-86.

sis se convertían ya sea en esposas secundarias del Inca o bien las entregaba, el mismo soberano a título de favor, como mujeres principales a los jefes o curacas. Según Pedro Pizarro, gozaban las mamaconas de cierta libertad. En la narración que hace Murúa[104] de los amores de la aclla Chuquillanto con el pastor Acoytrapa, menciona a las jóvenes paseando de día, con la obligación de no faltar en el monasterio a la caída de la noche.

Las mujeres que gozaban de mayor libertad eran las concubinas de los soberanos difuntos, que formaban el séquito de la momia real.

Cada año o par de años,[105] tenía lugar el matrimonio de las doncellas que tuvieran edad para ello. En el Cuzco el mismo Inca presidía la ceremonia de los de su linaje. En la plaza se juntaban las muchachas casaderas entre los dieciocho a veinte años y los jóvenes de veinticuatro años para arriba: "El Inca se ponía en medio de los contrayentes, que estavan cerca unos de otros, y mirándolos llamava a el y a ella, y a cada uno tomava por la mano y los juntava".[106]

Parte de la ceremonia de bodas era calzar el mozo a la novia con una oxota; si la mujer era doncella, la sandalia era de lana, si viuda, era de paja o ichu.[107] Luego asidos de la mano se dirigían los desposados a casa del marido, donde se sucedían diversas fiestas. Tenían licencia de casarse con quien quisiesen, siempre que fuesen de igual condición y de la misma provincia.[108] En los pueblos se llevaba a cabo idénticas ceremonias, presididas por el enviado del Inca, el cual llamaba a los hombres y les preguntaba con qué mujer querían casarse.

La morada de los novios, si eran incas, las construían los *runas* encargados de hacerlas; en cuanto a la gente común, era el consejo de ancianos o yayas quién mandaba edificar la casa por la comunidad.

El ajuar era proveído por los parientes, contribuyendo cada uno con una pieza. Según Cobo,[109] la mayor parte del menaje estaba compuesto por tinajas, cántaros de barro, mates y keros. Los adornos o alhajas que tuvieran los novios eran guardados en tinajas. En la sierra, la única cama que usaban era una manta gruesa que servía de colchón y frazada,

---

104. Murúa, Edic. L., pp. 221-228.
105. Cobo, tomo III, lib. 12, cap. XXXIV, p. 276.
106. Garcilaso, *Comentarios reales de los incas*, lib. 4, cap. VIII.
107. Cobo, tomo IV, lib. 14, cap. VII.
108. Román y Zamora, *República de Indias*, tomo II, lib. 3, pp. 114-117.
    Pedro Pizarro, p. 85.
    Garcilaso *Comentarios reales de los incas*, tomo IV, lib. 14, cap. IV.
    Herrera, "Década quinta", lib. 4, cap. III.
109. Cobo, tomo IV, lib. 14, cap. IV.

llamada *chusi*. Los yungas del Anti, usaban la hamaca, sólo los curacas podían tener unos bancos pequeños *tianas*.

En general la idea de casta era mantenida, no podía una ñusta de linaje real casarse o ser concubina de uno que no fuese de su misma sangre. El drama de Ollantay, de inspiración cuzqueña, es una muestra de lo severas que eran sobre el particular las costumbres incas. Si bien la voluntad del Inca era por lo general una ley, la insistencia de la mujer podía a veces vencer el deseo del hijo del Sol. Santa Cruz Pachacuti [110] cuenta cómo una hermana de Huaina Capac, llamada Mama Coca, no quiso aceptar casarse con su hermano, a la muerte de la primera coya, y cómo ni los ruegos ni las amenazas llegaron a doblegar a la joven. No hallando Huaina Capac medios para persuadirla la entregó, como castigo, por mujer a un curaca "muy viejo, gran comedor de coca y muy feo". Ante las lágrimas de Mama Coca, su esposo consintió que entrara al aclla huasi de Mamacona.

El cuidado y la vida apartada del campo, hacían que las mujeres de alto linaje fuesen más finas que las demás. Tanto la coya como las pallas y ñustas eran llevadas en hamacas o literas durante los viajes del Inca. Como las mujeres del medioevo, tenían costumbre de pasar los días hilando y tejiendo telas. Al visitarse las pallas las unas a las otras, llevaban a sus criadas y lanas para no estar ociosas. Gran esmero ponían estas señoras en su persona, mereciendo especial cuidado sus cabellos que usaban largos y sueltos sobre el hombro. El vestido comprendía un *anacu* o *acso,* una túnica larga sin mangas prendida al hombro por alfileres; un lado lo traían descosido, dejando ver la pierna.[111] En la cintura llevaban una ancha faja o *chumbi*; encima de los hombros usaban la *lliclla* o manta sujeta por tupus, alfileres de oro, plata o cobre primorosamente labrados. El cabello suelto era sostenido por una *vincha* o cinta del grosor de un dedo, curiosamente pintada. Por tocado usaban la *ñañaca*, pedazo de rica tela, doblado en tres o cuatro con una punta sobre la frente, dejando descubierto el cabello por los costados; venía a caer la otra punta sobre las espaldas.[112] Por adorno usaban chaquiras de metales finos o de conchas del mar.[113] La coya al igual que el soberano no se ponía dos días seguidos el mismo traje.

---

110. Santa Cruz Pachacuti, Edic. Urt., p. 208.
111. El vestido usado en la actualidad en el campo es de origen español y fue impuesto en tiempos del virrey Toledo.
112. Cobo, tomo IV, lib. 14, cap. II.
113. Las más preciosas chaquiras eran hechas en Guayaquil, ver "Relación General", por Salazar Villasante. *Relaciones geográficas de Indias*, Jiménez de Espada, p. 50.

## REFORMA DEL EJÉRCITO

A medida que los ejércitos incas dominaban a sus vecinos, iban adquiriendo una sensación de superioridad sobre los demás. Superioridad que al producirse la expansión cuzqueña se tradujo en una disciplina y un orden que las otras naciones no poseían.

Para poder lograr un predominio sobre tan vasto territorio, debió Pachacutec proceder a la reforma del ejército y a una minuciosa organización. Como toda la obra emprendida por este Inca, no hay en ella detalle, por pequeño que fuese, del cual no se haya ocupado. La importancia que el soberano daba al ejército se traduce en su afán de dejar a su hijo Túpac "bien quisto de la gente de guerra".[114] El ascendiente que tanto el Inca como el príncipe tuviese sobre los generales, era importante para evitar posibles rebeliones y poder extender las fronteras del imperio.

No permitía Pachacutec que ningún jefe, por encumbrado que fuese, osara desobedecer una orden suya. Hemos visto la suerte corrida por el general Capac Yupanqui y por Huaina Yupanqui al hacer caso omiso de las instrucciones reales. Sobre esta base de disciplina militar, se inició la organización de las tropas.

Según Cobo,[115] guardaba el ejército el mismo orden que la administración, quedando los soldados divididos en decurias y centurias. Todos los capitanes y jefes pertenecían al linaje de los incas y "no se fiaban de otros". Posiblemente la huida de Anco Huallu a la selva fue una advertencia de lo que podría volver a suceder.

Al emprender el ejército la marcha, iba repartido en diversos escuadrones, por provincias, guardando el orden según el tiempo transcurrido desde su anexión al imperio. Más cerca del soberano estaban las naciones que de más antiguo habían sido sometidas a los incas. Durante las jornadas tenían prohibido los soldados molestar a los pueblos y comunidades, y tocar las sementeras a lo largo de su ruta. Para evitar los desbandes, a cada lado de los caminos a lo largo de los valles había gruesos paredones. En todas las vías, escalonadas de trecho en trecho, se alzaban los tambos o posadas, junto con los depósitos de víveres, ropas y armas. Previsto en esa forma el aprovisionamiento de las tropas, éstas podían trasladarse rápidamente a cualquier punto sin perjudicar en lo más mínimo a la población civil.

En cuanto a las armas usadas, eran diversas en el Perú precolombino. Tanto en la región andina como en la costa era de poco uso el

---

114. Sarmiento de Gamboa, Edic. cit., cap. LXIV, p. 120.
115. Cobo, tomo IV, lib. 14, cap. IX, p. 197.

arco y la flecha.[116] El arco grande, de dura madera de chonta, con cuerda de nervios de animales, o de cabuya, era junto con la cervatana, generalizado sobre todo en la floresta. Numerosas son las representaciones en los ceramios de la costa, de guerreros armados de la estólica o propulsor. Esta arma, de simple mecanismo, comprendía un dardo impulsado por una tiradera que prolongaba y acentuaba el vigor del brazo. Era una arma muy antigua, anterior al arco y a la flecha.[117] Alberto Mario Salas menciona la estólica como el arma más temida en el Perú, por los conquistadores.

Otra arma, sumamente antigua, eran las boleadoras o ayllos, que hemos mencionado anteriormente. Si bien Cobo hace alusión a su uso en la región Colla, encontramos mención de su generalización en otros pueblos. Según Cieza de León,[118] los canchis, vecinos de los collas, usaban el ayllo, así como los huancas.[119] Curioso es notar que Sarmiento de Gamboa cuenta cómo Mama Huaco, mujer que fue de Manco Capac, luchó contra los huallas con un *haybinto*, "es una piedra atada en una soga, con que ella peleaba en las manos".[120] Por la descripción este *haybinto* parece haber sido una boleadora. Sin embargo, Cobo afirma que los incas no usaron esta arma, ya que fue introducida en forma de juego por Túpac Yupanqui.

Al iniciarse los combates, estando aún los ejércitos enemigos a cierta distancia el uno del otro, era usada la *honda* o huaraca de lana o de cabuya. Según Cobo, eran particularmente los serranos expertos honderos.[121] Las piedras arrojadas eran talladas y pulidas, empleando también los guijarros de cantos rodados de los ríos y arroyos. El lazo propulsor de las hondas era un grueso cordón tejido de lana o de fibras vegetales. Los indígenas hacían girar la honda varias veces sobre la cabeza y soltando luego un extremo partía la piedra con gran fuerza. Tan certeros eran en su puntería, que el buen padre de Las Casas[122] suponía que las piedras debían estar hechizadas y amaestradas. El Inca, en las batallas, se alzaba de pie sobre su anda lanzando en vez de piedras, bolas de oro fino.[123]

---

116. Alberto Mario Salas, *Las armas de la conquista*, p. 39.
117. Salvador Canals F., *Prehistoria de América*, p. 326.
118. Cieza de León, *La crónica del Perú*, p. 285, cap. XCVII.
119. *Relaciones geográficas de Indias*. Jiménez de la Espada, tomo I, p. 84.
120. Sarmiento de Gamboa, cap. XIII, p. 58.
121. Cobo, tomo IV, lib. 14, cap. IX, p. 194.
122. Las Casas, Edic. Urt., p. 134.
123. Huamán Poma, foja 332.

En los encuentros cuerpo a cuerpo usaban el *champi*, especie de lanza de cobre o albarda.[124] El *hacha*, con cuchillas de cobre o de pedernal, era una arma muy antigua; unas eran pequeñas de a una mano, mientras que otras eran grandes y se jugaban a dos manos.[125] Las llevaban atadas a la muñeca con fijadores de cuerda, y eran tan filudas que lograban cortar una cabeza.[126] La *macana* era un bastón de chonta, de cuatro dedos de ancho, tenía una empuñadura redonda rematando en un extremo con una estrella de piedra o de metal. La forma estrellada era más frecuente entre los incas, mientras que la anular era corriente en el Chimu.[127]

Estas armas de extremos cortantes, de piedra o de metal, producían terribles heridas o descargaban soberbios golpes capaces de romper los cráneos de los enemigos. Se ha establecido una correlación geográfica entre el uso de estas armas y la costumbre de trepanar.[128] Si bien las mencionadas operaciones se usaron durante la prehistoria en Europa, Asia y África y esporádicamente en toda América, es sobre todo en el sur del continente donde fue más difundida esta costumbre. Según Pedro Weiss, la trepanación fue más usada en la sierra que en la costa. Los centros principales de estas operaciones quirúrgicas, fueron Calca en la región del Cuzco, la zona de Yauyos y Paracas en la costa.

Para defenderse de tales armas, usaban mantas de algodón ceñidas al cuerpo. Cobo[129] menciona jubones y sayas de algodón acolchado, siendo otras de caña muy tejida. Eran tan fuertes que ni un golpe de piedra o de palo podía hacer daño si se las llevaba, y traían en las espaldas unas roelas pequeñas tejidas de varas de palma y algodón. En las batallas se protegían con una especie de escudo, que Huamán Poma[130] llama *huallccancca*. Era pequeño, de forma cuadrada y colgaba en él una tela o cuero que supone Alberto Salas retenía los dardos y flechas.[131] El escudo era hecho de cuero de venado, llevando hacia fuera "un lienso rico de algodón, lana o pluma muy labrado de varios colores".[132]

---

124. Garcilaso, *Comentarios reales de los incas*, lib. 6, cap. XXVII.
125. Cobo, tomo IV, lib. 14, cap. IX.
126. Las Casas, Edic. Urt., p. 135.
127. Jijón y Caamaño, *Los aborígenes de la provincia de Inambura*, p. 143.
128. Pedro Weiss, *La cirugía entre los antiguos peruanos*, p. 9.
129. Cobo, tomo IV, lib. 14, cap. IX.
    Gutiérrez de Santa Clara, tomo III, p. 547.
130. Huamán Poma. Ver fojas referentes a los soberanos.
131. Alberto Salas, *Las armas de la conquista*, p. 99.
132. Cobo, tomo IV, lib. 14, cap. IX.

Los guerreros adornaban sus cabezas con plumas y penachos, mientras Huamán Poma dibuja *umachucos*, una especie de cascos. Pedro Pizarro menciona haber visto en los depósitos del Cuzco unos morriones "que se ponían en las cabezas hechos de unas cañas muy tejidas y tan fuerte, que ninguna piedra que en ellos les diese, les podría hacer daño".[133] En el pecho tenían grandes patenas de oro y plata, usando los soldados comunes pectorales de cobre.[134]

En algunas regiones se pintaban el rostro de varios colores y figuras, con el fin de sembrar el espanto en el bando enemigo. Esta pintura era hecha a base de *llimpi* o azogue, sacado de las minas de Huancavelica.[135]

Los cronistas que vieron el ejército de Atahualpa en Cajamarca, mencionan libreas de diversos colores, llevadas por los soldados; probablemente cada género de arma se distinguía por el color del traje usado en los diversos escuadrones; ya que cada división peleaba con una sola clase de armas. Igualmente hacen referencia a los toldos de campaña que se usaban para proteger a los soldados de la intemperie. El cuidado que ponía Pachacutec en el buen estado de sus ejércitos, lo muestra el hecho de que hacía alternar cada dos o tres meses las tropas que luchaban en la costa, donde el clima era poco propicio para los serranos, con soldados estacionados y descansados en las alturas contiguas. No se conoce el tiempo que prestaban servicios las tropas, variando probablemente según las circunstancias. La existencia de la rabona no es mencionada por los cronistas. Posiblemente esta costumbre surgió al desaparecer el imperio y con él los tambos y mesones de los caminos, así como los depósitos de víveres y armas. Encontramos que tanto el Inca como los generales y jefes llevaban consigo a sus mujeres y concubinas, siendo cargadas en literas o hamacas las señoras principales. Hemos visto que el príncipe Amaru Yupanqui nació estando el ejército en camino hacia Vilcashuamán. El general Capac Yupanqui llevaba también una manceba chanca en la conquista del Chinchaysuyo. Más bien era el soldado raso el que emprendía la marcha solo. Cobo[136] cuenta la exis-

---

133. Pedro Pizarro, p. 92.
134. Estete, Edic. Urt., p. 29.
135. Acosta, lib. 4, cap. II, p. 251.
136. Cobo, tomo I, lib. 4, cap. XVIII, p. 367.
    Garcilaso, *Comentarios reales de los incas*, lib. 8, cap. X. Al mencionar Garcilaso las legumbres de la tierra nombra la oca y luego: "hay semejante a ésta en el talle, mas no en el gusto; antes contraria, porque toca en amargo y no se puede comer sino cozida, llamada añus; dizen los indios que comida es contraria a la potencia generativa; para que no les hiziese daño, los que se

tencia de cierta raíz llamada en aymará *isaña* y en quechua *añu*, cuya virtud era reprimir todo apetito sexual. Mandaban los incas llevar con el ejército gran acopio de ella como mantenimiento, con el fin de que comiéndola los soldados se olvidasen de las mujeres.[137]

Al llegar el ejército inca a una región por conquistar, enviaban, antes de atacar, una embajada con ofertas de paz y sumisión pacífica. Un capitán con un pequeño destacamento de soldados, entablaba las negociaciones, llevando como prueba de la autenticidad de su misión una porra con ciertas insignias reales.[138] La fama del Inca era tan grande que, a menudo, bastaba este requerimiento para que una nación se rindiera ante los cuzqueños. Si la primera intentona fracasaba, tres veces tenía que volver el jefe con las ofertas de paz antes de ir a las armas.

Al declararse la guerra, iniciaban los hombres los combates, entre grandes gritos y alaridos. Estete[139] menciona un cantar "nada gracioso" hecho con el objetivo de sembrar el espanto en el bando adverso. Los principales que iniciaban la lucha eran los honderos, quienes a medida que se acercaban al enemigo empleaban la estólica o las flechas, para venir después a las lanzas. En el combate cuerpo a cuerpo que se entablaba al último, al entrelazarse los dos ejércitos, usaban las porras, macanas y hachas.[140]

Las conquistas incas se caracterizaban por la carencia de crueldad. Al curaca que se sometía de buena gana, le era dejado su rango y sus ídolos, viniendo a yuxtaponerse la organización cuzqueña y el culto al Sol a sus propias costumbres y tradiciones.

Trataban los soberanos de captarse pacíficamente a las naciones, antes de imponerles la fuerza. Sólo los rebeldes y los sublevados eran severamente castigados.

Ondegardo[141] comenta la bravura de los ejércitos incas, que no vacilaban en hacer frente a los más eminentes riesgos, debiendo su

---

preciavan de galanes tomavan en la una mano una varilla o un palillo mientras la comian, y comida assí dezían que perdía su virtud y no dañava".

137. Fortunato Herrera en su artículo sobre "Botánica etnológica", publicado en la *Revista del Museo Nacional*, Lima, 1933, tomo II, N.° 1, menciona el añu añu *(Tropaeolum Seemani)* como un tubérculo muy parecido al añu *(Tropaeolum tuberosum)* especie cultivada y comestible.
138. Las Casas, Edic. Urt., p. 133. Esto es el sistema de la reciprocidad. Ver Rostworowski, 1988.
139. Estete, Edic. Urt., p. 29.
140. Las Casas, pp. 134-135.
    Román y Zamora, *República de Indias*, tomo II, lib. 3, p. 202.
    Gutiérrez de Santa Clara, tomo III, p. 467.
141. Ondegardo, Edic. Urt., p. 58.

## REFORMA DEL SACERDOCIO Y DEL CALENDARIO

descrédito a la imaginación de los escritores de entonces. Las aguerridas tropas dominaron el Perú precolombino, y mostraron su valor y su disciplina frente a los enemigos en iguales condiciones. Indudablemente no es justo juzgar a los indígenas por la rápida conquista española; en ella entraron en juego numerosos factores, como lo veremos más adelante.

## REFORMA DEL SACERDOCIO Y DEL CALENDARIO

El esfuerzo de Pachacutec hacia un poder absoluto, lo llevó a la reforma del sacerdocio. Antiguamente el poderío de la casta sacerdotal había sido grande, posiblemente bajo los Hurin Cuzco el sumo pontífice retenía igualmente el mando de la confederación. Tanto Cobo como Molina[142] nombran a los ayllus de Tarpuntay como los ministros encargados del culto al Sol. Estos datos hacen suponer a Riva Agüero[143] que los soberanos Hurin Cuzco pertenecieron al ayllu de Tarpuntay. Sin embargo, Sarmiento de Gamboa,[144] al nombrar los diez ayllus que tomaron parte en el éxodo de Pacari Tampu hacia el Cuzco, menciona estos últimos como Hanan. ¿Recibirían los de Tarpuntay el oficio de sacerdotes a la caída de los del bando de abajo?

A través de la historia inca aparecen esporádicamente alusiones a cambios en el culto y en el sacerdocio. Aunque estas noticias no sean suficientes para darnos una idea cabal de los sucesos, podemos, sin embargo, vislumbrar motines, intrigas y cambios religiosos.

En la crónica sobre *Costumbres antiguas del Perú*[145] hay mención sobre la riqueza y gran influencia que tuvieron los sacerdotes, siendo justamente ellos la causa principal para los motines bajo el reinado de Viracocha. Según la misma relación estos ministros habían hecho causa común con los de hantahuayllas, motivando casi la pérdida de la confederación. Salvóse el Cuzco debido a que el joven príncipe Tito Yupanqui derrotó a los enemigos. Después de obtenida la victoria, perdieron los sacerdotes para siempre sus oficios: "Y después que vino a ser rey absoluto, hizo nuevo modo de sacerdotes... de lo cual hizo ley mudando el modo de los ministros y su vivir y sacrificios, de tal manera, que lo llaman Pachacuti, que quiere decir reformador del mundo".[146]

---

142. Cobo, tomo IV, lib. 13, cap. XXXIII.
    Molina el Cuzqueño, Edic. L., pp. 26-28-29.
143. Riva Agüero, *La historia en el Perú*, pp. 179-180.
144. Sarmiento de Gamboa, cap. II, p. 50.
145. Jesuita Anónimo, *Costumbres antiguas del Perú*, Edic. L., p. 33.
146. Jesuita Anónimo, *Costumbres antiguas del Perú*, Edic. L., p. 33.

Si bien los chancas no son nombrados sino los hantahuayllas, y el joven Cusi como Titu Yupanqui, no cabe duda que se trata del ataque al Cuzco bajo Viracocha Inca y que los sacerdotes se aliaron con los chancas contra los cuzqueños. El poder del sacerdote del Sol en otras épocas está confirmado en la misma crónica, al mencionar la jurisdicción que tenía en tiempos antiguos el villac umu sobe los mismos reyes.[147]

Huamán Poma[148] nos cuenta que el Inca nombró nuevos pontífices y sacerdotes, mandando matar a los falsos hechiceros, al mismo tiempo que instituyó nuevas "fiestas y meses y pascuas y danzas". Es posible que Pachacutec haya tenido que sostener una lucha por el poder absoluto, no sólo contra los curacas y sinchis vecinos, sino contra los mismos sacerdotes, celosos de sus prerrogativas. Para conseguir la fidelidad y sumisión de los ministros tuvo que deponer a los antiguos, que además se habían hecho culpables de traición, implantando al mismo tiempo nuevas leyes y costumbres.

La lucha entre el Inca y el poder espiritual no terminará en el fondo sino con Huaina Capac, al nombrarse este soberano "Pastor del Sol", quitando de este modo la jefatura del sacerdocio a quien la tenía.[149] Además este soberano se hizo adorar de los suyos como un dios, algo que ninguno de los otros soberanos había hecho anteriormente.[150] En adelante el villac umu no será más que el mayordomo del Inti. Si observamos la portada de la "Década quinta" de Herrera, notamos que el mencionado soberano es el único que luce en el pecho un gran disco solar, una de las insignias del sumo pontífice.

Cobo[151] nos informa que ciertos sacerdotes debían su rango a una elección del Inca, mientras que otros ministros pertenecían a diversos ayllus y linajes, heredando sus puestos por sucesión; en esta categoría debemos incluir a los del ayllu de Tarpuntay. El número de sacerdotes era grande; no había adoratorio o huaca por pequeño que fuese que no tuviese sus ministros, sin contar la gran cantidad de adivinos, curanderos y hechiceros.

El gran sacerdote del Sol era el máximo pontífice, tenía a su cargo los sacrificios y el culto al Inti, residiendo en Coricancha. Era, por lo

---

147. Jesuita Anónimo, *Costumbres antiguas del Perú*, Edic. L., p. 20.
148. Huamán Poma, foja 109.
149. Sarmiento de Gamboa, cap. LVII, p. 141.
150. Acosta, lib. 6, cap. XXII.
151. Cobo, tomo IV, cap. XXXII, lib. 13.

## 5 / LA ORGANIZACIÓN DEL IMPERIO

general, hermano o tío del Inca.[152] Llevaba este ministro una vida ascética, llena de ayunos y abstinencias.[153]

En los días festivos o para los sacrificios al Sol, usaba el villac umu una larga túnica blanca, sembrada de plumas y chapas de oro. Sobre la cabeza lucía una especie de casco o tiara, el *villac chucu* o *huampa chucu*, confeccionado con oro y vistosas plumerías. En el pecho llevaba una patena del mismo metal, representando al Inti. Esta suntuosa indumentaria era sólo usada cuando cumplía algún rito, vistiendo, fuera de ello, como el común de la gente.

Numerosos eran los demás sacerdotes del imperio y variaban sus nombres según sus funciones. Villagomes y Arriaga[154] nombran diversas clases de ministros:

Los *huacap villac,* hablaban con las huacas.

Los *malquis villac* cumplían igual oficio con las momias de los antepasados.

Los *libiac villac* se comunicaban con el rayo.

Los *punchaup villac* hablaban con el Sol, teniendo por ayudantes a los yanapac.

Los *macsa* o *viha* curaban a los enfermos.

Los *aucachic* eran los ayudantes de los anteriores.

Los *asuac* o *accac* preparaban la chicha para las libaciones y ofrendas. Entre los yungas de la costa este oficio era desempeñado por hombres, mientras que en la sierra eran las doncellas o acllas las encargadas de la preparación de las bebidas.

Los *sociac* adivinaban la suerte por medio de granos de maíz.

Los *rapiac* eran igualmente a divinos.

Los *pacharicucc* o *cuy ricuc* establecían sus oráculos por intermedio de arañas o de cuyes.

Los *parianas*, tenían a su cargo vigilar las sementeras. Andaban con el pellejo de un zorro puesto sobre la cabeza, llevando en la mano un bastón con una borla. Huamán Poma en la foja 1149, correspondiente al mes de octubre, dibuja a uno de ellos. Eran los parianas elegidos cada año, y tenían que ayunar los dos meses que duraban sus oficios.

---

152. Garcilaso, *Comentarios reales de los incas*, tomo I, lib. 3, cap. XXII.
153. Jesuita Anónimo, *Costumbres antiguas del Perú*, pp. 20-21.
154. Villagomes, Edic. Urt., cap. XLIII, p. 151.
    Arriaga, Edic. Urt., cap. III.

Por último veían los *runap micuc*, unos temibles brujos que chupaban la sangre de sus víctimas cuando éstas estaban dormidas. Cobo[155] menciona un gran número de hechiceros de ambos sexos, siendo por lo general gente pobre, baja y sin mayor estimación, pertenecían sobre todo a la provincia de Condesuyo. Los adivinos eran divididos según el género de cosas empleadas, ya sea maíz, frijoles, ciertas piedrecitas negras, arañas, coca o culebras. Para los oráculos acostumbraban emborracharse, echando a la chicha el zumo de cierta yerba llamada vilca.

En el pueblo de Guaro, empleaban el fuego como vaticinio, siendo los adivinos los *yacarca*.

A los filtros y hechizos de amor llamaban huacanquis[156] y estaban compuestos a base de moscas, confeccionando los brujos figuritas con plumas de pájaros de los Andes.

A los curanderos se les conocía como *camasca* o *soncoyoc*. Eran diestros en preparar pócimas y emplastos a base de yerbas, usando para sus supersticiones las más diversas cosas. Junto con la reforma sacerdotal, introdujo Pachacutec el cambio del calendario y un extenso y complicado ceremonial para las más importantes fiestas del año.[157] No sabemos cómo era llevada la cuenta del año antes de este monarca, ni en qué consistía su reforma. Una de las innovaciones introducidas por Yupanqui, parece haber sido la iniciación del año en el solsticio de diciembre.[158] El año llamado *huata* estaba compuesto de doce lunas; no llegaba sin embargo a ajustarse el año lunar con el año solar.[159] Ciertas fiestas se regían por el calendario lunar manteniendo con exactitud la época de los equinoccios. Para el mejor cálculo mandó labrar Pachacutec, en un lugar alto, un número de pilares.[160] Según Garcilaso estaban las columnas puestas en el centro de un círculo dividido de oriente a poniente por una línea. Cuando la sombra proyectada por las columnas del centro iba aproxi-

---

155. Cobo, tomo IV, lib. 13, cap. XXXIV.
156. Villagomes, Edic. Urt. cap. XLIV, p. 172.
    Cobo, tomo IV, lib. 13, cap. XXXVI.
    Santa Cruz Pachacuti, pp. 153-154.
157. Cobo, tomo IV, lib. 13, cap. XXXV.
158. Betanzos, cap. XVIII.
    Acosta, lib. 6, cap. III.
    Sarmiento de Gamboa, cap. XXX.
    Huamán Poma, foja 109.
    Calancha, tomo I, lib. 2, cap. XII, p. 375.
    Molina el Cuzqueño, Edic. L., pp. 18-19.
159. Garcilaso, *Comentarios reales de los incas*, lib. 2, cap. XXII.
160. Betanzos, sobre pilares, ver cap. XV.

## 5 / LA ORGANIZACIÓN DEL IMPERIO

mándose a la raya, sabían que el equinoccio se estaba acercando. El día del equinoccio adornaban los pilares con flores y yerbas olorosas, y poniendo una tiana sobre la columna, decían que el Inti se sentaba aquel día. En el imperio numerosos eran los *inti watana*; Cieza[161] menciona uno en un cerro de Carmenca, otro de suma belleza existía en Pisac.[162]

Los nombres de los meses varían mucho según los cronistas. Si bien a primera vista las diferencias son muy grandes, al compararlos detenidamente en el cuadro sinóptico, se nota que ciertos autores como Betanzos, Calancha, Huamán Poma y Cobo tienen una similitud. Molina parece haber sufrido un equívoco, atrasándose un mes sobre los demás cronistas, mientras que el Palentino y Gutiérrez de Santa Clara han estropeado bastante los nombres.

Teniendo la agricultura un rol importantes en el incario, es natural que la mayor parte de los nombres tengan relación con las faenas agrícolas y señalen de ese modo el eterno ciclo de la labranza y sembrío de la tierra, la madurez de los frutos y su recolección.

Cada mes tenía sus fiestas especiales; ceremonial que fue ampliado o inventado en muchos casos por Pachacutec. Si bien algunos cronistas inician el año en algún otro mes, nosotros nos atendremos a la reforma de Yupanqui, al situarlo en diciembre.[163]

El primer mes del año era el *Capac Raimi* o *Capac Inti Raimi*,[164] la fiesta por excelencia. En aquel mes más tenía lugar una de las ceremonias más importantes del año, como era el recibir las *huaras* y orejeras los jóvenes del linaje de los incas. Todo el complicado ritual del Huarachico fue aumentado y ampliado por Pachacutec. Nunca tuvieron mayor brillo estas fiestas, que al tomar parte en ellas el entonces joven príncipe Túpac Yupanqui, quien ordenó un nuevo modo de festejo.[165]

Durante todo el mes ningún forastero podía quedarse en el Cuzco, teniendo los curacas permiso, terminadas las fiestas, de regresar a la ciudad. En signo de confederación con el soberano comían entonces, con

---

161. Cieza de León, *La crónica del Perú*, cap. XCII, p. 272.
162. L. Valcárcel, *The Latest Archeological Discoveries in Peru*. Nacional M., Lima, set. 1938.
163. Calancha, lib. 2, cap. XII, p. 375.
    Acosta, lib. 5, cap. XXVIII, p. 429.
    Betanzos, cap. XV, p. 174.
    Cobo, tomo IV, cap. XXV.
164. Seguimos de preferencia los nombres dados por Huamán Poma, quien por ser un indígena debió conocerlos mejor.
165. Sarmiento de Gamboa, cap. 43, p. 116.

gran regocijo, unos bollos mezclados con la sangre de los sacrificios.[166] Como ya hemos señalado, Molina atrasa en un mes los nombres de los meses; por ejemplo es a noviembre y no a diciembre que llama capac raimi. La descripción que hace de los sucesos de este mes concuerda con las descripciones del capac raimi de los demás cronistas. Por ese motivo, nos atendremos a los nombres quechuas que él da, y no a sus equivalentes en castellano. Además, siendo el autor muy prolijo en el relato de las ceremonias mensuales, nos hemos permitido aplicarlas llevándonos por los nombres quechuas.

El capac raimi era, junto con las fiestas del Inti Raimi y de Coya Raimi la más importante del año. Desde tiempo atrás, los parientes de los jóvenes que iban a recibirse de orejones tenían preparadas las vestiduras especiales. El día designado para las ceremonias, se ponían sus prendas que consistían en una uncu de fina lana atigrada con manta blanca, luciendo en la cabeza un llauto negro, con plumas de igual color. Por primera vez ese día eran cortados sus cabellos, reuniéndose luego los jóvenes en la plaza principal, donde se encontraban las estatuas del Sol y del Trueno a las cuales hacían su *mocha*. Era igualmente sacada una estatua de mujer, representando a *Pacsamama,* la madre Luna. Llama la atención el nombre aymará que le da Molina al astro nocturno, en vez de usar el término quechua de quilla.

Ese día salían los mozos hacia la huaca de Huanacauri, pasando la noche en un lugar llamado Matahua. Recordaremos que en el éxodo de los Ayar Manco hacia el Cuzco, es en Matahua donde armaron caballero al futuro Sinchi Roca. Al día siguiente subían al cerro Huanacauri, en el más severo ayuno. De manos de los sacerdotes recibían los jóvenes unas hondas de nervios de animales diciéndoles: "Ya nuestro padre Huanacauri os ha dado huaracas de valientes; y salvos vivid como honrada gente".

Con las hondas se dirigían los mozos a la quebrada de Quirasmanta,[167] donde los aguardaban sus parientes, los cuales cogiendo las huaracas los azotaban en nombre de las huacas con las siguientes palabras: "sé valiente, como yo lo he sido y hombres de bien y estas gracias que yo tengo las recibas tú, para que me imites". Después bailaban diversos *taquis*, regresando todos al Cuzco. Días después se reunían los jóvenes bajo el auspicio de los dioses y de las momias de los reyes muertos. Recibían de manos del sacerdote unos uncus rojos y blancos, saliendo

---

166. Acosta, lib. 5, cap. XXVIII.
167. ¿Será el mismo Quirasmanta que nombra Sarmiento de Gamboa, cap. XII, al pie de Huanacauri, en el éxodo de los Ayar Manco?

luego hacia un despoblado llamado Raurana a una legua del Cuzco. Llevaban consigo tiendas de campaña, donde pasaban la noche acompañados de los miembros de su parcialidad. Al día siguiente se dirigían al cerro de Anahuarque, y después de los sacrificios bailaban todos al son de las bocinas de caracol; acabado el taqui, levantábanse unas ñustas con cántaros de chicha y corrían cerro abajo, hasta el lugar donde habían pasado la noche anterior. Mientras tanto, los futuros orejones se habían puesto en hilera, esperando la señal de partida. Los más ágiles corredores se señalaban, siendo desdeñados los últimos en llegar a la meta. Ahí eran esperados por las doncellas que les brindaban keros de fresca chicha.

La noche siguiente la pasaban en el llano de Huamancancha, dirigiéndose en la mañana al cerro de Yavira, antigua huaca de los maras, donde esperaban la llegada del soberano. Es Pachacutec[168] quien instituyó entregar a los jóvenes en este lugar las *huaras*, especie de ajustado pañete que usaban los orejones. Recibían igualmente las orejeras de oro, insignias de su casta, una diadema de plumas y patenas de metal precioso, que se ponían como adorno en el pecho. Al acabar la ceremonia bailaban el huari, que desde el tiempo de Manco Capac era ejecutado durante el Huarachico.

De retorno al Cuzco, en Aucaypata, danzaban el baile de los pumas, inventado por Yupanqui.[169] Para él tenían listos unos pellejos de este animal, adornados con orejeras, dientes y *chipanas* de oro. Lo bailaban por parcialidades, acompañados por el rítmico tocar de los tambores. ¿Sería una pantomima representando la misma ciudad, la cual imaginaba Pachacutec igual al cuerpo de un puma? Seis días duraban estos bailes, con el fin de asegurar para los futuros guerreros dicha en las armas.

Pasados los veintiún días del principio del Capac Raimi, iban los jóvenes orejones a bañarse a la fuente de Calispuquio, recibiendo ese día sus armas, convertíanse definitivamente en guerreros. Cuando un futuro soberano recibía las *huaras*, como en el caso de Túpac, todos los señores del reino tenían que estar presentes, aumentando el número de sacrificios.

Por el recorrido a las diversas huacas y adoratorios que hacían durante el Huarachico, parece que conmemoraban en estas fiestas los principales lugares del éxodo de los míticos Ayar.

---

168. Molina el Cuzqueño, Edic. L., p. 56.
169. Molina el Cuzqueño, Edic. L., p. 58.

| Cronistas | Diciembre | Enero |
|---|---|---|
| Betanzos | Pucuy Quillaimi | Coiquis |
| Calancha | Capac Raimi | Camay |
| Huamán Poma | Capac Inti Raymi | Capac Raymi Camay Quilla |
| Cobo | Raymi | Camay |
| Acosta | Capac Rayme | Camay |
| Molina | Camay Quilla | Atun Pucuy |
| El Palentino | Camay Quiz | Pura Opiayquiz |
| Gutiérrez de Santa Clara | Cama Yquiz | Pura Opia Yquiz |
| Anónimo[1] | Camay Quilla | Hatum Pocoy |
| C. Albornoz | Paucar Baray | Arevaquilla |

| Cronistas | Junio | Julio |
|---|---|---|
| Betanzos | Hátun Cosqui Quillan | Cahuarquis |
| Calancha | Aucay Cuzqui-Yntiraymi | Chihuahuarquis |
| Huamán Poma | Cuzqui Quilla | Chacra Conacuy |
| Cobo | Aucaycuzqui Inti Raymi | Chahuar Huayquiz |
| Acosta | Aucaycuzqui Intiraymi | Chahua Huarqui |
| Molina | Cauay | Moronpassa Tarquiquilla |
| El Palentino | Aucay Cuxqui | Chahuar Uayquiz |
| Gutiérrez de Santa Clara | Auca Ycuxqui Yquiz | Chauaxua Yquiz |
| Anónimo[1] | Hatun Cusqui | Chauaruay |
| C. Albornoz | Caua | Situa |

1. "Discurso de la sucesión y gobierno de los Yngas". *Juicio de Límites entre el Perú y*

| Febrero | Marzo | Abril | Mayo |
|---|---|---|---|
| Ccollappoccoyquis | Pachap Occoy Quiz | Ayri Huaiquis | Aymorayquis Quilla |
| Hatun Pucuy | Pacha Pucuy | Arihuaquiz | Hatuncuzcu - Aymoray |
| Paucar Uaray Hatunpucuy | Pacha Pucuy | Inca Raymi Quilla | Aimoray Quilla |
| Hatun Pucuy | Pacha Pucuy | Arigua Quiz | Hatun Cuzqui Aymoray |
| | | | Hatun Cuzqui Aymoray |
| Pacha Pucu | Paucar Huara | Ayri Guay | Hacicay Llusque |
| Cap Mayquiz | Paucar Ruaquiz | Arigua Quiz | Aymorayquiz |
| Cacma Yquiz | Rura Pauca Yquiz | Arigua Yquiz | Anday Mura Yquiz |
| Pacha Pocoy | Ayriuaquilla | Haocaycusqui | Aymoray Quilla |
| Aymoray | | Yntipraimi | Aymi |

| Agosto | Setiembre | Octubre | Noviembre |
|---|---|---|---|
| Capacsiquis | Cituayquis | Omaraimi Quis | Canta Rayquis |
| Yapaquis | Coyaraymi | Homoraymi Puchayquiz | Ayamarca |
| Chacra Yapuy Quilla | Coya Raymi | Uma Raymi Quilla | Aya Marcay Quilla |
| Yapaquis | Coya Raymi | Homa Raymi Puchayquiz | Aya Marca |
| Iapaquis | Joya Ray mi | Homa Raymi Punchaisquiz | Ayamara |
| Coyaraymi | Omac Raymi | Ayamarca Raimi | Capac Raimi |
| Cituaquiz | Puzquiayquiz | Catarayquiz | Laymequiz |
| Cituya Yquiz | Puzquia Yquiz | Cantara Yquiz | Layme Yquiz |
| Tarpuy Quilla | Cituaquilla | Cantarayquilla Chaupiocusquio | Raymiquilla |
| Omanraymi | Ayarmaca | | Aphin Pocoy |

*Bolivia*, Tomo VIII.

## Enero – Camay Raimi

Terminábase el Huarachico con una guerra simulada entre los jóvenes de los bandos de Hanan y Hurin Cuzco, lanzándose en vez de piedras, cardones o tunas. Luego venían a las manos, terminando la lucha a una orden del soberano. Con esta pelea, los muchachos, ya definitivamente admitidos de orejones, terminaban los severos ayunos almorzando los dos bandos en la plaza del Cuzco. Dos días con sus noches se entregaban los incas de sangre a sus taquis y danzas, terminando las fiestas para barbechar las chacras.[170]

Acabada la labor campestre volvían a reunirse para danzar el *yauayra*. Sacaban con ese fin de una casa llamada *muru urcu* cerca del templo del Sol, una soga larga tejida de cuatro colores, con una borla roja en un extremo. Asidos de la *guasca*, los hombres por un lado y las mujeres por otro, salían bailando por toda la plaza, haciendo su reverencia al Inca y a sus ídolos.

En este mismo mes se hacían los ruegos al invierno para que mandase sus lluvias. Los orejones ejecutaban el baile de *chapay guanlo*;[171] vestían ropa especial, llevando en la cabeza plumas de guacamayo y pilco.

En el transcurso del mes, tenía lugar el sacrificio del *mayocati*, una hora antes de la puesta del Sol. Para él se dirigían a las represas situadas en lo alto de la ciudad y echaban en ellas las cenizas de los sacrificios de todo el año. Luego abrían las compuertas, llevándose los ríos Huatanay y Tulumayo las ofrendas hacia los grandes cauces. Hasta Ollantaytambo, por todos los recodos que hacían las aguas, había hombres apostados con hachas encendidas, vigilando que ningún sacrificio se quedase. Echaban las ofrendas al río, para que llegasen hasta la Mama Cocha, el inmenso mar, y fuesen recibidas por el Hacedor.[172]

## Febrero – Hatun Pucuy o Paucar Pucuy

Son diversos nombres para expresar la primavera serrana. Transcurría el mes, atareados en el cultivo del campo.[173] Hacían sacrificios de llamas pardas a los ídolos para asegurar el éxito de los sembríos.

---

170. Molina el Cuzqueño, Edic. L., p. 62.
171. Molina el Cuzqueño, Edic. L., p. 64.
172. "Ceremonia descrita por Acosta", lib. 5, cap. XXVIII, p. 249
173. Gutiérrez de Santa Clara, tomo III, cap. LXV, p. 564.

## 5 / La organización del imperio

*Marzo – Pacha Pucuy (Tiempo en que llueve, Mossi)*

Los sacerdotes y hechiceros ofrecían llamas negras a las huacas, haciendo ayunos para que fuesen abundantes las cosechas.

*Abril – Arihua Quilla o Inca Raimi*

En este mes sacrificaban llamas moromoro de diversos colores. Bailaban en la plaza, remedando el grito de la llama.[174]

*Mayo – Aymoray Quilla o Hatun Cuzqui*

Mes en que se cogían y guardaban las mieses, teniendo lugar las fiestas del maíz llamadas Aymoray. Al llevar los granos de las chacras a las colcas, cantaban rogando al maíz o mamazara que durase mucho tiempo. Y cogiendo una pequeña cantidad la ponían en una manta, llevándola a la troje, la velaban durante tres noches. Luego el hechicero preguntaba a la colca si tenía fuerza para durar todo el año. Si la respuesta era negativa, quemaban todo y volvían a repetir la ceremonia hasta obtener una respuesta afirmativa.[175] En medio de gran regocijo cosechaban los productos de las heredades pertenecientes al culto y al Inca.

*Junio – Aucay Cuzqui*

La fiesta principal era el Inti Raimi o fiesta del Sol, que coincidía con el solsticio. En esta tan principal ceremonia, podían tomar parte sólo los incas de sangre y las vírgenes del Sol,[176] estando prohibido la asistencia de las demás mujeres. Las ceremonias se iniciaban el primer día de la luna nueva, sacrificando durante el tiempo que duraban, gran cantidad de llamas y de niños.[177] En el Coricancha colocaban en escaños ricamente adornados, las estatuas de Punchao Inca, o sea del Día y del Hacedor, alrededor de las cuales ofrendaban los sacerdotes diciendo:

> "¡Oh! Hacedor, Sol, y Trueno, sed siempre mozos, no envejezcaís, todas las cosas esten en paz, multiplquen las gentes y haya comida, y todas las demás cosas vayan siempre en aumento".

---

174. Huamán Poma, foja 244.
175. Acosta, lib. 5, cap. XXVIII.
176. Cobo, tomo IV, cap. XXV.
     Molina el Cuzqueño, p. 27.
177. Huamán Poma, foja 248.

A los altos cerros hacían sacrificios, sobre todo a las cumbres hacia el sol naciente, de lo cual se encargaban los tarpuntay. El Inca con todos los señores deudos suyos, pasaba el mes en Mantucalla, holgándose y bailando el ritual *huaylina*. Al finalizar las fiestas retornaba el soberano a la plaza de Aucaypata, y adornaban el recorrido con flores y plumas.

En este mes los tucuyricocs tomaban cuenta del número de habitantes en sus provincias y de todas las existencias de sus gobernaciones.

## *Julio – Chacra Conacuy*

Tenía lugar el reparto de las chacras, el amojonamiento de las parcelas y la limpieza de las acequias. Se derramaba chicha en los ríos, y se pedían futuras lluvias al cielo.

## *Agosto – Yapaquiz o Chacra Yapuy Quilla*

El mes de agosto era dedicado al cultivo de la tierra, araban y rompían los campos para las nuevas sementeras. Ofrecían sacrificios de llamas, cuyes y hasta de niños a fin de que el hielo, el aire y el sol no quemasen los sembríos. En toda la sierra trabajaban en las tierras del Inca y del culto, celebraban la labor con fiestas y cantos.

## *Setiembre – Coya Raimi*

Era el mes dedicado a la Luna, coya y esposa del Inti. Si bien el Inti Raimi era celebrado por los incas, el Coya Raimi lo era por todas las mujeres de calidad, tanto pallas como ñustas.

El día de la conjunción lunar, a medio día, se reunía el Inca con su consejo y preparaban la ceremonia de la Citua.

Los forasteros eran echados del Cuzco, así como los lisiados, los jorobados y los de nariz hendida. En la plaza, alrededor del caño enchapado de oro, por donde se vertía la chicha de las libaciones, esperaban cuatrocientos guerreros armados. Estaban colocados en cuatro escuadrones, mirando los puntos cardinales que coincidían más o menos con los cuatro caminos que dividían el Tahuantinsuyo. Del templo del Sol, llegaban gritando a la plaza otros guerreros armados y vociferando:

"Las enfermedades, desastres y desdichas y peligros salid de la tierra!" Al llegar estos soldados a la plaza, los que estaban estacionados gritaban: "Vaya el mal afuera" y partían corriendo en la dirección que miraban, emprendiendo la ruta de un suyo. Entregaban sus armas y males imaginarios a otros soldados que los estaban aguardando listos para partir a unas leguas de la ciudad. En esa forma se remitían, de pueblo en pueblo, los males hasta llegar a un río determinado, donde se bañaban, llevándose las aguas las enfermedades y desgracias.[178]

Los que quedaban en la ciudad bailaban hasta el amanecer y terminaban bañándose en las diversas fuentes. En sus casas comían una mazamorra de maíz llamada *sanco*, la cual compartían con las huacas.

Días después, en Aucaypata, reuníanse las dos parcialidades, junto con los soberanos. En esta ocasión era sacrificada una doncella, llamada coya pacsa o reina Luna, consagrada como mujer del Sol, era generalmente hija o hermana del Inca. Molina menciona a la joven en aymará, en vez de usar el quechua. ¿El culto lunar sería una antigua tradición de los collas?

*Octubre – Uma Raimi Quilla*

Se hacían en este mes numerosos sacrificios, pidiendo a los dioses abundantes aguaceros. Si faltaban las lluvias, ataban a un huanaco negro en un llano, sin comida ni bebida, a fin de que se uniera a los ruegos por las lluvias. Grandes procesiones tenían lugar en las altas cumbres, llorando y reclamando agua al cielo. No había ninguna fiesta en el Cuzco; sólo los de Ayarmaca, los de Quivios y los de Tambos,[179] celebraban el Huarachico, no tenían permiso para cortarse los cabellos ya que este privilegio pertenecía a los orejones cuzqueños.

*Noviembre – Aya Marca Raimi o Canta Quis*

Betanzos llama a este mes cantaquiz, mientras Calancha menciona la celebración de una fiesta del mismo nombre; Molina siempre atrasado en un mes, nombra a octubre como ayamarca, añadiendo que los del mismo nombre festejaban entonces el Huarachico. No es acaso posible que los cronistas hayan confundido la ceremonia de los Ayarmaca, llevada a cabo en octubre, con la fiesta de todos los muertos de la religión católica, siendo por otro lado fácil confundir los vocablos ayarmaca y

---

178. Molina el Cuzqueño, pp. 31-32.

    Diversos ayllus tomaban cada uno de los caminos principales; hacia el Collasuyo, corrían los de Hurin Cuzco y pertenecían a los ayllus de Uscamaita, Apumaita, Huamin, Sutic, Maras y Cuicuisa. Al Chinchaysuyo salían los de Capac Ayllu, Atun Ayllu, Vicaquirao Ayllu, Chavite Cuzco, Arayraca y Uro. Al Antisuyo iban los siguientes ayllus: Cuzco Panaca, Ancayli, Tarpuntay y Saño. Al Contisuyo corrían: Yauri Panaca, Chima Panaca, Masca Panaca y Quesco.

179. Betanzos, cap. XVIII.

ayamarca. En ese caso el verdadero apelativo del mes hubiera sido el que da Betanzos, es decir, Cantaquiz o Cantaray quilla.

◈ ◈ ◈

En las fiestas descritas, hacíanse las comidas públicamente en la plaza, siendo según Las Casas [180] el Inca Pachacutec el introductor de esta costumbre. Sentábase el soberano y sus deudos en dos hileras, cada uno según las parcialidades de Hurin y Hanan Cuzco.[181] La mesa era el suelo, alfombrado de juncos verdes, ostentando una gran riqueza en la vajilla de oro y plata. Cada comensal traía su propia comida y bebida, encargándose las mujeres del soberano de poner delante de él los más diversos manjares. En cuanto a la coya y demás mujeres principales, no se sentaban cara a cara mirando a sus maridos, sino espalda con espalda. Convidábanse los unos a los otros de sus potajes y el que quería brindar con alguno, levantábase con dos vasos de chicha en las manos, daba un kero al que quería invitar, bebiendo luego ambos.

Estas comidas tenían lugar sólo de día, retirándose a cenar cada uno a su casa.

Mundo opuesto al europeo, donde las propiedades y las moradas eran particulares y la cocina común en los banquetes. En el incario, la tierra y las casas pertenecían a la comunidad, marcándose la individualidad en la confección de los alimentos. Un detalle que señala bien la diferencia de valores de ambas culturas.

Al tomar Pachacutec el poder, la confederación cuzqueña no había aún logrado imponerse a sus vecinos en su lucha por la unidad. Posiblemente existía entre los chancas el mismo deseo hacia el predominio del territorio; tarde o temprano estas dos fuerzas se hubieran visto obligadas a luchar entre ellas en su afán de supremacía. La suerte de los cuzqueños fue tener en el debido momento al hombre que los podía llevar hacia el poder y encumbramiento, trocando el peligro en victoria. La vida de Pachacutec es la del hombre que logra imponerse a los demás por sus méritos y su innegable capacidad.

---

180. Las Casas, pp 127-128.
181. Cobo, tomo IV, lib. 14, cap. V.
Román y Zamora, *República de Indias*, tomo III, p. 42.

## Capítulo Sexto

## Las sucesiones incas y el correinado

Al estudiar la sucesión de Pachacutec, hemos llegado a ciertas conclusiones sobre su forma en el incario y hallado, con frecuencia, entre los Hanan Cuzco, una costumbre sucesoria original que iba adquiriendo los caracteres de una instrucción nueva y peculiar: la del correinando del presunto príncipe heredero con el Inca reinante. Hábito muy de acuerdo con el espíritu práctico y previsor de los incas.

Los europeos del siglo XVI no podían, probablemente, imaginar otras costumbres de herencia que las imperantes en el Viejo Continente, pues eran tradiciones arraigadas a través de siglos de cultura feudal. Los cronistas dieron por cierto existir en América, como en Europa, la costumbre de que heredase los estados el mayor de los vástagos legítimos de un monarca. Sólo al leer detenidamente las crónicas y ver las sucesiones de cada Inca, nos damos cuenta de que en el Tahuantinsuyo eran totalmente distintas las formas de herencia. Los autores de aquella época, estaban imbuidos de la idea europea de la primogenitura y de sus correlativos lógicos, las ramas mayores y menores y los mayorazgos, como lo demuestran los árboles genealógicos, sin comprender que estas tradiciones y costumbres no existían ni tenían razón de ser en el incario, pues eran formas totalmente ajenas a la idiosincrasia de este pueblo.

Si los incas hubieran realmente tomado en cuenta la primogenitura, habrían tenido, por sus quipus y la severa organización de los ayllus y panacas, una minuciosa genealogía. Con ella hubieran podido precisar, al fallecimiento del último representante de una rama, a quien le tocaba por derecho la sucesión. En lugar de esto, vemos que para los incas de sangre lo importante no eran las ramas laterales, ni principales, que no tenían vigencia entre ellos, sino sus panacas o entidades formadas por la descendencia de un monarca. Ahora bien, todos los miembros de una panaca o ayllu real eran iguales entre sí. Ellos guardaban el recuerdo y la tradición del soberano del cual descendían, formando de esa manera un núcleo aparte y autónomo de los demás ayllus reales, existiendo rivalidades y pleitos entre las panacas.

¿Cómo conciliar la tradición de los ayllus reales con los árboles genealógicos? La regla, que parece haber existido en el momento culminante del incario, fue la elección del más hábil entre los candidatos al gobierno, debiendo tener preferencia los vástagos de la coya, por ser la mujer principal o pihui huarmi,[1] desposada el mismo día del advenimiento del monarca. Pero antes conviene analizar el origen de esta costumbre y los usos sobre sucesión, primero entre los curacas anteriores a los incas, luego en la primera época de la confederación cuzqueña y finalmente en la época imperial que se abre con Pachacutec.

## LA SUCESIÓN ENTRE LOS CURACAS PREINCAICOS

En los ayllus primitivos, el sinchi o jefe guerrero, era elegido por los principales ancianos, con el fin de asegurar el mando a un hombre hábil y valiente. Es posible que poco a poco el jefe haya deseado que su hijo le sucediera en el gobierno. Con ese fin escogía al más hábil de sus vástagos, con la convicción que sus mismas cualidades le ayudarían a forzar la mano a los electores.

En la "Relación llevada a cabo en el valle de Chincha",[2] afirmaron los declarantes que la única regla que existía antes y durante el incario, era la designación por el curaca del hombre más apto para el gobierno. No tomaban en cuenta si era hijo, tío, hermano o sobrino del antiguo señor.

Las Casas[3] asegura que la sucesión de un jefe se hacía por elección de la persona que mostraba mayores cualidades para el gobierno, teniendo los hijos preferencia sobre los demás. El elegido "y por tal cognoscido encomendábale para proballe cosas del gobierno... teniendo aún el Señor vivo que le corrigiría y enmendaria lo que errase". Costumbre, según las Casas, común en todas las Indias. Era un aprendizaje de có-

---

1. Betanzos, Edic. Urt., cap. XVI, p. 185.
2. *Relación y declaración hecha en el valle de Chincha*, Edic. Urt., pp. 144-145.
3. Las Casas, Edic. Urt., cap. XIV, pp. 75-76.

mo gobernar, al mismo tiempo que servía de ensayo de capacidad. Práctica de acuerdo con el espíritu de la raza que establecía el matrimonio de prueba.

Garcilaso [4] menciona la existencia de diversas costumbres de herencia entre los curacas anteriores al imperio inca. Prácticas que no fueron alteradas al dominar los incas sus nuevos dominios. En unas provincias heredaba el primogénito, en otras el "hijo más bienquisito de sus vasallos", dando lugar más bien a una elección que a una herencia. Por último, en ciertos lugares la sucesión pasaba uno tras otro a todos los hijos de un curaca, retornando la herencia al hijo mayor. No faltaba la costumbre, como en los tallanes, de dejar la herencia a las mujeres.[5]

Si bien son escasos los datos referentes a los curacas preincaicos, abundan las citas sobre la herencia de los cargos en la época posterior, manteniéndose en los diversos lugares las costumbres ancestrales. Numerosas son las referencias en las "Informaciones" de Toledo [6] sobre la elección del más apto de los hijos de un curaca para el mando. Santillán [7] asegura que a la muerte de un señor de pachaca, se elegía de la misma unidad a un hombre virtuoso y hábil, sin tener en cuenta si era hijo o hermano del difunto. En algunos valles pasaba la sucesión de preferencia al hijo de la hermana. En conclusión podemos decir que, en la época de los curacas, la regla sucesoria se inspiró en la forma subsistente del matrilineado y en la elección del hijo del curaca más hábil, más valiente o "más hombre", como dicen algunos cronistas.

## LOS HURIN CUZCO

En la primera etapa de la confederación cuzqueña, se adoptó la herencia del hijo mayor en algunos casos, y en otros el elegido por el padre o por un consejo, en caso de emergencia. El sistema de sucesión era aún débil en esta época.

En la época ya histórica del incanato, a partir de Sinchi Roca, la sucesión de padre a hijo estaba, según los cronistas, ya establecida.

---

4. Garcilaso, *Comentarios reales de los incas*, lib. 4, cap. X.
5. Las Casas, cap. XIV, p. 76. Ver también Rostworowski 1961. Lizárraga, lib. 1, cap. VIII.
6. "Informaciones" de Toledo, publicado por Levillier en su obra *Don Francisco de Toledo*, pp. 46, 50, 51, 57.
7. Santillán, Edic. Urt., párrafo 18, pp. 22-23.

Betanzos[8] dice que el hijo mayor de la reina era el heredero, pero añade que si sólo tenía la coya hijas mujeres, se elegía entre los demás hijos habidos en concubinas y al que "mostraba en si ser e capacidad para regir y gobernar su reino e republica".

Más explícito es Santillán[9] al decir que los hijos sucedían a sus padres, no recayendo la "subcesión forzosamente al mayor sino a aquel quel padre, queria más y queria dejalle por rey, y *en vida le daba la borla* que era la insignia de reyes, y con ella quedaba electo para reinar en muriendo su padre... y siempre escogia el inga entre sus hijos el más hombre, o el que habia el alguna hermana suya o mujer de su linaje". Si moría el Inca y su heredero *"los ingas orejones o personas principales escojian otro hermano* suyo y le daban la borla".

Huamán Poma[10] cuenta que el heredero debía ser un hijo de la coya "y que no mirauan cies mayor o menor cino alguien fuese elegido por el Sol".

Murúa[11] señala a los hijos de la coya como herederos naturales de la mascapaicha, entre los cuales sucedía "el que entre todos era hombre más astuto y capaz para la guerra y gobierno... y si el príncipe heredero forzoso no era para el gobierno y no tenía hermanos, heredaba por la misma orden el que de los bastardos era "mas hombres" y tenía las cualidades que se requerian". Al no tener el Inca hijos varones, se *juntaban los curacas y escogían* al sucesor recayendo frecuentemente el poder *en el hijo de la hermana del soberano*. Este último dato nos demuestra dos cosas; en primer lugar, el rezago de la antigua elección del sinchi, un derecho que en varias oportunidades llegaron a ejercer en la historia inca los señores principales; y en segundo lugar, la supervivencia del antiguo matrilineado.

Al no tener la coya hijos varones, el Palentino asegura que los señores del reino escogían entre los demás hijos del monarca al más hábil, y lo hacían adoptar por la reina. Lo mismo hacían si el hijo de la coya era incapaz, porque "no consentían que este tal succediese".[12]

La tradición de dejar el Inca el reino al más hábil príncipe, debía traer con frecuencia favoritismo, guiándose el soberano en su elección no por los méritos del heredero sino por las intrigas urdidas. Por eso vemos lo conflictivas que eran las sucesiones.

---

8. Betanzos, Edic. Urt., cap. XVI, p. 185.
9. Santillán, Edic. Urt., párrafo 18, pp. 22-23.
10. Huamán Poma, foja 118.
11. Murúa, Edic. Loayza, lib. 5, cap. VI, p. 88.
12. El Palentino, *Historia del Perú,* Colección de documentos literarios del Perú de Odriozola, tomo IX, 2.ª parte, lib. 3, p. 360.

En la dinastía de los Hurin Cuzco, no podemos tomar en cuenta la sucesión de Manco Capac ya que él representa más bien la época nebulosa y confusa de la llegada de nuevas tribus al Cuzco. Aunque hemos tratado en otros capítulos a los soberanos anteriores a Pachacutec, repasaremos someramente las sucesiones para darnos una mejor idea de lo que fueron efectivamente. Nos detendremos, sobre todo, en los últimos reinados por ser mayor el número de datos que tenemos sobre el particular.

Sinchi Roca, jefe electo de guerra, no designó a su primogénito Manco Sapaca como curaca de la confederación, sino a Lloque Yupanqui, por ser este príncipe más apto para gobernar.

La sucesión de Lloque Yupanqui fue tranquila, ya sea por ser Maita Capac el único vástago o por haberse impuesto a los demás, debido a sus extraordinarias condiciones.

Contrariamente, la sucesión de Maita Capac aparece llena de intrigas y luchas fratricidas. No faltan cronistas que mencionan la existencia de Tarco Huamán como el jefe desposeído por su hermano. Un golpe de Estado aseguró, posiblemente, el poder a Capac Yupanqui.

El final del reinado de Capac Yupanqui es sombrío y sangriento; el Inca fue probablemente envenenado por su concubina, verificándose entonces el cambio de dinastía. Quizás pereció en las luchas Quispe Yupanqui, su hijo.

## LOS HANAN CUZCO

A la muerte de Capac Yupanqui, el principio dinástico hereditario se alteró. Los Hanan Cuzco asumieron el poder por la fuerza, violando las tradiciones. El largo reinado de Inca Roca, el primer Hanan Cuzco, permitió dejar firmemente establecida su sucesión. Por precaución y para consolidar su nueva dinastía, nombró correinante suyo a su hijo Yahuar Huacac. Las rebeliones e intrigas que sufrieron a la muerte de los últimos Hurin, llevaron, quizás, a los de la nueva dinastía a implantar el correinado. No solamente quedaba instruido el príncipe en el gobierno, sino que su padre podía convencerse de las aptitudes de mando del futuro Inca, guardando el soberano el derecho de revocar la elección.

En cambio, el gobierno de Yahuar Huacac fue constantemente sacudido por motines y conspiraciones. No supo el soberano mantener sosegados a los turbulentos curacas vecinos. El Cuzco estaba aún rodeado por jefes independientes, señores en sus tierras, los cuales veían de mala gana aumentar el poderío del soberano cuzqueño. Al morir Inca Roca, cuyo firme reinado los había mantenido tranquilos, estallaron motines y luchas. El heredero, Pahuac Gualpa Maita, fue asesinado. Poco tiempo después murió Yahuar Huaca en manos de los condesuyos, que veían un peligro en los deseos de expansión del soberano.

A la muerte del séptimo monarca, los orejones eligieron a Viracocha para el mando de la confederación. Hemos visto en un capítulo anterior cómo nombró Viracocha a Urco de correinante suyo, siguiendo el precepto implantado por Inca Roca.

Al transformarse la confederación cuzqueña en un imperio, bajo el gobierno de Pachacutec Inca Yupanqui, conservaron sus jefes las costumbres ancestrales heredadas de sus ayllus y parcialidades. Si bien ya no eran los soberanos meros curacas, guardaron en sus sucesiones los rezagos de épocas anteriores.

Después de cuarenta años de reinado y teniendo el Inca más de sesenta años de edad, decidió nombrar a su heredero, al mismo tiempo que lo hacía correinante suyo. En esa forma, trató de evitar las eternas intrigas y revueltas que estallaban al advenimiento de cada monarca.

La elección del Inca cayó sobre el príncipe Amaru Topa Yupanqui, hijo mayor de la coya Mama Anarhuaque. El príncipe no era el primogénito de los cien varones que tuvo Pachacutec. Mayores eran *Apo Yanqui Yupanqui* y Tilca Yupanqui,[13] habidos en concubinas; el segundo se destacará como un valiente general y tomará parte en numerosos combates y batallas.

Amaru Yupanqui había nacido en Pomacocha, estando el ejército de su padre en marcha hacia Vilcashuamán. A su regreso al Cuzco, el soberano hizo grandes fiestas para celebrar su nacimiento.[14]

A medida que fue creciendo, mostró el príncipe ser prudente y de amable disposición. Santa Cruz Pachacuti[15] lo menciona como demasiado humilde con todos y bien hablado. Era particularmente aficionado al cultivo de los campos y a la construcción de edificios y andenes.

Con gran ceremonia le fue entregada la mascapaicha recibiendo al mismo tiempo las demás insignias del mando supremo, como eran el topayauri, el sunturpaucar, el quitasol de ricas plumas y la tiana de oro. Este mismo día tomó una ñusta por coya, siendo probablemente su hermana. Garcilaso[16] nombra a Chimpu Ocllo, como mujer de Inca Yupanqui que él interpone entre los reinados de Pachacutec y de Túpac. Valcárcel,[17] en su libro *Del ayllu al imperio*, menciona una antigua

---

13. Las Casas, Edic. Urt., p. 149.
14. Santa Cruz Pachacuti, Edic. Urt., p. 185.
15. Santa Cruz Pachacuti, Edic. Urt., p. 191.
16. Garcilaso, *Comentarios reales de los incas*, tomo II, lib. 7, cap. XXVI, p. 145.
17. Luis Valcárcel, *Del ayllu al imperio*, p. 138.

colección de grabados, en la cual está representado Inca Yupanqui, el décimo soberano, apodado el Bueno, siendo su coya, Mama Chimbo Ocllo. Sin embargo, Cobo [18] habla de una casa situada en Colcampata, de propiedad de Curi Ocllo, la mujer de Amaru Topa Inca.

Una vez designado el heredero, se dedicó el viejo Inca a instruirlo en el gobierno y dirección del imperio. Tenía que iniciarlo en el complicado manejo administrativo y en el aún más difícil arte de las guerras y conquistas. Para el naciente imperio inca, el talento y prestigio militar del soberano eran indispensables para mantener tranquilos a los turbulentos curacas. Es comprensible que el heredero de Pachacutec tuviese que ser un guerrero capaz de ampliar las fronteras del imperio y de imponer respeto a los sinchis, siempre deseosos de independizarse.

Una de las primeras tareas oficiales que recibió Amaru, fue visitar las huacas y adoratorios de las provincias conquistadas. Tenía que implantar los nuevos ídolos y ceremonias cuzqueñas. En esta ocasión estuvo acompañado, según Sarmiento de Gamboa,[19] por su hermano Huaina Yanqui Yupanqui, mientras Cabello de Balboa [20] lo nombra como Huaina Auqui Yupanqui, pariente que gozaba de gran consideración.

No tardó en presentarse la ocasión, esperada por Pachacutec, de demostrar Amaru si tenía condiciones guerreras al estallar la rebelión del Collao. Hemos ya contado la poca belicosidad que mostró en esa oportunidad el príncipe, debiéndose el éxito de la empresa a la ayuda atinada de sus demás hermanos. Este hecho fue criticado y comentado por los señores y jefes militares, comprendiendo todos que el príncipe no mostraba ninguna aptitud guerrera.

Garcilaso,[21] en la narración que hace de la vida de su Inca Yupanqui, menciona una derrota sufrida por este príncipe en un encuentro contra los chiriguanas de la selva. Se trata posiblemente de otros revés militar de Amaru.

Honda preocupación debió sentir Pachacutec al ver el completo fracaso guerrero de su hijo. El imperio no necesitaba de un hombre prudente y tranquilo, sino de un jefe emprendedor y político, con ambición de mando y autoridad, que supiera conservar y aumentar lo adquirido por Pachacutec.

Las cualidades que buscaba el soberano en su heredero, no tardó en encontrarlas en otro hijo de la coya Mama Anarhuaque. Desde

---

18. Cobo, tomo IV, lib. 13, cap. XIII, p. 13.
19. Sarmiento de Gamboa, cap. XXXVII, p. 105.
20. Cabello de Balboa, Edic. Urt., cap. V, p. 40.
21. Garcilaso, *Comentarios reales de los incas*, lib. 7, cap. XVII.

pequeño, el joven Túpac Yupanqui mostró ser valiente y esforzado, al mismo tiempo que estaba imbuido de la dignidad de su sangre. Era este príncipe mucho menor que Amaru. Había nacido al retornar su padre de la conquista del Collao, siendo probablemente más de diez años menor que su hermano.

Cinco o seis años[22] habían transcurrido desde que nombrara a su sucesor. Tiempo había tenido el Inca para darse cuenta del error cometido. El mismo Amaru, comprendiendo que no era hombre para gobernar el incario y sabiendo que su hermano Túpac reunía todas las condiciones necesarias, por sí mismo fue donde se encontraba su padre y le dijo:[23]

> ¡Padre Inga! Yo he sabido que en la casa del Sol teneis un hijo a quien habeis nombrado por sucesor vuestro después de vuestros días; mandádmelo mostrar!

Inca Yupanqui, pareciéndole un acto de desenvoltura de parte de Amaro Topa Inga, le dijo:

> Es verdad, y vos y vuestra mujer quiero que seais sus vasallos y les sirvais y obedezcais por vuestro señor e Inga.

Amaru respondió que así lo quería él y que por eso mismo deseaba verlo y hacerle su reverencia. Conducido al aposento de su hermano, encontró al joven Túpac, con gran aparato y riquezas, rodeado de ayos y maestros. Una vez ante él, cayó Amaru sobre su faz haciéndole el sacrificio obligatorio de un vasallo ante su señor. Al ver Túpac a su hermano, lo levantó del suelo dándole la bienvenida.

Según Sarmiento de Gamboa, el Inca había tenido a Túpac hasta entonces recluido en el templo del Sol, manteniéndolo en el alejamiento y encumbramiento propios de un hijo del Inti.

Después de la noble actitud de Amaru, convocó Pachacutec a sus demás hijos y hermanos, así como a los principales señores de Hurin y Hanan Cuzco. No quiso que estuviesen presentes los curacas del imperio, por temor de ofender al príncipe despojado. Estando todos reunidos, largamente habló el Inca sobre la nueva grandeza cuzqueña adquirida por él, y de cómo era necesario conservar las conquistas y mantener la paz entre sus súbditos.[24] Dijo que sintiéndose viejo, había seguido la tradición inca, escogiendo entre sus hijos a Amaru, guiándose, no por

---

22. Las Casas, Edic. Urt., cap. XXV, p. 149.
23. Sarmiento de Gamboa, cap. XLII.
24. Las Casas, Edic. Urt., pp. 151-152.

favoritismos, sino porque lo veía prudente y bien inclinado, y esperando que demostrara talento en el gobierno de tan vasto imperio. Con la voz quebrada siguió relatando el soberano el poco éxito de Amaru en las guerras, haciendo hincapié en el hecho de necesitar el imperio a un guerrero para mantener el esplendor incaico. Luego, disculpó al príncipe diciendo que el Sol no lo quería por soberano, dándole de allí en adelante, el cargo de los asuntos relativos al gobierno de la ciudad, e instituyéndolo por cabeza del linaje de Capac Ayllu.

Al terminar Pachacutec su alocución, mandó llamar a Túpac que mantenía recluido en el Coricancha, sometido a los severos ayunos de rigor en tales circunstancias. Una vez en presencia de su padre, el príncipe, que en aquel entonces sólo contaba diez y seis años,[25] le hizo su reverencia y *mocha* al Inca. Levantóse entonces Pachacutec de su asiento de oro y junto con los principales señores se dirigió hacia la estatua del Sol. Después de numerosos sacrificios ofreció su hijo al Inti, rogándole lo aceptara por sucesor suyo. Lentamente, tomó entonces el anciano sacerdote del Sol la mascapaicha y la puso sobre la sien de Túpac. Hizo sentar luego al príncipe sobre una pequeña *tiana* de oro macizo, y le entregó las demás insignias reales. Terminada la ceremonia volvió Túpac a sus ayunos y abstinencias, a fin de prepararse para las fiestas del Huarachico, para las cuales ordenó Pachacutec un ceremonial digno de un heredero.

Si bien Amaru quedó desposeído de la borla, no por eso dejó de ocupar un rango elevado en el imperio. En las fiestas de triunfo, celebradas años después, al retornar Túpac de sus conquistas en el norte, ocupará el príncipe el sitio de honor junto a su padre y hermano. Tendrá también su palacio aparte, como si fuese un soberano, sin vivir junto con los demás miembros de la panaca. Cobo[26] menciona su casa llamada amaru marca huasi, situada en el camino de los Andes. Poseía, además, numerosas chacras, que el príncipe aficionado a la vida sedentaria y al cultivo del campo tenía fuera de la ciudad; estas eran Chaquaytapara en Carmenca, Callachacc y Lucrichullo.[27]

Aunque las crónicas nos hablan relativamente poco de Amaru, y los datos sobre su persona estén diseminados, no podemos pasarlo por alto sin tratar de comprender la personalidad de este príncipe.

Al no ser Amaru hombre de guerra o de empresa, no por eso lo podemos calificar de débil o de cobarde. Era, ante todo, un ser desprendi-

---

25. Sarmiento de Gamboa, cap. XLIII.
26. Cobo, obra cit., tomo IV, lib. 13, cap. XIV, p. 23.
27. Cobo, obra cit., tomo IV, lib. 13, cap. XIII, p. 19.
    Santa Cruz Pachacuti, Edic. Urt., p. 191.

do, sin ambición de mando, gustándole la vida tranquila y laboriosa. Carecía del orgullo y de la pompa necesarios para mantener el esplendor de un Inca. Aficionado al cultivo, parece que no le gustaba ausentarse por largo tiempo del verde valle cuzqueño, pues nunca desempeñó puestos administrativos en lejanas comarcas.

Las Casas, al narrar estos episodios, hace la reflexión de que ningún otro príncipe hubiera, abandonado voluntariamente el poder, a no ser un monje o un religioso. Cuenta, asimismo, que Amaru tenía demasiado buen corazón y que perdonaba a los malos sin castigarlos siendo este el motivo por el cual se le rebelaban sus súbditos.[28] En la actitud de Amaru hacia su hermano, no vemos mezquindad ni envidia. Le fue fiel y leal, sin jamás intentar intrigas o revueltas. Cada vez que salía Túpac fuera del Cuzco, ya sea para alguna empresa guerrera o con un fin administrativo, quedaba Amaru de gobernador de la ciudad. Durante la conquista que emprendió Túpac a la selva, se sublevó nuevamente el Collao.[29] Al llegar la nueva al Cuzco, mandó Amaru avisar a su hermano lo ocurrido, despachando inmediatamente tropas frescas a la salida de la floresta, aconsejándole al Inca de ir sin demora a sofocar la revuelta. Túpac salió de la selva y con sus ejércitos descansados dominó rápidamente la situación, siguiendo el consejo de su hermano. En otra ausencia de Túpac, que duró más de seis años, acaeció una terrible sequía en el Cuzco.[30] Siete años no llovió, o por lo menos, fueron muy escasos los aguaceros. La hambruna, como consecuencia de la pérdida de las cosechas, fue tal, que llegóse a producir casos de canibalismo muriendo mucha gente de hambre.

Amaru, como aficionado a las labores campestres, siempre sacaba alimentos de sus chacras, aliviando de este modo la terrible situación. Posiblemente había construido represas especiales y acueductos, teniendo agua cuando faltaba totalmente en otros sitios. En todo caso la imaginación popular, amiga siempre de lo maravilloso, creía que las nubes nunca se apartaban de los sembríos del buen príncipe, regando sus sementeras de noche. Ante el milagro la gente común lo quería adorar, no permitiendo Amaru que hiciesen tal cosa, explicándoles que el Hacedor tomaría enojo de ello.

Durante el tiempo que duró el flagelo, no dejó el príncipe de repartir alimentos, aliviando, en lo que podía, la suerte del pueblo. De estos

---

28. Las Casas, Edic. Urt., p. 154.
29. Cabello de Balboa, Edic. Urt., cap. 63.
30. Santa Cruz Pachacuti, p. 191.
    Huamán Poma, foja 109.

detalles se desprende que era un príncipe filósofo, humilde y bueno, y aunque su gobierno hubiera sido seguramente un desastre para el incario, no por eso dejaba de poseer muchas virtudes. Era demasiado humano para ser gobernante.

Aparte de De las Casas, Sarmiento y Santa Cruz de Pachacuti que largamente nos hablan de Amaru, son numerosos los cronistas que lo mencionan como hijo de Pachacutec y hermano de Túpac.[31] Todas las "Informaciones" de Toledo íntegramente sirven de confirmación, para asegurar que Túpac fue hijo de Pachacutec. Ya no se trata de un párrafo o de unas cuantas líneas que habría que citar, sino la crónica completa, tan numerosas son las declaraciones prestadas por los más fidedignos testigos. Por otro lado, si algunos cronistas no mencionan el corto correinado de Amaru, no puede llamarnos la atención, ya que era uso corriente suprimir de la Capac Cuna, a los incas cuyos reinados habían sido muy cortos o que quedaban desposeídos del mando. Lo hemos visto suceder con Tarco Huamán, Urco y quizás Quispe Yupanqui. De no haber existido la conquista, no hubiera figurado Huascar en la lista de los soberanos. Una prueba de ello es la nomenclatura que da Betanzos, figurando Atahualpa después de Huaina Capac, sin mencionar para nada a su hermano. Proceder corriente en el incario el de borrar de los quipus y cantares a los incas cuya existencia podía disgustar a sus sucesores. Quedaba sólo un recuerdo solapado y a veces algo confuso entre los miembros de la panaca a la cual pertenecía el soberano suprimido de la lista, hecho que podía sólo suceder en una cultura carente de letras. Por estas razones es comprensible que ciertos cronistas pasen por alto el corto correinado de Amaru; probablemente su recuerdo sólo subsistía entre los miembros de la panaca de Pachacutec.

La destitución de Amaru originó otra confusión al insertar Garcilaso[32] a su Inca Yupanqui entre los reinados de Pachacutec y Túpac, y mencionarlo como padre de este último. Si bien Amaru fue efectivamente soberano y se le puede poner en la lista de monarcas, numerosas las noticias de que fue sólo correinante de su padre y hermano del Inca que sucedió a Pachacutec.

---

31. Murúa, Edic. Loayza, cap. VII, p. 50.
    Huamán Poma, foja 109.
    Gutiérrez de Santa Clara, tomo III, cap. XLIX, p. 431.
    Cobo, tomo IV, lib. 13, cap. XIII y cap. XIV.
    *Declaración de los quipucamayus a Vaca de Castro*, p. 20.
    Cabello de Balboa, Edic. Urt., cap. V, p. 40.
    Pedro Pizarro, p. 49, menciona un "Inga Amaro" en su lista de soberanos.
32. Garcilaso, *Comentarios reales de los incas*, lib. 7, cap. XII y cap. XXVI. Ver epílogo, se trataba de Yamque Yupanqui, el hijo mayor de Pachacutec.

¿Tendría conocimiento Garcilaso de la elección de Amaru, de su corto correinado y por último del despojo de su herencia a favor de su hermano, o procedería Garcilaso con conocimiento de causa, obedeciendo a su afán de pintar el incanato como él lo imaginaba? Quizás tuvo temor de que al narrar los hechos, tal como habían sucedido, se comprendiese menos al incario y sus tradiciones seculares. Túpac hubiese sido injustamente declarado un usurpador, negándosele a sus descendientes sus derechos (entre ellos al propio Garcilaso, pues por su madre era bisnieto del Inca Túpac Yupanqui). Estos acontecimientos estaban en desacuerdo con la concepción del imperio que pretendía exponer Garcilaso.

La actitud de Pachacutec, al designar primero a un hijo y luego revocar su elección a favor de otro no tenía nada de insólito, y más bien obedecía a las más antiguas tradiciones incas. Es por estas mismas costumbres que pudieron sucederse en el incario tres monarcas de la habilidad y condiciones de los últimos soberanos. Así vemos cómo Pachacutec recomendó a su sucesor Túpac "que cuando fuese viejo, mirase mucho en escoger de sus hijos para que le sucediese no el que más él quisiese o se aficionase o al mayor, sino el que cognosciere para gobernar y bien de los pueblos ser el mejor".[33]

Ya que la elección del soberano era frecuentemente motivo de conflicto, ordenó Pachacutec medidas de seguridad al fallecer el Inca.[34] Al enfermarse gravemente el soberano, lo conducían a los aposentos más apartados y secretos del palacio. Sólo podía ser visto por sus mujeres e hijos más queridos, y por los curanderos. Si empeoraba, aumentaba el cuidado de no dejar traslucir nada de lo que ocurría. Tomaban grandes precauciones para mantener en secreto el fallecimiento del Inca por espacio de un mes. Mientras tanto, el heredero enviaba a las provincias mensajeros secretos, informando a los gobernadores de lo ocurrido y ordenándoles doblar la vigilancia de los pueblos a sus órdenes. Pasado el mes, y teniendo asegurada la paz del reino, anunciaban la muerte del soberano, iniciando las ceremonias de la Purucaya y los funerales reales.

Estas disposiciones muestran que el gobierno en el imperio no era tan sosegado ni apacible como lo describe Garcilaso. Además, es más lógico suponer que existían revueltas y conspiraciones, hechos que son inseparables de la historia de los pueblos y de la ambición humana.

No tenía Túpac una edad muy avanzada al momento de su fallecimiento. Los informantes de Toledo lo mencionan a su muerte como

---

33. Las Casas, Edic. Urt., cap. XXV, p. 155.
34. Las Casas, Edic. Urt., cap. XXVI, p. 157.

entre mozo y viejo.³⁵ Cabello de Balboa ³⁶ afirma que las fatigas de la guerra alteraron su salud, y que se hizo viejo sin tener edad para ello. Esta es posiblemente la razón por la cual no dejó establecido su correinado. Tanto Viracocha como Pachacutec, eligieron a sus sucesores pasados los sesenta años de edad.

La muerte de Túpac aparece envuelta en el misterio. La reclusión y el silencio con que rodeaban el fallecimiento de los soberanos, hace toda investigación mucho más difícil. Cabello de Balboa,³⁷ después de afirmar que murió en el Cuzco, cuenta que su sucesor se dirigió a Cajamarca para llorarlo. Murúa ³⁸ asegura que fue herido de un flechazo, mientras Sarmiento habla de veneno. Es probable, sin embargo, que se encontrara Túpac en su palacio de Chinchero, en el valle de Yucay, al momento de su muerte.³⁹

De la coya Mama Ocllo tuvo Túpac varios hijos, siendo el menor de ellos Titu Cusi Hualpa (el futuro Huaina Capac). Las Casas, Huamán Poma y los declarantes del valle de Chincha ⁴⁰ afirman que fue este príncipe el menor hijo de la coya. Nació en Tumibamba, durante la conquista de su padre en el norte. Como lo veremos más adelante fue, desde su llegada al Cuzco, el objeto de las solicitudes y del cariño de su abuelo, el Inca Pachacutec. Quizás la preferencia que mostraba el Inca para con Titu, influenció a su padre para designarlo heredero aunque fuera muy joven.

Parece que poco tiempo antes de morir Túpac había revocado su primer nombramiento a favor de Capac Huari, el hijo de una concubina suya llamada Chuqui o Chiqui Ocllo.⁴¹ Si bien Túpac había elegido a su sucesor, no había llegado a nombrarlo correinante suyo. Esto nos muestra que la costumbre del correinante del heredero no era una ley

---

35. "Informaciones" de Toledo, publicado por Levillier en su obra *Don Francisco de Toledo*, pp. 118-119.
36. Cabello de Balboa, Edic. Urt., cap. X, p. 79.
37. Cabello de Balboa, Edic. Urt., cap. X, p. 83.
38. Murúa, cap. XII, lib. 1, p. 17.
39. "Informaciones" de Toledo, publicado por Levillier en su obra *Don Francisco de Toledo*, p. 148.
    Sarmiento de Gamboa, cap. LII.
40. Las Casas, cap. XXVII, p. 164.
    Huamán Poma, foja 112 y 139.
    *Relación y declaración hecha en el valle de Chincha*, Edic. Urt., p. 137.
41. Sarmiento de Gamboa, cap. LIV.
    Cabello de Balboa, cap. X, pp. 79-80.

fija ni obligatoria. A veces la muerte sorprendía al monarca antes de establecerla.

Sarmiento de Gamboa,[42] seguido por Cabello de Balboa, nos relatan las intrigas palaciegas que rodearon al advenimiento de Huaina Capac. Los principales orejones del imperio tenían aún oculto el fallecimiento del soberano, según la costumbre implantada por Pachacutec y se dirigieron de Chinchero al Cuzco a fin de preparar el advenimiento de Huaina Capac. De la Crónica de Sarmiento se desprende que los orejones ignoraban la última voluntad de Túpac, y que por lo tanto prosiguieron tranquilamente en los preparativos secretos para la toma de la mascapaicha por el nuevo Inca. Quizás la designación de Capac Huari le fue arrancada a Túpac en su lecho de muerte por parte de su concubina Chiqui Ocllo.

Los parientes de Capac Huari fueron secretamente avisados por Chiqui Ocllo del fallecimiento de Túpac. La palla los exhortó a que no permitiesen que otro fuese nombrado Inca. Terminó diciendo: "... llamada todos vuestros deudos y amigos y nombrad y alzad por Inga a Capac Guari, hijo de Chiqui Ocllo".

Lo cual, añade Sarmiento, pareció bien a todos los parientes de Capac Huari. Pero estas intrigas no fueron lo suficientemente secretas para no llegar a oídos de Huamán Achachi, fiel tío de Huaina Capac.[43] Inmediatamente escondió este orejón al joven príncipe, cayendo con gente armada sobre los desprevenidos parientes de Capac Huari. De esta manera desbarató a los insurrectos. En cuanto al usurpador, terminó sus días desterrado en Chinchero.

Después de estos acontecimientos se dirigió Huamán Achachi a Quispicancha, lugar donde tenía escondido a Titu Cusi Hualpa y lo trajo al Cuzco. Sin mayores tropiezos ciñó el joven la mascapaicha, recibiendo el nombre de Huaina Capac.

Cieza[44] no nos da detalles sobre el advenimiento del Inca, pero afirma que "no dejó de haber alguna turbación entre los mesmos incas, porque algunos hijos de Túpac Inca, habidos en otras mujeres que la coya, quisieron ponerse a pretender la dignidad real".

---

42. Sarmiento de Gamboa, cap. LV.
    Cabello de Balboa, cap. X.
43. Sarmiento de Gamboa, cap. LV.
    Cabello de Balboa, cap. V, pp. 80-81.
    Santillán, p. 15, párrafo 9, menciona a este orejón como gobernador de un suyo.
44. Cieza de León, *Del señorío de los incas*, cap. LXI.

La sucesión de Huaina Capac, tan próxima a la llegada de los españoles, es sin embargo incierta y se presta a numerosas interpretaciones. De la coya, no tuvo Huaina Capac hijo alguno. Hay diversas versiones sobre posteriores matrimonios del Inca con sus concubinas. El Palentino[45] asegura que lo único que hacían en tales circunstancias, era la adopción del heredero por la coya. Entre los hijos habidos en concubinas, se destacaron Atahualpa y Huascar.

Numerosos cronistas hacen alusión a Ninan Cuyochi.[46] Murúa[47] afirma que su madre pertenecía al ayllu de Capac Cuzco, y Huamán Poma[48] la llama Cayac Cuzco. Sarmiento y Cabello de Balboa[49] mencionan a este príncipe como el designado por Huaina Capac para asumir el poder, mientras los quipucamayus cuentan las intrigas urdidas por Ninan Cuyochi contra Huascar, con el propósito de apoderarse de la borla.

Sobre el nacimiento de Atahualpa existen aún mayores contradicciones. El padre Velasco narra la fabulosa existencia del reino de los scyris y del matrimonio de Huaina Capac con la reina viuda, naciendo Atahualpa de esta unión. Varios cronistas repiten la noticia sin averiguar mayormente los hechos. Sin embargo, encontramos en autores de mayor peso un relato distinto. Cieza[50] no podía dejar de indagar "con gran diligencia" sobre el nacimiento de Atahualpa. Encontró que era cuzqueño y mayor que Huascar, siendo su madre Túpac Palla. Todo lo demás afirma el cronista, "es burla".

Herrera[51] la llama Tota Palla, asegurando que pertenecía al bando del bajo de Cuzco, y Santa Cruz Pachacuti[52] la nombra como Tocto Ollo Coca. Cabello de Balboa[53] afirma que al dejar Huaina Capac el Cuzco y

---

45. El Palentino, *Historia del Perú,* Colección de documentos literarios del Perú, de Odriozola, tomo IX, 2.ª parte, lib. 3, p. 360.
46. *Declaración de los quipucamayus a Vaca de Castro*, p. 23.
    Santa Cruz Pachacuti, p. 208, Edic. Urt.
47. Murúa, Edic. L., lib. 1, p. 59.
48. Huamán Poma, foja 114.
    Sarmiento de Gamboa, cap. LXII.
49. Cabello de Balboa, cap. XIV, p. 114.
    Sarmiento de Gamboa, cap. 62.
50. Cieza de León, *La crónica del Perú*, cap. XXXVII.
    Cieza de León, *Del señorío de los incas*, cap. LXII y cap. LXIX.
51. Herrera, "Década quinta", lib. 5, cap. XVI.
52. Santa Cruz Pachacuti, p. 208.
53. Cabello de Balboa, cap. XI, p. 86.

dirigirse a Quito, no pudo resistir al placer de llevar consigo a Atahualpa, cuya madre había muerto. Desde entonces mostró el Inca una marcada predilección por Atahualpa, acompañándolo el príncipe a todas partes.

Sarmiento[54] señala la madre de Atahualpa como Tocto Coca, del linaje de Pachacutec. Si suponemos con estos cronistas que la madre de Atahualpa no fue una princesa quiteña sino una palla del Cuzco, con sólo este hecho cambia todo el panorama de la lucha entablada entre los hermanos rivales. Ya no se trataría de una guerra entre linajes, sino de una querella política entre las panacas que representaban Huascar y Atahualpa. un hecho común en el incario.

Al alejarse Huaina Capac del Cuzco, dejó de gobernador a Huascar. Este era un cargo importante que recaía siempre sobre un hermano o un hijo del Inca. Su cariño hacia Atahualpa lo llevó a mandarlo a una expedición contra los pastos "para ver como probaba".[55] Pero el príncipe retornó huyendo, razón por la cual "su padre le afrentó malamente de palabra".

El fracaso de Atahualpa en la prueba de eficiencia fue seguramente el motivo por el cual el Inca al morir, nombró a Ninan Cuyochi como sucesor suyo y no a Atahualpa, su hijo predilecto.

El orejón Cusi Topa Yupanqui, mayordomo del Sol, fue encargado por el soberano para llevar la mascapaicha a Ninan Cuyochi. Al dirigirse hacia la morada del heredero, se encontró el orejón con la nueva de la muerte de Ninan Cuyochi.

En Santillán hemos visto que si el soberano y su heredero fallecían, los orejones escogían a otro hermano, y le entregaban la mascapaicha. Es, exactamente, lo que aconteció. En ese momento se encontraba en Tumibamba Mama Raua Ocllo, madre de Huascar la cual comprendió que podía, mediante intrigas, hacer elegir a su hijo.

Si bien Atahualpa, en ese momento, contaba con fuerzas en el ejército de su padre y tenía numerosos generales adictos a su persona, no poseía influencias en los círculos administrativos de la metrópoli. Además, por su larga ausencia del Cuzco había perdido contacto con los orejones radicados en la capital, donde Huascar había quedado como gobernador. Por estas razones le fue fácil a Huascar granjearse el apoyo de los principales señores. No tuvo Atahualpa, en ese momento, suficiente poder para hacerse elegir soberano. Por otro lado, Raua Ocllo no descansaba usando toda su influencia en demostrar a los orejones las conveniencias de nombrar a Huascar. Sarmiento[56] cuenta cómo Cusi

---

54. Sarmiento de Gamboa, cap. LXIII.
55. Sarmiento de Gamboa, cap. LXIII.
56. Sarmiento de Gamboa, cap. LXII.

Topa Yupanqui le dijo a la palla: "No estés triste, coya, apréstate y vé al Cuzco a decir a tu hijo Guascar como su padre le dejó nombrado por inga después de sus días".

Sólo así se puede comprender la elección de Huascar como soberano, ya que era un hombre débil, dado a placeres y ajeno a las tácticas guerreras. La elección de Huascar, hombre alejado del ejército, no podía satisfacer a los generales incas. Por eso encontramos que surgió una doble elección: la de los círculos administrativos cuzqueños y la de las tropas incas deseosas de imponer a su candidato. Quedaban en juego interés y poderíos distintos. La lucha que no debía tardar en estallar entre los hermanos, no fue un acontecimiento nuevo ni insólito en la historia inca. Al no haber establecido Huaina Capac el correinado de su heredero, era de prever que el más hábil de sus hijos se sintiera desposeído y tratara por las armas de hacer valer sus derechos.

Para mostrar mejor lo que fueron las sucesiones, nos hemos visto obligados a tratarlas hasta el último soberano. En conclusión, podemos decir que los soberanos de la segunda dinastía tendieron por lo general a otorgar el poder al hijo más capaz o más valiente. En consecuencia, bajo este principio fueron apartados de la herencia Urco y Amaru. No era una regla uniforme que el heredero designado por el Inca fuese hijo de la coya.

En el reinado de Inca Roca, se inicia la costumbre de incorporar al gobierno para que se adiestrase en el mando al presunto sucesor, hijo del Inca, quien compartía en vida de su padre las tareas de la administración y de la guerra. Es esta institución propia y peculiar de los incas, la del correinado, la que revela una vez más la singular experiencia y genio político de los incas.

El ejercicio del correinado no implicaba una obligación con la persona elegida, sino que ésta era requerida o desechada, según las cualidades que demostraba para el ejercicio del mando. La crónica nos revela que los correinantes Urco y Amaru no fueron designados incas por su ineptitud para el mando.

❖ ❖ ❖

Capítulo Séptimo

# El correinado de Túpac Yupanqui

Tenía el príncipe Túpac Yupanqui, cuyo nombre quiere decir el que resplandece, alrededor de dieciocho años de edad al tomar parte en las fiestas del Huarachico y recibir las huaras y orejeras de oro. Las ceremonias se habían sucedido en medio de un esplendor y de un fausto dignos de un heredero del imperio. Al finalizar el mes de Capac Rami, se reunieron los señores orejones de Hanan y Hurin Cuzco a rendir homenaje al nuevo soberano. Mostraba el joven en todas las circunstancias, una compostura superior a su edad. Se celebró, al mismo tiempo, su matrimonio, siendo el primer Inca que tomó por esposa a su propia hermana. La coya Mama Ocllo[1] era una mujer bajita pero hermosa e inteligente, excesivamente celosa de su marido, llegando al extremo de tomar para su servicio sólo a mujeres feas y de edad avanzada. En cuanto a Túpac, nos dice Huamán Poma que era "muy gentil hombre alto de cuerpo y muy sauio".[2]

---

1. Huamán Poma, foja 139.
   Sarmiento de Gamboa, cap. XLIII, "su padre Inca Yupanqui le dio por mujer una su hermana nombrada Mama Ocllo, que fue mujer hermosa y de gran seso y gobierno".
   Gutiérrez de Santa Clara, tomo III, cap. L, p. 439: "estuvo casado con Mama Ocllo, que quiere decir Doña Ojo".
   Garcilaso, *Comentarios reales de los incas*, lib. 8, cap. VII, Mama Ocllo.
   Murúa, Edic. L., Mama Ocllo.
2. Huamán Poma, foja 111.

Poco tiempo quedó el príncipe en el Cuzco una vez establecida la sucesión. Deseaba su padre adiestrarlo sólo en el arte de las guerras, probando su capacidad y su suerte en las armas, al mismo tiempo que visitaba y recorría sus estados.

Difícil es demarcar exactamente las conquistas que realizó Túpac en vida de su padre, y las que hizo una vez fallecido Pachacutec. No tardó en convencerse el anciano monarca, abrumado ya por los años, de la capacidad militar de su hijo, dejándolo en completa libertad de acción y actuando con frecuencia Túpac sin consultar a su padre. Por eso encontramos en las crónicas pequeñas divergencias en cuanto al preciso momento en el cual asumió Túpac Yupanqui la dirección absoluta del imperio.

En la historia inca se destaca Túpac como un gran conquistador, y si bien fue Pachacutec el iniciador de la expansión cuzqueña, consumará Túpac durante su gobierno lo principiado por su padre. Valiente y audaz, recorrerá el príncipe de norte a sur el territorio dominando pueblo tras pueblo.

Decidida la expedición al Chinchaysuyo, fueron nombrados los generales del ejército. Sólo de nombre, en esta primera salida de Túpac, será jefe el príncipe. El mando efectivo de las tropas quedará en manos de generales expertos. Los nombramientos recayeron sobre Tilca Yupanqui,[3] uno de los hijos mayores de Pachacutec, el cual recibió la orden de cuidar y velar por el heredero. El segundo general fue Anqui o Auqui Yupanqui, siendo el tercero Túpac Capac, ambos hermanos del príncipe.[4]

Terminados los preparativos, salió Túpac del Cuzco hacia el norte; con gran pompa y numerosa escolta, nunca habían visto los *runas* a un soberano rodeado de mayor esplendor. En las comarcas por donde pasaba el Inca aguardaba la gente la aparición del séquito real para iniciar los sacrificios y plegarias, mientras a grandes gritos alababan las virtudes y méritos del príncipe, no osando ninguno de ellos alzar la mirada hacia el semidiós encarnado en el hijo del Sol.

Si bien el territorio entre Cuzco y Cajamarca había sido ya sometido a los incas, existían aún focos aislados de rebelión, guareciéndose los insurrectos en fortalezas y lugares inaccesibles. Tanto Sarmiento de

---

3. Cabello de Balboa, Edic. Urt., cap. VI, p. 45.
Sarmiento de Gamboa, cap. XLIV.
4. Sarmiento de Gamboa, cap. XLIV.
Cabello de Balboa, cap. VI, p. 45 y cap. IX, p. 70. Túpac Capac llegó a tener una brillante situación durante el reinado de su hermano el Inca Túpac Yupanqui, ganándose la confianza del soberano. Ambicioso de poder, intentó derrocar al Inca, siendo condenado a muerte al fracasar su complot.

Gamboa como Cabello de Balboa, citan numerosos fuertes reducidos por Túpac, a lo largo del camino hacia el norte.

En la región quechua fueron dominados los pucaras de Tohara, Coyara, Curamba,[5] y en Huamanga se rindió la fortaleza de Urcocollac, mientras que en Jauja se habían insubordinado algunos indígenas en Siciquilla-Pucara. Fuera de estos lugares aislados, la mayoría de los pueblos hacían un solemne recibimiento al joven Inca. A todos complacía Túpac con grandes presentes de ricas mantas, preciadas hojas de coca y metales preciosos. Los curacas acudían al paso del soberano, hasta de leja-nos lugares.

Los de Bombón, temerosos al principio con las noticias de la proximidad de un gran ejército cuzqueño, decidieron hacer reverencia al Inca, al llegar a su conocimiento la magnanimidad y la clemencia del príncipe.

En Huaillas quedaron sometidos los pucaras de Chungomarca y los de Pillaguamarca, pasando Túpac hacia Huánuco Viejo, lugar donde se aposentó un tiempo, mandando edificar nuevos palacios y templos. Al proseguir el príncipe su marcha hacia el norte, pasó por Huamachuco y Viracochapampa, estableciéndose finalmente en Cajamarca.[6]

Durante toda la etapa de esta expedición, el cuartel general de Túpac fue Cajamarca, saliendo sucesivamente varias expediciones a dominar las provincias y señoríos del contorno.

La empresa más importante fue, seguramente, la dominación Chimú, llevada a cabo no como quiere Garcilaso por los largos arenales de la costa sino por las serranías contiguas. Este cronista menciona la sujeción del Chimú bajo el mando del Inca Yupanqui que él interpone, suceso que relata en vida de Pachacutec.[7]

Difícil nos parece que las tropas habituadas a las altas serranías hubieran atravesado los ardientes desiertos yungas que separaban los valles del Rimac y de Moche, librando combates en cada valle y luchando contra los naturales. Más lógico es suponer que los ejércitos incas, cuyo cuartel general estaba en Cajamarca, bajaran por las quebradas andinas hacia la ciudad de Chan Chan, cortando además el agua indispensable para los costeños.

---

5. Sarmiento de Gamboa, cap. XLIV.
   Cabello de Balboa, Edic. Urt., cap. XLV.
6. Sobre Marca Huamachuco y Viracochapampa, ver el ensayo de T. D. Mc Down, *Pre-Incaic Huamachuco*.
   Garcilaso, *Comentarios reales de los incas*, lib. 6, cap. XIV.
7. Garcilaso, *Comentarios reales de los incas*, lib. 6, cap. XXXII y cap. XXXIII.

Posiblemente, tiempo atrás, el general Capac Yupanqui había ya librado alguna lucha contra el Chimú,[8] aliado y tributario del curaca Guzmango. En el momento de la conquista incaica, había venido muy a menos el poderío del Chimu Capac, sobrenombre que le habían dado los indígenas de las serranías al señor de Chan Chan.[9] Mientras algunos cronistas mencionan los dominios del Chimú como extendiéndose desde Puerto Viejo, otros lo nombran sólo hasta Paramonga, existiendo una gran discrepancia entre unos y otros. Probablemente se trata de una época de apogeo, quedando su territorio al momento de la dominación cuzqueña, reducido al valle de Moche y al de Virú.[10]

A medida que perdía el Chimú su poderío se fueron independizando los valles cercanos, infringiendo los sinchis, situados en las serranías, temibles guerras a los yungas. Así, Sarmiento de Gamboa nombra al Chimú como tributario de Guzmango Capac, y Calancha[11] menciona las guerras con que afligían los conchucos al señorío del Chimú.

En cuanto a la cultura mochik y más tarde la Chimú, florecieron ambas muchos siglos antes de la expansión inca, siendo materia de estudio para los arqueólogos.

Una de las causas de la decadencia de esta última, fue la vida lujosa y muelle de la corte de Chan Chan. El centro más refinado de Sudamérica precolombina, no podía oponer una tenaz resistencia a las diestras y aguerridas tropas incas, habituadas a los rudos combates y a las campañas y marchas a lo largo de medio continente.

Después de repetidos encuentros, ante la presión de los suyos y abandonado por sus antiguos aliados, se vio obligado el Chimú Capac a rendirse a los incas. La estrategia usada por los generales cuzqueños fue la de cortar las acequias que bajaban de las cordilleras con el agua indispensable para el regadío de sus campos y sementeras. No sólo se apoderó Túpac del valle de Moche sino del de Pacasmayo, regresando los ejércitos por Niepos a Cajamarca.[12] Cieza de León y Santa Cruz Pachacuti[13] mencionan ambos la dominación del Chimú como llevada a cabo posteriormente después de la conquista de Quito y por la costa

---

8. Sarmiento de Gamboa, cap. XXXVII.
9. Santa Cruz Pachacuti, p. 783, menciona a Chimo Capac y a Quirutone.
10. H. Horkeimer, *Vistas arqueológicas del noroeste del Perú*, p. 15.
11. Calancha, lib. 3, cap. XI, p. 556.
    Sarmiento de Gamboa, cap. XXXVIII.
12  Cabello de Balboa, Edic. Urt., cap. XLVII.
13. Cieza de León, *Del señorío de los incas*, cap. LVIII.
    Santa Cruz Pachacuti, p. 183.

norte. Probablemente se confundieron con la segunda expedición de Túpac al Chinchaysuyo, durante la cual dominó Quito y bajó a Manta por la costa hasta Chan Chan.

La estadía de Túpac en Cajamarca duró posiblemente varios años, interrumpiendo quizá las guerras de conquistas por intervalos, durante las épocas de lluvias.

La segunda salida de Túpac estuvo orientada hacia Chachapoyas, vocablo que significa varones fuertes.[14] Era, según Garcilaso, una región poblada por gente muy valiente, siendo sus mujeres hermosas al extremo. Los habitantes adoraban las culebras y tenían al cóndor por ídolo principal.

Los ejércitos incas se dirigieron a Celendín y pasaron por Leimebamba, Jalca, Levanto, subyugando toda la región.[15] Los chachapoyas, cuyo sinchi era Chuqui Sota,[16] se refugiaron en el pucara de Piajajalca, ofreciendo desde allí gran resistencia. Después de una lucha desesperada, terminaron, como los demás, por rendirse a los Incas.

La tercera expedición, llevada seguramente a cabo pasado un año de la anterior, fue llevada hacia Cutervo Huambo, Chota, llegando posiblemente hasta Huancabamba.[17] Cabello de Balboa no interrumpe la expedición al Chinchaysuyo avanzando en esta oportunidad las tropas incas hasta Quito. Más en lo cierto nos parece la versión de Sarmiento de Gamboa, de haber existido dos empresas al norte, la segunda ya dirigida completamente por el príncipe.

Numeroso botín de guerra llevó Túpac al Cuzco al finalizar su primera salida de la metrópoli. Entre el crecido número de cautivos figuraban hábiles artesanos del Chimú, expertos en labrar metales y objetos de arte. Siguiendo el ejemplo quizás del señor de Chan Chan quiso rodearse el Inca del Cuzco de mayor lujo y esplendor. Los soberanos que en tiempo de la confederación no tenían posiblemente más riquezas que sus demás vecinos, fueron adquiriendo por sus conquistas, un boato y fausto superiores al de sus antepasados.

A los dominios recién adquiridos por Túpac, envió Pachacutec a sus tucuyricocs para establecer la administración cuzqueña, debiendo ellos mandar al Cuzco los mapas en relieve y las mantas pintadas con las descripciones de las regiones. Aunque ya muy viejo Pachacutec e imposibilitado de salir de la ciudad, seguía el anciano monarca ocupándose de la organización de sus Estados.

---

14. Garcilaso, *Comentarios reales de los Incas*, lib. 8, cap. I.
15. Cabello de Balboa, cap. VI.
16. Sarmiento de Gamboa, cap. XLIV.
17. Cabello de Balboa, cap. VI.

Después de un par de años de descanso, volvió Túpac a prepararse para cumplir el deseo de su padre de seguir extendiendo al norte las fronteras del Tahuantinsuyo. Esta vez el brillante guerrero, que llegó a ser soberano, no necesitaba ya de los consejos de generales subalternos. De allí en adelante el joven Inca recorrerá todo el Imperio sometiendo a los curacas alzados, anexando nuevas provincias y organizando la administración. Incansablemente de norte a sur, viajará Túpac siempre la cabeza de sus tropas.

Nombrado Túpac Yupanqui jefe de la empresa, tomó por generales a sus mismos hermanos que lo habían acompañado en su primera salida del Cuzco.

Lentamente volvió a avanzar el ejército incaico por el Chinchaysuyo, recibiendo el Inca a su paso a los curacas de las regiones que atravesaba; controlaba igualmente a los visitadores y a los orejones encargados de vigilar y gobernar las provincias.

Llegados a los límites del imperio en Huancabamba, se prepararon las tropas para sujetar Ayabaca y posiblemente la región de Piura, pasando luego hacia los dominios de los bracamoros.[18] El primer encuentro con los naturales fue poco afortunado para los incas, viéndose obligados a huir apresuradamente ante la ferocidad de la defensa. Cinco lunas duró la contienda, logrando los cuzqueños vencer a sus enemigos y avanzar hacia los paltas.[19] De allí mandó el príncipe sus emisarios a los cañaris, ofreciéndoles la paz si venían a dar obediencia a los cuzqueños. Estos respondieron negativamente preparando activamente la defensa de sus tierras y confederándose sus sinchis Pisar Capac, Cañar Capac y Chica Capac con el curaca Pillaguaso, jefe de los quillacos.[20]

Una ardua lucha tuvo que sostener Túpac con los fieros norteños. Durante el combate, largo tiempo no favoreció la fortuna a ninguno de los dos bandos. Viendo el Inca, en medio de la contienda, la incertidumbre del final del combate, se puso de pie sobre su anda e hizo señas a las tropas que estaban estacionadas y que debían servir de esfuerzo y socorro en caso de una derrota. Al ver los cañaris y los quillacos engrosarse los ejércitos incas con soldados descansados, perdieron ánimo y se desbandaron. Los cuzqueños los persiguieron dando de alaridos y al grito de "¡Capa Inga Yupanqui Cuzco! ¡Cuzco!"[21]

---

18. Cieza de León, *La crónica del Perú*, cap. LVII.
19. Cieza de León, *Del señorío de los incas*, cap. LVI.
20. Sarmiento de Gamboa, cap. XLVI.
    Cabello de Balboa, cap. VII, p. 50.
21. Sarmiento de Gamboa, cap. XLVI.

Los sinchis cañaris perecieron en la batalla, quedando prisionero Pillaguaso de Quito. Las ciudades cañari de Cañari Bamba y Tumi Bamba tuvieron que recibir a los vencedores. En la última, mandó edificar el Inca numerosos templos y canchas,[22] mostrando más tarde Huaina Capac gran predilección por el lugar; igualmente hizo levantar el soberano la fortaleza de Quinchicaxa.

Con el fin de aprovechar completamente su victoria, marchó Túpac hacia Quito, descansando allí un tiempo. Más tarde, de regreso a Tumibamba, estableció en esta ciudad su cuartel general. Mientras tanto los chasquis llevaban al Cuzco las nuevas de los éxitos alcanzados por el Inca, preparándose Pachacutec a celebrar la victoria, con grandes fiestas y sacrificios.

Es durante la estadía de Túpac en Tumibamba, que nació el príncipe Tito Cusi Gualpa, hijo de la coya Mama Oclío, que llegó a ser con el tiempo al Inca Huaina Capac.[23] Haremos hincapié en el hecho de ser el joven príncipe el menor de los hijos varones de la coya.[24]

Si bien eran alentadoras y felices las noticias que despachaba Túpac a su padre, no lo eran así las que venían de la metrópoli. Un terrible flagelo asolaba en ese momento la región sureña del imperio; durante seis años fueron escasas o nulas las lluvias y aguaceros, muriéndose el pueblo de hambre a la pérdida de sus cosechas.[25] Es entonces cuando el príncipe Amaru trató, en los posible, de aliviar la situación, repartiendo las cosechas de sus chacras y de sus colcas.

Cuatro años habían transcurrido desde la partida de Túpac del Cuzco, y aunque había pasado el término de ausencia señalado por Pachacutec, decidió el príncipe quedarse en Tumibamba y proseguir sus conquistas. Con ese fin reunió a sus ejércitos e inició la marcha hacia los huancavilcas. En la cabecera de las cordilleras, mandó edificar el pucara de Guachalla, bajando luego hacia los huancavilcas. Para atacar a los naturales dividió sus tropas en tres bandos, internándose él mismo en la parte más boscosa. Larga fue la lucha para someter a los huancavilcas, teniendo los soldados incas que pelear no sólo en tierra sino en balsas a lo largo del litoral. Por último, logró Túpac dominar la región desde Manta

---

22. Cieza de León, *Del señorío de los incas*, cap. LVI, p. 262.
23. Sarmiento de Gamboa, cap. XLVI.
    Santa Cruz Pachacuti, Edic. Urt., p. 191.
    Cieza de León, *Del señorío de los incas*, cap. LVII.
24. *Relación y declaración hecha en el valle de Chincha*, Edic. Urt., p. 137.
    Las Casas, Edic. Urt., p. 164.
    Huamán Poma, foja 112 y 139.
25. Santa Cruz Pachacuti, p. 191.

y Puná hasta Tumbes. Estando justamente el príncipe en la costa "aportaron allí unos mercaderes que habian venido por la mar hacia el poniente en balsas navegando a la vela.[26]

Al ser interrogados, contaron que venían de dos lejanas islas, llamadas Auachumbi y Niñachumbi, lugares poblados y ricos. Con esta narración se entusiasmó el príncipe, cuya valentía y audacia eran extremas. Su sed de aventuras y gloria lo llevó a desear emprender la conquista de tan distantes islas, pero como dudaba de la veracidad de los navegantes llamó a un mago que viajaba con él, apellidabo Antarqui, y le consultó sobre la autenticidad del relato. El brujo, valiéndose de su arte y de su magia, confirmó la existencia de las islas. Empeñado Túpac en su propósito, decidió lanzarse a la conquista de las islas. Febrilmente, ordenó el Inca lo necesario para la expedición. Sólo la juventud del príncipe le hicieron olvidar toda idea de peligro y de cautela. ¿Si se atrevió Túpac a arrojarse al mar, no era acaso porque la ruta no era totalmente desconocida, y ya otros habían seguido el mismo camino?

Un sinnúmero de balsas fueron construidas, según el modelo usado por los naturales de la costa. Cabello de Balboa las describe como "unas especies de armadias fabricadas con vigas de madera muy liviana, atadas fuertemente y cubiertas de cañas...".[27] Gutiérrez de Santa Clara menciona igualmente las balsas en uso en Paita, Puerto Viejo, Tumbes y la Puná "de ynmemorable tiempo aca, y el día de oy lo ussan, de unas balsas de madera liuiana y seca, y de cañas, con unas velas latinas trianguladas y con un timon en la popa".[28]

Según la crónica de Sámano Xerez,[29] el piloto Bartolomé Ruiz halló por la altura de Tumbes una balsa cargada de mercaderías y manejada por unos veinte hombres: "este navio que digo tomo parecer de cavida de asta teynta toneles hora hecho por el plan e quilla de una cañas tan gruesas como postes ligadas con sogas de uno que dizen henequen que es como cáñamo... traye sus masteles y antenas de muy fina madera y velas de algodón".

Una vez terminada la construcción de las balsas, embarcó en ellas el Inca veinte mil soldados escogidos; se trataba de una flotilla bastante

---

26. Sarmiento de Gamboa, cap. XLVI.
27. Cabello de Balboa, Col. Urt., cap. VII, p. 51. Para manejar las balsas usaban las *guares*, unas tablas que se hundían a voluntad entre los troncos de árboles o mazos de totora y daban dirección a las balsas.
28. Gutiérrez de Santa Clara, tomo III, cap. LXI, pp. 527-528.
29. Sámano Xerez, pp. 65-66.
30. Sarmiento de Gamboa, cap. XLVI, p. 124.

numerosa. Consigo llevó Túpac por capitanes a Huamán Achachi, el valeroso y fiel hermano del príncipe, que desempeñara un rol principal en el Cuzco, años más tarde; a Conde Yupanqui y Quigual Topa, ambos de Hanan Cuzco, mientras que del bando de abajo fueron Yancan Maita, Chachimapaca, Quizo Maita y Llimpita Usca Maita. Por segundo jefe de la expedición nombró a su hermano Tilca Yupanqui, quedando en tierra para custodiar el orden Anqui o Auqui Yupanqui.[30] Escogió el príncipe a los pilotos más experimentados, "y se embarcó a la cabeza de sus mejores tropas con todo valor y libertad de espíritu como si hubiera navegado toda su vida".[31]

La hazaña de Túpac muestra indudablemente un extremo coraje y puede compararse con las grandes aventuras de todos los tiempos. La ausencia del Inca duró de nueve meses a un año, según Sarmiento de Gamboa, y más de un año según Cabello de Balboa. Mientras tanto, los que se habían quedado en tierra principiaban a inquietarse, temiendo un desastre. El general Anqui Yupanqui, para tranquilizar a los soldados y eliminar cualquier sospecha de parte de los pueblos recién dominados, fingía recibir felices nuevas del Inca, festejando los triunfos del ausente. Mal le valió su ardid, ya que más tarde fueron erróneamente interpretados sus propósitos y él condenado a la pena de muerte.

Cuando daban ya por perdido al príncipe, retornó Túpac de su lejano viaje dirigiéndose a Tumibamba, el lugar donde había quedado la coya. Como trofeo de viaje trajo gente negra, oro, una silla de latón y un pellejo y quijada de caballo; objetos que fueron guardados en la fortaleza del Cuzco, a la llegada de los españoles los custodiaba un orejón llamado Urco Guaranga.[32]

¿A qué islas lejanas fue a dar el Inca Túpac Yupanqui, con su flotilla de balsas y sus aguerridos soldados? ¿Podía acaso tratarse de las islas Galápagos, como supone Means,[33] que nunca fueron habitadas de manera permanente y que, por lo tanto, no ofrecían ningún interés a los mercaderes? Es más probable que el Inca Túpac hiciera siglos antes la misma proeza de la expedición Kon-Tiki, salida del Callao el 28 de abril de 1947 y encallada en el arrecife de Raroia en Tuamotu, después de 101 días de navegación, con una balsa copiada de las que usaban antiguamente los habitantes de la costa norte.

---

31. Cabello de Balboa, cap. VII, p. 51.
32. Sarmiento de Gamboa, cap. XLVI.
    Cabello de Balboa, Edic. Urt., cap. VII.
33. Means, *Ancient Civilizations of the Andes*, p. 271.

Según Rivet,[34] los nombres de las islas en cuestión no ofrecen ninguna indicación para su identificación "ya se intente interpretarlos por el Kichua (*ahua-chumbi*, cintura de tejido trenzado; *nina-chumbi*, cintura preciosa) ya sea por el Mochika (*ain-chomi*, allálobo de mar; *nicna-chomi*, adentro-lobo de mar) etimología esta última que nos parece muy improbable". El mismo autor supone que no puede tratarse de las Galápagos o de Juan Fernández, por no haber sido habitadas permanentemente, tratándose en este caso de islas oceánicas.

De ser así, ¿a qué islas del Pacífico llegaría Túpac? ¿Serían las islas del archipiélago de Gambier? Rivet nombra una tradición de los mangaravienses, citada por W. Christian, sobre un jefe llamado Tupa que vino del este en unas embarcaciones. La misma leyenda existe en las Marquesas, siendo Tupa el héroe favorito de Nuku-Hiva.[35] Quizás recorrió Túpac varias islas, en su camino de regreso al continente.

Si bien la fantástica aventura del príncipe es sorprendente y se presta a muchas conjeturas, surgen por otro lado cada día más evidencias sobre las antiguas relaciones entre América y Oceanía.[36]

Numerosas son las pruebas establecidas por los etnólogos sobre la influencia oceánica en las antiguas culturas americanas. Canals Frau[37] supone que la cuarta y última corriente de población que llegó a las costas de América, vino de Polinesia por vía marítima. La migración polinésica no ha sido definitivamente aceptada, y "es relativamente nueva la tendencia a establecer la existencia de conexiones etnológicas entre Polinesia y América, sobre la base de semejanzas antropológicas, etnográficas y lingüísticas". Existió posiblemente un intercambio esporádico, pero mutuo, entre América y Oceanía,[38] sin tratarse nunca de grandes masas de pobladores.

---

34. Rivet, *Los orígenes del hombre americano*, p. 188.
35. Dr. Louis Rollin, *Les îles Marquises*, p. 192.
    En la isla Nuku Hiva, enseñan los nativos hasta ahora, los bloques cyclópeos de Aáotupa, con los cuales quiso Tupa edificar un monumento que le permitiera alcanzar los cielos. En el curso de una noche debía quedar lista la obra, y para saber la proximidad de la aurora, rogó a su hermana Ahina, que vigilara y le anunciara la llegada del día. Pero la joven se durmió y al despertar sobresaltada por su falta, confundió la luz pálida de las estrellas sobre las blancas arenas de la playa y llamó "A á o Tupa", que quiere decir, Tupa, ya es de día. Tupa que no había terminado su trabajo, se avergonzó y abandonó la isla. ¿No recordaría esta leyenda, en forma poética, alguna edificación que trataría de llevar a cabo el Inca, no logrando por algún motivo su propósito?
36. Gutiérrez de Santa Clara, tomo III, cap. XVI, p. 573.
37. S. Canals Frau, *Prehistoria de América*, parte VI, p. 479.
38. H. Horkheimer, *El Perú prehispánico*, tomo I, cap. IV, p. 102.

De regreso Túpac de su largo viaje, decidió retornar al Cuzco, del cual había estado ausente seis años.[39] El botín obtenido durante toda la campaña, lo mandó el príncipe a Cajamarca con parte del ejército y la orden de dirigirse por la sierra a la metrópoli[40] mientras él con el resto de las tropas se dirigió por los llanos de la costa hacia el sur.[41]

Pasó el soberano por los valles cálidos de Piura y Pacasmayo, deteniéndose en el que fuera el poderoso reino del Chimú. Luego siguió su viaje a Paramonga, mandando rehacer el palacio que había sufrido, cuando el ataque inca.[42] Así fue avanzando lentamente Túpac parando en los lugares donde le parecía necesaria su presencia. Uno de los objetivos que tenía el Inca al recorrer la costa era conocer el famoso templo de Pachacamac, reputado por su oráculo. Tiempo atrás, la madre del príncipe le había contado, cómo estando ella encinta había hablado su vientre, diciendo que el hacedor del mundo se hallaba en el templo de Ychsma, antiguo nombre del lugar. Por ese motivo se dirigió el Inca al valle sagrado, cuyo nombre cambió por el apelativo quechua de Pachacamac.[43]

Cuarenta días ayunó Túpac en Ychsma, hasta que por último tuvo la visión del dios, que le mandó edificar un templo. Cumplidas sus devociones, reanudó el príncipe su viaje al Cuzco, tomando el antiguo camino hacia Jauja, pasando por Huarochirí y la cordillera de Pariakaka. Milenaria ruta seguida por los peregrinos que bajaban de la sierra hacia el famoso templo a orillas del mar del sur.

Al aproximarse Túpac a la metrópoli, traían los chasquis las noticias de grandiosos preparativos de triunfos. Para mayor recibimiento del heredero, ideó Pachacutec salir al encuentro del príncipe en los altos de Vilcacunca, en los mismos desfiladeros, donde años atrás habían aguardado los chancas, los emisarios destinados a negociar la sumisión del Inca Viracocha.

Salió el anciano monarca del Cuzco, en sus ricas andas, rodeado del respeto y adoración de sus súbditos; con él marchaba un ejército de treinta mil hombres, deslumbrantes de patenas y adornos de oro y plata. Los apocuracas o jefes conducían a los soldados en orden de combate, vestidos todos con sus prendas más ricas.

---

39. Sarmiento de Gamboa, cap. XLVI, p. 125.
40. Sarmiento de Gamboa, cap. XLVI.
41. Cieza de León, *Del señorío de los incas*, cap. LVIII.
42. Ver en Calancha, lib. 3, cap. II, p. 551, el mito de Paramonga.
43. Santillán, Edic. Urt., párrafo 28, p. 99.

La aparición del ejército de Túpac fue recibida entre gritos de júbilo y alaridos de guerra, tocando los tambores y los pututus, como si se tratara de un verdadero ataque. En un fiero ademán se entrelazaron los dos ejércitos, simulando una lucha.[44] Luego tomó el Inca Pachacutec la jefatura de las tropas, despachando parte de los soldados al Cuzco, bajo el mando de Otorongo Achachi. Iban ellos a apostarse en la fortaleza y en las afueras de la ciudad, con el fin de representar un ataque y una defensa de la metrópoli.

Mientras tanto el pequeño Huaina Capac, nombrado generalísimo del ejército atacante, marchaba hacia el Cuzco a la cabeza de cincuenta mil soldados. Seguramente de todas las comarcas, llegaban dignatarios y curacas a presenciar el simulado combate con que se iniciaba los festejos y regocijos de la llegada de Túpac. Pocos habitantes quedarían en la ciudad, apostándose los simples runas en las alturas que rodeaban el Cuzco para gozar del espectáculo.

A la orden del diminuto jefe, se lanzaron los soldados todos relucientes de plumas y de oro sobre la ciudad. Después de una pantomima de lucha y de resistencia, no tardaron en rendirse las tropas guarecidas en la fortaleza, dirigiéndose triunfante Huaina Capac hacia el Coricancha.

Largas fueron las fiestas que se sucedieron en el Cuzco en aquel entonces. Mucho tenían que narrar los épicos cantores sobre las hazañas de Túpac Yupanqui, retumbando el grito de "¡Haylli! ¡haylli!" por toda la ciudad. En la ceremonia realizada en Aucaypata, en la cual se desplegó el botín de guerra traído por el príncipe, tomaron asiento en el lugar principal, en sus tianas iguales, el Inca Pachacutec y sus dos hijos Amaru y Túpac. Lucían los tres la mascapaycha sobre el capac llauto o gorro mitrado, adornado con plumas sagradas. Pachacutec tenía en la mano el suntur paucar, Amaru lucía un pequeño champi de oro, mientras Túpac empuñaba el topayauri o cetro de oro, emblema del mando supremo. Esta fiesta fue la realización de todos los deseos del viejo Inca; después de largos años de esfuerzo y de lucha, había logrado forjar un Imperio. No había curaca o sinchi que pudiera rivalizar con los cuzqueños; el Tahuantinsuyo se extendía de norte a sur a lo largo de regiones ricas y variadas; la organización inca iniciada por Pachacutec estaba en vías de ser aplicada en las comarcas más distantes. Había igualmente vencido Pachacutec las dificultades de su sucesión; el Imperio quedaba en manos hábiles y sabias que sabrían guiar el incario hacia mayores victorias y triunfos. En donde posara el Inca los ojos, todo era prosperidad; con cariño y legítimo orgullo podía pasear Yupanqui por el Cuzco, transfor-

---

44. Toda esta ceremonia es narrada por Santa Cruz Pachacuti, p. 193.

mado por él en la ciudad insigne de la tierra. No había nada que no fuese su obra, su hechura y su esfuerzo.

En la ardua vida de lucha y trabajo de Pachacutec, durante la cual su único pensamiento fue lograr la formación del imperio, no hubo seguramente cabida ni tiempo para afecciones profundas y duraderas. Al final casi de su vida, floreció sin embargo un sentimiento tierno y dulce hacia su nieto Huaina Capac.

Siempre traía consigo al pequeño infante, regalándole y mimándolo, haciéndolo dormir en su aposento y no dejando que se apartara de él.[45] Era un amor casi senil de abuelo, que veía en su nieto la continuación de su vida y de sus hechos. Es el único dato que nos han transmitido las crónicas sobre los afectos del gran Inca, pues el silencio más absoluto, envuelve los amores y demás sentimientos de Pachacutec. Sin embargo, nada más conmovedor que la dulce solicitud del anciano abuelo, hacia su pequeño nieto. Esta única noticia, ilumina suavemente el final de la vida de Yupanqui. Por ello sabemos que fue capaz de sentimientos humanos, y que no sólo fue un gran conquistador y conductor de hombres, con fiera y dominadora mirada, sino que también supo amar con toda ternura y solicitud.

En pleno apogeo del imperio, estando Pachacutec rodeado de los suyos y teniendo aún en mente los últimos triunfos de su hijo, adoleció el Inca de una grave enfermedad, y sintiendo su final próximo, mandó llamar a sus familiares y a los principales señores del Estado. Estando todos reunidos, les dirigió estas palabras:[46]

> ¡Hijo! Ya ves las muchas y grandes naciones que te dejo y sabes cuánto trabajo me han costado. Nadie alce los ojos contra ti, que viva; aunque sean tus hermanos. A estos nuestros deudos te dejo por padres, para que te aconsejen. Mira por ellos, y ellos te sirvan. Cuando yo sea muerto, curarás de mi cuerpo y ponerlo haz en mis casas de Patallacta. Harás mi bulto de oro en la casa del Sol, y en todas las provincias a mí sujetas harás los sacrificios solemnes, y al fin la fiesta de purucaya, para que vaya a descansar con mi padre el Sol.

Y esto acabando, dicen que comenzó a cantar en un bajo y triste tono en palabras de su lengua, que en castellano suenan: "Nací como lirio en el jardín, y ansí fui criado, y como vino mi edad, envejecí, y como había de morir, así me sequé y morí". Y acabadas estas palabras, recostó la cabeza sobre la almohada y expiró.

---

45. Sarmiento de Gamboa, cap. XLVII.
46. Sarmiento de Gamboa, cap. XLVII.

Había muerto uno de los más grandes hombres de América de todos los tiempos.

Avanzada edad tenía Yupanqui a su fallecimiento, más de ochenta años, siendo unánime esta afirmación en las crónicas.[47] Sólo los grandes señores del Estado y los parientes cercanos del Inca se enteraron de su fallecimiento. El mismo Pachacutec, había, con el espíritu que lo caracterizaba, previsto hasta el último detalle. La muerte del soberano debía quedar oculta por espacio de una luna, hasta tomar el sucesor las medidas necesarias a fin de evitar desórdenes y sublevaciones. Nadie tuvo autorización para salir del palacio hasta nuevo orden, partiendo del Cuzco rápidos y secretos mensajeros a todo el Imperio con la nueva a los gobernadores.

Pasado el tiempo requerido para asegurar la tranquilidad del imperio, se dirigieron los principales orejones con Túpac Yupanqui, al templo de Coricancha, mandando llamar inmediatamente el nuevo Inca a los jefes de los ayllus reales, encargados de la custodia de la ciudad. No tardaron en presentarse con sus dos mil hombres en pie de guerra, montando estos últimos la guardia alrededor del templo. De nuevo recibió el príncipe las insignias del poder de manos del sumo pontífice, ratificando de ese modo su nombramiento anterior. Luego fue llevado en hombros por los grandes señores a la plaza de Aucaypata, siempre custodiado por los más fieles miembros de la panaca. Allí lo aguardaban los demás orejones de Hanan y Hurin Cuzco, los principales curacas y sinchis del imperio, una infinidad de ídolos de todas las provincias, y sobre todo el impresionante desfile de las momias de los anteriores monarcas. Hacia un escaño de oro adornado de telas suntuosas y de brillantes plumerías, avanzó lentamente el Inca.

Un pregón imperial había anunciado con toda solemnidad la orden de venir a dar obediencia al nuevo soberano. Ante la *tiana* de Túpac, desfilaron grandes señores, curacas y sinchis; sacerdotes y hechiceros; soldados y humildes *runas,* rindieron todos homenaje al nuevo señor, ofreciendo al mismo tiempo presentes y sacrificios.

Terminada la ceremonia, un principal orejón, vino, en medio del silencio de la concurrencia a dar la noticia oficial del fallecimiento del

---

47. Cabello de Balboa, cap. VII, p. 65.
Gutiérrez de Santa Clara, tomo III, cap. XLIX, p. 429.
*Declaración de los quipucamayus a Vaca de Castro*, Edic. Urt., p. 20.
Acosta, lib. 6, cap. XXI.
Santa Cruz Pachacuti, p. 194.
Huamán Poma, foja 109.
"Informaciones" de Toledo, publicado por Levillier en su obra *Don Francisco de Toledo*, tomo II, parte III, lib. 1, pp. 157-158-178.

Inca Pachacutec, con las palabras: "Capac Inga tu padre descansa ya".[48] Ante estas palabras cubrióse Túpac la cabeza con su manta.

Con todo su acompañamiento se dirigió entonces el nuevo soberano al lugar donde reposaba la momia del pasado Inca, ordenando se iniciara la ceremonia de la Purucaya o exequias reales, tal como se lo había ordenado su padre.

Mientras los orejones principales tomaban las medidas necesarias para la iniciación del nuevo gobierno, los expertos preparaban el embalsamamiento del cuerpo del difunto soberano, según la costumbre inmemorial. Entre otras yerbas y mixturas, usaban la resina blanca y olorosa del molle;[49] empleando para conservar los ropajes del difunto ciertos polvos amarillos llamados siaya que traían los naturales del Anti.[50]

Garcilaso relata la asombrosa conservación de las momias reales descubiertas por Ondegardo; tenían cada una: "el cuerpo tan entero y bien aderecado con cierto betun, que parecía vivo. Los ojos tenía hechos de una telilla de oro; tan bién puestos, que no le hacian falta los naturales".[51]

Terminado el embalsamamiento, revestían la momia con suntuosas mantas, decoradas con las figuras de dioses y pumas; poníanle un gorro emplumado con el llauto y mascapaicha, adornándole el cuerpo con patenas y chipanas labradas de oro y esmeraldas; no faltando el quitasol de plumas, las armas y el escudo del soberano.

Iniciaban entonces los sacrificios en honor del fallecido Inca. El más importante era el de la Capac Cocha. Escogiendo un número de niños, los emborrachaban o les soplaban coca molida por la boca, ahogándolos luego; igualmente morían las mujeres, los servidores o los orejones que voluntariamente deseaban seguir al soberano en el más allá.[52] Entre las diversas ceremonias que se llevaban a cabo, ya que los funerales reales duraban un año entero, estaba el paseo por toda la ciudad de la momia real y de sus vestimentas y armas.

El día designado de antemano se llenaron seguramente las calles y plazas del Cuzco, de espectadores, señores y curacas. Iniciaban el triste

---

48. Sarmiento de Gamboa, cap. XLVIII.
49. Cobo, tomo II, lib. 6, cap. LXXVIII, p. 85.
    Alonso Borregan, *Crónica de la conquista del Perú*, pp. 79-84.
50. Cobo, tomo II, lib. 6, cap. C, pp. 102-103.
51. Garcilaso, *Comentarios reales de los incas*, lib. V, cap. XXIX.
    Huamán Poma, foja 288.
52. Román y Zamora, *República de Indias*, tomo III, lib. 3, p. 169.
    Cabello de Balboa, cap. VII, p. 65.
    Acosta, lib. 5, cap. VII.

cortejo las mujeres, expertas plañideras, que con su llanto y abundantes lágrimas, lamentaban la muerte del Inca. Luego, ante el público impresionado y temeroso, aparecía en sus andas relucientes de oro, revestido de lujosas prendas, tal como si aún fuese el amo de Tahuantinsuyo, Pachacutec Inca Yupanqui. Rodeaban la litera los grandes personajes vestidos de luto, cuyo color era el pardo vicuña, sin lucir ni el menor adorno en sus personas.

La aparición del monarca fue recibida por un mayor número de lamentos acompañados por el lento tocar de los tambores y el lúgubre llanto de las quenas.

De cuando en cuando se interrumpían las quejas, para dar lugar a los cantares sobre los hechos y hazañas del difunto. Seguían la *pitca* de oro del monarca, un largo séquito de orejones, vestidos de pardo, llevando cada uno, una prenda del soberano. Primero desfilaban las insignias reales, las armas, el llauto, las chipanas y las mantas, las orejeras y demás adornos, cerrando el cortejo otros roncos tambores acompañados de gemidos y lamentos.[53]

Cumplido el año de exequias y ceremonias, fue conducida la momia de Pachacutec a sus casas en Patallacta, según sus deseos, quedando de allí en adelante bajo la custodia y cuidados de los miembros de su panaca. Dejaba Pachacutec numerosos hijos, cuatro de la colla Mama Anarhuaque, y cien hijos varones y cincuenta hijas habidos en sus concubinas. Todos formaban el ayllu real de Hatun Ayllu.[54]

El cuantioso tesoro de Yupanqui fue, según Santa Cruz Pachacuti,[55] enterrado en tres salas en el valle de Pisac, en partes "muy secretas y escondidas".[56] Es curioso notar que entre los numerosos indígenas llamados a declarar en las "Informaciones" de Toledo, los que pertenecían a la descendencia de Pachacutec moraban la mayoría en el valle de

---

53. Baltazar de Ocampo, *Descripción y sucesos históricos en la provincia de Vilcabamba*, Edic. Urt., p. 162.
54. Sarmiento de Gamboa, cap. XLVII.
    En la relación citada por L. Valcárcel, en su libro *Del ayllu al imperio*, p. 155, menciona los miembros que integraban las panacas reales poco tiempo después de la conquista. En ella encontramos los mismos nombres que tuvieron sus fundadores, hijos todos de Pachacutec, heredando seguramente de padres a hijos los mismos apelativos. Entre ellos aparece un Chanca Túpac. ¿No sería un hijo habido en alguna concubina de esa nación, conservándose el apelativo, en las siguientes generaciones?
55. Santa Cruz Pachacuti, p. 195.
56. "Informaciones" de Toledo, publicado por Levillier en su obra *Don Francisco de Toledo*, tomo II, parte III, lib. 1, pp. 162-167.

Pisac; quizás custodiaban los escondidos tesoros del Inca. De no haber sido llevados a Cajamarca para el rescate de Atahualpa, yacen quizás aún, lejos del común de los hombres, ocultos en las entrañas de la tierra.

Garcilaso nos ha transmitido algunas frases del Inca Pachacutec, recopiladas por el padre Valera; daremos a continuación algunas:[57]

> Cuando los súbditos y sus capitanes y curacas obedecen de buen ánimo al rey, entonces goza el reino de toda paz y quietud.
>
> La embidia es una carcoma que roe y consume las entrañas de los embidiosos.
>
> La embriaguez, la ira y locura, corren igualmente; sino que las dos primeras son voluntarias y midables y la tercera es perpetua.
>
> El varón noble y animoso es conocido por la paciencia que muestra en las adversidades.
>
> La impaciencia es señal de ánimo vil y baxo, mal enseñado y pero acostumbrado.
>
> Cuando los súbditos obedescan lo que pueden, sin contradición alguna, deven los Reyes y gobernadores usar con ellos de liberalidad y clemencia; más, de otra manera, de rigor y justicia, pero siempre con prudencia.
>
> Los jueces que reciben a escondidillas las dádivas de los negociantes y pleitante deven ser tenidos por ladrones y castigados con muerte, por tales.
>
> El médico o herbolario que iñora las virtudes las yervas o que sabiendo las de algunas, no procura saber las de todas, sabe poco o nada. Conviénele trabajar hasta conoscerlas todas, assí las aprovechosas como las dañosas, para merescer el nombre que pretende.
>
> El que procura contar las estrellas, no sabiendo aún contar los tantos y ñudos de las cuentas, digno es de risa.

Cuánta prudencia mostraba el anciano Inca, en sus dichos y oraciones; su largo y provechoso reinado, le había enseñado a profundizar la vida y comprender a los hombres.

Años atrás, había tomado Pachacutec la confederación cuzqueña, pequeña y amenazada por un poderoso enemigo, en momentos que un eminente desastre se cernía sobre ella. Aunque muy joven supo hacerse obedecer por los suyos, infundiendo con su sola presencia ánimo y valor a sus tropas, y logrando vencer a los invasores gracias a su coraje y audacia.

Desde ese momento, toda su vida la dedicó a crear el imperio incaico, dándole las leyes, la organización y la administración que lo han caracterizado. Durante más de sesenta años de reinado, por su labor y voluntad constante, había quedado transformada la confederación cuz-

---

57. Garcilaso, *Comentarios reales de los incas*, lib. 6, cap. XXXVI.

queña en un imperio, dando en esa forma un sentido de Estado y de unidad a la infinidad de culturas esparcidas por el territorio.

Sus estratégicas campañas permitieron romper el círculo de vecinos peligrosos que no hacía posible hasta entonces la tan deseada expansión inca, dejando de ese modo el campo abierto para que su hijo y su nieto llevasen el Tahuantinsuyo a su máximo apogeo.

Con él, no sólo se creó el imperio y se asentó la maravillosa organización inca, sino que con sus medidas, dio una unidad geográfica y una unidad de idioma, iniciando la uniformidad que permitió, más tarde, la formación del Perú actual.

El impulso creador de Pachacutec duró hasta el fin del imperio, no teniendo sus sucesores más que seguir las pautas establecidas por él. El genio del Inca abarcó las más diversas actividades, no habiendo en el incario ningun aspecto que no quedara renovado o transformado; así sucedió con las leyes, el sacerdocio, el calendario, los ayllus y el ejército, llegando a recopilar la historia y las leyendas del pasado. Hasta no cumplirse las grandes conquistas, no tenía seguramente la confederación ningún fausto ni mayor esplendor, dando Yupanqui las pautas y la riqueza que hacían del hijo del Sol, un semidiós viviente.

Constructor infatigable, reedificó Pachacutec el Cuzco, según el plano trazado por él, convirtiendo la metrópoli en la ciudad insigne de la tierra. Esa misma labor la extendió a los demás pueblos levantando en las diversas comarcas, fortalezas, templos, acllahuasis y palacios, uniendo además los lugares distantes con puentes y caminos. Fue el primero en comprender que no podía existir unidad territorial sin una red de comunicaciones que enlazaran entre sí las tres regiones del Tahuantinsuyo.

No sólo fue grande el Inca en la obra material que hizo, sino que toda su actitud nos lo muestra magnánime y generoso, sabiendo recompensar los servicios prestados al Estado, prohibiendo a sus generales atacar un pueblo sin hacer tres veces primero, ofertas de paz. En él no encontramos la crueldad propia de muchos conquistadores. Dejaba a los pueblos subyugados sus costumbres y tradiciones, siendo más bien severo y justo para con los delincuentes y traidores.

Indudablemente fue Pachacutec un gran estadista y un hombre superior, mostrando una elevación de espíritu muy por encima de su época. Tuvo además profundos conceptos religiosos, comprendiendo que el Sol no podía ser más que un instrumento del Hacedor; instituyó la creencia en un Señor Universal, al cual no entregó ganado ni chacras, como a los demás ídolos, ya que toda la creación era suya. Mérito enorme, si se toma en cuenta el aislamiento de América con respecto a toda influencia religiosa, tanto asiática como europea.

Su figura, injustamente olvidada y menospreciada, surge no solamente como la del más grande hombre de la América precolombina, sino que, por su obra y su personalidad, merece entrar en parangón con los grandes conquistadores y estadistas del mundo.

❖ ❖ ❖

# Bibliografía

Acosta, José de
1940   *Historia natural y moral de las Indias*. Fondo de Cultura Económica. México.

Anónimo
1906   "Discurso de la sucesión y gobierno de los Yngas", publicado en Víctor Maúrtua (ed.), *Juicio de límites entre Perú y Bolivia*. Tomo VIII. Madrid: Chunchos.

1918   *Relación de idolatrías en Huamachuco, por los primeros agustinos*. Colección de libros y documentos referentes a la historia del Perú. Urteaga. Tomo XI, 1.ª serie. Lima.

1921   *Parecer acerca de la perpetuidad y buen gobierno de los indios del Perú*. Colección de libros y documentos referentes a la Historia del Perú. Urteaga. Tomo III, 2.ª serie. Lima.

Arriaga, Pablo Joseph de
1920   *La extirpación de la idolatría en el Perú*. Colección de libros y documentos referentes a la historia del Perú. Tomo I, 2.ª serie. Lima.

1968/1621 Edición posterior.

Bandelier, Adolfo B.
1904   *Aboriginal Myths & Traditions Concerning de Island of Titicaca*, Bolivia. Reprinteg from the American Anthropologist U.S.A.

Bandera, Damián de la
1584-1824 *Relación de publicaciones por José Toribio Medina*. Tomo I. Lima: La Imprenta.

Basadre, Jorge
1947   *Meditaciones sobre el destino histórico del Perú*. Lima: Ediciones Huascarán.

1947   *La multitud, la ciudad y el campo*. Lima.

---

N. del A.: Quiero señalar que en la primera edición de este libro se usaron principalmente las crónicas publicadas por Horacio Urteaga. En esta edición así como en el *addendum* se señala mejores ediciones posteriores.

BAUDIN, Louis
　1943　　*El imperio socialista de los incas*. Santiago de Chile: Edición Zig-Zag.

BENNETT, Wendell C.
　1934　　*Excavations at Tiahuanaco*. Anthropological Papers of the American Museum of Natural History. Nueva York.

　1937　　*Chimu Archeology. The archeology of the North Coast of Peru*. (Reprinted from *The Scientific Monthly*. Vol. XLV).

BENVENUTO MURRIETA, Pedro
　1936　　*El lenguaje peruano*. Lima.

BERNEDO MÁLAGA, Leonidas
　1949　　*La cultura puquina*. Lima.

BERTONIO, Ludovico
　1879　　*Vocabulario de la lengua aymará*. Edición Leipzig.

　1956/1612　Edición posterior.

BETANZOS, Juan Diez de
　1924　　*Suma y narración de los incas*. Colección de libros y documentos referentes a la historia del Perú. Tomo VIII, 2.ª parte. Lima. Ver: Rubio, Carmen.

　1968/1551　Edición posterior.

BEUCHAT, H.
　1924　　*Manuel d'archéologie américaine*. París.

BINGHAM, Hiram
　1913　　"In the Wonderland of Peru". *Geographical Magazin*.

　1950　　*La ciudad perdida de los incas*. Santiago de Chile: Edición Zig-Zag.

BORREGAN, Alonso
　1948　　*Crónica de la conquista del Perú*. Publicaciones de la Escuela de Estudios Hispano-Americanos de Sevilla, editada por R. Loredo. Sevilla.

BRINTON, Daniel G.
　1946　　*La raza americana*. Buenos Aires: Editorial Nova.

CABELLO DE BALBOA, R. P. Miguel
    1920    *Historia del Perú bajo la dominación de Incas.* Colección de libros y documentos referentes a la historia del Perú. Tomo II, 2.ª parte. Lima.

1951/1586 Edición posterior.

CALANCHA, Fray Antonio
    1638    *Crónica moralizada del orden de San Agustín en el Perú con sucesos ejemplares vistos en esta monarquía.* Barcelona.

CANALS FRAU, Salvador
    1950    *Prehistoria de América.* Buenos Aires: Editorial Sudamericana.

CARBAJAL, Pedro
    1881    *Descripción fecha de la provincia de Vilcas Huamán. Relaciones geográficas de Indias,* en Jiménez de la Espada. Tomo I. Madrid.

CARRIÓN CACHOT, Rebeca
    1940    *Andas y literas de la costa peruana.* Lima

    1948    "La cultura Chavín". *Revista del Museo Nacional de Antropología y Arqueología.* Vol. II, N.° 1.

    1949    *Paracas.* Lima.

CASAS, Fray Bartolomé de las
    1939    *Las antiguas gentes del Perú.* Colección de libros y documentos referentes a la historia del Perú. Lima.

CASTRO POZO, Hildebrando
    1924    *Nuestra comunidad indígena.* Lima.

CIEZA DE LEÓN, Pedro
1941/1550 *La crónica del Perú.* Madrid: Espasa-Calpe.

1943/1553 *Del señorío de los incas.* Buenos Aires: Ediciones argentinas "Solar".

COBO, R.P. Bernabé
    1890    *Historia del Nuevo Mundo.* Sevilla

CÓRDOBA, Pedro de
    1881    "Descripción de la tierra del repartimiento de San Francisco de Atun-Rucana y Laramat". *Relaciones geográficas de Indias* de Jiménez de la Espada. Madrid.

Cossio del Pomar, F.
1929    *Pintura colonial.* (Escuela Cuzqueña). H. G. Rojas. Cuzco.

Cunow, H.
1929    *El sistema de parentesco y las comunidades gentilicias de los incas.* París. Biblioteca de Antropología Peruana dirigida por J. A. Encinas.

Dávila Briceño, Diego
1881    *Descripción y relación de la provincia de los Yauyos. Relaciones geográficas de Indias* recopiladas por J. de la Espada. Madrid.

Dávila, Francisco
1918    *Relación de idolatrías en Huarochirí.* Colección de libros y documentos referentes a la historia del Perú. Tomo XI, 1ª serie. Lima.

Declaración de los Quipucamayus a Vaca de Castro
1920    Colección de libros y documentos referentes a la historia del Perú. Tomo III, 2.ª serie. Lima.

D'Orbigny, Alcides
1944    *El hombre americano.* Buenos Aires: Edición Futuro.

Estete, Miguel de
1924    *Relación de la conquista del Perú.* Colección de libros y documentos referentes a la historia del Perú. Tomo VIII, 2.ª serie. Lima. Ver: Fernández de Oviedo, Gonzalo.

Falcón El Licenciado
1918    *Relación sobre el gobierno de los incas.* Colección de libros y documentos referentes a la historia del Perú. Tomo XI, 1.ª serie. Lima.

Fejos, Paul
1944    *Archeological Explorations in the Cordillera Vilcabamba Southeastern Peru.* Viking Fund Publications in Anthropology, N.° 3. Nueva York.

Fernández, Diego El Palentino
1913    *Historia del Perú. Primera parte.* Madrid: Edición de Lucas de Torre.

1876-1877  *Historia del Perú. Segunda parte.* Colección de documentos literarios del Perú. Editado por Manuel de Odriozola. Tomo IX. Lima.

FERNÁNDEZ DE OVIEDO, Gonzalo
1945/1549   *Historia General y Natural de las Indias*. Edit. Guaraní. Asunción, Paraguay (1549).

FOWLER, Luis
1924   *Monografía histórico-geográfica del departamento de Ayacucho*. Lima.

GARCÍA, Uriel José
1930   *El nuevo indio*. Cuzco.

GARCILASO DE LA VEGA, Inca
1943   *Comentarios reales de los incas*. Buenos Aires: Emecé Editores.

GONZÁLEZ HOLGUÍN, Diego
1952/1608   *Arte y diccionario quechua-español*. Lima.

GUILLÉN LIZARDO, Collado
1946   "Algunos aspectos de la historia y arqueología de la cultura chanka". Tesis. Lima: Universidad Nacional Mayor de San Marcos.

GUTIÉRREZ DE SANTA CLARA
1905   *Historia de las guerras civiles del Perú (1544-1548) y de otros sucesos de las Indias*. Colección de libros y documentos para la historia de América. Madrid.

HENRÍQUEZ UREÑA, Pedro
1938   *Para la historia de los indigenismos*. Buenos Aires: Instituto de Filología.

HERRERA, Antonio de
1946/
1601-1615   *Historia general de los hechos de los castellanos en las islas y Tierra Firme de Mar Océano*. Asunción, Paraguay: Editorial Guaranía.

HERRERA, Fortunato
1933   "Filología quechua-botánica etnología". *Revista del Museo Nacional*. Tomo II, N.° 1. Lima.

HEYERDAHL, Thor
1950   *The Kon-Tiki Expedition*. Edit. Allen y Unwin Ltd.

HORKEIMER, Hans
1944   *Vistas arqueológicas del noreste del Perú*. Trujillo.

1950   *El Perú prehispánico*. Lima: Editorial Cultura Antártica S.A.

HRDLICKA, Ales
    1912    *Early Men in South America*. Washington.

IMBELLONI, J.
    1946    *Pachacuti IX. El inkario crítico*. Buenos Aires.

*INFORMACIONES QUE MANDÓ LEVANTAR EL VIRREY TOLEDO SOBRE LOS INCAS*
    1940    Editado por Roberto Levillier. Tomo II. Parte 3, libro de su obra *Don Francisco de Toledo*. Buenos Aires.

JEREZ, Francisco
    1917    *Relación de la conquista del Perú*. Colección de libros y documentos referentes a la historia del Perú. Tomo V, 1.ª serie. Lima.

JESUITA ANÓNIMO (N. del Ed.: Blas VALERA)
    1945    *Las costumbres antiguas del Perú*. Los pequeños grandes libros de Historia Americana. Serie I, Tomo VIII. Lima.

JIJÓN Y CAAMAÑO, Jacinto
    1914    *Los aborígenes de la provincia de Imbabura en la República del Ecuador*. Madrid.

    1934    *Los orígenes del Cuzco*. Quito.

JIMÉNEZ BORJA, Arturo
1881-1897    *Instrumentos musicales del Perú*. Lima.

JIMÉNEZ DE LA ESPADA, Marcos
1881-1897    *Relaciones geográficas de Indias*. Madrid.

KRICKBERG, Walter
    1946    *Etnología de América*. México.

KROEBER, A. L.
    1944    *Peruvian Archeology in 1942*. Viking Fund Publications in Anthropology, N.° 4. Nueva York.

    1945    *Antropología general*. México: Fondo de Cultura Económica.

KROEBER, A. L. y Duncand, STRONG W.
    1944    *The Uhle Collections from Chincha*. University of California Publications en *Americain Archeology & Ethnology*. Vol. 21, N.° 1.

LAFONE QUEVEDO, Dr. S. A.
    1912    *Pronominal Classification of Certain South American Linguistic Stocks*. International Congress of Americanists. Londres.

    1912     *The Great "Chanca" Confederacy an Attempt to Identify of the Indian Nations that Formed it.* International Congress of Americanists. Londres.

LARCO HOYLE, Rafael
    1938     *Los mochicas.* Tomo I. Lima.

LARRABURE Y UNANUE, E.
    1874     *Cañete. Apuntes geográficos, históricos, estadísticos y arqueológicos.* Lima.

    1912     *Incahuasi.* Lima.

LATCHAM, Ricardo E.
    1928     *Los incas, sus orígenes y sus ayllus.* Santiago de Chile.

LEHMANN NITSCHE, R.
    1928     *Coricancha.* Buenos Aires.

LEVILLIER, Roberto
    1935     *Don Francisco de Toledo.* Madrid.

LIZÁRRAGA, Reginaldo de
    1946/1605  *Descripción de las Indias.* Los pequeños grandes libros de América. Lima: Ediciones F. Loayza.

LORENTE, Sebastián
    1879     *Historia de la civilización peruana.* Lima.

LOWIE, Robert H.
    1946     *Historia de la etnografía.* México: Fondo de Cultura Económica.

    1947     *Antropología cultural.* México: Fondo de Cultura Económica.

LUBBOCK, J.
    1943     *Los orígenes de la civilización y la condición del hombre.* Buenos Aires: Editorial Albatros.

MARKHAM, Sir Clements R.
    1920     *Los incas del Perú.* Versión castellana de Manuel Beltroy. Lima.

    1923     *Las posiciones geográficas de las tribus que formaban el imperio de los incas.* Colección de libros y documentos referentes a la historia del Perú. Tomo VII, 2.ª serie. Lima.

MC DOWN, Theodore D.
    1945     *Pre-Incaic Huamachuco.* University of California. Press Berkeley y Los Angeles.

MEANS, Philip Ainsworth
    1942     *Ancient Civilizations of the Andes.* Nueva York, Londres.

MEDINA, José Toribio
1584-1824 *La imprenta en Lima.*

MEDINA, Licenciado Felipe de
1920 *Información sobre idolatrías en Huacho.* Colección de libros y documentos referentes a la Historia del Perú. Tomo III, 2.ª serie.

MEDINA, Pío Max
1924 *Ayacucho.* Lima.

MEJÍA VALERA, José
1946 *Organización de la sociedad en el Perú precolombino hasta la aparición del Estado inka.* Lima.

MIRO QUESADA, Aurelio
1946 *El Inca Garcilaso.* Publicado por las EE.EE. Lima.

MIDDENDORF, E. W.
s/f *Introducción a la gramática aymará.* Traducido del alemán por F. Tamayo. Folleto N.° 8. Vol. 39 de *Anthropological Papers*. Biblioteca Central de la Universidad Mayor de San Marcos.

MOLINA, Cristóbal de
1943/1575 Párroco cuzqueño. *Fábulas y ritos de los incas.* Editado por F. Loayza. Lima.

1943 So-Chantre de la Catedral de Santiago. *Relación de la Conquista y Población del Perú.* Editado por F. Loayza. Lima.

1968/1552 Edición posterior.

MONTESINOS, Fernando
1930 *Memorias antiguas historiales y políticas del Perú.* Colección de libros y documentos referentes a la historia del Perú. Tomo VI, 2.ª serie. Lima.

MORGAN, Lewis H.
1935 *La sociedad primitiva.* México: Ediciones Pavlov.

MOSSI, Honorio
1860 *Gramática de la lengua general del Perú llamada comunmente quichua. Diccionario quichua-castellano y castellano-quichua.* Sucre.

1962/
1600-1611 Otra edición.

1941 Madrid. 2 tomos.

MURÚA, Fray Martín de
1946    *Los orígenes de los inkas.* Editado por F. Loayza. Lima.

NAVARRO DEL ÁGUILA, Víctor
1930    *Las tribus de Ankcu Wallokc.* Kosko, Perú.

OLIVA, P. Anello
1895    *Historia del reino y provincias del Perú,* publicado por Juan Francisco Pazos Varela y Luis Varela Orbegoso. Lima.

ONDEGARDO, Licenciado Polo de
1916    *Relación del linaje de los incas.* Colección de libros y documentos referentes a la historia del Perú. Lima.

1916    *Relación de los adoratorios de los indios en los cuatros caminos que salían del Cuzco.* Colección de libros y documentos referentes a la historia del Perú. Lima.

1917    *Informaciones acerca de la religión y gobierno de los incas.* Colección de libros y documentos referentes a la historia del Perú. Tomo IV, 1.ª serie. Lima.

PARDO, Luis
1936    "Maquetas arquitectónicas en el Antiguo Perú". *Revista del Instituto Arqueológico del Cuzco.* N.° 1. Cuzco.

1944    *Machupijchu.* Cuzco.

PÉREZ PALMA, Recaredo
1938    *Evolución mítica en el imperio incaico del Tahuantinsuyo.* Lima.

PIZARRO, Pedro
1944    *Relación del descubrimiento y conquista de los reinos del Perú.* Buenos Aires: Editorial Futuro.

1965/1571 Otra edición. Biblioteca de autores españoles. Tomo 168.

POLO, José Toribio
1877    *Momias de los incas.* Documentos literarios del Perú de Odriozola. Tomo X. Lima.

1901    *Indios urus del Perú y Bolivia.* Lima.

POMA DE AYALA, Huamán
1936/1613 *Primer nueva coronica y buen gobierno.*
1944    Otra edición, publicada por Posnansky. La Paz, Bolivia.

PORRAS BARRENECHEA, Raúl
1937    *Las relaciones primitivas de la conquista del Perú.* Cuadernos de Historia del Perú. N.° 2. París.

| | |
|---|---|
| 1940 | *Una relación inédita de la conquista del Perú. La Crónica del soldado Diego de Trujillo.* Madrid. |
| 1945 | *Historia del Perú. Conquista y colonia.* Curso dictado en la Universidad de San Marcos. Lima. |
| 1946 | *El Inca Garcilaso de la Vega.* Lima. |
| 1947 | "Quipu y quilca". *Mercurio Peruano.* Año XXII, vol. XXVIII, N.° 238, pp. 3-35. Lima. |
| 1948 | *El cronista indio Felipe Huamán Poma de Ayala.* Lima. |
| 1951 | *Mito, tradición e historia del Perú.* Lima. |

POSNANSKY, Arthur

| | |
|---|---|
| 1937 | *Antropología y sociología de las razas interandinas y adyacentes.* Bolivia. |
| 1946 | *Tihuanacu. The Cradle of American Men.* Nueva York. |

RAIMONDI, Antonio

| | |
|---|---|
| 1942 | *Notas de viaje para su obra "El Perú".* Lima. |

REICHE, María

| | |
|---|---|
| 1949 | *Mistery on the Desert.* Lima. |

RELACIÓN

| | |
|---|---|
| 1534 | *del oro del Perú que recibimos de Hernando Pizarro, que truxo en la nao el mes de hebrero. La Imprenta en Lima,* editado por José Toribio Medina. Tomo I. |
| 1534 | *Relación de la plata del Perú que recibimos de Hernando Pizarro en 1534. La Imprenta en Lima.* Tomo I. José Toribio Medina. |
| 1558 | *Relación y declaración del modo que este valle de Chincha y sus comarcanos se gobernaban antes que hobiese ingas y después que los hobo hasta que los cristianos entraron en esta tierra.* Valle de Chincha, 22 de hebrero. |
| 1885 | *Relación de la Villa Rica de Oropesa y minas de Guancavelica. Relaciones geográficas de Indias.* Jiménez de la Espada. Tomo II. Madrid. |
| 1920 | *Relación de señores de indios que sirvieron a Túpac Yupanqui y Huaina Capac.* Colección de libros y documentos referentes a la historia del Perú. Tomo III, 2.ª serie. Lima. |
| 1926 | *Relación de Hernando Pizarro acerca de la Conquista.* Colección de libros y documentos referentes a la historia del Perú. Tomo III, 2.ª serie. Lima. |

1934    *Relación del sitio del Cuzco y principios de las guerras civiles del Perú hasta la muerte de Diego de Almagro (1535-1539)*. Colección de libros y documentos referentes a la historia del Perú. Tomo X, 2.ª serie. Lima.

*REVISTA HUAMANGA*
    Órgano del Centro Cultural Ayacuchano.

*REVISTA DEL MUSEO NACIONAL DE ANTROPOLOGÍA Y ARQUEOLOGÍA DEL MUSEO NACIONAL DE ANTROPOLOGÍA Y ARQUEOLOGÍA*
1948    Vol. 2. N.º 1.

RIVA AGÜERO, José de la
1910    *La historia en el Perú*. Lima.
1937    *Civilización peruana. Época prehispánica*. Curso dictado en la Universidad Católica del Perú. Lima.

RIVERO, Pedro de y CHÁVEZ Y DE GUERRA, Antonio
1881    *Relación de la provincia de Guamanga. Relaciones geográficas de Indias* de Jiménez de Espada. Tomo I. Madrid.

RIVET, Paul
1943    *Los orígenes del hombre americano*. México.

ROMÁN Y ZAMORA, Fray Jerónimo
1897    *República de Indias*. Colección de libros que tratan de América. Tomos XIV-XV. Madrid.

ROLLIN, Louis
1929    *Les îles Marquises*. Societé d'Edition Géografiques, Maritimes et Coloniales. París.

RUBIO, Carmen
1987    *Suma y Narración de los Incas*. Ms. descubierto por Rubio. Ediciones Atlas, Madrid.

ROMERO, Emilio
1949    *Historia económica del Perú*. Buenos Aires: Editorial Sudamericana.

SALAS, Alberto Mario
1950    *Las armas de la conquista*. Buenos Aires: Editorial Emecé.

SANTA CRUZ, Pachacuti Yamqui
1927    *Relación de antigüedades deste reyno del Perú*. Colección de libros y documentos referentes a la historia del Perú. Tomo IX, 2.ª serie. Lima.

SANTILLÁN, Licenciado Fernando de
    1927    *Relación de su gobierno.* Colección de libros y documentos referentes a la historia del Perú. Tomo IX, 2.ª serie. Lima.

SANTO TOMÁS, Fray Domingo de
    1951    *Lexicon.* Edición facsimilar del Instituto de Historia de la Universidad de San Marcos. Lima.

SARMIENTO DE GAMBOA, Pedro
    1940    *Historia de los incas.* Buenos Aires: Emecé Editores, S.A.

SCHREIDER, Eugenio
    1944    *Los tipos humanos.* México: Fondo de Cultura Económica.

SQUIER, George E.
    1927    *Exploración e incidentes de viaje en la tierra de los incas.* Cuzco.

STIGLICH, Germán
    1913    *Geografía comentada del Perú.* Lima.

    1922    *Diccionario geográfico del Perú.* Lima.

TELLO, Julio C.
    1938    "Objeto y propósito de la expedición arqueológica del Marañón". *Boletín de la Sociedad Geográfica de Lima.* N.° 55.

    1938    "La gran muralla del norte del Perú. Es un camino de penetración de la costa a la sierra, de carácter comercial y principalmente religioso". Lima: *El Comercio*, 11 de octubre.

    1939    *Ensayo de interpretación. Las primeras edades del Perú*, de Huamán Poma. Lima.

    1942    *Origen y desarrollo de las civilizaciones pre-históricas andinas.* Lima.

    1944    "El descubrimiento de la cultura Chavín en el Perú". Lima. "Los Antiguos Cementerios del valles de Nasca". *Folletos Peruanos.*

TORRES RUBIO, Diego
    1574    *Arte de la lengua quichua.* Lima.

TSCHUDI, J. J.
    1851    *Contribuciones a la historia, civilización y lingüística del Perú Antiguo.* Colección de libros y documentos referentes a la historia del Perú. Lima.

TSCHUDI, J. J. y M. E. DE RIVERO
   1851    *Antigüedades peruanas*. Viena.

UHLE, Max
           *Explorations at Chincha*. University of California, Publications in American Archeology & Ethnology. Vol. 21, N.° 1.

   1912    *El origen de los incas*. Congreso Internacional de Americanistas. Buenos Aires.

   1919    "La arqueología de Arica y Tacna". *Boletín de la Sociedad Ecuatoriana de Estudios Americanos*. Vol. 3. Quito.

   1922    *Fundamentos étnicos y arqueología de Arica y Tacna*. Segunda Edición. Quito, Ecuador.

   1922    "Influencias mayas en el alto Ecuador". *Boletín de la Sociedad Ecuatoriana de Estudios Americanos*. Quito.

   1935    *Las antiguas culturas del Perú con respecto a la arqueología e historia del continente americano*. Trabajo presentado al Congreso de Americanistas. Traducido del alemán por F. Schwab. Biblioteca Central de San Marcos. Lima, 1936.

VALCÁRCEL, Luis
   1925    *Del ayllu al imperio*. Lima: Editorial Garcilaso.

   1936    *Historia del Perú*. Curso dictado en la Universidad de San Marcos. Lima.

   1936    *Sobre el origen del Cuzco*. Resumen de Publicaciones del Museo Nacional del Perú. Lima.

   1936    *Historia del Perú*. Curso dictado en la Universidad Nacional Mayor de San Marcos.

   1945    *Ruta cultural del Perú*. México: Fondo de Cultura Económica.

VALDIZÁN, Hermilio
   1944    *Historia de la medicina peruana*. Lima.

VÁSQUEZ DE ESPINOZA, Antonio
   1942/1629    *Compendium and Description of the West Indies*. Smithsonian Miscellaneous Collections. Washington.

VÁSQUEZ, Mario C.
   s/f    "El primitivo poblador del Huallaga y causas de su extinción". Tesis de etnología. Universidad de San Marcos.

VILLAGÓMEZ, Pedro
    1919    *Exhortaciones e instrucción acerca de las idolatrías de los indios del arzobispado de Lima.* Colección de libros y documentos referentes a la historia del Perú. Tomo XII, 1.ª serie. Lima.

VILLAR CÓRDOBA, Pedro Eduardo
    1935    *Las culturas prehispánicas del departamento de Lima.* Lima.

VILLAVICENCIO, Víctor L.
    1942    *La vida sexual del indígena peruano.* Lima.

WEISS, Pedro
    1949    *La cirugía del cráneo entre los antiguos peruanos.* Lima.

WIENER, Charles
    1880    *Pérou et Bolivie.* París, Hachette.

ZÚÑIGA, Neptalí
    1945    *Atahualpa.* Buenos Aires: Edition Americalce.

VOCABULARIO DE LAS VOCES QUECHUAS USADAS EN EL TEXTO,
SEGÚN LOS DICCIONARIOS DE FRAY DOMINGO DE SANTO TOMÁS,
DIEGO TORRES RUBIO Y DIEGO GONZÁLEZ HOLGUÍN

*Aclla:* Escogida, de *Acllani gui* o *Acllacuni gui*, elegir o escoger (D. Santo Tomás). *Acllani acllacuni*, escoger o elegir (Torres Rubio). *Acllacuna*, las mugeres religiosas que estatuan en recogimiento para el servicio de su dios el Sol (González Holguín).

*Acllahuasi:* Casa de mujeres escogidas.

*Amaru:* Dragon o serpiente (D. Santo Tomás y González Holguín). Serpiente o culebra grande (Torres Rubio).

*Amarucancha:* Cerco del dragón o serpiente. Posible morada de Amaru Yupanqui.

*Amauta:* *Amaota*, hombre curioso, ingenioso o sabio, o astuto (D. Santo Tomás). *Amautta*, sabio, prudente, abil (Torres Rubio).

*Anacu o Acso:* *Acsso* o *anaco*, vestido interior de las mugeres indias (D. Santo Tomás). *Anacu*, saya de india, voz del Chinchaysuyo (Torres Rubio). Túnica larga sin mangas, prendida al hombro por alfileres (Cobo). En el *Diccionario* de Holguín encontramos: *Ancallo*, ropa antigua de las mugeres, muy apreciada y *Acsu*, saya de india. Huamán Poma describe a las Coyas llevando un *Axso*.

*Añu:* Un género de raíz como oca (González Holguín).

*Apachita:* Montones de piedras adoratorios de caminantes (Torres Rubio).

| | |
|---|---|
| *Apu:* | *Appó,* gran señor (D. Santo Tomás). *Apu,* señor grande (Torres Rubio). Señor grande o juez superior o curaca principal. *Çapay Apu,* rey (González Holguín). |
| *Aravaya:* | La horca de ahorcar (González Holguín). |
| *Asua:* | *Açua,* vino bevida de indios (D. Santo Tomás). Chicha, clarete (Torres Rubio). |
| *Aucay Pata:* | Antiguo nombre de la plaza principal del Cuzco (Betanzos, Cieza, Molina). |
| *Ayllo:* | Bolillas asidas de cuerdas para trauar los pies en la guerra y para caçar fieras, y tirar a trauar pie y alas (González Holguín). |
| *Ayllu:* | Linaje, generación o familia (D. Santo Tomás). Linaje o parcialidad (González Holguín). Parcialidad, generalogia, linage o parentesco casta (González Holguín). |
| *Cancha:* | Palizada, defensión de palos o cerco para cercar ganado (D. Santo Tomás). Coral como patio de casa, o patio (D. Santo Tomás). Patio cercado, corral (Torres Rubio y González Holguín). |
| *Canipu:* | Plancha de plata para la frente, señal de los nobles (González Holguín). |
| *Capac:* | *Ccapac,* poderoso, rico, ilustre, grande (Torres Rubio). *Capac çapa,* rey o emperador (D. Santo Tomás). |
| *Capac Cocha:* | Sacrificio humano (Betanzos, Murúa, Molina, Sarmiento de Gamboa). |
| *Capac Cuna:* | Linaje de reyes (Betanzos). |
| *Cassana:* | Palacio de Huaina Capac. |
| *Ceque:* | *Çecque,* raya (Torres Rubio). *Ceqque,* raya, linea, termino (González Holguín). |
| *Cocha:* | Mar o estanque de agua, laguna (D. Santo Tomás, Torres Rubio y González Holguín). |
| *Condor Cancha:* | Cerco del Condor. Palacio de Pachacutec. |

| | |
|---|---|
| *Cora Cora:* | Morada de Inca Roca. |
| *Cori:* | o *Ccaya*, oro, metal conocido (D. Santo Tomás). *Ccori*, oro (González Holguín). |
| *Coricancha:* | Cerco de Oro, nombre que el puso Pachacutec al templo del Sol, después de su refacción. |
| *Coya:* | Reyna o emperatriz, muger de emperador o de rey (D. Santo Tomás, Torres Rubio y González Holguín). |
| *Cuna:* | Particula que denota pluralidad (González Holguín). |
| *Curaca:* | Señor principal de vasallos (D. Santo Tomás). Cazique, señor de vasallos (Torres Rubio). El señor del pueblo (González Holguín). |
| *Cusi:* | *Cussi*, gozo, dicha, bentura (Torres Rubio). Dicha o ventura, o contento (González Holguín). |
| *Cusi Cancha:* | Cerco del regocijo, lugar donde nació Pachacutec. |
| *Cusi Pata:* | Andén del regocijo. Plaza del Cuzco. |
| *Chacu:* | o *Chaco*, montera o caça de fieras (D. Santo Tomás). *Chacuni*, caçar fieras a mano (González Holguín). |
| *Champi:* | Porra para aporear (D. Santo Tomás). |
| *Chajchar:* | Mascar coca. |
| *Charqui:* | *Tassajos* (D. Santo Tomás y Torres Rubio). *Chharqui*, tassajo o cecina o cuerpo seco o el flaquisimo (González Holguín). |
| *Chasca:* | *Chhasca*, desgreñado; *Chhasca Coyllur*, el lucero (Torres Rubio). |
| *Chasqui:* | Correo (Torres Rubio). *Chazqui*, correos de pie (González Holguín). |
| *Chumbi:* | Ceñidero (D. Santo Tomás). Chumpi, faja ceñidero (Torres Rubio). Faja (González Holguín). |
| *Chunca:* | o *Chunga*, diez en numero (Torres Rubio y González Holguín). |

*Chunca Curaca:*    Mandón de una parcialidad (González Holguín).

*Chupa:*    *Chuppa,* cola de animal (D. Santo Tomás y Torres Rubio). Cola o rabadilla (González Holguín).

*Chuqui:*    Lanza o asta de lanza (D. Santo Tomás; Torres Rubio y González Holguín).

*Chusi:*    Manta gruesa que servia de colchón y frazada (Cobo). *Apa,* colchón (D. Santo Tomás).

*Chachacoyac:*    *Huacchayccuyak,* misericordioso (González Holguín).

*Guaoqui:*    Según Sarmiento de Gamboa era el doble soberano y lo representaba. *Huauqque,* dizen los hermanos varones y todos los varones (González Holguín). Igualmente Holguín menciona: *Huaoqque,* al conocido o amigo.

*Guasca:*    Soga o cordel generalmente (D. Santo Tomás).

*Hanan:*    *Hananc,* alto (D. Santo Tomás). *Hananc* vl. *hanac,* arriba alto (Torres Rubio). *Hanac* o *hanau,* cosa alta o de arriba (González Holguín).

*Hananpacha:*    o *Nam pacha,* el cielo (González Holguín).

*Hailli:*    *Haylliy, haylliy,* victoria (González Holguín). Igualmente encontramos: *Hayllini,* cantar triunpho (Torres Rubio). *Haylli,* canto regozijado en guerra o chacras bien acabadas y vencidas (González Holguín).

*Haravec:*    Nombre que daban a los poetas (Garcilaso). *Haravi* o *yuyaucuna,* cantares de hechos y de otros o memoria de los amados ausentes y de amor y afición y agora se ha recibido por cantares devotos y espirituales. (González Holguín).

*Hatun:*    *Atun,* cosa grande (D. Santo Tomás). Grande (Torres Rubio). Lo mayor, o mejor o superior más principal y mas conocido (González Holguín).

*Hatun Cancha:*    Cerco grande o mayor. Era según Estete y P. Pizarro un Aclla Huasi.

*Huaca:*    *Guaca,* templo de ydolo o el mismo ydolo (D. Santo Tomás).

*Huacanqui:*    Filtros y hechizos de amor (Santa Cruz, Cobo, Villagomez).

| | |
|---|---|
| *Huallcanca:* | o *Huallcanga* o *pullcana, paues,* rodela o broquel (D. Santo Tomás). Adarga, rodela (Torres Rubio). |
| *Huanto:* | Hamaca de indios (D. Santo Tomás). |
| *Huara:* | Bragas o pañicos (D. Santo Tomás). Pañetes bajos (Torres Rubio). Pañetes o *çaraguellos* estrechos (González Holguín). |
| *Huaraca:* | Honda para tirar. |
| *Huarachico:* | *Huarachicuy,* la junta o borrachera para celebrar el día primero en que ponian carhuellas a sus muchachos. (González Holguín). |
| *Huaranga:* | Mil en número. |
| *Huaranga Curaca:* | Señor de mil indios (González Holguín). |
| *Huasi:* | *Huasin,* casa por la morada (D. Santo Tomás y Torres Rubio). |
| *Huata:* | o *Mara,* año de doze meses (D. Santo Tomás). *Año* (Torres Rubio y González Holguín). |
| *Hurin:* | *Ura,* lugar bajo. *Uray,* cuesta abajo (Torres Rubio y González Holguín). |
| *Ichu:* | *Ychu, yerua* o *heno* para las bestias (D. Santo Tomás). *Ycchu* o *heno* modo de esparto (González Holguín). |
| *Illapa:* | *Yllapa,* trueno (D. Santo Tomás). Rayo, arcabuz por translacion (Torres Rubio). *Yllapa,* rayo arcabuz, artillaria (González Holguín). |
| *Inti:* | *Yndi,* sol, planeta (D. Santo Tomás). *Inti,* sol (González Holguín). |
| *Inti Cancha:* | Cerco del Sol, antiguo nombre del Templo de Coricancha. |
| *Kero:* | *Quero,* madero generalmente (D. Santo Tomás). *Quheru,* vaso de madera que vevian la chicha (Torres Rubio). Vaso de madera (González Holguín). |
| *Llacta:* | Pueblo. |

| | |
|---|---|
| *Llactacamayoc:* | Almotacen o guarda del pueblo (D. Santo Tomás). Curaca teniente del principal, mandon o executor de lo quel manda (González Holguín). |
| *Llactayoc:* | Ciudadano de alguna ciudad (D. Santo Tomás). |
| *Llautu:* | *Llauttu*, venda que se ponian en la cabeza a los indios (Torres Rubio). *Llautto,* el cingulo que traen por sombrero (González Holguín). |
| *Lliclla:* | Manta de mugeres (González Holguín). |
| *Llimpi:* | Azogue (Acosta). |
| *Mama:* | Madre generalmente o señora (D. Santo Tomás). Madre de todo animal o la señora o ama (González Holguín). |
| *Mamacocha:* | La mar (Torres Rubio y González Holguín). |
| *Mamacona:* | Matrona, o señora de sangre noble y honradas (González Holguín). |
| *Mascaipacha:* | *Mazcapaycha*, borla que era insignia real o corona de rey (González Holguín). |
| *Marca:* | Comarca o pueblo. |
| *Marca Camayoc:* | Ver Llactacamayoc. |
| *Mitmacuna:* | *Mithma* o *mithima*, forastero o estrangero, que esta de asiento (D. Santo Tomás). *Mitmaccunacta michuni*, entremeter en un pueblo, moradores de otro (González Holguín). |
| *Mocha:* | *Mochani*, adorar o reverenciar al mayor generalmente (D. Santo Tomás). *Muchhani*, besar, adorar, orar (Torres Rubio). Adorar, venerar o besar las manos (González Holguín). |
| *Mullu:* | Mollo, coral o perlas (D. Santo Tomás). Concha colorada de la mar; chaquira o coral de la tierra (González Holguín). |
| *Ñusta:* | Princesa, o señora de sangre yllustre (González Holguín). |
| *Oxota:* | Sandalia, calçado de indios (D. Santo Tomás). |
| *Otorongo:* | El tigre. |

*Pacarina:* Lugar de origen, de Paccarin, amanecer y *paccarini, paccarimuni*, nacer (González Holguín).

*Pacari Tampu:* Posada del amanecer; de *pacari*, madrugada (D. Santo Tomás), y *paccarin*, la mañana, amanecer (González Holguín), y *Tampu*, posada, venta.

*Pachaca:* *Pachac,* ciento número (D. Santo Tomás y Torres Rubio).

*Pachaca Curaca:* Señor de cien yndios (González Holguín).

*Pachacc:* Mayordomo mayor del Inca que tenia a cargo sus haciendas (González Holguín).

*Palla:* Los quechuistas del siglo XVI usaron una doble ortografía con el fin de demostrar los dos significados de la palabra. *Palla* o *ygñaca*, dama es casi señora (D. Santo Tomás). India noble (Torres Rubio). Muger noble adamada, galana (González Holguín). *Paya*, mujer vieja (D. Santo Tomás). Vieja (Torres Rubio). Vieja y abuela (González Holguín).

*Panaca:* La *panaca* era formada por toda la descendencia de un monarca, excluyendo de ella al hijo que sucedia en el mando. Voz que proviene de *Pana* o *pani*, hermana, prima, hija de hermano o hermano de padres (D. Santo Tomás). Hermana del varón o prima hermana o segunda, o de su tierra o linaje o conocida (González Holguín).

*Pampacona:* Pedazo de rica tela que usaban por tocado las indias nobles del Cuzco (Cobo). En las *Relaciones geográficas de Indias* (Jiménez de la Espada, tomo I, p. 208) encontramos lo siguiente: "algunas indias principales traen sobre la cabeza una manta más pequeña doblada que le llaman ñañaca o iñaca". *Iñaca*, la mantellina de la cabeça (González Holguín).

*Pata:* o *Tiana*, poyo para assentarse (D. Santo Tomás). Poyo, grada, anden (Torres Rubio y González Holguín).

*Pincullo:* *Pingollo*, flauta o gayta (D. Santo Tomás). Todo genero de flauta (González Holguín).

*Pirua:* *Pirhua*, troxe de cañas embarradas (Torres Rubio). La trox de chaclla o cañas embarradas (González Holguín).

*Pitca:* Ver Rampa.

*Pucamarca:* Pueblo o barrio rojo, palacio de Túpac Yupanqui. De *Pucca*, grana o color colorado (D. Santo Tomás). Cosa colorada (González Holguín) y *Marca*, pueblo.

*Pucara:* Barrera de muro o muro (D. Santo Tomás). Fortaleza (Torres Rubio). Fortaleza o castillo (González Holguín).

*Purucaya:* Funerales reales.

*Purumpacha:* Tiempo o época desierta y despoblada. De *purum purum*, desierto despoblado (González Holguín).

*Pututu:* Trompeta de concha marina (Huamán Poma).

*Quilla:* o *Quiz*, luna planeta. Igualmente quilla, mes, docena parte del año (D. Santo Tomás). Luna, mes (Torres Rubio y González Holguín).

*Quipu:* Ñudo o cuentas por ñudos (Torres Rubio y González Holguín).

*Quipucamayu:* Qquipucamayok, contador por ñudos (González Holguín).

*Quishuar Cancha:* Templo del Hacedor, cerco del árbol de quishuar *(Buddleica incana)*.

*Raimi:* Raymi, diciembre (Torres Rubio).

*Rampa:* Andas para vivo; para muerto *pitca* (D. Santo Tomás). Literas o andas (Torres Rubio) Literas cubiertas, o silla de llevar mugeres (González Holguín). Andas en que lleuauan a Inca a hombro (González Holguín).

*Runa:* Hombre o mujer (D. Santo Tomás). Persona, hombre o mujer y el baron (González Holguín).

*Runa Simi:* Lengua general del hombre; de *runa*, hombre y *simi*, boca, lenguaje, mandamiento ley, bocado, las nuevas, la palabra y respuesta (González Holguín). Idioma de los Incas impuesto en todos los lugares conquistados por ellos. Los primeros lingüistas del siglo XVI, le pusieron el nombre de lengua quechua.

*Samka Cancha:* Probablemente esta era la cárcel para los condenados a la reclusión perpetua.

| | |
|---|---|
| *Samka Huasi:* | La cárcel perpetua a donde penauan los delictos atroces echando con el culebras, sapos (González Holguín). |
| *Sinchi:* | Cinchi, animoso, de gran animo, fuerte (D. Santo Tomás). |
| *Suntur Huasi:* | Posible morada del Inca Viracocha. |
| *Suntur Paucar:* | Cosa galana y pintada (González Holguín). |
| *Tampu:* | Venta o meson (D. Santo Tomás y Torres Rubio). |
| *Tampu Toco:* | La posada de la ventana o alacena. |
| *Taqui:* | Canción, *taquini* o *toxoni gui*, baylar o danzar (D. Santo Tomás). *Taquini* o *taquicuni*, cantar solo sin baylar o cantando baylar (González Holguín). |
| *Tiana:* | Tyana, silla o asiento (D. Santo Tomás). |
| *Toco:* | *Ttoco,* alacena, ventana (González Holguín). |
| *Topayauri:* | *Tupayauri,* el cetro real, vara, insignia real del Inca (González Holguín). |
| *Tucuyricoc:* | *Tocricoc,* veedor, administrador de algún oficio (D. Santo Tomás). *Ttocricuk,* la guarda, el que tiene a cargo el pueblo o gente (González Holguín). |
| *Tupu:* | Medida, legua de camino (Torres Rubio). Medida de cualquier cosa. *Allpa tupuk apu* o *cequek apu*, el medidor, o repartidor de tierras. *Tupu*, legua (González Holguín). |
| *Tupu:* | Topo con que prenden las indias la saya (González Holguín). |
| *Uncu:* | *Huncu* o *cusma*, camisa de varon (D. Santo Tomás). Camiseta de indios (Torres Rubio y González Holguín). |
| *Unu:* | *Huno* o *chunga guaranga*, diez mil en numero (D. Santo Tomás). |
| *Umachuco:* | Casquete de cuero de indios. *Umachuco* o *qquellay chucu*, morion, casco o celada (González Holguín). |
| *Uruya:* | Maroma tendida a través de un río o entre dos sierras por la cual se desliza una cesta que transporta personas o cosas. |

| | |
|---|---|
| *Vincha:* | Corona o guirnalda de flores, cofia de mujer (D. Santo Tomás). Venda de lana con que ceñian la cabeza a las indias (Torres Rubio). |
| *Yachachi:* | *Yachachic*, ayo que enseña a otro (D. Santo Tomás). *Yachachik*, maestro. *Yachacuchini*, hazer que aprendan o que sepan (González Holguín). |
| *Yacha Huasi:* | La casa donde enseñaban (Garcilaso). |
| *Yanacona:* | Los criados, o un criado (González Holguín). |
| *Yaya:* | Padre, amo señor (Torres Rubio y González Holguín). |
| *Yunga:* | *Yunca* o *yunca quinray*, los llanos o valles. *Yunca*, los indios naturales de alli (González Holguín). |
| *Yurac:* | Color blanco o cosa blanca. |

# FOTOGRAFÍAS*

◈ ◈ ◈

*\* Todas las fotografías pertenecen a William Zanatta*

*Andenería pre-inca del cerro Mukara, en Tarata, sierra de Tacna.*

*Ruinas Wari-Inca de Rumicolca o Pikillacta, Quispicanchis. Puede apreciarse la construcción Wari en el lado izquierdo, y la Inca, en el derecho.*

*Valle del Urubamba o "valle sagrado" de los incas.*

*Ruinas de Tambomachay, cerca del Cuzco, destinadas al culto del agua.*

*Vista de las murallas de Sacsayhuamán, en las afueras del Cuzco.*

*Talla en altorrelieve sobre muro de piedra en el Cuzco.*

*Murallas incas que se conservan hasta hoy en las calles del Cuzco.*

*Vista del Huayna Pichu, formidable elevación que preside el santuario de Machu Picchu o Hacienda Real del Inca Pachacutec.*

*Torreón del sol o Sumtur wasi en Machu Picchu*

*Portada en Machu Picchu que muestra detalles de la arquitectura inca.*

*Templo principal de Machu Picchu*

*El Intipampa o "plaza pública" de Machu Picchu*

*Sendero en Machu Picchu, que permite apreciar
la técnica de las paredes inclinadas.*

*Ruinas incas de Pisac, sobre la margen derecha del Valle Sagrado.*

*Fortaleza o centro administrativo inca de Tambo Colorado o Pucatampu, a 40 kms. de Pisco.*

*Detalle de hornacinas en una pared de Tambo Colorado.*

Addendum

# Cincuenta años después

Después de casi medio siglo de la primera publicación de este libro, es natural que mi visión del incario y de su época haya cambiado y enriquecido en ciertos aspectos. Mis fuentes en aquel entonces fueron principalmente las crónicas, pues no había incursionado aún en los archivos.

Mi propósito era realizar una biografía de Pachacutec, un tema bastante nuevo, y a través de este personaje mostrar al incario en sus diversas facetas. Durante el tiempo transcurrido es natural que haya profundizado en mis conocimientos del Ande, sus habitantes, su organización y sobre todo su mentalidad y lógica.

El pasado indígena es nebuloso, se mezcla y entrelaza la tradición oral de un pueblo ágrafo con hechos reales; lo sucedido se torna leyenda y la leyenda, historia. Por esos motivos se impone una mayor investigación, y la necesidad de escudriñar y sopesar los recuerdos narrados por los distintos informantes de los cronistas y de cotejar las diferencias entre los grupos étnicos y las panacas.

Cincuenta años después, sigo creyendo que las sucesiones andinas no se semejaban a las del Viejo Mundo por no existir en estas tierras el concepto de la primogenitura. El mayor cambio radica en el origen del gran Inca, en el hecho de no ser un hijo de Viracocha, tal como afirmé en este libro, siguiendo a los cronistas quienes, imbuidos de las costumbres europeas, no podían admitir usos diferentes. De haberlo hecho, Pachacutec hubiera perdido legitimidad.

En este *addendum* me veo obligada a explicar ciertos temas y situaciones que me parecen importantes y que desconocía hace cincuenta años. No sólo se trata de explicar un origen diferente para el príncipe Cusi Yupanqui, sino situaciones sumamente indígenas como la territorialidad discontinua, los enclaves religiosos, el concepto de frontera, la reciprocidad, la clasificación de la población por el ciclo biológico y no por los años solares vividos, una costumbre que permitió alcanzar al Estado inca una extraordinaria planificación de su fuerza de trabajo —valiéndose sólo de ábacos y *quipus*— y con ello emprender obras gubernamentales de gran envergadura.

Quisiera también preguntarme por las posibles influencias wari en el gobierno de los incas. A lo largo de este *addendum* iremos abordando esos temas.

## *El origen del Inca Pachacutec*

Al analizar el sistema de los *ceques* del Cuzco hallé la posibilidad de establecer un origen distinto para Pachacutec, quizá más andino y más de acuerdo con la mentalidad de la época y del lugar. Según la información proporcionada por los *ceques*, Cusi Yupanqui nació en Cusicancha o "recinto venturoso" (Rowe 1979, cap. 5: 1) y por ese motivo recibió el nombre de "príncipe venturoso". El lugar se hallaba "frontero" al templo del Sol y estaba al cuidado del ayllu de Iñaca panaca.

Ahora bien, los llamados *ceques* eran líneas imaginarias que partían del templo de Coricancha y se agrupaban de acuerdo a los cuatro suyus. Se dividían en Collana, Payan y Callao. A cada *ceque* le correspondía un cierto número de huacas o santuarios al cuidado de un ayllu (para más información ver Rostworowski 1983).

El sistema de *ceques* fue mencionado por Polo de Ondegardo (1917) y Cobo (1956). Sin embargo, en el estudio emprendido por Rowe (ibíd.), este autor llega a la conclusión de que existía un cronista anterior a los dos nombrados que aún permanece anónimo.

En la historia inca existen unas cuantas panacas o linajes reales omitidas de la lista oficial, sin que sepamos el motivo. Es posible que fuesen más antiguas — quizá sus orígenes se remonten a los inicios del establecimiento del grupo inca en el Cuzco— y que por ello se las nombrase sólo esporádicamente. Este sería el caso de Iñaca panaca, interesante por ser el linaje al que perteneció en su infancia el Inca Pachacutec.

Según nuestra nueva hipótesis, las panacas oficiales fueron las siguientes:

### Hurin

| | | |
|---|---|---|
| Chima panaca | - | Manco Capac |
| Raura panaca | - | Sinchi Roca |
| Auayni panaca | - | Lloque Yupanqui |
| Usca Mayta panaca | - | Mayta Capac |
| Apo Mayta panaca | - | Capac Yupanqui |

### Hanan

| | | |
|---|---|---|
| Uicaquirao panaca | - | Inca Roca |
| Aucaylli panaca | - | Yahuar Huacac |
| Socso panaca | - | Viracocha Inca |
| Hatun Ayllu | - | Pachacutec Inca Yupanqui |
| Capac Ayllu | - | Topa Yupanqui |
| Tumibamba panaca | - | Huayna Capac |

En cuanto a las panacas que se omitieron, ellas fueron para Hanan la de Cuzco panaca, situada en el Antisuyu, e Iñaca panaca en el Chinchaysuyu, y para Hurin, Masca panaca, Sauasiray panaca y Yauri panaca. De ese modo contamos con ocho linajes diferentes para cada mitad. Haremos hincapié en que Iñaca panaca no era un ayllu mítico en el Cuzco colonial, pues se sabe que pertenecía a la parroquia de San Jerónimo. Según una provisión hecha en el Cuzco en 1630, sus tierras colindaban por un lado con las del ayllu de Sucsu y Aucaylli, y por otro, con los campos de Chavincusco y de Arayraca (para más detalles ver Rostworowski 1983, 1996).

Al recibir la borla, Cusi Yupanqui escogió el nombre de Pachacutec y abandonó Iñaca panaca para pertenecer a Hatun Ayllu. Según Sarmiento de Gamboa (1943: cap. 47), el Inca ordenó fundir ambos ayllus en uno solo, pero esta unión nunca se realizó y los dos continuaron existiendo simultáneamente.

¿Tenían acaso los incas por costumbre pasar de un ayllu a otro al ser nombrados Sapan Inca o el caso de Cusi Yupanqui fue excepcional? ¿Qué podemos decir sobre las panacas en general y sobre Iñaca en particular para desentrañar los sucesos?

Ante todo, la voz *panaca* proviene de la palabra *pana* o "hermana", tal como la dice el varón. El idioma quechua no tiene géneros y para distinguir ciertos parentescos usa términos diferentes. Así, la mujer llama a su hermana *ñaña* y a su hermano *tura*, mientras el hombre llama a su hermana *pana* y a su hermano *huauque*.

A nuestro entender las panacas fueron linajes de filiación matrilineal, con el énfasis puesto en el hermano de la madre, es decir el sistema conocido en antropología como el avunculado. Esta situación explicaría la importancia del linaje de la madre en todas las sucesiones incas, las intrigas por el poder y la preponderancia del ayllu materno en la elección del Sapan Inca.

En otro trabajo discutimos el significado de los términos ayllu y *panaca* y sugerimos que Manco Capac y su grupo llamaron a sus linajes con la voz panaca antes de instalarse en el Cuzco (Rostworowski 1981, 1993).

Pasemos a analizar la voz *iñaca*, que en quechua, según González Holguín (1952: 368), significa lo siguiente:

> *Yñaca*: la mantelina de la cabeza.
> *Yñaca ñusta*: la señora de ayllu de Iñaca o noble.
> *Yñaca Yñacalla pachallicuni* o *palla pallalla*: vestirse galamente la muger muy pintada.

Según Bertonio (1952, 2.ª parte: 175), la misma palabra significa en aymará:

> *Yñaca, vel. Palla*: muger que viene de casta noble de los Ingas.
> *Iñacachasita*: vestido al modo destas mugeres y hazer muy de señora.

Así, la voz *iñaca* designaba una prenda de vestir propia de las mujeres de la casta inca que las distinguían de las demás.

¿Se trataba acaso de un linaje matrilineal de mujeres nobles pertenecientes a una antigua tradición? ¿Quién mejor que la soberbia Mama Huaco, madre y esposa de Manco Capac, para fundar su propio linaje?

## *Las guerras contra los chancas*

Cuando escribimos la biografía de Pachacutec Inca Yupanqui, allá por el año 1953, no existía ningún trabajo arqueológico sobre la región chanca, y mis fuentes y referencias fueron mayormente las crónicas. A la fecha se han efectuado excavaciones en distintos lugares. Una buena síntesis es la de González Carré (1992) que contiene varios aspectos de su cultura y desarrollo. En el período Intermedio Tardío, antes de la presencia inca, los chancas y sus grupos afines habitaban vastas regiones de los actuales departamentos de Huancavelica, Ayacucho y parte de Apurímac. Todos ellos compartían algunas características, pero mantenían manifestaciones culturales propias.

A pesar de ocupar el territorio de una antigua y avanzada cultura como fue el Estado wari, los chancas no aprovecharon los conocimientos de sus antecesores y se mantuvieron al margen de su desarrollo, permaneciendo bastos y de pocos conocimientos. En los poblados chancas, según González Carré, no existen evidencias de palacios o templos pertenecientes a una clase dominante, ni de plazas o lugares de reunión.

Sus asentamientos, ubicados principalmente en lugares altos y defensivos, presentan un patrón de aldeas aglutinadas o dispersas según los accidentes topográficos. Esta característica se repite en más de 300 aldeas estudiadas.

Sus casas, circulares, carecen de vanos de ventilación o de ventanas, y poseen techos cónicos con una estructura de ramas de árbol cubierta de paja. Por lo general se orientan en sentido opuesto al viento.

Su cerámica, bastante burda —como pudimos constatar en el museo de Ayacucho—, luce una elaboración deficiente, a pesar de tener como modelo el arte wari. Indudablemente se trata de una cerámica tosca y rudimentaria.

Dado los antecedentes de los grupos chancas, se puede plantear la hipótesis de que fue este pueblo el que asestó el golpe de gracia al Estado wari, ya debilitado por situaciones que aún desconocemos. Los chancas y sus aliados eran aguerridos y luchadores y terminaron por aniquilar la brillante hegemonía wari. Debido a su rudeza, es probable que el principal motivo de sus luchas fuera sólo el de obtener un botín de sus adversarios.

Analizando el último encuentro entre los chancas y los incas, los primeros estaban convencidos de la rendición del Inca Viracocha y por ese motivo el ejército enviado a tomar posesión del Cuzco fue ciertamente reducido. De no ser así, los incas hubieran sucumbido ante el ataque de todas las fuerzas chancas unidas a sus aliados.

Betanzos (1968, cap. VI) cuenta que además de enviarse unas tropas al Cuzco, partieron dos ejércitos más en son de conquista o de pillaje, el uno al Cuntisuyu y el otro al Antisuyu. Sin embargo, los chancas se dieron con la sorpresa de encontrarse con una resistencia cuzqueña que luchaba seguramente con la desesperación de quien defiende lo suyo y está dispuesto a triunfar. Al derrotarlos, el príncipe Cusi Yupanqui sintió que vengaba a los antiguos wari de su humillante derrota y, con ánimo de reivindicarlos, tomó el nombre de Pachacutec que significa "El que trastorna el mundo".

Una vez logrado el triunfo, Cusi cogió el botín de guerra, capturó a los principales enemigos, y se dirigió a Chita para que Viracocha Inca pisara los despojos de los vencidos. Esta era la señal de la toma de posesión de los nuevos territorios y de la victoria.

Sin embargo, Viracocha no quiso pisar los trofeos de guerra, designando para ello a su hijo Urco por ser su corregente, un hecho que Cusi Yupanqui no podía admitir porque hubiera sido reconocer a Urco como máximo inca.

Ante la negativa de Cusi de acatar el deseo de Viracocha y de legalizar la sucesión de Urco, Viracocha pensó en eliminarlo en el camino de regreso al Cuzco. El príncipe, conociendo las intenciones de Viracocha, tomó sus precauciones y retornó a la ciudad con el botín y los prisioneros (Betanzos 1968).

Según la tradición andina, por sus victorias Cusi se mostró "hábil y suficiente" y podía con todo derecho proclamarse Sapan Inca. Había cumplido con la ley de sucesión indígena. Al asumir Cusi Yupanqui la borla y el poder, según la costumbre establecida, casó con una joven que sería de ahí en adelante la *coya* o reina. Esta mujer, llamada Mama Anarhuaque, pertenecía a los ayllus de Chocos y Cachona. Es posible que esta elección fuese un reconocimiento y una recompensa a la curaca Chañan Curi Coca de los mismos linajes, quien a la cabeza de su ejército había derrotado a los chancas en una zona del Cuzco. Además, el joven inca abandonó su panaca nativa para pasar a formar parte de la de Hatun Ayllu.

En aquel entonces, varios cronistas mencionan un cambio religioso en el Cuzco debido a que los sacerdotes del dios Viracocha habían apoyado el abandono de la ciudad y la sumisión a los chancas. Al apoderarse Cusi del poder, la situación de los sacerdotes se tornó difícil. El Inca auspició el culto solar y con ello quedaron descartados los antiguos sacerdotes. Pachacutec pudo entonces organizar la supremacía del Sol.

El astro del día era un culto esencialmente serrano. En las frías y heladas noches de las tierras altas, la aparición del sol era esperada con ansiedad. No así en la costa. Los cronistas Castro y Ortega Morejón (1974) manifestaron que los *yungas* o costeños no adoraban al Sol sino a las *huacas* y sobre todo a las que emitían oráculos. La religión solar vino a yuxtaponerse a las diversas creencias sin crear una oposición.

En los lugares importantes del imperio se edificaron santuarios, como en una de las islas del lago Titicaca y en el señorío costeño de Ychsma. La religión solar devino un culto oficial inca en detrimento de la adoración a Viracocha.

Una tarea emprendida por el joven Inca durante la reconstrucción de la ciudad, de acuerdo con su nueva autoridad y grandeza, fue la edificación de Colcampata, un palacio situado en el Cuzco alto, donde el soberano ordenó trasladar a la momia o el *huauque* de Manco Capac que pertenecía a la Chima panaca. Desde ahí el antepasado común dominaba no sólo la mitad de Hurin sino la de Hanan, en honor de haber sido quien inició del Incario. Este hecho apoya nuestra hipótesis de que existía alguna relación entre el joven Inca y la pareja que fundó el Cuzco.

¿Existió acaso un lazo de parentesco, una descendencia mítica, entre Iñaca panaca y Mama Huaco, la otra pareja de Manco Capac?, ¿sería aquella *coya* guerrera el ancestro de una panaca femenina?

Siguiendo con nuestras especulaciones, hallamos que en la lista de los capitanes del incario mencionada por Guaman Poma (1980, foja 145) el primero en nombrarse es un Yupanqui Pachacutic Ynga, hijo de Manco Capac y Mama Huaco, a quien el cronista describe como perezoso y dormilón, como señalando que no se trataba del soberano.

En las "Informaciones" de Toledo (Levillier 1940, tomo 2, p. 14) reunidas en Jauja en noviembre de 1570, no faltó un testigo que afirmó que sólo existieron seis incas y que el primero se llamó Manco Capac, padre de Pachacuti Ynga Yupanqui. En otra información del mismo virrey (ibíd.: 115) realizada entre el 19 de marzo y el 2 de julio de 1571, hallamos a don Diego Moyna Yupanqui quien dijo:

> ser descendiente de Viracocha y de Pachacuti Yupanqui y ser de edad de cien años y quel en su mocedad mandaua el pueblo de Auquichua que le puso en él Guaina Capac e que su padre deste testigo que se llamaua Moyna Yupanqui mandaua al ayllu de los Yngas que se dice Inaca panaca.

Esta declaración confirma que se trataba de un linaje perteneciente al grupo de las panacas cuzqueñas.

Iñaca panaca no fue un caso único de filiación matrilineal en los Andes. Hace poco tiempo, la cineasta Mariana Eyde realizó un trabajo etnográfico en el pueblo de Casiri, situado en las faldas del Sara Sara, en el distrito de Pauza, departamento de Ayacucho. Eyde no sólo tiene una tesis universitaria sobre Casiri sino una película bien lograda sobre este extraño villorrio habitado desde tiempos inmemoriales sólo por mujeres por la creencia de que los varones mueren si se quedan en él más de unos meses. Por ello, los hombres llegan a Casire sólo para visitar a sus familias y luego se van; la mayoría se gana la vida como arrieros. La falta de hombres hace que las mujeres trabajen los campos, cuiden del ganado y labren la tierra.

En este adenda dedicado a la vida del Inca Pachacutec es interesante mencionar algunas investigaciones realizadas después de la publicación de este libro.

Tiempo atrás, habíamos hallamos diversos manuscritos sobre las propiedades privadas de los últimos incas (Rostworowski 1993). Así, el

Inca Viracocha gozaba de tierras en Jaquijaguana y Caquia; Inca Yupanqui, padre de Tupac Yupanqui, las tuvo en Tambo (Ollantaytambo según Sarmiento de Gamboa) y Pisac; Tupac Yupanqui, en Chinchero, Guayllabamba y Urco; Huayna Capac, en Yucay y Quispeguanca; y por último Huáscar, en Calca y Muyna.

Luego, en 1988, Luis Miguel Glave y María Remy encontraron y publicaron un manuscrito de los padres agustinos sobre las zonas de Amaybamba y Ollantaytambo que formaban parte de los territorios conquistados al inicio del gobierno de Inca Yupanqui, es decir Pachacutec. Este documento contiene la lista detallada de los terrenos cultivados en la quebrada de Picchu desde Torontoy hacia abajo.

En 1990 Rowe, quien siguió investigando en el archivo del Cuzco sobre los bienes privados de los soberanos incas, dio la impactante noticia de que la zona de Picchu había sido conquistada por Pachacutec quien ordenó edificar el famoso Machu Picchu. Seguramente la belleza del lugar sobrecogió y fascinó al soberano, y por eso deseó edificar ahí un palacio.

Después de dominar la región de Picchu, Pachacutec prosiguió su avance, pasó el abra de Panticalla, bajó por el río Lucumayo en el valle de la Convención y, en un lugar bello que llamó Guamanmarca, cerca de Amaybamba, ordenó edificar un palacio para su descanso. Guamanmarca está lejos de semejarse a Machu Picchu, pero el Inca lo escogió por ser una zona maicera. Años más tarde, Tupac Yupanqui, al regresar de la conquista de Chachapoyas, eligió el valle bajo de la Convención con el fin de instalar en él a los mitmaq chachapoyanos para que cultivasen coca. Más aun, hizo construir un pueblo que llamó Yanayacu que permanece todavía perdido en la espesura del monte.

## MAPA DE LA REGIÓN DE AMAYBAMBA Y VILCABAMBA

*La crónica de Montesinos*

¿Qué llevó al príncipe Cusi Yupanqui a tomar por nombre de gobernante el de Pachacutec o "El que trastorna el mundo"?

Podemos sugerir algunos motivos que llevaron al Inca a escoger ese apelativo. La explicación la encontramos en la crónica de Fernando Montesinos. El lector se preguntará porqué nos ocupamos de un autor tardío, enredado y fantasioso, que inicia su relato con Ophir, Noé, el Diluvio, un ciclo de cuatro mil años y cuatro soles, y luego continúa con varias dinastías, comenzando por la de los piruas, seguida por la de los amautas (durante la cual se perdió la escritura), para luego mencionar a los incas.

En la crónica de Montesinos se relatan invasiones procedentes de Chile y Tucumán, migraciones llegadas de la costa en balsas, sequías, temblores, etcétera, marcados por ocho Pachacuti.

Montesinos recorrió el Perú, vivió en distintos lugares de la sierra y de la costa, del norte y del sur, y así logró acumular noticias de un pasado fabuloso y lejano que trató de plasmar en sus escritos. Si bien la historia narrada por Montesinos es extravagante, este autor presiente que existieron otras civilizaciones anteriores a la inca y niega por ende la leyenda de Manco Capac y Mama Ocllo —la de la pareja que surgió en medio de la barbarie y fundó el Cuzco— divulgada por Garcilaso de la Vega. Los habitantes de los Andes debieron guardar recuerdos confusos del pasado, mitos y leyendas de grandes Estados olvidados.

En el siglo XV se tendría en el Cuzco algún tipo de noticias sobre la cultura wari a través de la cercana ciudad de Pikillacta, "la ciudad de las pulgas". Es posible que, al vencer a los chancas, Cusi Yupanqui sintiera haber emulado a los gobernantes del pasado y vengado la ya lejana derrota wari; quizás, para marcar un retorno a la grandeza de los wari adoptó el nombre de Pachacutec.

Es probable que Montesinos obtuviera referencias sobre el Estado wari, su esplendor y extensión, y tratara de manifestarlas dando a sus gobernantes nombres imaginarios para hacerlos más reales.

En la actualidad es la arqueología quien ha demostrado y develado la existencia de la cultura wari. En 1977, en Conchopata, Ayacucho, unos obreros encontraron por casualidad al cavar el suelo para colocar las tuberías de lo que iba a ser una nueva urbanización, unas grandes tinajas wari, rotas ex profeso. Estas urnas de cerámica representan personajes de una extraordinaria expresión, quizá copiados de la realidad. Son señores, sacerdotes y soldados, surgidos de las tinieblas del olvido, que desfilan ante nuestros ojos.

Otro aporte importante es el de la arqueóloga Anita Cook que se ha dedicado a investigar las culturas wari y tiawanako. En su libro (1994), manifiesta:

> Existe una categoría amplia de personajes humanos, que no recibieron la atención debida antes de nuestros estudios sobre los materiales de Conchopata.

Sobre estos mismos hallazgos K. Schreiber (1992: 109) apoya la opinión de Cook y piensa que pueden ser retratos de ciertos individuos.

En Bolivia, una propuesta similar es la que defiende Ponce Sangines para tiahuanaco en el libro *Los jefes de Estado de Tiawanaku y su nómina* (1999), sólo que este autor acepta sin cuestionar la crónica de Montesinos e incluso las dinastías, tal cómo las nombra el cronista.

Al sugerir la posible transmisión de un apelativo wari para un Inca, es interesante investigar qué otros prestamos tomaron los cuzqueños del Estado wari.

En otros trabajos dijimos que el incario no inventó nada nuevo y que su habilidad consistió en adaptar los sistemas del pasado a sus necesidades de gobierno. Es posible que ciertos hábitos indígenas fuesen panandinos y se remonten a culturas pretéritas. Algunos usos son obvios, como los caminos y tambos. A nuestro entender cuatro fueron los principales prestamos culturales tomados por los incas de los wari, aunque en lo que respecta al cómputo de edades no podemos asegurar nada:

a) El concepto de la territorialidad discontinua que incluye la costumbre de establecer enclaves religiosos.

b) La noción de frontera.

c) La reciprocidad que, en la historia inca, evolucionó hasta acabar siendo un estorbo para el soberano convertido en un ser todopoderoso. Su uso ayuda a comprender la rápida expansión inca (Rostworowski 1988).

d) El cómputo de la población por edades, un sistema que permitió una extraordinaria planificación de la fuerza de trabajo en el incario.

Veamos en detalle estas manifestaciones para tratar de explicar la organización andina con una visión diferente a la expuesta hace cincuenta años, después de largos años de investigación y de consultar documentos de archivos que nos han permitido conocer mejor el Ande. Deseamos que el lector no sólo se quede con la información obtenida en las crónicas sino también con la que se desprende de los ricos y copiosos manuscritos.

Así, dejamos de lado la figura del gran Inca, para retomar aspectos de la organización andina cuyo origen fue posiblemente anterior a los incas, con sus características propias, costumbres y sistemas indígenas peculiares. Situaciones que forman parte de la política de gobierno como la reciprocidad, la necesidad de protegerse ante los imprevistos de la naturaleza, y el curioso computo de edades de la población.

## La territorialidad discontinua

El concepto de territorio en el ámbito andino tuvo peculiaridades que se manifiestan en diversos documentos de archivos.

En algunos manuscritos hallamos información sobre la tenencia dispersa y discontinua de las tierras de los ayllus o de las *pachacas* (cien hombres), interfiriendo los campos de unos en tierras de otros, en un mismo microclima, sin explicación alguna. Las formas de propiedad de un territorio son parte esencial de lo que llamamos la estructura económica de una sociedad, que constituye la condición legal o legítima de acceso a los recursos y a los medios de producción.

La información más relevante sobre la discontinuidad territorial se encuentra en unas visitas que se realizaron en Cajamarca en 1571-1572 y 1578. En esa región las *pachacas* y las *guarangas* (mil hombres) poseían chacras diseminadas en lugares pertenecientes a otros ayllus, en un aparente desorden, sin que pudiésemos hallar una regla o un motivo para ello (Rostworowski y Remy 1992).

Camino (1980: 28), en su estudio sobre la estrategia de subsistencia andina, ha investigado en Cuyo-Cuyo (Sandia, Puno) y encuentra que el sistema agrícola tradicional tiene la finalidad de minimizar los riesgos y, por lo tanto, de asegurar el abastecimiento de alimentos.

También entre los pescadores existía la preocupación por obtener productos ictiológicos variados. Así, encontramos que en la playa del curaca de Lima no solo pescaban los lugareños, sino los de Pachacamac, a pesar de poseer ellos un extenso litoral. Es posible que se obtuvieran productos diferentes según el tipo de playas, ya fuesen ellas rocosas, de guijarros o de arena (Rostworowski 1978, visitas de 1549 y 1553). Esta preocupación de los indígenas se traduce en algunos relatos míticos y expresa un terror ancestral a morir de inanición por falta de alimentos (ver mitos de Pachacamac, Vichama y Mama Raiguana en Rostworowski 1983). Es posible que en el pasado se dieran crisis de subsistencia, quizá debido a una falta de tecnologías apropiadas o a los desastres naturales.

El hecho de poseer campos dispersos protegía a los pueblos de las sequías e inundaciones, entre otros fenómenos. De ahí surgió el concepto de los territorios dispersos como un seguro de pervivencia en situaciones extremas. Así, en el caso de perderse una cosecha por circunstancias adversas, quedaba la esperanza de salvar los sembríos en un campo lejano.

*Los enclaves religiosos*

La visión de la religiosidad andina que se presenta en los documentos de archivos enriquece las noticias de las crónicas, pues cada ayllu o grupo étnico poseía sus propias divinidades y sólo las más importantes y destacadas pasaban a formar parte de una jerarquía religiosa y su culto se extendía en una amplia zona.

Las huacas mantenían, al igual que los seres humanos, relaciones de parentesco; tenían mujeres, hijos y hermanos (Arriaga 1968/1621, Calancha 1977, 1982/1638). La parentela mítica del dios Pachacamac, por ejemplo, representaba las ramificaciones del culto del dios yunga en regiones distantes en forma de tierras cultivadas por la gente local, cuyas cosechas eran llevadas a los depósitos del santuario.

Esta costumbre implicaba que cada huaca, por pequeña que fuese, poseía tierras de acuerdo con su importancia. En estas propiedades se cultivaba el maíz, para preparar las bebidas necesarias durante la celebración de su fiesta principal.

Como ejemplo mencionaremos unas tierras pertenecientes a la divinidad de Pachacamac situadas en el valle de Cañete (el antiguo Guarco), en Suiba (Angulo 1921: 42). En Cañete existía en tiempos recientes una hacienda llamada Cuiba cerca de la acequia Pachacamilla, lo que confirma que el santuario poseía tierras en esa localidad y que el nombre del canal se relacionaba con la huaca. Numerosos son los manuscritos que señalan las cosechas enviadas desde diferentes lugares a los depósitos del templo.

Según el cronista Santillán (1927/1563: 30), la huaca de Pachacamac tenía cuatro hermanos que habitaban en los valles de Mala, Chincha y Andahuailas; el cuarto quedó en el Cuzco, en poder del Inca Tupac Yupanqui después de su conquista del santuario. Es posible que el "hermano" chinchano estuviese relacionado con el oráculo Chinchaycamac, la huaca principal y pacarina de los lugareños (Albornoz 1967: 34).

La parentela mítica de un dios representaba los enclaves religiosos, similares a los propuestos por John Murra para el sur del país (1975), sino que en lugar de tener un fin socioeconómico, tenían un fin religioso.

Al respecto, un caso interesante es la proyección del dios Pachacamac a Moche, posiblemente durante la fase Moche V.

En varios protocolos notariales del Archivo Departamental de La Libertad, en Trujillo, hallamos que la "Huaca Grande de Moche" se llamaba Pachacamac (escribano Juan de la Mata 1551-1562).

Esta noticia proviene del afán de los españoles, desde sus inicios en el país, de buscar oro y más oro, deslumbrados cómo estaban después de la facilidad con que los naturales cumplieron con llenar el cuarto del rescate de Atahualpa.

Desde el siglo XVI, cuando comenzó el virreinato, las huacas o santuarios nativos sufrieron la codicia hispana. El método empleado era reunirse varios ante un escribano y firmar un contrato para "trabajar una huaca". Se trataba de un acto perfectamente lícito, cuyo único requisito era el de entregar a los oficiales reales, a la hora de fundir los metales preciosos, el "quinto del rey".

El cronista Lizárraga (1968/1605) cuenta cómo los buscadores de tesoros destruyeron la Huaca del Sol, en Moche, al desviar el río y derribar parte de la estructura. Los manuscritos a los que hacemos referencia mencionan esta circunstancia e inclusive los nombres de las personas involucradas en el acto.

Con mayores y más amplias noticias Zevallos Quiñones colabora con nuestra información en su libro *Huacas y huaqueros* (1999). No conocemos el nombre original de la Huaca del Sol pero Zevallos Quiñones menciona el de *Capujaida*. No sabemos si este fue el nombre original o sólo uno de ellos, pues un lugar podía gozar de varios nombres conferidos o usados por los diferentes grupos étnicos. Por ejemplo, el señorío de Ychsma cambió de nombre con la presencia cuzqueña y pasó a llamarse Pachacamac, como su divinidad, mientras que sus vecinos serranos de Huarochirí lo llamaban Yscaymayo o los "dos ríos", por extenderse sus territorios en las cuencas bajas de los ríos Rímac y Lurín (Ávila 1987, cap. 23).

Después de la conquista de la costa central por el Inca Tupac Yupanqui, el soberano ordenó edificar un templo más alto e importante que el viejo santuario y oráculo del dios costeño, que se llamó *Punchao Cancha* o "recinto del día" (Cabello de Balboa 1951/1586). Así, también en Moche, el santuario más importante recibió el apelativo de Huaca del Sol en honor al astro.

Los costeños nunca hubieran dedicado un templo al Sol, porque:

los yungas no adorauan al sol sino a guacas y no a todas, sino aquellas que dauan respuesta (Castro-Ortega Morejón, 1974/1558).

Los yungas adoraban a la luna y, con el nombre de "Fur", a las pléyades. Según la aparición o el ocaso de esta constelación llevaban la cuenta del tiempo (Calancha 1977/1638), mientras que en Piura su calendario se regía por la luna (*Relaciones geográficas de Indias*, 1885, tomo II: 239).

Es indudable que, en Moche, el nombre de Huaca del Sol sólo podía tener un origen serrano e inca, por ser contrario a la ideología yunga o costeña.

## La noción de frontera

Los cronistas mencionan diversas "provincias" en el Tahuantinsuyu, es decir grandes demarcaciones territoriales, pero de forma muy confusa y vaga, sin especificar sus territorios, límites ni jurisdicción.

La investigación llevada a cabo en los archivos ha confirmado la presencia de grandes señoríos o macroetnias prehispánicas que ejercían una hegemonía sobre un número más o menos importante de curacas menores y subalternos. La pregunta es cómo demarcaban sus fronteras aquellos señoríos.

El tema de las fronteras étnicas es interesante e importante en el ámbito andino y representa un complicado sistema de reciprocidades y complementariedades verticales y horizontales muy diferente a la noción habitual de territorio usada en otras latitudes.

Los límites de una macroetnia no comprendían un territorio homogéneo ni definido sino que correspondían —tal como mencioné en páginas anteriores— a una posesión salpicada o discontinua en la que existía dos tipos de enclaves: los enclaves socioeconómicos o verticales anunciados por John Murra (1975), y los enclaves religiosos en torno a las huacas o divinidades más importantes cuya influencia podía ser vertical u horizontal.

En los primeros testimonios coloniales constatamos que no se mencionan las grandes unidades sociales indígenas. Sólo después se fue perfilando la noticia de que existían grandes áreas políticas en el Estado inca.

En los depósitos de encomiendas otorgados por Francisco Pizarro al Consejo de Indias para que esta institución los ratificase, se nota una total falta de conocimientos geográficos sobre el Perú. En aquel entonces los españoles procedieron a dividir la tierra sin ningún criterio, desmembrando los señoríos indígenas, debido a la cantidad de candidatos que había para recibir una encomienda.

Una de las medidas para definir a una macroetnia consiste en conocer y analizar la extensión de su territorio y definir los grupos que la componen. Sin lugar a dudas, es más fácil delimitar los curacazgos costeños, pues estaban demarcados de norte a sur por los desiertos, y al oeste por el mar; en este caso, la única frontera movible era la del este (ver Rostworowski 1993). Un problema más difícil es el de definir las fronteras de los distintos señoríos serranos.

En antropología, un grupo étnico se define como una población que ocupa un determinado territorio; se perpetúa biológicamente; comparte valores culturales; cuyos miembros se identifican entre sí (lo que hace que otros grupos lo consideren distinto) (North 1964); y con una historia en común. Veamos hasta qué punto las macroetnias andinas cumplían con estos requisitos.

*a. La unidad de origen y de creencias*

En las macroetnias se descubren los núcleos incipientes de las nacionalidades que se aglutinan en torno a ciertos factores. Una diferenciación entre las etnias fueron sus mitos de origen, sus *pacarinas* o el lugar de donde surgieron (por ejemplo, los incas, dijeron salir de una cueva; los chancas, de dos lagunas; los collaguas, de un volcán; y otros pueblos, del mar o de un nevado). Estas etnias conservaban a sus *mallqui* o antepasados momificados.

*b. La unidad de lengua o dialecto*

En el Tahuantinsuyu se habló una variedad de idiomas, dialectos y modismos locales. Las *Relaciones geográficas de Indias* (Jiménez de la Espada 1881-1897) indican numerosas variantes idiomáticas locales que seguramente correspondían a pequeños grupos de base. Indudablemente, la lengua ayuda a distinguir una etnia de otra. Ante esta pluralidad idiomática, los incas se vieron obligados a implantar un idioma oficial en sus territorios, a fin de facilitar la administración cuzqueña. A este idioma los españoles lo llamaron la "lengua del Inga".

*c. La unidad de atuendo*

La unidad de atuendo confirma que los grupos de base se sentían distintos unos de otros y que reconocían sus diferencias. Una noticia importante es la que da Molina el Cuzqueño (1943: 9), cuando manifiesta que *cada nación se vestía y traía el traje similar al que llevaba su huaca*, es decir que el vestir no era una moda sino que tenía un profundo significado religioso que integraba a todos aquellos que veneraban a una misma divinidad.

Cieza de León es el cronista que proporciona mayores detalles sobre los modos de vestir en el incario. *La crónica del Perú* (1941) es rica en este tipo de información; también lo es la crónica de Guaman Poma, quien a través de sus dibujos ilustra las diversas prendas y tocados que caracterizaban a las diferentes regiones del país. Igualmente, Pedro Pizarro (1978: 112) dice que los naturales "deste reino eran conocidos en los trajes y tenían por afrenda traer trajes ajenos". Acosta (1940) cuenta que a la población indígena le era prohibido modificar o alterar sus trajes. Todos estas crónicas demuestran la existencia de una diferenciación entre los grupos étnicos.

*d. La unidad sociopolítica*

En todo el ámbito andino hallamos la presencia de grandes grupos étnicos gobernados por sus *hatun curacas*, señores de varias *guarangas* (más o menos mil hombres cada una), es decir jefes de alta jerarquía que tenían bajo su mando a varios curacas subalternos.

Podemos asegurar, sin temor a equivocarnos, que estas macroetnias fueron el más alto nivel de integración alcanzado en los Andes durante el periodo Intermedio Tardío. El *hatun runa* u hombre del común se reconocía y se agrupaba en torno a su jefe étnico, sus huacas locales y su territorio.

A pesar de ser los incas los amos del Tahuantinsuyu, no llegaron a crear una integración nacional y posiblemente ni siquiera la imaginaron. Al examinar la historia inca, concluimos que a los soberanos cuzqueños les interesó someter políticamente a las macroetnias, y obtener fuerza de trabajo y tierras para el Estado, pero no vieron la necesidad de abolir sus hábitos, costumbres ni tradiciones locales.

Notamos que el territorio de cada macroetnia se componía a su vez de numerosos pequeños curacazgos o unidades políticas. Lo constatamos, por ejemplo, en el señorío de los Yauyos en Huarochirí; en Collec, en el valle del río Chillón, en la costa central; en los Atavillos; y en la costa norte, en los curacazgos de Reque, Callanca y Monsefú (Rostworowski 1961, 1993).

A pesar de su importancia, el Chimú seguía el mismo patrón político. Como ejemplo citaremos un sonado juicio realizado en Trujillo a mediados del siglo XVI, cuando los encomenderos Melchor Verdugo y Rodrigo Lozano se disputaban la posesión de dos pequeños señoríos. Uno de ellos se llamaba Chican o Chicamy, y su pueblo principal, situado en la margen izquierda del río Moche, era Changuco. Se extendía desde el mar hasta más arriba de la Huaca Grande. El segundo pueblo de este diminuto cacicazgo se apelaba Xacon, estaba a orillas del mar y era habitado por pescadores. El señor que gobernaba Changuco se llamaba Chiquiamanaque y era el principal de los hamaqueros del Chimu Capac (AGI - Justicia 398; Rostworowski, 1993).

El segundo curacazgo en juicio era el de Guaman, que antes de la conquista inca se llamaba Chichi. Su jefe, antes del inicio del juicio, era Guamonamo y el señorío se extendía en la banda derecha del río Moche e iba hasta el mar. Su población se componía mayormente de pescadores.

Este ejemplo nos permite suponer que las estructuras sociopolíticas se componían de una serie de pequeñas unidades políticas agrupadas en torno a jefes de mayor categoría y que este sistema fue característico de los Andes. La existencia de diminutas unidades políticas se debía posiblemente a que el único medio de transporte era el pedestre y por lo tanto las comunicaciones eran difíciles y lentas. De ahí la necesidad de dividir el territorio en pequeños señoríos subalternos para facilitar su gobierno.

## La reciprocidad

La reciprocidad practicada en el incario es el desarrollo de los conceptos andinos de la *minka* y el *ayni* adaptados a nivel de Estado. Su definición es, tal como aparece en mi *Historia del Tahuantinsuyu*, la siguiente:

> un sistema organizativo socioeconómico que regulaba las prestaciones de servicios a diversos niveles y servía de engranaje en la producción y distribución de bienes. Era un ordenamiento de las relaciones entre los miembros de una sociedad cuya economía desconocía el uso del dinero. Existió en todo el ámbito andino y actuó como un eslabón entre los diversos modelos de organizaciones presentes en el amplio territorio.

Este método se aplicó a las conquistas, un hecho que indudablemente facilitó la rápida expansión inca. Al dirigirse el soberano en son de guerra y llegar con sus ejércitos ante el jefe máximo de una macroetnia, el Inca le proponía establecer entre ellos la reciprocidad, un acto que consistía, en primer lugar, en celebrar fiestas y comidas públicas, y en establecer lazos de parentesco al intercambiar mujeres. En segundo lugar, se producía el "ruego" del Inca, que consistía en que el soberano le ofrecía al curaca sumarse al Tahuantinsuyu. El jefe étnico podía entonces aceptar la oferta o bien ir a la guerra. Pero los ejércitos cuzqueños eran poderosos y bien organizados, lo que contribuía a la derrota del curaca enemigo. Este último, además de perder probablemente la vida, era reemplazado según el criterio del Inca.

Ante estas circunstancias, los señores preferían acatar el pedido del soberano, quien entonces procedía a aplicar las condiciones de su anexión, que consistían en proporcionar fuerza de trabajo y designar tierras y ganados que se convertían en propiedades del Estado. El usufructo de los cultivos en diversos campos, así como las manufacturas elaboradas por gente de la localidad, iban a engrosar los depósitos estatales. Toda esta nueva riqueza representaba un capital a disposición del Estado, lo que permitía al Inca mostrarse "generoso" con el siguiente curaca que pretendía someter al Tahuantinsuyu.

El inconveniente de este sistema era que dejaba "bolsones vacíos" a consecuencia de los territorios discontinuos. Otro problema de la reciprocidad era que carecía de bases sólidas, lo que hacía que la incorporación de los señoríos fuera un tanto frágil, por depender de un "ruego" y de grandes donaciones que en caso de suspenderse podían causar graves trastornos.

Quizá el sistema de la reciprocidad en el incario haya sido un préstamo de la cultura wari y sea más fácil entender la expansión wari, semejante a la inca, gracias a los conceptos de la territorialidad dispersa y los enclaves religiosos, y a la aplicación del "ruego" del jefe máximo de una macroetnia. Es posible que la mayor influencia wari se manifestara como una poderosa fuerza religiosa, mediante el predominio del "dios de las varas".

*a. La reciprocidad incipiente*

Se percibe en el incario dos etapas bien marcadas en el desarrollo de la reciprocidad; la primera corresponde a los inicios de la expansión cuzqueña después de la derrota chanca; la segunda coincide con la formación del Estado, del Tahuantinsuyu y el poder absoluto del Sapan Inca.

Según Murra (1972) se distinguen dos niveles de reciprocidad. Por un lado, la reciprocidad que practican las comunidades rurales (o ayllus), unidas entre sí por lazos de parentesco, y por otro, la que practicaba el Estado inca, rodeado de un aparato militar y administrativo, que se beneficiaba de las prestaciones de servicios y cuyos excedentes eran redistribuidos.

Wachtel (1974) encuentra que al surgir el Estado inca, la reciprocidad de la primera etapa sufrió un cambio al usarse en otro contexto que permitió el desarrollo del aparato estatal, mientras que el antiguo concepto de la reciprocidad pasó a cumplir sólo una función ideológica que disimulaba y justificaba las nuevas relaciones socioeconómicas.

El cronistas Betanzos (1968) muestra cómo se desarrolló la reciprocidad en los inicios del gobierno de Pachacutec, cuando el Inca carecía aún de un poder absoluto y de la autoridad necesaria para dominar a los señores vecinos.

Para poder cumplir con la expansión deseada, el Inca debía preparar su curacazgo con las bases adecuadas que consistían en edificar ante todo depósitos para guardar sus futuros bienes. El segundo requisito era el de llenarlos de alimentos y de diversas manufacturas que representaban su riqueza. Todo aquello se convertía en un capital acumulado que le permitiría realizar sus próximas anexiones y conquistas.

Así, Yupanqui convocó al Cuzco a los jefes étnicos vecinos, los agasajó con regalos y comidas públicas, y sólo entonces les formuló su "ruego".

*b. La reciprocidad durante el apogeo del Tahuantinsuyu*

Con la expansión territorial cuzqueña, ya no fue posible seguir con el patrón inicial de la reciprocidad. Es natural que la base del sistema sufriera cambios sustanciales para adaptarse a la nueva situación. Ante

sufriera cambios sustanciales para adaptarse a la nueva situación. Ante todo, el poder de los gobernantes incas aumentó al ritmo de sus conquistas, lo que hizo imposible que pudieran reunirse con cada curaca a comer y beber. Este inconveniente se suplió edificando centros administrativos con grandes plazas en las que los numerosos curacas de una región se reunían con los representantes del Inca o con el propio soberano. Con esta finalidad se edificaron, por ejemplo, Huánuco Pampa en la sierra y Tambo Colorado, en la costa (Pisco). Quizá Viracochapampa y Marca Huamachuco fueron centros similares del Horizonte Wari.

El análisis de las dos etapas de la reciprocidad muestra las mutaciones y los cambios que sufrieron las antiguas estructuras sociopolíticas, originados por la praxis inca a fin de acomodarse a situaciones distintas.

Ahora bien, estos cambios ocurrieron sólo a nivel gubernamental y de las altas jerarquías, pues los ayllus siguieron con sus ancestrales tradiciones. Dentro de la propia elite inca se continuó practicando la reciprocidad.

*La dualidad*

Las crónicas, con los criterios que prevalecían en ellas, nos sirvieron de base para escribir la biografía de Pachacutec Ynca Yupanqui. En aquel entonces, no había incursionado en los archivos. Más adelante, gracias a los estudios etnográficos y antropológicos y a la investigación llevada a cabo en los archivos en busca de fuentes inéditas, pudimos profundizar y reinterpretar algunos de los conceptos andinos.

En este afán por comprender mejor lo indígena, consultamos documentos inéditos, pues los manuscritos —a pesar de sus posibles errores de contenido— son más confiables que las crónicas porque la mayoría son de índole administrativa, judicial, son testamentos o visitas que se realizaban para establecer el tributo que debían pagar los indígenas a sus encomenderos, mientras que otros se refieren a la idolatría.

En la mayoría de estos manuscritos se soslaya las referencias directas a los incas, para entrar más bien al esquema de ordenamiento tanto religioso como político.

Este cuerpo de noticias tiene una clara ventaja sobre las crónicas. El cotejo de dichas fuentes es sumamente interesante y proporciona una visión más clara y rica de la realidad andina. Además los cronistas, como españoles de su época, reflejaban en sus escritos sus propios criterios, y expresaban su sentido judaico-cristiano de la vida.

Para iniciar una investigación sobre la mentalidad y lógica indígenas principiamos por un análisis de la religión, por tratarse de una concepción del mundo mágico-religioso. Así, encontramos que las estructuras mitológicas son complejas y hallamos a dioses masculinos duales que corresponden a un modo peculiar de concebir el universo.

Cada divinidad poseía su doble, llamado "hermano" por los naturales. Se tenía la idea de que todo dios disponía de una replica, del mismo modo que cada Inca tenía su *huaque* o hermano.

Al repasar en las crónicas las menciones a los grandes dioses indígenas constatamos que la mayoría eran duales, es decir que poseían su doble o "hermano" que podía convertirse en una cuatripartición.

Como ejemplo, mencionaremos en el sur la muy antigua deidad de Tunupa, con sus atributos que la convierten en dios del fuego celeste (el rayo) y del fuego terrestre (la lava de los volcanes y, a la vez, la lluvia que cae del cielo y propicia el crecimiento de las plantas, y el agua terrestre —las lagunas), formando una cuatripartición de Tunupa-Tarapaca y Taguapaca-Taapac.

Tunupa se confunde posteriormente con Viracocha en el relato de los cronistas, una confusión que podía representar a grupos étnicos distintos que durante largo tiempo sostuvieron intercambios y luchas entre ellos. En esas circunstancias surgen préstamos culturales en los cuales los mitos se duplican, narrando los mismos episodios para personajes distintos, con diferentes nombres.

Molina el Cuzqueño, menciona a los servidores o criados que acompañaron a Viracocha durante su estadía en Tiahuanaco y que posteriormente fueron enviados por distintas rutas, llamando a la gente a que salieran de sus *pacarinas* o lugares de origen. El cronista nombra dos parejas de Viracochas con distintos atributos. Ellas son Imaymana Viracocha y Tocapu Viracocha, y Ticsi Viracocha junto con Caylla Viracocha.

Siguiendo en nuestra búsqueda de las leyendas del país en las que se manifiesta la dualidad de los dioses andinos, pasamos a la zona de Végueta, a un mito narrado por Calancha (1638/1977) que trata de las luchas entre Pachacamac y Vichama, ambos hijos del Sol. Ahora bien, Pachacamac junto con su oráculo era uno de los dioses más conspicuos del Olimpo andino; la época de mayor extensión y esplendor de su culto se remonta al Estado wari. En la sierra norte, en Huamachuco, dos eran las principales deidades —Catequil y Piguerao— y ambas eran hijos de Mama Cautaguam; en la costa norte destacan los dioses Chicopaec, el creador, y Aiapaec, el hacedor, mencionados en el *Arte de la lengua yunga* de Fernando de la Carrera (1644).

Larco Hoyle, quien dio a conocer a la comunidad científica al dios Aiapaec —probablemente luego de consultar el libro de Carrera—, omitió a Chicopaec, cuya presencia ayudaría a los arqueólogos a descifrar la iconografía moche.

Ante esta constante dualidad masculina, irrumpe el elemento femenino con las diosas que, por lo general, son responsables de obtener las subsistencias necesarias para los hombres, ya sea mediante la recolección o el cultivo de las plantas. No en vano la tierra se llama Mamapacha y el mar, Mamacocha. Calancha (Ibíd.) menciona el mito costeño de que el Sol bajó a la tierra y puso tres huevos, el de oro dio origen a los curacas o señores; el de plata, a las mujeres nobles; y el de cobre, a los hombres y mujeres del común. Este relato no sólo tiene un contenido social sino una división por sexo. El huevo de oro y el de cobre indican la doble presencia masculina; uno noble y mayor llamado Collana; el segundo, menor y plebeyo, apelado Cayao. El huevo de plata señala lo femenino confirmado por la voz *paya*, mujer noble, relacionada con la idea del metal argentífero y la luna.

Esta digresión sobre la dualidad masculina de los dioses se relaciona con la política de los señoríos. Su influencia se manifiesta en los jefes étnicos, en el hecho de aparecer cada uno de ellos poseyendo un *yanantin* o compañero (según Domingo de Santo Tomás, *yanantin*: par de dos cosas iguales, 1951/1563), una costumbre que por tener raíces religiosas tiene más arraigo en la población.

Los incas no podían escapar a esta costumbre general y por eso seguían los hábitos imperantes. Por ese motivo existía un Sapan Inca de Hanan, con su "hermano" o *huauque*, jefe de una de las mitades de la ciudad, mientras que otro de Hurin, con su respectivo "hermano", gobernaba el bando de abajo, circunstancia que formaba una cuatripartición.

Es así como el sistema dual representó el origen de una visión cuatripartita del espacio, que en el Cuzco se manifestaba en los cuatro suyus que se extendían más o menos hacia los puntos cardinales. Cada uno de ellos era presidido por un personaje. El señor de máxima jerarquía era el Sapan Inca de Chinchaysuyu, quien tenía el poder y la autoridad. Molina (1943) lo llama "hijo del Sol" y su compañero sería el jefe del Antisuyu, formando ambos la mitad correspondiente al Cuzco de arriba (Hanan). De igual manera el Collasuyu y el Cuntisuyu podían cada cual tener su propio señor, perteneciendo ambos al Cuzco bajo (Hurin). El señor de Collasuyu tenía el cargo de sumo sacerdote; Molina (Ibíd.) lo llama "siervo del Sol" para indicar su aspecto religioso.

Sin embargo, en el sur del país la visión del espacio era diferente y se orientaba por un sistema vertical: a la región del litoral, llamada Colesuyu, le seguía el Umasuyu y luego el Orcosuyu, en la gran altura (ver Rostworowski 1993).

Nos vemos en la necesidad de profundizar en la pluralidad del mando en el Cuzco, además de su funcionamiento. Según Santillán (1968), cada suyu era gobernado por un *capac*, "que quiere decir señor

nombra como Capac Achachi, Capac Larico, Capac Yochi y Capac Gualpaya, responden a un determinado momento de la "historia inca", probablemente al tiempo del advenimiento de Huayna Capac. Al referirse Santillán a un consejo sólo muestra la ideología europea que disimula el pensamiento indígena.

Guaman Poma (1980 foja 365) cuenta de la existencia de un consejo real formado por dos incas de Hanan Cuzco y otros dos de Hurin, e inclusive va más allá, señalando la presencia de 16 personajes de alto rango, de acuerdo con el esquema de los suyus.

Garcilaso de la Vega (1943, tomo I, lib. 2, cap. XV) menciona un consejo de cuatro "virreyes", mientras Cobo (1956, tomo II, cap. XXV) se refiere a un consejo de cuatro *apocuna* residentes en el Cuzco, ocupándose cada uno de un suyu. Añade que estos cargos no eran hereditarios, pero debían recaer en personajes de alta alcurnia.

Los cuatro *capac* o consejeros mantenían entre ellos el vínculo ancestral de la reciprocidad, en un complejo sistema de complementariedad. Un esquema de dominio y de mando muy distinto al europeo, por lo que es comprensible que los españoles del siglo XVI no entendieran su articulación, dejando una información deformada, confusa e inexacta.

Con todos estos planteamientos surge la interrogante sobre el cuál sería la lista de los gobernantes cuzqueños, tomando en cuenta el doble mando y la cuatripartición. Creemos que es imposible obtener la nómina exacta pues existieron numerosos personajes omitidos y silenciados por sus sucesores.

Podemos aceptar el cuadro de Duviols (1979), es decir el tradicional patrón de los soberanos de Hanan simultáneos a los de Hurin, sabiendo que no corresponde a la realidad. Otra posibilidad es confeccionar dos registros paralelos con todos los personajes suprimidos, pero nombrados en las crónicas, como por ejemplo Sapaca y Tarco Huamán.

Sin embargo, Duviols señala que no todos los cronistas desdoblan las dinastías inca en Hurin, primero, y Hanan, después. Tanto Santillán (1968: 104) como Pedro Pizarro (1978: 45), Polo de Ondegardo (1917) y Acosta (1940) sólo nombran a cinco o seis soberanos. Para nuestra hipótesis el hecho de que cada uno ofrezca listas de distintos personajes no tiene mayor importancia, por conocer la costumbre inca de omitir o de silenciar de su *capaccuna* —o relación de señores— a algunos personajes cuyo recuerdo sólo se conservaba entre los miembros de sus respectivas panacas o linajes. Por esa razón, según el origen del informante, podían variar las respuestas a los cuestionarios.

## El misterioso Inca Yupanqui intercalado por Garcilaso entre los gobiernos de Pachacutec y Tupac Yupanqui

Luego de narrar el fallecimiento de Pachacutec Inca Yupanqui, Garcilaso, en una opinión contraria a la de los demás cronistas, se refiere a un misterioso gobernante, que llama Yupanqui a secas, como *Sapan Inca*. Explicó este hecho señalando que los cronistas se habían equivocado al referirse a Pachacutec Inca Yupanqui como un solo personaje cuando en realidad eran dos personas diferentes.

¿Cuál puede ser el motivo de esta versión? ¿Se trata acaso de un error de parte de Garcilaso, de un desconocimiento de las sucesiones y del consenso de los otros cronistas? ¿Cómo explicar esta mención?

En la segunda parte de los escritos de Betanzos (1987; Rubio), también se nombra a un "nuevo" personaje llamado Yamque Yupanque, hijo mayor de Pachacutec que ocupó destacados puestos durante el gobierno de su padre. ¿Tuvo acaso el Yamque Yupanque de Betanzos relación con el Yupanqui de Garcilaso? ¿Se trató de una misma persona? De ser así, ¿cómo explicar su situación? Es sintomático que los dos cronistas con mayor contacto con la elite inca, gracias a sus lazos de parentesco, mencionen a un personaje extraño al consenso de otros cronistas. ¿Cómo entender la presencia de este individuo y qué significó en la historia inca?

La solución a este problema la debemos buscar en la mentalidad andina y en su peculiar sistema organizativo. Es en esta perspectiva que debemos situar tanto al Yupanqui de Garcilaso como al Yamque Yupanque de Betanzos. Tenemos que analizar el problema tomando en cuenta las costumbres indígenas para entender lo que a primera vista parece bastante singular.

El origen de esta confusión se debe a los españoles que no comprendieron la dualidad del mando y las estructuras políticas de los curacazgos. Ahora bien, sabemos que Betanzos obtuvo la mayor parte de su información de los parientes de su mujer, doña Angelina, que pertenecía a la panaca Hatun Ayllu, al igual que Pachacutec. De ahí que sus noticias representan los conocimientos de su linaje y de sus deudos. A su vez, Garcilaso recibió las noticias a través de los parientes de su madre, quien descendía de la misma panaca que Tupac Yupanqui, la panaca Capac Ayllu. Esto indica que sus fuentes provenían directamente de los linaje reales. Sin embargo, nuestros informantes no supieron explicar la situación por no saber interpretar las costumbres indígenas, ajenas a la tradición europea.

Pero sigamos analizando los sucesos que se dieron en el Cuzco al final del gobierno de Pachacutec. La mayoría de los cronistas afirma que Pachacutec fue longevo, y nos preguntamos qué pasaba entonces con la diarquía. Este hecho implicaría que varias personas debieron sucederse como su "compañero". Quizá un primer *yanapac* fue Inca Roca, el general victorioso en la guerra contra los chancas, al que no debemos confundir con el Inca del mismo nombre, anterior a dichos acontecimientos y mencionado por Sarmiento de Gamboa. Este personaje falleció tempranamente y es posible que si desdoblamos las dinastías el siguiente "compañero" fuera Mayta Capac, que quizá participó con Pachacutec en las guerras contra los señores collas del altiplano. Luego de repetidas victorias, los incas tomaron posesión de los enclaves situados en el litoral de Sama y Moquegua, unas expediciones nombradas por Santa Cruz Pachacuti (1927).

Durante el gobierno de Pachacutec, Betanzos señala el importante rol de Yamque Yupanqui, y lo señala como uno de sus hijos mayores, engendrado posiblemente en sus años mozos. Es factible que Yamque Yupanqui fuese el personaje dual de Pachacutec durante su vejez, y que por ese motivo ejerciera de facto el poder supremo del Estado. Al fallecer Pachacutec, y debido a su avanzada edad, Yamque Yupanqui no asumió la borla que de hecho ya poseía de tiempo atrás, y más bien confirmó la herencia y el correinado de Tupac Yupanqui.

En estas líneas nuestro propósito es explicar y comprender la presencia de Yamque Yupanqui y ubicar al personaje en el sistema dual, en el correinado y la diarquía. En estas estructuras sociopolíticas indígenas hallamos un espacio para Yamque Yupanqui y una explicación para las noticias brindadas por Garcilaso y Betanzos.

Comparando los *Comentarios reales* de Garcilaso con la segunda parte de la crónica de Betanzos (Carmen Rubio 1987), constatamos la importancia de las noticias suministradas por los miembros de las panacas, debido a que ellos tenían mayores conocimientos del pasado inca. Sin embargo, su información podía variar según el linaje al que pertenecía el informante y la rivalidad entre los linajes reales pues ellos formaban bandos políticos y rivales.

*La clasificación de la población por edades*

En los documentos administrativos se observa entre los naturales una constante falta de conocimiento de sus edades. Si bien los indígenas usaban varios sistemas de cómputo para calcular el tiempo, no emplearon estos conocimientos para definir la edad de los individuos ni para contar los años al modo del Viejo Mundo.

La fecha de la muerte del Inca Huayna Capac, tan cercana a la invasión española, es por ejemplo un tema de discrepancia entre los cronistas. Ello indica que los indígenas no poseían un cómputo de tiempo que permitiera situar los acontecimientos, y que probablemente se regían por otros conceptos y enfocaban de manera distinta los sucesos; es materia de investigación hallar cuál era la modalidad indígena.

Al investigar las edades en los censos incaicos, John Rowe (1958: 503 y 519) se percató que los incas no contaban sus edades por años y que las personas se clasificaban no por la edad cronológica sino por las condiciones físicas y la capacidad para el trabajo.

En numerosas visitas del siglo XVI se repara que los tributarios y sus mujeres son mencionados como teniendo todos las misma edad. En el ámbito andino, las personas llevaban la cuenta de su edad por los ciclos vitales basados en el desarrollo del cuerpo humano. Esta información se halla en las llamadas "calles" o "visitas" del cronista Guaman Poma (1980) y en las divisiones por edades nombradas por Castro-Ortega Morejón (1974). Esto significa que un sujeto se clasificaba de acuerdo al tiempo biológico, es decir, según las etapas de su desarrollo físico. Analizaremos detenidamente la información suministrada por ambos cronistas, primero la de Guaman Poma y luego la de Castro-Ortega Morejón.

Lo que llama la atención en las llamadas "calles" de Guaman Poma, es el hecho de que las edades no siguen un orden cronológico, no se inician con la infancia para avanzar a lo largo de la vida. En lugar de una secuencia lógica para nosotros, Guaman Poma se ocupa ante todo de la edad más importante en el mundo andino, la de mayor capacidad para el trabajo, entre los 25 y 50 años, cuando el hombre alcanza la plenitud de sus facultades. A esta edad se la llamaba *auca camayoc*, voz que proviene de la palabra *auca*-guerrero; en esta categoría no sólo se designaba a los soldados sino a los labradores, los artesanos y los *mitmaq*. Era la gente que rendía el máximo de trabajo, es decir, la que más servicios prestaba.

A esta primera edad masculina correspondía la edad femenina llamada *auca camayoc uarmi*, las mujeres de los guerreros. En un dibujo, Guaman Poma representa a una mujer sentada ante un telar, es "una muger de tributo" en plena labor. A ellas encomiendan las finas telas de *cumbi*. El cronista repite la misma frase que aparece en los manuscritos: "estas dichas mugeres acimesmo los dichos hombres de la misma edad se casauan".

La laboriosidad obligada del indígena se demuestra en la forma de apreciar el importante ciclo vital del hombre, al cual hay que añadir también el hecho de ser el período de la reproducción humana. Decir que una pareja tenía la misma edad, indicaba que se hallaba apta para engendrar.

Guaman Poma divide en años sus visitas o "calles" para el buen entendimiento del lector europeo. El hecho de que un individuo estuviese en una calle determinada o pasase de una calle a otra dependía de los ciclos biológicos. Por ejemplo, la mujer ingresaba a la segunda división cuando aparecía la menopausia, lo que equivalía en el hombre al climaterio. Le seguían las siguientes edades pertenecientes a las diversas etapas de vejez o senectud.

La segunda visita era llamada *puric macho* y abarcaba a los hombres de 60 a 78 años; ellos cumplían trabajos leves, como recolectar leña y paja, y se desempeñaban también como porteros o *quipocamayoc*. Las mujeres eran las *payacona* de 50 años, tejían ropa basta, costales y sogas, y podían ser despenseras o cocineras según su *status* social.

La tercera división correspondía a la gente muy vieja, de 80 a 100 años, a quienes se les decía *rocto macho*, el viejo sordo. Representada por Guaman Poma como un hombre viejo apoyado en un bastón, la gente que pertenecía a ella sólo comía y dormía. Algunos fabricaban sogas y frazadas, criaban conejos o cuidaban pastos. Las mujeres de 80 años eran las *puñoc paya*, las que duermen, y al igual que los hombres podían tejer costales y sogas o criar algún animal.

En la cuarta visita Guaman Poma interrumpe el orden establecido, y menciona un sector de la población formado por los lisiados, cojos, mancos, contrahechos, tontos y enanos de ambos sexos. Señala que se casaban entre ellos, de acuerdo a su deformidad, con el fin de aumentar la población. Se observa que las mujeres mantenían una actividad laboral mayor que la de los hombres. Según sus posibilidades confeccionaban ropa de cumbi, y solía haber entre ellas expertas tejedoras o cocineras.

Las siguientes visitas incluían al resto de la población en gradual disminución de las edades. Los jóvenes de 18 a 20 años eran los *sayac payac*, mocetones de medio tributo. Entre los más ágiles elegían a los mensajeros o *cacha-cona*, a los cuales decían en el Cuzco *chasqui*. Otros guardaban los ganados de la comunidad o del Estado. A las muchachas se las llamaba *zumac cipas*, y entre ellas se elegía a las jóvenes destinadas al Sol, a los templos, a los dioses y al inca; las demás se casaban con los hombres mozos.

La sexta "calle" era la de los *mactacona*, zagales de 12 a 18 años. Ellos servían a la comunidad y cazaban pajarillos para confeccionar un pequeño *charqui*. Su equivalencia femenina eran las *corotasque*, es decir las mozuelas. Estas jóvenes ayudaban a sus padres en diversas faenas ligeras, aprendían a hilar y tejer, guardaban el ganado y vigilaban las sementeras.

La séptima "calle" comprendía a los muchachos de 9 a 12 años. También ayudaban a sus mayores y cazaban aves. Las niñas cogían flores, para fabricar tintes, y diversas plantas silvestres comestibles. Quizá el dato más interesante sea que entre ellas elegían a las destinadas para la *Capacocha*, los sacrificios más importantes en el Tahuantinsuyu. Existe copiosa información sobre estos sacrificios humanos que sólo se realizaban en grandes circunstancias, en honor de un inca, una *coya* o un dios (ver Duviols 1976).

La octava visita correspondía a los niños y niñas de 5 a 9 años. A ambos se los llamaba *pucllacoc*, es decir los que juegan. Sin embargo, a esta edad se iniciaban ya en un trabajo que consistía en ayudar a sus padres en faenas ligeras, tales como el cuidado del ganado, de los hermanos pequeños o recolectar leña. Las niñas aprendían a hilar.

Las dos últimas edades abarcaban a los párvulos, tanto a los que gateaban como a los lactantes. Ambas, anota Guaman Poma, eran "sin provecho" o "es para nada" por necesitar de "otro que le cuide y sirva". Son muy significativas estas reflexiones del cronista, pues indican un espíritu práctico y utilitario; con esa indicación Guaman Poma subraya la importancia concedida por los incas a la energía de trabajo de sus súbditos.

La relación de Castro-Ortega Morejón, escrita por españoles, pierde en su información ciertos valores andinos. Por ejemplo, el sistema decimal usado por los naturales y desconocido entre los europeos del siglo XVI es reemplazado por la cuenta por docenas, habitual en España. Más de la mitad de la clasificación se dedicaba a contabilizar a los niños y lactantes, un concepto que no parece indígena por su poco provecho.

La primera edad es la de *poño loco* de la voz *puñoc*, dormir, y *roco* o *rucu*, viejo. El quechua empleado es el costeño, hablado en la región central, que cambia la "r" por la "l". Le sigue el *chaupi loco* o medio viejo; luego el *auca pori*, el hombre viril, el guerrero de 25 a 40 años que tiene su equivalencia en la lista de Guaman Poma.

Luego vienen la cuarta edad, la de *micho guayna* o el que principia a ser joven; la quinta, la de *coca pallac* o recolector de la hoja de coca, por la existencia de amplias plantaciones en un franja ecológica costeña (Rostworowski 1976-1993); la sexta edad de los *pucalla guamara* o *puclla guamra*, el muchacho que juega. Las restantes edades comprendían a los niños, desde los recién nacidos hasta los seis años, en varias divisiones.

En el *khipu* presentado por don Martín Cari, cacique de Anansaya, al visitador Garcí Diez de San Miguel en Chucuito en 1567, se encuentran los mismos conceptos de Guaman Poma sobre las edades:

> En dicho tiempo del ynga dijo que los indios tributarios se contaban desde treinta años hasta setenta y treinta años abajo servian en muchas cosas asi en traer pajaros el ynga y en matar caza y en traer paja

y en otras menudencias como un mozo que sirve de manera que todos trabajan y se ocupan y que estos indios que tiene declarados por el dicho quipo y cuenta son los que llamaban tributarios de los treinta años hasta sesenta, porque de allí abajo no se contaban ni de sesenta para arriba (Diez de San Miguel, 1964: 66).

En el mismo sentido declaró el cacique de Urinsaya. Destaca siempre la idea andina de contabilizar la energía humana disponible y el valor que se le daba a la edad de mayor capacidad del ser humano. Aquellos que no habían alcanzado aún su mayor rendimiento o los que ya habían pasado esa etapa no tenían la misma importancia.

## *Conclusiones*

Después de escribir la pretendida biografía del gran Inca, me hubiera gustado seguir investigando en los archivos del Cuzco y hacer un trabajo de campo recorriendo la región con los documentos a mano, como lo he hecho para los valles costeños.

Al no poder realizar mi sueño me dediqué a buscar manuscritos sobre los llanos, a investigar y reconstruir la historia de los yungas. El profundizar en la historia costeña me permitió comprender mejor el Ande puesto que la costa, la sierra y la selva forman un todo geográfico, diferente entre sí, que se rechaza y a la vez se complementa y necesita por su diversidad.

En este nuevo *addendum* me he visto obligada a tratar de explicar ciertos temas que son importantes y diferentes a las costumbres europeas, que además desconocía hace cincuenta años. Muchos aspectos de la cultura andina son dignos de admiración y de aprecio. Sólo profundizando en nuestro pasado lograremos la tan ansiada integración, pues no se puede amar lo que se ignora.

## Bibliografía

Albornoz, Cristóbal
   1967    *La Instrucción para descubrir las guacas del Pirú y sus camayos y Haziendas. Fines del siglo XVI.* Ver Duviols, *Journal de la Société des Américanistes.*

Ángulo, Padre Domingo
   1921    "Don Andrés Hurtado de Mendoza y la fundación de Cañete". En *Revista Histórica*, tomo VII. Lima.

Arriaga, Fray Pablo José
   1968/1621    *Extirpación de la idolatría del Perú.* Biblioteca de Autores Españoles. Ediciones Atlas, Madrid.

Ávila, Francisco de
        Ver Taylor.

Bauer, Brian S.
   2000    *El espacio sagrado de los incas. El sistema de ceques del Cuzco.* Traducido por Javier Flores Espinoza. Archivos de Historia Andina, N.° 3. Cuzco.

Betanzos, Juan de
   1987    *Suma y narración de los incas.* Edición María del Carmen Rubio. Ediciones Atlas, Madrid.

Calancha, Fray Antonio de la
   1975-    *Crónica moralizada.* Edición de Ignacio Prado Pastor. 6 tomos.
   1978/1638  Lima.

Camino, Alejandro
   1980    "Tiempo y espacio en la estrategia de subsistencia andina: un caso en las vertientes orientales sud-peruanas". *El hombre y su ambiente en los Andes.* Osaka: National Museum of Ethnology, Series Ethnological Studies, 10, pp. II-35.

CARRERA, Fernando de la
  1644  *Arte de la lengua yunga de los valles del obispado de Truxillo del Perú, con un confesionario y todas las oraciones traducidas en la lengua y otras cosas.* Impreso en Lima por J. Contreras.

CASTRO, Fray Cristóbal y ORTEGA MOREJÓN, Diego
1974/1558  *Relación y declaración del modo que este valle de Chincha y sus comarcanos se gobernaron antes que hobiese ingas y después que los hobo hasta que los cristianos entraron en esta tierra.* En *Historia y Cultura*, N.° 8, pp. 91-104. Museo Nacional de Historia, Lima.

COOK, Anita C.
  1994  *Wari y Tiawanaku entre el estilo y la imagen.* Fondo Editorial de la Pontificia Universidad Católica del Perú.

  2001  "Los nobles ancestros de piedra: el lenguaje de la vestimenta y rango imperial entre las figurillas huaris". En *Wari-Arte Precolombino Peruano.* Centro Cultural El Monte-Sevilla.

DIEZ DE SAN MIGUEL, Garci
  1964  *Visita hecha a la provincia de Chucuito... 1567.* Lima: Casa de la Cultura.

DUVIOLS, Pierre
  1976  "La Capacocha". *Allpanchis*, vol IX. Cuzco.

  1979  "La dinastía de los incas ¿Monarquía o diarquía? Argumentos heurísticos a favor de una tesis estructuralista". *Journal de la Société des Américanistes.* Tomo LXVI. París.

GONZÁLEZ CARRÉ, Enrique
  1992  *Los señores chankas.* Universidad Nacional de San Cristóbal de Huamanga, INDEA. Instituto Andino de Estudios Arqueológicos.

  2001  "Wari: Un Imperio por definir". En *Wari arte precolombino peruano.* Centro Cultural El Monte-Sevilla. Colección América.

GONZÁLEZ CARRÉ, Enrique y POZZI-ESCOTT, Denise
  1987  *Los chankas: cultura material.* Laboratorio de Arqueología Escuela de Arqueología Facultad Ciencias Sociales, Universidad Nacional San Cristóbal de Huamanga.

GONZÁLEZ CARRÉ, Enrique y otros
  1999  *El templo mayor en la ciudad de Wari.* Facultad de Ciencias Sociales, Universidad Nacional de San Cristóbal de Huamanga.

ISBELL, William H.
1997    *Mummies and Mortuary Monuments. A Postprocessual Prehistory of Central Andean Social Organization.* University of Texas Press, Austin.

2001    Huari: crecimiento y desarrollo de la capital imperial. En *Wari arte precolombino peruano.* Centro Cultural El Monte. Sevilla

ISBELL, William H. y McEWAN (Editores)
1991    *Huari Administrative Structure. Prehistoric Monumental Architecture and State Government.* Dumbarton Oaks Research Library and Collection, Washington, D.C.

McEWAN, Gordon F.
1982    *Investigaciones en Pikillacta. Informe Final del Proyecto Pikillacta.* Fulbright Dissertation.

MENZEL, Dorothy
1968    *La cultura huari. Las grandes civilizaciones del antiguo Perú.* Lima.

MURRA, John V.
1975    *Formaciones económicas y políticas del mundo andino.* Lima: Instituto de Estudios Peruanos.

PONCE SANGINES, Carlos
s.f     *Los jefes de Estado de Tiwanaku y su nómina.* Edición de Producciones Cima. La Paz – Bolivia.

*RELACIONES GEOGRÁFICAS DE INDIAS*
1881-1897   Editadas por Jiménez de la Espada. Publicaciones del Ministerio de Fomento, 4 tomos. Madrid.

ROSTWOROWSKI DE DIEZ CANSECO, María
1975b   *Los ayarmacas.* Casa Museo de Colón – Valladolid.

1976b   *El señorío de Changuco-Costa Norte.* Boletín del Instituto Francés de Estudios Andinos, V, N.° 1-2. Lima

1978    *Señoríos indígenas de Lima y Canta.* Lima: Instituto de Estudios Peruanos.

1978b   *Mediciones y cómputos en el cntiguo Perú.* Cuadernos Prehispánicos, N.° 6. Seminario Americanista, Valladolid: Universidad de Valladolid.

1983    *Estructuras andinas del poder. Ideología religiosa y política.* Lima: Instituto de Estudios Peruanos.

1988    *Historia del Tahuantinsuyu*. Lima: Instituto de Estudios Peruanos. (5.ª edición).

1998    *Ensayos de historia andina*. Tomo I, 1993, tomo II. Lima: Instituto de Estudios Peruanos – Banco Central de Reserva del Perú.

1992    *Las visitas a Cajamarca*. Lima: Instituto de Estudios Peruanos.

Rowe, John H.
1958    *The Age-Grades of the Inca Census*. Miscellanea Paul Rivet Octogenario Dicata-México, tomo II, pp. 500-521.

1979    "An Account of the Shrines of the Ancient Cuzco". *Ñawpa Pacha* 17. California - Berkeley: Institute of Andean Studies.

Scheiber, Katharina J.
1992    *Wari Imperialism in Middle Horizon Peru*. Anthropological Papers. Museum of Anthropological, University of Michigan, N.º 87. Ann Arbor.

Taylor, Gerald
1987    *Ritos y tradiciones de Huarochirí del siglo XVII. Estudios biográficos sobre Francisco de Ávila de Antonio Acosta*. Lima: Instituto de Estudios Peruanos.

Zevallos Quiñones, Jorge
1994    *Huacas y huaqueros en Trujillo durante el virreynato 1535-1835*. Trujillo: Editorial Normas Legales.

Diagramado en el
**Instituto de Estudios Peruanos**
por Mercedes Dioses V.
Impreso en los talleres gráficos de
**Tarea Asociación Gráfica Educativa**
Pasaje María Auxiliadora 156 - Breña
Correo e.: tareagrafica@terra.com.pe
Teléf. 424-8104 / 332-3229 Fax: 424-1582
Diciembre 2001 Lima Perú

epéntesis: 65

cfr. 267